教育部—西门子产学合作专业综合改革项目系列教材

产品数据管理原理与应用
——基于 Teamcenter 平台
（第2版）

安　晶　徐友武　主　编
王　伟　黄曙荣　副主编

电子工业出版社
Publishing House of Electronics Industry
北京·BEIJING

内 容 简 介

本书是在第1版的基础上，结合作者十余年的教学经验修订而成，全面系统地讲述了PDM技术的基本原理和应用，内容取舍合理，重点突出，符合教学和读者的认识规律。

全书共8章，主要内容包括：PDM概述、电子仓库与文档管理、产品结构与配置管理、工作流与过程管理、零件分类管理、PDM系统集成、项目管理、系统实施定制。本书所选案例均来自企业PDM项目实际，并在Siemens PLM Software Teamcenter平台上加以实现，同时经过了作者反复论证。全书图文并茂，并配以详尽准确的讲解步骤，使读者能够快速理解并掌握案例中所阐述的PDM实施方法和技巧，理论和实践紧密结合。另外，本书每章附有相应练习题，供读者练习。

本书可作为本科院校机械工程、智能制造等相关专业的教材，也可作为从事CAD/CAM、PDM/PLM、企业信息化的研究人员和工程技术人员的参考书。

未经许可，不得以任何方式复制或抄袭本书之部分或全部内容。
版权所有，侵权必究。

图书在版编目（CIP）数据

产品数据管理原理与应用：基于Teamcenter平台 / 安晶，徐友武主编. —2版. —北京：电子工业出版社，2023.2
教育部—西门子产学合作专业综合改革项目系列教材
ISBN 978-7-121-44784-6

Ⅰ. ①产… Ⅱ. ①安… ②徐… Ⅲ. ①企业—产品—数据管理系统—高等学校—教材 Ⅳ. ①F273.2

中国版本图书馆CIP数据核字（2022）第249155号

责任编辑：许存权
印　　刷：北京虎彩文化传播有限公司
装　　订：北京虎彩文化传播有限公司
出版发行：电子工业出版社
　　　　　北京市海淀区万寿路173信箱　邮编　100036
开　　本：787×1 092　1/16　印张：15.75　字数：410千字
版　　次：2015年12月第1版
　　　　　2023年2月第2版
印　　次：2024年8月第2次印刷
定　　价：59.00元

凡所购买电子工业出版社图书有缺损问题，请向购买书店调换。若书店售缺，请与本社发行部联系，联系及邮购电话：(010) 88254888，88258888。
质量投诉请发邮件至zlts@phei.com.cn，盗版侵权举报请发邮件至dbqq@phei.com.cn。
本书咨询联系方式：(010) 88254484，xucq@phei.com.cn。

Preface

Siemens PLM Software has partnered with Ministry of Education (MOE) of the People's Republic of China to support education in engineering technology and help provide the global manufacturing industry with a highly trained and heavily recruited workforce.

This series of textbook cultivates innovative engineering technology talent and enhances career competitive advantages for China's university students. It supports the use of leading edge technology to give students a solid platform to become excellent engineers in the 21st century, and pioneer the development of digital and intelligent manufacturing throughout the country.

This series of textbook combines theory and practice through explanation and examples to enhance the reader's basic knowledge and skills of product lifecycle management (PLM).

The curriculum integrates attributes and processes from Siemens PLM Software, which is used by leading manufacturing companies around the globe to develop some of the world's most sophisticated products. This includes NX™ software for integrated computer-aided design, manufacturing and engineering simulation (CAD/CAM/CAE), Teamcenter® software for digital lifecycle management software and Tecnomatix® software for digital manufacturing.

Strong instruction by top China universities accelerates the development of certified industrial IT talent and boosts the application of computer-aided and digital technologies in the field of engineering.

We are impressed with the innovative engineering design projects developed by students leveraging this series of textbook with top notch classroom instruction.

Leo Liang
CEO and Manager Director
Greater China
Siemens PLM Software

Dora Smith
Global Director
Academic Partner Program
Siemens PLM Software

序　言

　　Siemens PLM Software与教育部高等教育司合作，支持工科类教育事业，为全球制造业培养和提供大量训练有素的人才。

　　本系列教材适用于创新型工程技术人才的培养，有助于提高大学生的职业竞争力，为学生成为21世纪优秀工程师、全国的数字化和智能制造业发展先驱提供了一个领先的技术平台。

　　本系列教材理论和实践相结合，通过详细的解析及案例分析，增强了读者掌握产品全生命周期（PLM）的基本知识和技能。

　　本系列教材集成了Siemens PLM Software的操作及属性，该软件被全球制造业公司用于开发最复杂的产品，软件包括NX™集成计算机辅助设计、制造和工程仿真（CAD/CAM/CAE）软件、Teamcenter®产品全生命周期管理软件、Tecnomatix®数字化制造软件。

　　在强有力的引导下，中国顶尖大学加速了工业认证IT人才的发展，提高了应用计算机辅助和数字化技术在工程领域的应用水平。

　　我们深信读者在本系列教材及顶级课堂教学的指引下，便能掌握创新性工程设计项目的开发。

梁乃明
首席执行官兼董事总经理
大中华区
Siemens PLM Software

Dora Smith
全球总监
教育合作发展部
Siemens PLM Software

第 2 版前言

在智能制造时代,制造企业将更多面对终端用户,多品种小批量的定制化生产已经逐步成为趋势。当前,以制造业信息化、数字化、网络化和智能化为特征的智能制造是新一轮工业革命的核心技术。作为制造业两化融合的基础,产品数据管理(PDM)在智能制造中具有举足轻重的作用。

本书根据应用型本科智能制造方向专业人才培养目标的要求编写,自第 1 版出版以来,深受广大读者和从业人员的欢迎,被十余所本科院校和高职院校选为 PDM 原理与应用方面的教材。为了适应 PDM 技术的发展,保持本书的先进性、科学性和实用性,我们对本书第 1 版进行修订,在修订过程中,深入调查了目前多所院校讲授 PDM 课程的详细情况,同时参阅和借鉴了国内外许多优秀教材的内容和优点,并保留了第 1 版教材的优点,总结和吸取了教学过程中的体会和经验。与第 1 版相比,第 2 版具有以下几方面的特点。

(1)更加符合初学者学习 PDM 课程的认识规律,进一步提高了概念的准确性,内容循序渐进、深入浅出,易于读者学习和掌握。

(2)在对教材内容进一步完善、补充和修订的基础上,对部分章节及其内容进行了适当调整,提高了教材内容的条理性、逻辑性、完整性。例如,在第 1 章,增加了 PDM 系统的体系结构一节,介绍了基于 C/S 结构的 PDM 系统体系结构和基于 C/B/S 结构的 PDM 系统体系结构;在第 2 章,通过案例、图表、文字等形式扩充了元数据、电子仓库、PDM 系统文档管理等相关概念和基本操作,力求将这部分知识讲透;第 8 章增加了 PDM 系统实施一节,明确阐述了 PDM 系统实施方法、PDM 系统实施的步骤、PDM 系统效能评价相关知识,为 PDM 系统实施提供了方法论支持。

(3)对原有课后习题进行了重新设计和补充,并按填空题、简答题、操作题的顺序重新编排,从不同的角度帮助读者进一步巩固和掌握所学知识。

(4)全书内容相互衔接,成为一个逻辑整体。各章节的理论部分涵盖了 PDM 技术的基本原理,各章节的案例部分选自企业 PDM 项目实际,把各章节串联起来,可模拟一个小型的 PDM 实施项目。读者通过学习本书,可以由浅入深、循序渐进地理解 PDM 的基本知识和原理,掌握企业 PDM 实施技能,逐步具有借助 PDM 平台提高企业的核心研发能力,提升产品质量的工程素养。

为了规划好本书的教学,建议理论和实践教学的总学时为 48~64 学时。各章的建议学时:第 1 章为 4~6 学时;第 2 章为 8~10 学时;第 3 章为 6~8 学时;第 4 章为 6~8 学时;第 5 章为 6~8 学时;第 6 章为 6~8 学时;第 7 章为 5~7 学时;第 8 章为 7~9 学时。

本书第 2 版由盐城工学院安晶、苏州信息职业技术学院徐友武担任主编,盐城工学院的黄曙荣、王伟担任副主编,全书由安晶修改定稿。

尽管我们为编写本书付出了心血和努力,但由于水平有限,书中难免有错误和疏漏之处,敬请专家和读者批评指正。

编著者

目 录

第1章 产品数据管理概述 ·· 1
  1.1 PDM产生的背景和发展史 ·· 2
    1.1.1 PDM产生的背景 ·· 3
    1.1.2 PDM的发展史 ·· 3
  1.2 PDM基本概念 ·· 4
    1.2.1 PDM定义 ·· 4
    1.2.2 PDM与企业信息集成 ·· 6
    1.2.3 PDM的应用领域 ·· 6
  1.3 PDM系统基本功能 ··· 6
    1.3.1 电子仓库与文档管理 ·· 6
    1.3.2 工作流与过程管理 ·· 7
    1.3.3 产品结构与配置管理 ·· 7
    1.3.4 项目管理 ·· 8
    1.3.5 零件分类管理 ·· 8
    1.3.6 系统定制与集成工具 ·· 8
  1.4 PDM系统的体系结构 ·· 8
    1.4.1 基于C/S结构的PDM体系结构 ······························· 9
    1.4.2 基于C/B/S结构的PDM体系结构 ···························· 10
  1.5 Teamcenter系统 ·· 12
    1.5.1 Teamcenter软件体系结构 ··································· 12
    1.5.2 Teamcenter应用程序界面 ··································· 14
  本章习题 ··· 16

第2章 电子仓库与文件管理 ·· 17
  2.1 基础知识 ·· 17
    2.1.1 元数据和电子仓库 ··· 17
    2.1.2 PDM系统文件管理 ·· 23
    2.1.3 电子仓库与文件管理的关系 ································· 26
  2.2 Teamcenter中的产品数据 ·· 27
    2.2.1 零组件业务对象的基本结构 ································· 27
    2.2.2 Item版本和状态管理 ······································ 29
    2.2.3 数据集 ··· 30
    2.2.4 文件夹 ··· 31
    2.2.5 Item/Revision与产品数据的关系 ···························· 31
    2.2.6 复制/剪切/粘贴/删除操作 ·································· 32
    2.2.7 产品对象的数据和文件组织 ································· 36

  2.3 Teamcenter 中数据建模 37
  本章习题 52
第 3 章 产品结构与配置管理 55
  3.1 基础知识 55
    3.1.1 BOM 管理 55
    3.1.2 产品结构管理 65
    3.1.3 产品配置管理 69
  3.2 Teamcenter 中的产品结构与配置管理 71
    3.2.1 基本概念 71
    3.2.2 产品结构与配置管理 73
  本章习题 90
第 4 章 工作流与过程管理 92
  4.1 基础知识 92
    4.1.1 概述 92
    4.1.2 PDM 系统工作流与过程管理 94
    4.1.3 PDM 系统工程更改流程 98
  4.2 Teamcenter 中的工作流与过程管理 100
    4.2.1 基本概念 100
    4.2.2 Teamcenter 中的流程管理功能 105
  4.3 Teamcenter 中的工程更改流程 117
    4.3.1 基本概念 117
    4.3.2 标准跟踪流程 119
    4.3.3 更改管理的功能 120
    4.3.4 更改管理的创建和更改流程的审批 122
  本章习题 126
第 5 章 零件分类管理 130
  5.1 基础知识 130
    5.1.1 零件族和零件分类方法 130
    5.1.2 零件分类管理 133
    5.1.3 PDM 系统的分类管理 134
  5.2 Teamcenter 中的分类管理 137
    5.2.1 Teamcenter 分类管理概述 137
    5.2.2 Teamcenter 分类管理功能 138
    5.2.3 Teamcenter 分类管理配置 139
  本章习题 158
第 6 章 PDM 系统集成 161
  6.1 基础知识 161
    6.1.1 概述 161
    6.1.2 PDM 是 CAD/CAM/CAPP/ERP 的集成平台 163

目录

- 6.2 Teamcenter 与 NX 集成 ·· 165
  - 6.2.1 简介 ·· 165
  - 6.2.2 主模型的概念与应用 ·· 167
  - 6.2.3 NX Manager 导入数据模型 ··· 168
  - 6.2.4 Teamcenter/NX 属性映射 ·· 172
  - 6.2.5 NX 设计模板定制 ·· 174
  - 6.2.6 可视化数据管理 ·· 180
- 本章习题 ··· 183

第 7 章 项目管理 ·· 184
- 7.1 基础知识 ··· 184
  - 7.1.1 项目管理的概念 ·· 184
  - 7.1.2 项目的组织、执行与模型 ·· 186
  - 7.1.3 PDM 项目管理 ··· 190
- 7.2 Teamcenter 中的项目管理 ·· 193
  - 7.2.1 Teamcenter 项目管理概述 ·· 193
  - 7.2.2 Teamcenter 项目管理的主要功能 ·· 194
  - 7.2.3 Schedule Manager 的基本任务 ·· 197
  - 7.2.4 成员角色及权限 ·· 203
- 本章习题 ··· 205

第 8 章 系统实施定制 ·· 206
- 8.1 人员组织 ··· 206
- 8.2 查询 ··· 215
  - 8.2.1 Teamcenter 中常用的查询方式和手段 ·· 215
  - 8.2.2 在 Teamcenter 中定制查询 ·· 218
- 8.3 权限 ··· 223
  - 8.3.1 概述 ·· 224
  - 8.3.2 访问管理器中的数据对象 ·· 226
  - 8.3.3 Teamcenter 中的访问权限控制 ·· 227
- 8.4 PDM 系统实施 ··· 234
  - 8.4.1 PDM 系统的实施方法论 ·· 234
  - 8.4.2 PDM 系统的实施步骤 ·· 236
  - 8.4.3 PDM 系统的效能评价 ·· 240
- 本章习题 ··· 242

第 1 章 产品数据管理概述

制造业作为国民经济的主体，是立国之本、兴国之器、强国之基，是一个国家核心竞争力的重要标志。进入 21 世纪以来，互联网、新能源、新材料和生物技术均获得了极为快速的发展，并正在以极快的速度形成巨大产业能力和市场，将使整个工业生产体系提升到一个新的水平，推动一场新的工业革命。如何紧跟甚至引领新一代的工业革命浪潮，是每个国家所关心的核心问题。2009 年年底，美国发布《制造业复兴框架》，旨在复兴美国制造业，力保高端制造业的霸主地位，随后在 2012—2016 年发布了"美国先进制造三部曲"，加速推动制造业的进程。2013 年，德国正式提出"工业 4.0"战略规划，旨在提升本国制造业的智能化水平，建立具有适应性、资源效率及基因工程学的智慧工厂。早在 20 世纪末，日本就开始推动智能制造计划，2016 年又正式提出了"日本超智能社会 5.0"的概念。中国制造强国战略的主要切入点为推进信息化和工业化的深度融合，把智能制造作为"两化"的主攻方向，着力发展智能装备和智能产品，使生产过程智能化，全面提高企业在生产、研发、管理和服务过程中的智能化水平。表 1-1 详细对比了中国制造强国战略、"德国工业 4.0""美国制造业复兴"和"日本超智能社会 5.0"四者之间的战略内容和特征等信息。

表 1-1 中国、德国、美国和日本制造战略对比

	中国制造强国战略	德国工业 4.0	美国制造业复兴	日本超智能社会 5.0
发起者	工信部牵头,中国工程院起草	联邦教研部与联邦经济技术部资助,德国工程院、弗劳恩霍夫协会、西门子公司建议	智能制造领导力联盟(SMLC)、26 家公司、8 个生产财团、6 所大学和 1 个政府实验室	日本内阁
发起时间	2015 年	2013 年	2011 年	2016 年
定位	国家工业中长期发展战略	国家工业升级战略,第四次工业革命	美国"制造业回归"的一项重要内容	实现日本社会智能化
目的	增强国家工业竞争力,在 2025 年迈入制造强国行列,在建国 100 周年时占据世界强国的领先地位	增强国家制造能力	专注于制造业、出口、自由贸易和创新,提升美国竞争力	最大限度利用信息通信技术通过网络空间和物理空间的融合、共享,给每个人带来"超级智慧社会"
特点	信息化和工业化的深度融合	制造业信息化的集合	工业互联网革命,倡导将人、数据和机器联接起来	社会物质和信息饱和且高度一体化
重要主题	互联网+智能制造	智能工厂、智能生产、智能物流	智能制造	超智慧社会

续表

	中国制造强国战略	德国工业4.0	美国制造业复兴	日本超智能社会5.0
实现方式	通过智能制造,带动产业数字化水平和智能化水平的提高	通过价值网络实现横向集成、工程端到端数字集成横跨整个价值链、垂直集成和网络化的制造体系	以"软"服务为主,注重软件、网络、大数据等对工业领域服务方式的颠覆	在德国工业4.0的基础上,通过智能化技术解决相关经济和社会课题的全新的概念模式
重点技术	制造业互联网化	CPS(信息物理系统)	工业互联网	虚拟空间和现实空间

与世界先进水平相比,我国制造业仍然大而不强。在自主创新能力、资源利用效率、产业结构水平、信息化程度等方面差距明显,转型升级和跨越式发展的任务紧迫而艰巨。在中国制造强国战略中,智能制造是其重要主题,也是主攻方向。以制造业信息化、数字化、网络化和智能化为特征的智能制造是新一轮工业革命的核心技术。国家层面我国制造业信息化的发展战略如图1-1所示,可以明显看出中国制造强国战略就是要通过信息化和工业化两化深度融合来引领和带动整个制造业的发展,全力实现制造强国的战略目标,其关键基础之一是在信息化和制造企业的主体之间搭建更好的桥梁,即企业实现产品数据管理(Product Data Management,PDM)。

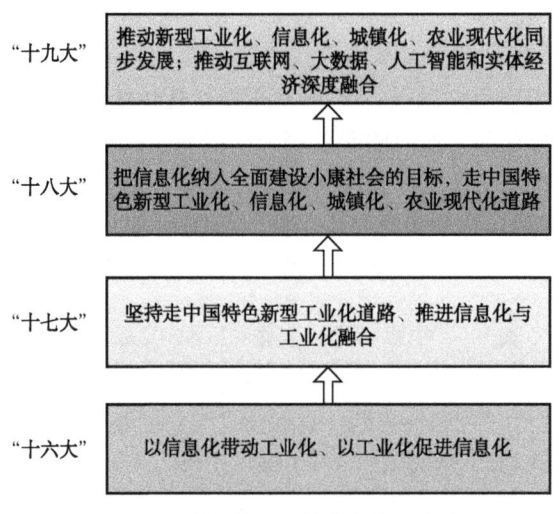

图1-1 我国制造业信息化发展战略

1.1 PDM产生的背景和发展史

PDM 是在现代产品开发环境中成长发展起来的一项以软件为基础的管理产品数据的新技术。它将所有与产品有关的信息和所有与产品相关的过程集成在一起,使产品数据在其整个生命周期内保持一致,保证已有产品信息为整个企业用户共享使用,帮助部门或企业管理贯穿于整个产品生命周期的产品数据及开发过程,有力地促进新产品的设计与开发,提高产品质量,缩短产品的研制周期和上市时间,提高工作效率,从而提高企业竞争力。

1.1.1 PDM 产生的背景

从 20 世纪的六七十年代开始，企业在设计和生产过程中逐渐开始应用 CAD、CAM 等软件与技术。一方面，这些软件和技术的使用极大地促进了企业生产力的发展，有效地提高了产品设计和制造的效率，但各软件应用单元自成体系，彼此之间缺少有效的信息共享和利用，形成所谓的"信息孤岛"，阻碍了企业设计生产效率的进一步提高。

另一方面，随着 CAD/CAPP/CAM/CAE 等软件的广泛应用，计算机产生的各种数据资料迅速增加。在产品全生命周期过程中，从市场分析、产品设计到制造、装配、销售、售后服务等环节都会产生大量相关数据，如市场分析报告、设计信息、加工图纸、零件加工工艺、数控加工程序清单、仿真测试结果分析，以及各种说明书等，其数据量往往是海量的。由此引发一系列产品数据管理问题：不同部门产品信息如何查询、传递等以实现信息共享；如何保证技术中心和各部门图纸版本的一致性；如何保证各部门的数据不会流失泄密；如何简化系列产品开发，保证各部门 BOM 的准确性；如何跟踪工作状态并记录备案；如何分析更改影响并及时通知各部门等。如何消除"信息孤岛"，有效地管理海量数据，突破企业信息化瓶颈，是企业面临的一大难题，也是企业在未来竞争中保持领先的关键因素。

PDM 正是在这一背景下应运而生的一项管理思想和技术。当今企业面临越来越激烈的市场竞争，市场对企业在 P、T、Q、C、S 五个方面提出了更高的要求，即设计生产市场需要的产品（Product）、缩短产品的上市时间（Time）、保证良好的产品质量（Quality）、降低产品的综合成本（Cost）、提供优质的售后服务（Service）。PDM 以提高企业满足市场 P、T、Q、C、S 五个方面要求的能力为目标，在产品数据与工作流集成思想指导下，继承并发展了工程数据库、电子数据交换、成组技术、并行工程、产品数据交换、企业业务重组等核心思想，以产品数据和过程为中心，科学合理地对企业业务过程、产品数据和过程进行描述和重组，以便规范化管理产品生命周期中的数据和过程，保持产品数据的一致性和可跟踪性。PDM 系统的核心思想是数据共享、人员协同、过程优化、减少企业信息化瓶颈。

PDM 是当今计算机应用领域的重要技术之一。近几年来，PDM 是产品制造工业中发展最快的一种技术。PDM 的应用给企业带来了非凡的成就。据国外统计资料，PDM 的应用能使产品设计周期缩短 25%，减少工程设计修改 4%，加快产品投放市场进度 50%~80%，总成本削减 25% 以上。国外的一些汽车、飞机公司实施 PDM 后均大大提高了企业的效益。国内据对机电工业近 500 家企业调查显示，新产品开发周期平均长达 24 个月，其中单件、小批量产品的生产技术准备周期约占供货期的 32%，有的高达 60%，采用 PDM 技术后，可缩短生产周期 50%~80%。

1.1.2 PDM 的发展史

纵观 PDM 技术的发展历史，大致可以分为以下三个阶段。

1. 配合 CAD 工具的 PDM 系统

第一阶段始于 20 世纪 80 年代初期，当时 CAD 系统已经在企业中得到了广泛应用，工程师们在享受 CAD 带来好处的同时，大量的时间浪费在查找设计所需的信息上，对于电子数据的存储和获取新需求变得越来越迫切。针对这种需求，众多 CAD 厂商配合自家的 CAD

软件开始推出了第一代 PDM 产品，其主要目标是解决大量电子数据的存储和管理问题，提供了维护"电子绘图仓库"的功能。第一代 PDM 开始利用产品的各种信息来优化生产，但也仅仅是在一定程度上缓解了"信息孤岛"的问题，仍然普遍存在系统功能较弱、集成能力和开放程度较低等问题。

2. 专业 PDM 产品

第二阶段始于 20 世纪 80 年代末，随着对第一代 PDM 产品功能的不断扩展，出现了包括电子图档管理、工程更改单管理和材料清单管理等功能的专业 PDM 产品。在这一阶段，PDM 系统是企业设计和工艺部门的基础数据平台，各种 CAX 应用如 CAD、CAPP、CAE 的应用通过 PDM 进行集成，以 PDM 作为企业设计和工艺的数据管理中心和流程管理中心。PDM 系统和其他企业信息系统，如 MRPII、ERP 系统和企业 MIS 系统等是相互协作的关系，PDM 通过接口与这些系统连接起来，再加上自动化制造系统（MAS），就构成了一个企业计算机集成制造系统（CIMS）的雏形。第二代 PDM 产品的功能得到了广泛认同，开始走向商业化成为一个产业，出现了许多专业性开发、销售和实施 PDM 的公司。

3. PDM 的标准化阶段

第三阶段是 PDM 标准化阶段。相对于前两个阶段，标准化阶段是 PDM 发展史上的一次大飞越。1997 年，国际 OMG 组织公布了其 PDM Enabler 标准草案，PDM Enabler 基于 CORBA 技术，就 PDM 系统的功能、PDM 系统的逻辑模型和 PDM 产品之间的互操作性等方面的问题提出了标准，标志着 PDM 技术向标准化方面迈出了重要的一步。

1.2 PDM基本概念

1.2.1 PDM 定义

由于 PDM 包含的技术内容太多且广，与 PDM 相关的技术内容在不断发展和变化，PDM 尚无一个完整确切的定义。1995 年 2 月，主要致力于 PDM 技术和相关计算机集成技术的国际权威咨询公司 CIMdata 公司总裁 Ed Miller 在 *PDM Today* 一文中给出了 PDM 的简单定义：PDM 是一门用来管理所有与产品相关的信息（包括零件信息、配置、文档、CAD 文件、结构、权限信息等）和所有与产品相关的过程（包括过程定义和管理）的技术。Gartner Group 公司的 Dave Burdick 给出的 PDM 定义为"PDM 是为企业设计和生产构筑一个并行产品开发环境（有供应、工程设计、制造、采购、销售与市场、客户构成）的关键使能技术。一个成熟的 PDM 系统能够使所有参与创建、交流、维护设计意图的人在整个信息生命周期中自由共享和传递与产品相关的所有异构数据"。

从以上描述可以看出，PDM 是以软件为基础，以产品为核心，实现对产品相关的数据、过程、资源一体化集成管理的技术。其明确定位为面向制造企业，以产品为管理的核心，以数据、过程和资源为管理信息的三大要素，如图 1-2 所示。PDM 进行信息管理的两条主线是静态的产品结构和动态的产品设计流程，所有的信息组织和资源管理都是围绕产品设计展开的。接下来，我们从 PDM 管理的对象、管理的目标、实现的手段，以及产品与过程等几方面入手，全面阐述 PDM 基本概念。

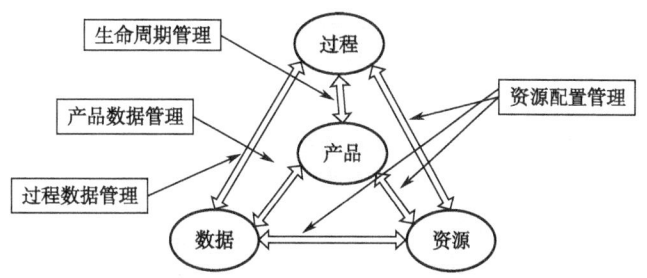

图 1-2　PDM 中产品、数据、过程和资源的关系图

从管理对象的角度来看，PDM 是一个系统，管理、存取和控制与企业产品相关的所有数据和相关过程。其管理的是整个产品生命周期的产品信息，而不仅仅是设计阶段的数据。PDM 应用面向对象的数据库，它不仅可以管理大量繁杂的数据信息，同时也可以管理产品开发的全过程，如过程图纸信息、设计、审核、批准的过程，产品的零部件结构和材料标准等。在 PDM 中通过面向对象技术对上述信息进行管理。例如，CAD 系统产生的文件可表示为一个对象，在 PDM 中打开对象，可以自动启动原 CAD 软件，将对象装入软件中。为用户在一个有多厂商提供的硬件平台和应用软件的混杂网络环境中高效地工作提供了可能。

从管理目标的角度来看，产品数据管理是帮助企业、工程师和其他有关人员管理数据并支持产品开发过程的有力工具，是依托 IT 技术实现企业最优化管理的有效方法，是科学的管理框架与企业现实问题相结合的产物，也是计算机技术与企业文化相结合的一种产品。产品数据管理系统保存和提供产品设计、制造所需要的数据信息，并提供对产品维护的支持，即进行产品全生命周期的管理。产品数据管理集成了所有与产品相关的信息，有助于企业实现有序和高效地设计并制造产品。

从实现手段角度来看，PDM 是以软件为基础的技术，它将所有与产品相关的信息和所有与产品有关的过程集成在一起。PDM 系统利用电子数据库（Electronic Vault）实现对产品相关信息的生成、存储、查询、控制存取、恢复、编辑、电子检查和追溯。PDM 系统通过对过程（Process）对象的定义、检查、查询、存取控制、恢复和编辑，实现对工作流的控制。要成功实施 PDM 系统，往往需要改变企业的传统管理模式和传统文化，形成新的信息组织方式，而 PDM 系统通过用户接口的应用，能够有效减少这些改变和新的信息组织方式对企业所造成的不利影响。另外，PDM 系统涉及的大量原始信息来自不同的应用系统，因此，PDM 系统通过应用集成的方式，对企业使用各种软件产生的数据和文档进行有效管理，实现应用软件之间的信息共享，建立企业全局信息集成平台。

从产品来看，PDM 系统可帮助企业组织产品设计（包括需求分析、设计规划、产品建模）、完善结构修改（包括产品结构管理与配置、产品版本控制）、跟踪进展中的设计概念、及时方便地查找存档数据及相关产品信息。从过程来看，PDM 系统可协调组织和规范化管理，诸如设计、审查、批准、制造、数据变更、工作流优化，以及产品发布等过程事件。

总之，PDM 是一个软件框架，以此框架为基础，高度集成各种应用软件而组成的系统，其目的是在正确的时间，把正确的信息，以正确的形式，传递给正确的人，完成正确的任务。通过 PDM 系统，设计者、制造者和管理者可以对产品设计、开发的相关数据与过程实现全面管理，并可以对相关数据和过程进行实时查看、紧密跟踪和适度控制等操作。

1.2.2 PDM 与企业信息集成

PDM 在企业的信息集成过程中可以看作起一个集成"框架"的作用，各种应用程序诸如 CAD/CAM/CAE、EDA、OA、CAPP、MRP 等，将通过各种各样的方式，如应用接口、开发（封装）等，直接作为一个个"对象"被集成进来，使得分布在企业各个地方、各个应用中使用（运行）的所有产品数据得以高度集成、协调、共享，所有产品研发过程得以高度优化或重组。

1.2.3 PDM 的应用领域

PDM 涉及的领域很广，它可以管理各种与产品相关的信息，包括电子文档、数据文件及数据库记录。适用的产品领域至少包括如下：

（1）制造业——汽车、飞机、船舶、计算机、家电、移动电话等；

（2）工程项目——建筑、桥梁、高速公路等；

（3）工厂——钢铁厂、炼油厂、食品加工厂、制药厂、海洋平台等；

（4）基础设施——机场、海港、铁路运营系统、后勤仓储等；

（5）公用事业——发电/电力设备、无线通信、水/煤/气供应、有线电视网等；

（6）金融——银行、证券交易及其他行业。

在国外，PDM 的应用地区，从早期的美国到欧洲、环太平洋地区、日本韩国，再到印度、巴西、中东等地区。应用范围已超出制造业，扩展到医疗保健、保险、建筑和通信等行业。在国内，PDM 应用范围集中在竞争激烈的家电企业和生产复杂产品的企业，如汽车、航空航天企业等。从应用效果来看，有的效果比较明显，有的未达到预期目标，总体上处于上升阶段，PDM 应用市场增长较迅速。

值得指出的是，面对如此广泛的应用领域，目前尚无一种万能的 PDM 系统可以包罗万象。每个领域都有其自身的特点及需求，即使同一领域的单位，使用完全相同的 PDM 产品，也会有完全不同的实施问题。PDM 系统仅是软件系统框架，是个"半成品"，必须与企业的管理模式相结合进行定制实施，才能更好地为企业管理服务。

1.3 PDM系统基本功能

PDM 系统覆盖产品生命周期内的全部信息，为企业提供了一种宏观管理和控制所有与产品相关的信息的机制，并从全局共享的角度，为不同地点、不同部门的人员营造了一个虚拟协同的工作环境，使其可以在同一数字化的产品模型上一起协同工作。一个完善的 PDM 系统应包括以下基本功能模块，如图 1-3 所示。

1.3.1 电子仓库与文档管理

电子仓库与文档管理是 PDM 最核心的模块。对于大多数企业来说，一般都需要使用许多不同的计算机系统（主机、工作站、PC 等）和不同的计算机软件来产生产品整个生命周期内所需的各种数据，而这些计算机系统和软件还有可能建立在不同的网络体系上。在这种情况下，如何确保这些数据总是保持最新的和正确的，并且使这些数据能在整个企业范围内得到充分的共享，同时还要保证数据免遭有意的或无意的破坏，这些都是迫切需要解决的问题。PDM 的电子资料库和文档管理提供了对分布式异构数据的存储、检索和管理功能。在 PDM 中，数据的访问对用户来说是完全透明的，用户无须关心电子数据存放的具体位置，以及自己得到的是否是最新版本，这些工作均由 PDM 系统的电子仓库与文档管理功能来完成。另一方面，电子仓库与文档管理通过角色权限控制来保证产品数据的安全性，在 PDM 中电子数据的发布和变更必须经过事先定义的审批流程后才能生效，这样就使用户得到的总是经过审批的正确信息。

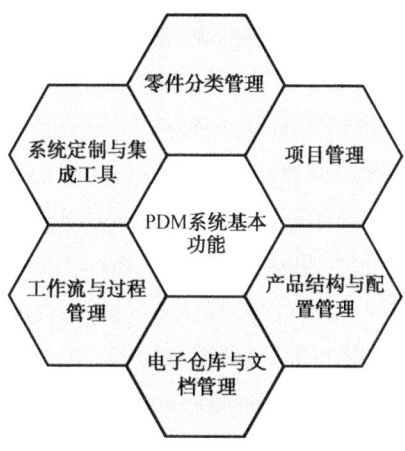

图 1-3 PDM 系统基本功能

电子仓库与文档管理是 PDM 中最基本、最核心的功能，它保存了管理数据的数据（元数据），以及指向描述产品相关信息的物理数据和文件的指针，它为用户存取数据提供一种安全的控制机制，并允许用户透明地访问全企业的产品信息，而不用考虑用户或数据的物理位置。其主要功能可以归纳为文件的输入和输出、按属性搜索的机制、动态浏览/导航能力、分布式文件管理和分布式仓库管理、安全机制等。

1.3.2 工作流与过程管理

为了达到一定目标，工作组中的成员按照一定顺序动态完成任务的过程称为工作流程，即工作流。工作流与过程管理用来定义和控制流程数据操作的基本过程，帮助企业协调组织任务和工作过程以获得最大生产效率。

工作流与过程管理主要控制用户之间的数据流向，以及在一个项目的生命周期内跟踪所有事务和数据的活动，其中包括宏观过程（产品生命周期）和各种微观过程（如图样的审批流程），是支持工程更改必不可少的工具。

由于产品数据管理过程的复杂性和多样性，目前一般 PDM 的过程与工作流管理是在对企业中各种业务流程进行详细分析的基础上，通过系统的模板定制与二次开发来实现的。

1.3.3 产品结构与配置管理

产品结构与配置管理是 PDM 系统的核心功能之一。产品结构与配置管理是以电子仓库为底层支持，以物料清单（BOM）为其组织核心，把定义最终产品的所有工程数据和文档联系起来，对产品对象及其相互之间的联系进行维护和管理，实现产品数据的组织、控制和管理，并在一定目标或规则约束下向用户或应用系统提供产品结构的不同视图和描述。产品结构与配置管理能够建立完善的 BOM 表，并实现其版本控制，高效、灵活地检索与查询最新的产品数据，实现产品数据的安全性与完整性控制。

在企业中，不同的部门（如设计部门、工艺部门和生产计划部门），或者不同的阶段，对同一产品的结构形式的要求并不相同，因此，产品结构与配置管理提供了按产品视图来组织产品结构的功能。通过建立相应的产品视图，企业的不同部门可以按其需要的形式来对产品结构进行组织。而当产品结构发生更改时，可以通过网络化的产品结构视图来分析和控制产品更改，以控制产品对整个企业的影响。

1.3.4 项目管理

在 PDM 系统中，项目是指某个工程围绕设计、生产和制造进行的所有活动的总称。所有设计、生产的相关活动都是以项目为单位进行组织管理的，例如，航空制造厂按照飞机型号与批次组织生产，汽车厂按照汽车的型号组织生产等。项目管理是在项目实施过程中实现其计划、组织、人员及相关数据的管理与配置，对项目的进度情况进行监控与反馈。

项目管理是建立在工作流程管理基础之上的，其管理内容应该包括项目和任务的描述、项目成员组成与角色分配、项目工作流程、时间与费用管理、项目资源管理等，为控制项目开发时间和费用、协调项目开发活动、保证项目正常运行提供一个可视化的工具。

1.3.5 零件分类管理

零件分类管理将具有相似特性（结构相似性和工艺相似性）的零件分为一类，并赋予一定的属性和方法，形成一组具有相似零件特性的零件集合，即零件族。

一般采用编码的方式进行零件分类管理，零件编码一般分为标识码和分类码两部分。标识码用来唯一标识零件；分类码标识零件的功能、形状、生产工艺等信息。通过对零件编码，简化了零件描述，便于利用计算机实现分类处理，便于信息的传输、存储和检索，实现零件及其相关信息的快速检索。

1.3.6 系统定制与集成工具

PDM 系统可以按照用户的需求合理配置所需的功能模块，并提供面向对象的定制工具，定制工具中提供有专门的数据模型定义语言，能够实现对企业模型全方位的再定义，包括软件系统界面的专门改造及系统的功能扩展等。为了使不同的应用系统之间能够共享信息，对应用系统所产生的数据进行统一管理，还可以将外部应用系统"封装"或集成到 PDM 系统中，实现应用系统与 PDM 系统之间的信息集成。

1.4 PDM系统的体系结构

软件体系结构是软件开发中第一类重要的设计对象，一方面，它在软件需求与软件设计之间架起了一座桥梁，为软件开发人员提供了共同交流的语言，体现了系统早期的设计决策，并为实现框架和构件的共享与复用、基于体系结构的软件开发提供了有力支持；另一方面，软件的体系结构在一定程度上决定着软件的功能和风格，是软件系统取得长远成功的关键因素。对软件体系结构设计的决策取决于并影响着系统硬件结构模型。

PDM 系统的作用是将产品生命周期中所有与产品有关的数据和过程集成在一起，并为所有相关用户提供最新数据信息。作为企业级的管理工具，PDM 系统必须要具有一个开放、灵活的体系结构，支持异地、异构的软硬件环境。PDM 体系结构是随着计算机软硬件技术的发展而日益优化的，并一直伴随着 PDM 发展和应用。

1.4.1 基于 C/S 结构的 PDM 体系结构

根据 PDM 的系统需求，PDM 体系结构一般被划分为用户界面层、核心功能层、框架核心层和系统支持层四个层次，体系结构如图 1-4 所示。

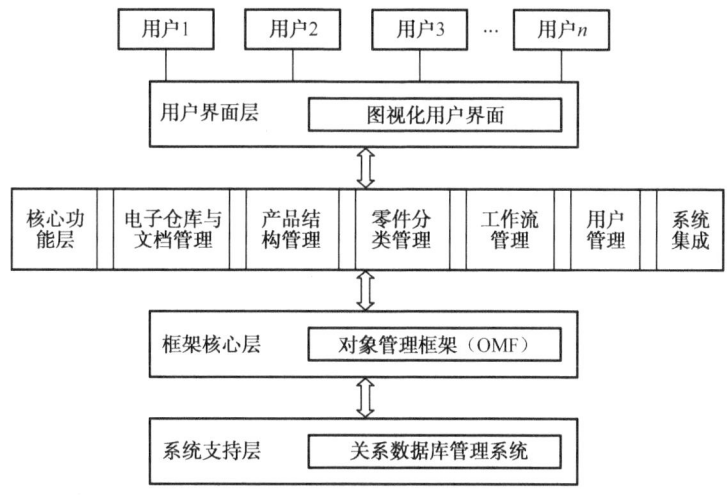

图 1-4　C/S 结构的 PDM 体系结构

1. 用户界面层

向用户提供交互图形界面，包括图示化的浏览器、各种菜单、对话框等，用于支持命令的操作与信息的输入/输出。通过 PDM 提供的图视化用户界面，用户可以直观方便地完成管理整个系统中各种对象的操作。它是实现 PDM 各种功能的手段、媒介，处于最上层。

2. 核心功能层

涉及 PDM 系统软件的核心功能模块，包括文档管理、产品结构管理、零件分类管理与检索、工作流管理、用户管理以及系统集成等功能。

3. 框架核心层

实现 PDM 各种功能的核心结构与架构，由于 PDM 系统的对象管理框架具有屏蔽异构操作系统、网络、数据库的特性，用户在应用 PDM 系统的各种功能时，实现了对数据的透明化操作、应用的透明化调用和过程的透明化管理等。

4. 系统支持层

以关系数据库系统为 PDM 的支持平台，通过关系数据库提供的数据操作功能支持 PDM 系统对象在底层数据库的管理。

1.4.2 基于 C/B/S 结构的 PDM 体系结构

当前先进的 PDM 系统普遍采用 Web 技术及大量的业界标准，基于 C/B/S 结构，软件的体系结构如图 1-5 所示。整体可分为 5 层：底层平台层、核心服务层、应用组件层、应用工具层和实施理念层。

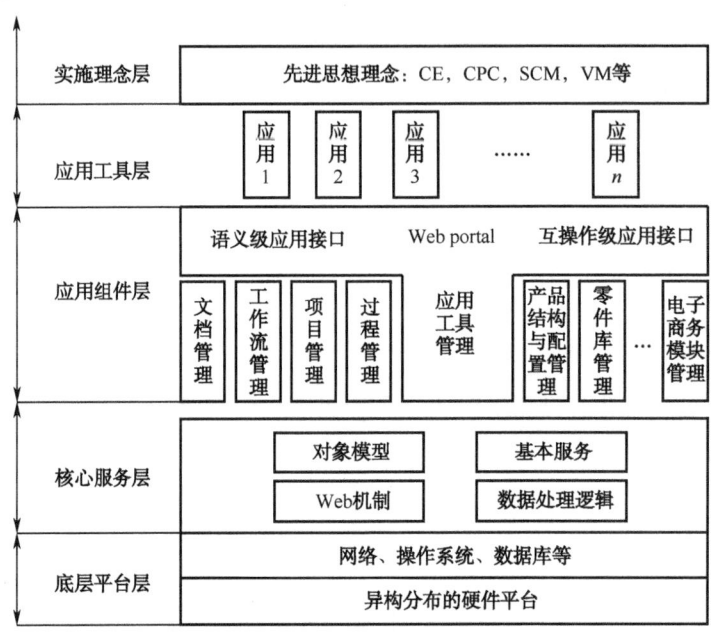

图 1-5 基于 C/B/S 结构的 PDM 体系结构

PDM 软件体系结构逻辑层功能描述如下。

1. 底层平台层

主要指异构分布的计算机硬件环境、操作系统、网络与通信协议、数据库、中间件等支撑环境。当前的 PDM 软件底层平台的发展主要有两个特点：一是适应能力不断扩展，能够支持越来越多的软硬件环境。PDM 厂商一直致力于推出适应更多平台的 PDM 系统，在硬件环境中，从最简单的用户终端、PC 到高端的工作站和服务器都可以运行相应的 PDM 系统。二是底层平台朝廉价方向发展。在操作系统上，Unix 依然是大多数 PDM 系统主要使用的平台，但由于 PC/Windows 具有成本低廉、界面友好、操作方便等优势，PC/Windows 也正在悄然进入这一领域。虽然很多大型 PDM，如 Metaphase、Teamcenter、PM 等其服务器端还运行在 Unix 环境下，但都相继推出了各自的微机版。而像 Windchill 等新生贵族更是首先以 PC/Windows 为主要平台，然后才推出 Unix 版本。

由于企业级 PDM 系统具有庞大的数据量和较高的性能要求，因此，底层数据库几乎都集中于 Oracle、SQL Server、Sybase 等大型数据库上，尤其 Oracle 是很多 PDM 系统的首选或独选数据库。此外，PDM 软件几乎都支持 TCP/IP、IIOP、NetBIOS、HTTP 等局域网和广域网标准协议。

2．核心服务层

PDM 软件一般指的就是其核心服务层和应用组件层。在 C/S 结构下，核心服务层一般是指服务器端，而客户端软件属于 PDM 的应用组件；在 C/B/S 结构下，二者都运行在服务器端，但在软件产品购买安装等方面会有所不同，核心服务是必需的，而应用组件是可选的。比如 Metaphase 的对象管理框架、Windchill 的 Windchill Foundation、Teamcenter 的 eServer 等都属于各自的核心服务层。

核心服务层实际上就是一组对象模型，它主要完成三个功能：一是向下连接并操纵数据库；二是向上为 PDM 应用组件提供基本服务；三是为应用软件提供应用编程接口（API），以集成应用软件。此外，有些 PDM 软件在核心层中还加入了 Web 处理机制。

3．应用组件层

PDM 的应用组件层实际上是由调用 PDM 基础服务的一组程序（界面）组成并能完成一定应用功能的功能模块。如工作流管理应用组件，就是由工作流定义工具、工作流执行机、工作流监控工具等组成的、完成工作流程管理的功能模块。各 PDM 厂商都在不断丰富自己的应用组件，像 Metaphase 提供了包括生命周期管理器、更改控制管理器、产品结构管理器、产品配置管理器、零部件族管理器以及用于同 CAx/DFx/ERP/CrM/EC/SCM 等应用软件集成的 Metaphase 应用集成接口、可视化工具、协同设计支持工具、数字样机等大量丰富的应用组件。

统一的用户界面也归入了应用组件层，几乎所有的 PDM 都支持通过 Web 方式访问和操纵 PDM，较新的如 eMatrix、Windchill 等 C/B/S 结构的 PDM 都是以 Web 浏览器为客户端，而 Metaphase、Teamcenter 等也相继推出了各自基于 Web 的客户端产品。

4．应用工具层

应用工具主要指 CAx/DFx 等工程设计领域软件、Word 等办公用软件以及所有 PDM 以外的其他应用软件，PDM 通过多种方式与这些应用软件实现集成。

5．实施理念层

PDM 归根结底不是企业的经营管理模式，而只是一种软件工具，这种软件工具只有在先进的企业运作模式下才能发挥作用，因此，PDM 的实施几乎都离不开 CE（并行工程）、CPC（协同产品商务）、VM（虚拟制造）、SCM（供应链管理）、ISO 9000 等先进的管理理念和质量标准。只有在这些先进思想的指导下，PDM 的实施才能确保成功，并发挥出较大的作用。另一方面，PDM 的实施又是这些先进理念得以成功贯彻的最有效的工具和手段之一。

PDM 软件厂商在推销其软件产品的同时也在推销它的理念，如 PTC 倡导 CPC、Metaphase 倡导它的 4C 理念等。而 PDM 软件又是一种只有通过实施才能完美地与企业结合并体现其价值的软件，因此，实施理念被列在了 PDM 体系结构的最上层。

1.5 Teamcenter系统

Teamcenter 是为企业提供产品数字化全生命周期管理的软件产品，其开发商是德国西门子自动化与驱动集团（A&D）旗下机构、全球领先的产品生命周期管理软件与服务提供商 Siemens PLM 软件公司（Siemens PLM Software）。该产品支持统一的产品全生命周期管理和面向行业提供即装即用的解决方案，已在全球数百家企业实施运行，在业界被称为经过验证的、成熟的 PDM/PLM 系统。

1.5.1 Teamcenter 软件体系结构

Teamcenter 提供了两层（Two-Tier）和四层（Four-Tier）两种体系结构，在安装部署时可以根据企业需求任选一种体系结构，也可以在同一环境中同时部署这两种体系结构。

1. Teamcenter 两层体系结构

Temcenter 两层体系结构的逻辑视图如图 1-6 所示，包括客户端层（Client Tier）和资源层（Resource Tier）。客户端层包括以下几部分：胖客户端（Rich Client）、Teamcenter 服务和可执行程序、可选择的集成在胖客户端的应用程序，如 NX 等。资源层是通过运行环境存储持久数据和进行文件管理，包括以下三部分：数据库服务器、卷服务器、文件服务器。

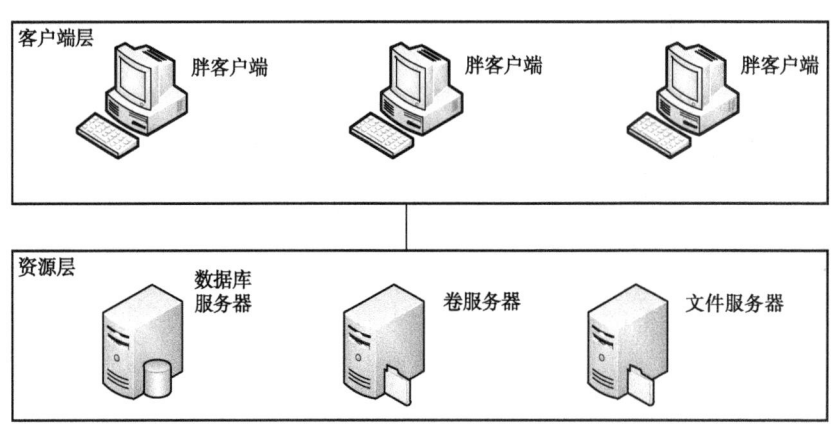

图 1-6　Teamcenter 两层架构逻辑视图

2. Teamcenter 四层体系结构

Teamcenter 四层体系结构的逻辑视图如图 1-7 所示，分为四个层次，分别是客户端层（Client Tier）、Web 层（Web Tier）、企业层（Enterprise Tier）和资源层（Resource Tier）。每一层为其上一层提供所需的服务。操作系统与数据库为最下层提供系统功能，而最上层则通过 Web 界面提供最终用户功能。

（1）客户端层

客户端层提供以 Web 技术为基础的最终用户操作界面。每一个企业都不免有用户界面客户化的需求。Teamcenter 是一个开放性的系统，其中表现在各层系统架构都支持 J2EE 企业环境标准，为用户界面的客户化提供了有效的标准开发环境。客户端层负责客户端的应用，处理用户界面的输入/输出，并负责保障文件缓存。客户端可以包括以下部分：瘦客户端（Thin Client）、胖客户端（Rich Client）、网络文件夹、其他应用程序，如 Teamcenter's Lifecycle Visualization。

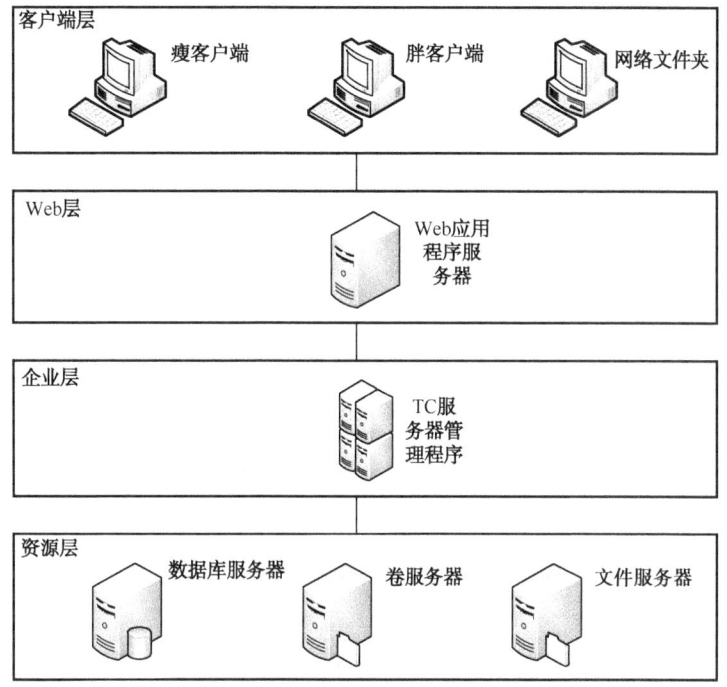

图 1-7　Teamcenter 四层架构逻辑视图

（2）Web 层

Web 层通过 Teamcenter 服务器提供所有的 Teamcenter 功能，包括文档管理、产品结构管理、业务流程管理、文件输出等。处理客户端的安装、登录请求、客户端的业务逻辑请求、向客户端提供静态内容，处理客户端和企业层的交互。所有应用子系统之间通过 PLM XML 对不同类型、结构和形态的数据进行操作访问。Teamcenter API 和 PLM XML 提供标准应用开发和数据接口，主要为其他企业数据系统如 ERP 或 MES 等提供数据交换接口和各种界面的开发工具。此外，Web 层也提供各种常用的标准接口和协议，如 ODBC、IIOP、CORBA、RMI、HTTP 等。Web 层可以有如下应用：一是如 Web Logic 等基于 Java 的 J2EE Web 应用服务；二是基于.NET 的 Microsoft IIS 服务。

（3）企业层

企业层负责处理业务逻辑、安全规则应用、从数据库存取数据，以及提供动态内容至客户端，是 Teamcenter 的核心层。企业层提供了用户与数据库系统的数据交换、安全管理、业务逻辑等功能，不同的 Teamcenter 用户接口（Web Browser、Rich Client 等）及其他应用程序（CAx、ERP 等）将数据以 PLM XML 格式传递给企业层，企业层验证数据后，再将其储存到数据库中。同时，它支持.NET、J2EE 等技术，能更加方便地与其他系统进行数据交换。企业层由以下两部分组成：一是服务管理器管理的服务处理池（只用于四层架构）；二是临时卷。

（4）资源层

资源层即数据存取层，直接与操作系统和数据库进行交互操作，为 Web 层提供可靠的和高效能的数据存取、对象管理、文本搜索等基本功能。资源层存储 Teamcenter 的持久数据和文件管理。资源层包括以下几部分：数据库服务器（包含数据库）、卷服务器（即 Standard Volumes，标准卷）、文件服务器（用于共享配置和二进制执行的文件服务）。

1.5.2 Teamcenter 应用程序界面

应用程序界面是显示应用程序、数据或图形的工作区。如图 1-8 所示是使用"我的 Teamcenter"界面来图示 Teamcenter 应用程序的常规布局，"我的 Teamcenter"是用于组织产品信息，调用许多常用 PDM 功能的一个基本入口。

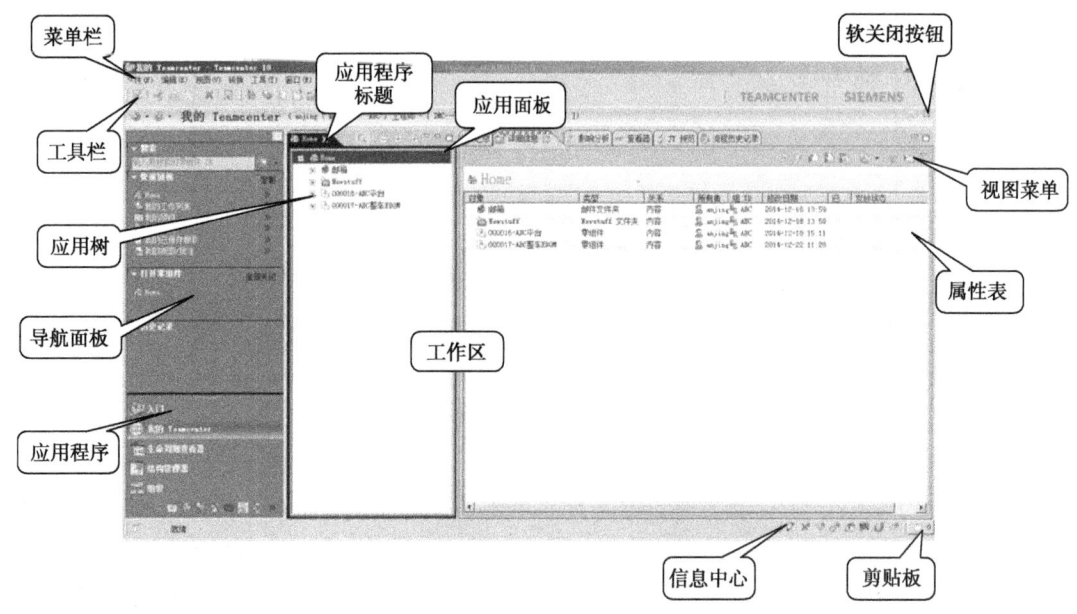

图 1-8 "我的 Teamcenter"应用程序界面

实例 1-1 ABC 汽车企业 PDM 实施方案框架——数据管理方案

ABC 汽车企业产品数据管理—Teamcenter 系统所管理的范围包括如下。

数据：产品开发过程中与产品直接相关的数据，如设计规范、设计结果（3D 模型/工程图纸/技术条件/各类手册）、标准性规范（材料规范/表面处理/防腐蚀/焊接/安全/环保/公差等）、可靠性工程 EQOS（质量历史/B 图/接口矩阵/P 图等）、试验数据（试验大纲/试验报告）、电子样车等。

流程：与 PDM 所管理的数据直接相关的流程，如数据审核/发布流程、工程变更流程。其中，工程变更流程是产品开发过程中必不可少的，是 PDM 一定要支持的重要流程；在项目的工作范围约定中，是以电子表单的方式实现的。

基础支撑：为实现对上述数据、流程的管理所需的基础，如组织机构管理（部门/角色/人员）、权限控制（数据/流程）、版本控制等。

第1章 产品数据管理概述

1. 数据的类别

从数据的范畴和目的来分,产品开发过程中的数据主要可划分为项目管理和控制数据、产品定义数据、产品设计数据、产品验证数据、产品制造数据、产品生产数据、产品销售/服务数据等。其主要内容如图1-9所示。

产品定义	产品设计	产品验证	产品生产
定义数据 •产品信函 •参考车型 •产品布置	设计数据 •三维模型 •工程图 •技术条件 •E-BOM	工艺数据 •模具 •工艺路线 •装配工艺 •M-BOM	工程更改 •更改申请 •更改通知 物料 •清单
产品策略 •采购 •制造	可靠性 •FMEA •DVP	可靠性 •试验计划 •检测报告 样车	产品说明 •手册 •说明书 •销售信息
	样车		

图1-9 不同阶段的主要产品数据

从宏观的角度来看,这些数据的层次关系可用如图1-10所示来描述。

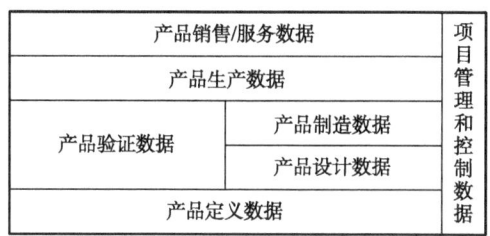

图1-10 产品数据的层次关系

产品数据管理所覆盖的范围如图1-11所示,从图中可以看出产品数据管理虽然只管理其中部分数据,但这部分数据是源头和基础,所以保持这些数据的一致性、有效性和及时性是提高效率、降低成本及缩短产品开发周期的核心基础。

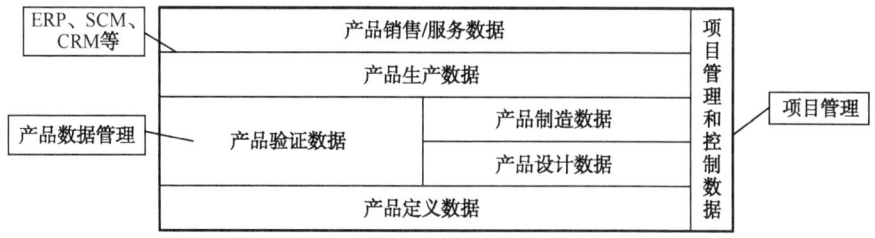

图1-11 产品数据管理所覆盖的范围

2. 企业级范围内的数据流动和控制

针对不同的数据,所采取的管理方式也是不同的。以ABC汽车企业为例,如图1-12所示描述了在PDM系统中管理的数据产生过程及相关业务活动所对应的PDM功能,主要包括文档管理、产品结构管理、工作流管理、设计变更管理等。

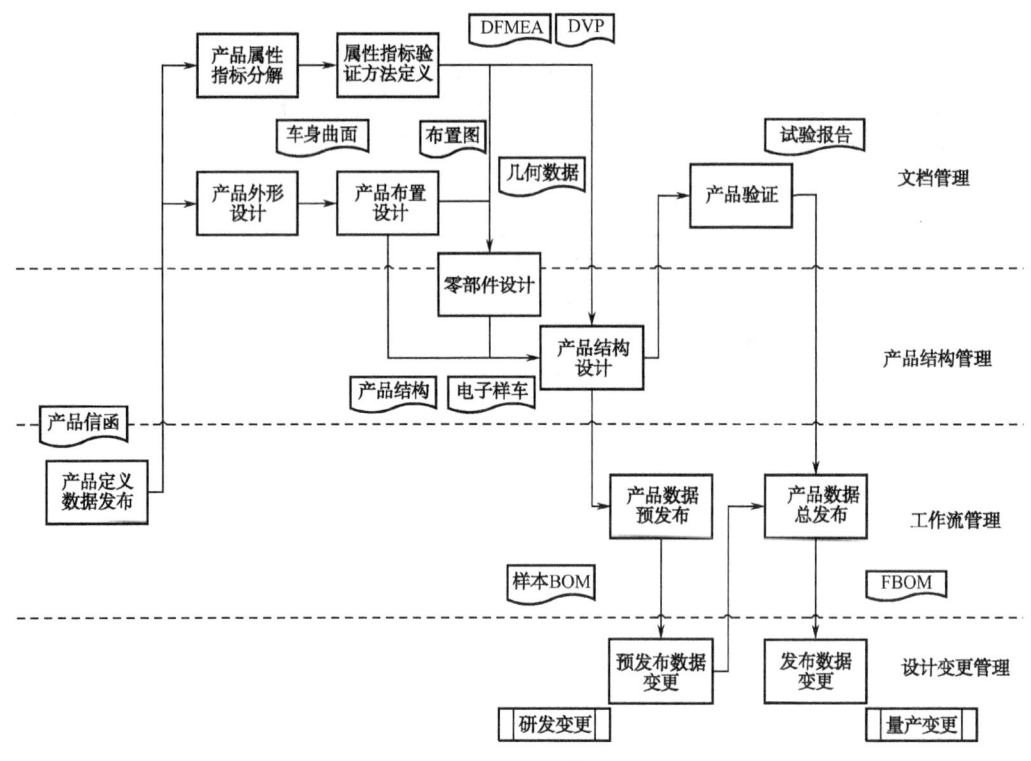

图 1-12　数据产生过程

本章习题

一、填空题

1．PDM 全称是＿＿＿＿＿＿＿＿＿＿＿＿＿＿＿，含义是＿＿＿＿＿＿＿＿＿＿＿＿＿＿。

2．PLM 全称是＿＿＿＿＿＿＿＿＿＿＿＿＿＿＿，含义是＿＿＿＿＿＿＿＿＿＿＿＿＿＿。

3．PDM 技术的发展史分为＿＿＿＿＿个阶段。

4．PDM 是一个＿＿＿＿＿＿＿＿，以此＿＿＿＿＿＿为基础，高度集成各种应用软件而组成的系统，其目的是在正确的＿＿＿＿＿＿，把正确的＿＿＿＿＿＿，以正确的＿＿＿＿＿＿，传递给正确的＿＿＿＿＿＿，完成正确的＿＿＿＿＿＿。

5．狭义上，PDM 仅管理与＿＿＿＿＿＿＿＿相关的领域内的信息，广义上，PDM 可以覆盖整个企业，从产品的＿＿＿＿＿＿、＿＿＿＿＿＿、＿＿＿＿＿＿、＿＿＿＿＿＿、＿＿＿＿＿＿、＿＿＿＿＿＿等全生命周期的产品信息，并使产品数据在整个生命周期内保持＿＿＿＿＿＿、＿＿＿＿＿＿及＿＿＿＿＿＿。

二、简答题

1．解释 PDM、PLM、ERP、CIMS、MRPII、MRP 的概念。

2．解释 CRM、SCM、敏捷制造、虚拟制造的概念。

3．简述 PDM 系统的基本功能。

4．PDM 中有哪几项关键技术？

5．请画出 Teamcenter 两层架构和四层架构的结构图。

第 2 章　电子仓库与文件管理

2.1　基础知识

2.1.1　元数据和电子仓库

1. 元数据

随着计算机技术特别是通信技术的发展，信息共享的需求越来越显得急迫，数据量的增大也使信息资源管理成为突出而复杂的问题，这就需要更简单有效的方法来管理和维护数据，而用户则需要用更快更便捷的方法来找到自己所需的资源，而元数据的出现为解决这个问题提供了有效的管理和应用手段，逐渐成为数字信息时代最重要的工具之一。

目前关于元数据（Meta Data）尚没有统一标准的定义，一般认为元数据是"描述数据的数据"，是关于数据的组织、数据地址及其关系的信息。简单地，元数据对于数据来说，类似一个人的名片，或是一张图书馆藏书的卡片，用于资料的整理、查找、存取、集成、转换和传送。以截止阀为例，其相应的元数据描述如图 2-1 所示。

型号：YD-GB802L-12-1
分类：截止阀
适用范围：水介质
连接形式：螺纹
材质：黄铜
公称通径：15、20、25
压力范围：16（Mpa）
适用温度：≤100（℃）
文件类型：UGPart
设计者：张三
设计日期：2022.10
存放位置：...

图 2-1　截止阀及相应的元数据

元数据具有标准统一的格式，用规范的方式对数据的模式特征进行描述，可以通过一个模型结构，用标准的数据元素来表达通用的信息。元数据具有平台独立性、通用性，其自身不受技术平台的影响，可以在不同平台之间进行移植。元数据是生成其他数据模型的基础，可以生成其他数据模型或代码信息，并为系统提供统一的可读的系统模型，使系统在运行时可以使那些实体对象通过元数据模型来了解其本身的特征、结构、地位及与其他对象之间的关系等。这样就可以从一个全新的角度来理解、设计和开发系统。

元数据是有系统、有次序的结构性数据，它本身具有很强的逻辑结构，一般的元数据都是有层次的树状结构。为能够对信息资源进行准确和高效的描述，元数据在描述信息资源的时候一般分为三个层次。

一是对信息资源基本内容的描述，包括信息资源的标题、摘要、关键字等基本信息。标题就是信息资源的名字，通过标题使用者能够初步掌握信息资源的基本范围。摘要则表达了信息资源的基本内容，用户可以通过摘要掌握此信息资源的主要内容，便于判断是否是自己所需要的信息。而关键字则为信息的检索提供了方便。这些都为用户对资源的选择提供了重要依据。

二是对信息资源的获取方式进行描述，如信息资源的分发者信息、信息资源的获取地址信息等，通过这些信息，使用者可以很方便地获取所需要的信息资源，还可以直接联系信息资源分发者来获取信息。

三是描述元数据的维护信息，包括元数据的标识、元数据的维护方、元数据的创建日期与更新日期、更新频率等。这些信息主要作用于对元数据的管理与维护，提高元数据的管理和维护效率。同时，使用者也可以通过元数据的更新日期、更新频率等信息判断元数据与信息资源的一致性程度，进而间接判断信息资源的适用性。

在 PDM 系统中，产品相关信息由不同的主记录和各种不同的文件组成。主记录是描述对象的属性，如文件主记录、图纸主记录、模型主记录和零部件主记录等。主记录与文件之间可以通过元数据进行关联，因此，元数据是 PDM 中用来管理数据的数据，如描述图纸特性的图号、图名、比例、图纸存放路径等。每一项元数据对应 PDM 系统中的一个属性项，元数据（属性项）的集合就构成了属性集。对零部件和文件的分类、编码、查询就是对其元数据的管理，例如，当设计的零部件模型里有材料这个属性，需要查询材料是 45 号钢的零部件时，通过 PDM 系统就可以搜索出所有材料是 45 号钢的零部件。另外，元数据与主记录之间往往也存在必要的冗余，这样就能够在主记录与文件之间建立联系。

如图 2-2 所示描述了主记录、元数据、文件之间的关系。主记录定义了零件号、中文名称、零件版本、材料、重量等重要属性。元数据除位置地址这个属性外，其他的属性跟主记录的属性是一样的。主记录与元数据通过零件号这个唯一识别码建立联系，元数据位置地址存放指向物理数据的引用指针，这样主记录根据元数据与文件建立联系。

2. 电子仓库

电子仓库是指在 PDM 系统中实现特定存储机制的元数据库及其管理系统，是 PDM 系统中最基本、最核心的功能部件，它保存所有与产品相关的物理数据和文件的元数据，以及指向物理数据和文件的指针，该指针指定存放物理数据的数据库记录和存放物理文件的文件系统与目录，如图 2-3 所示，PDM 系统建立元数据与物理数据的联系，并将这种联系与数据保存在电子仓库中，从而达到快速检索与节省存储空间的目的。

第 2 章 电子仓库与文件管理

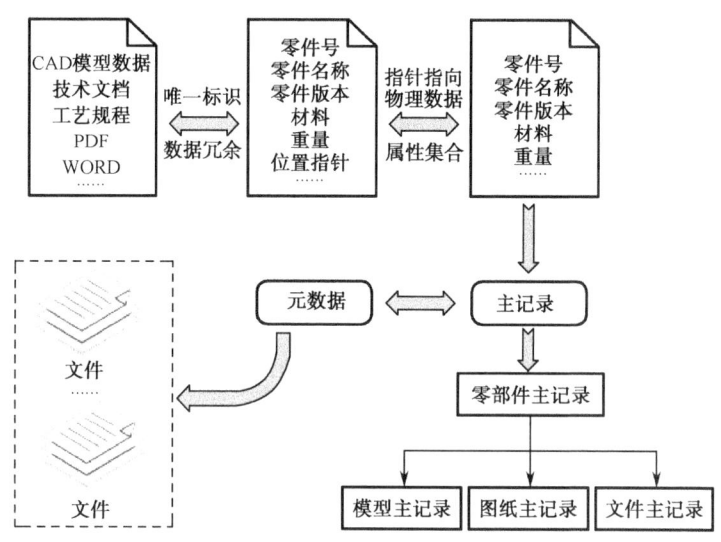

图 2-2 元数据、主记录、文件之间的关系

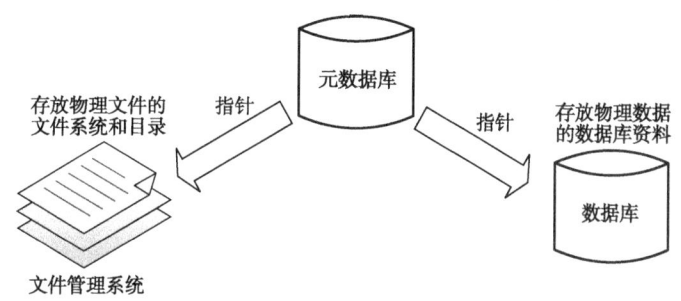

图 2-3 电子仓库、元数据库与文件系统的基本关系

电子仓库是实现 PDM 系统其他相关功能的基础，其提供的主要数据操作功能包括：对象的检入、检出、传送、改变对象的属主或受者关系、按照对象属性来进行检索、对象静动态浏览和导航、对象的安全控制与管理，以及电子仓库的创建、删除、修改等。而这些操作屏蔽了对象存储的实际物理位置，也就是说，用户在进行操作时，不必关心文件实际存储的物理位置与数据信息传递过程，只需要与电子仓库进行交互即可。

电子仓库的工作原理可做如下描述：当文件存入时，首先在元数据库中产生一条记录，用以记录这个文件描述信息，然后把这个文件存入到专用存储区中，再把文件的地址指针存入记录。当用户需要获取该文件对象的备份时，PDM 先到元数据库中找到整个文件的记录，然后根据记录中的地址指针找到这个文件，复制或检出到用户空间，并且更改这个文件的状态标志。每当进行这些操作时，PDM 都要对用户的操作权限进行检验。PDM 根据用户的操作权限和被操作文件的状态对文件进行管理。

PDM 系统为保证系统中共享数据的安全性、正确性和一致性，用户在存取数据时都要通过电子仓库的注册、签出与签入操作以及相应权限的检验，并把文件的状态标记为签入或修改，如图 2-4 所示。

（1）注册操作

指当用户将自己工作区中新生成的文件存放到电子仓库时，系统根据内定的命名规则为此文件命名，然后把这个文件存放到电子仓库中。这时，在元数据库中产生一条记录，记录此文件的文件名或文件标识号作为关键字,以及文件的地址指针,并把文件的操作状态标记为签入。与此同时,PDM 系统把用户工作区中的源文件删除,以确保电子仓库中的文件完全处于电子仓库的控制之下。

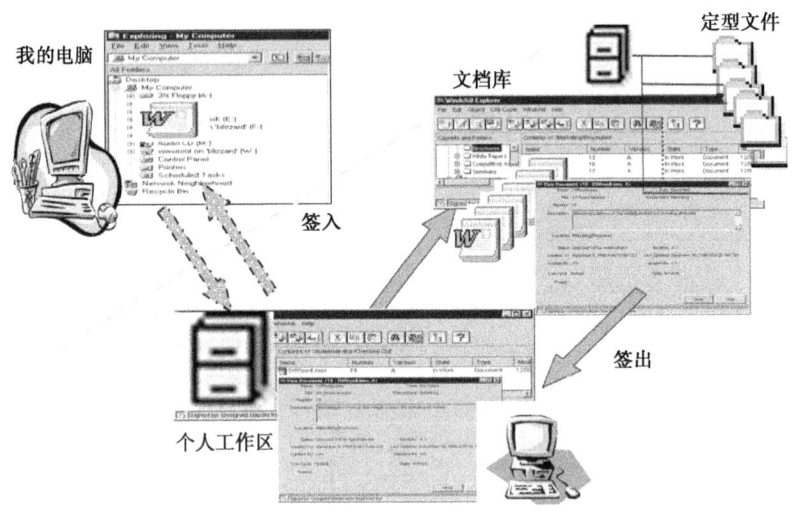

图 2-4　电子仓库的作用

（2）签出操作

此操作指将电子仓库中的文件信息签出到用户工作区进行修改。此操作根据文件名,先到元数据库中找到这个文件的地址指针,然后根据该指针找到这个文件,复制这个文件到用户工作区中,再到元数据库中把这个文件的操作状态标记为"修改"。当用户需要修改电子仓库中的对象时,必须将文件对象从电子仓库中签出,放入个人工作区中进行修改。与此同时,电子仓库对该对象加锁,其他用户只能浏览对象的内容而不能进行其他操作。

（3）签入操作

签入操作实现的是将用户工作区的私有信息放入电子仓库。修改后的对象存放到电子仓库中并不覆盖原有的对象,而作为这个对象新的版本存入电子仓库中。签入操作根据文件名,先到元数据库中找到这个文件的记录,比较这个文件的版本状态,把这个文件的操作标记为"签入",然后把这个新文件存入,把此文件的地址指针存入数据库中记录,用户工作区已修改的文件也即被删除。

这里有以下几点说明：

① 只有电子仓库的属主或被授权的用户才能对电子仓库进行相应的操作。

② 只有对电子仓库有签入权限的用户才可以将个人工作区的对象签入到电子仓库中。并且对象如果被签入到电子仓库,它就属于该电子仓库的属主所有,与原来的用户脱离属主关系,对该对象的访问权限的管理完全由新属主负责。

③ 一般用户在权限许可下才能对电子仓库中对象的内容浏览,但不能进行修改。只有对该电子仓库具有修改权限的用户,才能对电子仓库中的对象进行修改。

④ 电子仓库的专用存储区是由电子仓库控制管理的。电子仓库从操作系统接管了对这部分存储区的控制,从操作系统是无法看到这个存储区域的,因此用户、应用程序和操作系统无法知道文件的具体位置。所有存储在专用存储区中的文件不通过 PDM 系统的控制管理

是无法被取用的。另外,在电子仓库内同一个文件只有一份,经过修改的同名文件用版本号来区别。这样就保证了所有用户所进行的任何修改信息不会流失,从而保证了数据的完整性。

在 PDM 系统中,电子仓库是建立系统底层服务的关键,如图 2-5 所示。电子仓库是服务器为文件的存储专门设置的区域,一般由管理程序、数据库管理系统和专用存储区组成。电子仓库一般建立在关系数据库基础上,主要保证数据的安全性和完整性,并支持查询和检索功能,它连接数据库和文件系统,通过建立在数据库之上的数据指针,建立不同类型产品数据之间的关系,实现文件的层次和关系控制,并通过面向对象的数据组织方式提供快速有效的信息访问,实现信息透明、过程透明。

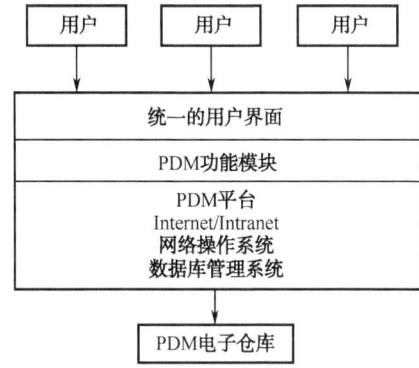

图 2-5 电子仓库提供 PDM 底层服务

目前 PDM 系统的电子仓库类型有集中式、分布式和虚拟式三种。

(1) 集中式电子仓库

集中式电子仓库将物理数据集中于中心服务器上来进行管理。元数据管理库、数据记录管理库与存放物理文件的文件系统和目录位于同一台服务器上,用户通过远程登录来获取数据,其体系结构如图 2-6 所示。其优点是保证了数据的唯一性和安全性,缺点是由于网上用户都需要远程登录来获取数据,因此速度慢、效率低。

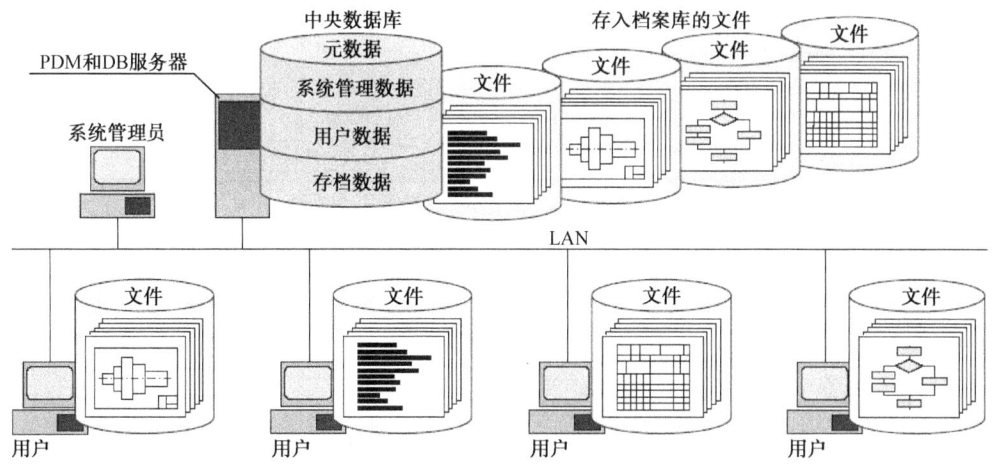

图 2-6 集中式电子仓库体系结构

(2) 分布式电子仓库

分布式电子仓库具有介于分布式文件系统与电子资料库之间的特点。同一个电子仓库可以对应多个分布在不同计算机上的文件系统和目录，不同电子仓库之间元数据共享，做到分布式环境中电子仓库与电子仓库之间，以及电子仓库与用户之间直接进行数据操作，无须进行远程登录，其体系结构如图 2-7 所示。

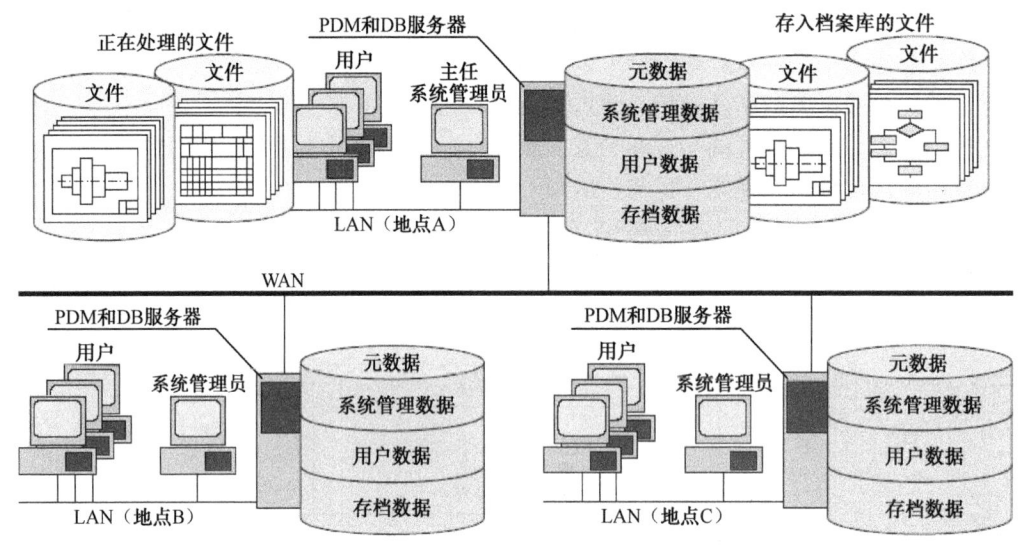

图 2-7　分布式电子仓库体系结构

（3）虚拟式电子仓库

是在分布式电子仓库的基础上，不仅文件系统是分布的，而且元数据库与物理数据库也是分布的，即只有一个面向全企业的虚拟电子仓库，而实际元数据分布在多个物理电子仓库中，其体系结构如图 2-8 所示。虚拟的元数据管理与分布式文件管理的实现，使得用户能访问全企业的产品信息，而不用考虑用户或数据的物理位置。

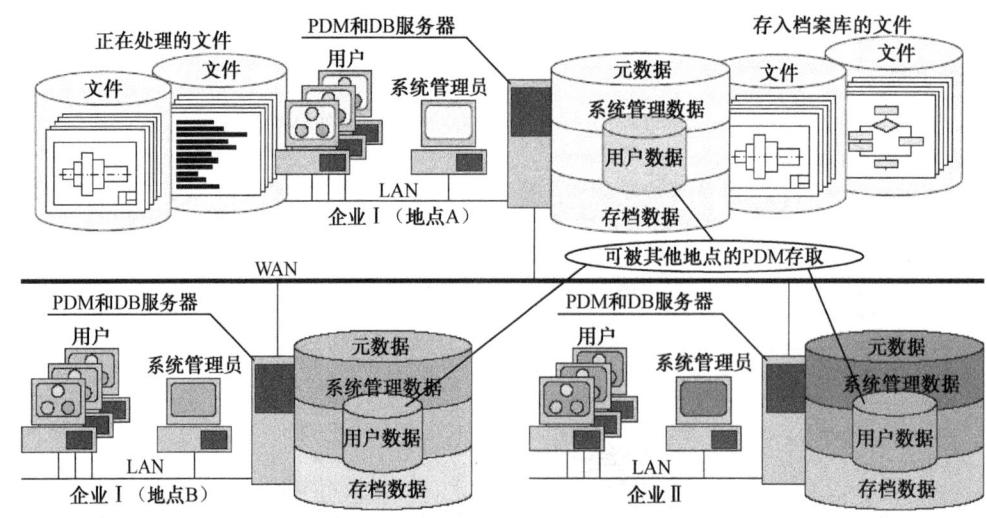

图 2-8　虚拟式电子仓库体系结构

从技术上来说，集中式电子仓库管理方法的实现技术相对简单，可以较好地保证数据的唯一性，适合于需求相对简单的中小型企业。但对于企业某个部门来说，其常用的数据一般在一定范围之内，这时就可以考虑按照数据来源或者部门需求，分别建立不同物理位置上的文件系统和目录，以分布式电子仓库来代替集中式电子仓库，实现数据就地存取或就近存取，同时又可很方便地实现数据共享。虚拟式电子仓库的技术实现，随着企业规模不断扩大，异地办公的情况越来越多，而且企业之间协作也不断加强，这时就可以考虑采取虚拟式电子仓库解决方案，实现数据跨企业系统集成和异地协同。

总的来说，电子仓库的作用就是把各种文件存放在专用存储区中或从专用存储区中取出文件，并在存取过程中由"管理程序"产生这些文件的元数据。其中，元数据是管理数据的数据，用于资料的整理、查找、存取、继承、转换和传送。PDM通过建立元数据与物理数据的联系，并将这种联系与元数据保存在电子仓库中，从而达到快速检索与节省存储空间的目的。从中可以看出，电子仓库与元数据之间的关系就像图书馆和图书目录的关系，有了图书目录，读者才能更简捷、更清楚地查找所需要的图书，而且，图书管理员通过图书目录也能更方便地管理图书。电子仓库的成功操作和使用很大程度上依赖于海量元数据的有效管理，元数据贯穿电子仓库的创建、维护和管理的各个方面，描述了与电子仓库所有相关方面的数据。

2.1.2 PDM 系统文件管理

企业在生产经营过程中是依靠产品信息流动来运转的。企业的各种信息数据是以文件的形式存在的，包括工程设计与分析数据、产品模型数据、产品图形数据、专家知识与推理规则及产品的加工数据等。

1. 文件的分类

文件具有不同的分类方法，可以按照文件的来源进行划分，也可以按照文件的动静态特征进行划分，或者按照文件存在的状态进行划分等。根据文件格式的不同，可以把 PDM 管理的各种文件分为五种类型。

（1）文本文件

描述产品或部件、零件性能的文件，由文字处理软件生成。

（2）图形文件

存储产品模型的设计信息和基本属性，其中包括产品或零部件的三维模型、二维图纸和装配视图、几何尺寸、视图比例、产品的材料、重量、数量、技术要求以及设计物料清单等，主要由 CAD 软件产生。

（3）表格文件

存储所有在图形文件中没有描述的产品数据。表格文件包括有关产品或部件、零件的产品定义信息和结构关联信息。产品定义信息包括基本属性和特征参数。结构关联信息描述了零件或组件、产品之间的隶属关系。这类数据大部分由数据库管理系统进行管理。

（4）程序文件

存储各种加工程序、管理程序和其他应用程序。

（5）多媒体文件

存储采用多媒体手段制作的产品信息，描述产品及产品各个部位真实形象的图像、声音和动画、对复杂装配过程的动态模拟等。这些多媒体文件生动地反映了产品性能指标、生产过程、维修指南等信息。

2. 文件管理的方法

对于上述 5 种不同类型的文件，PDM 系统采用两种不同的管理模式。

单个文件在 PDM 电子仓库中可分成以下两种方法来处理。

(1) "打包"管理

将文件整体看作一个对象，根据其名称、大小等描述信息，并将这些信息放到 PDM 数据库表中，文件的物理位置仍然在操作系统的目录下，由 PDM 提供管理该文件的机制。这种管理方法能够保持文件的完整性，这些文件中的数据不能与文件脱离，一旦脱离就失去了意义。文本文件、数据文件、图形文件、多媒体文件等一般打包管理。

(2) "打散"管理

将文件内容打散，将其内容分门别类放到数据库中，由 PDM 提供分类查询，或建立与其他数据库中对象的关联，并提供图示化的管理工具。其中的数据可以从文件中提取，这些数据都具有独立意义，可以将这些数据分门别类地放在关系数据库中，以便对文件内容进行检索和统计。这些数据和其他属性数据一起，构成新的文件，用于分类、检索、汇总和统计。表格文件一般打散管理。

成批电子文件在 PDM 电子仓库有以下两种常用的数据组织方式。

(1) "文件柜"管理

将产品或项目生命周期内有关的项目、工程、产品、部件或零件的所有文件集中起来，建立一个完整的描述对象的文件目录，称为文件集或文件夹。然后，把它们放在电子文件柜中，既可查询文件集，也可查询文件集中的文件，一个文件集中可以包含各种不同类型的文件。这种方式也形象地称为"文件柜"管理，例如新建车间设计项目可以划分为设备选型、平面布置、土建设计、电气布线、给排水设计、总图等几个子文件夹，分别存放对应的资料。

(2) "产品结构树"管理

以产品为中心，把产品结构映像为管理对象，每个零部件对象都包含与之相关的所有技术资料信息和审批过程。也就是说，每个对象的所有相关数据，如设计图纸、说明书、NC 代码、AVI 文件、工艺文件等在产品结构树上会"挂"在相应的零件和装配体上。这种文件组织方式也称为"产品结构树"管理。

3. 文件管理的功能

PDM 的文件管理就是把上述各种文件的内容作为管理对象，文件管理的状态图如图 2-9 所示。其基本功能包括以下四个方面。

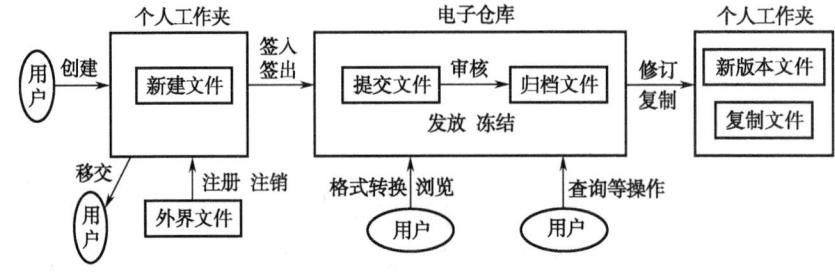

图 2-9　文件管理的状态图

(1) 文件对象的浏览与圈阅

① 浏览

浏览功能可根据对象的属性方便快捷地对文件进行查询。既可以查看文件的所有属性情况，也可以利用 PDM 系统的文本编辑器打开该文件，以浏览文件的具体内容，并在权限许可的情况下直接进行修改。在有其他应用程序时，也可以浏览图形文件、多媒体文件等。

文件对象的浏览能满足 PDM 用户方便、快捷地查询并获取所需要的当前和过去的技术资料，减少并杜绝重复设计，从而可大大缩短系统产品以及新产品设计的时间。

② 圈阅与批注

除浏览功能外，用户可以利用图形覆盖技术对浏览的文件进行圈阅和批注，而不破坏原有文件的内容。一个图形文件可以被批注多次，每次批注都可以形成独立的文件，作为批注文件加以保存。批注文件时，除原始文件外，还可以查看到以前历次的批注情况。批注时可以使用文本注释，也可以使用图形圈阅。

(2) 文件的分类归档管理

PDM 系统是按照文件对象的类型对不同文件进行分类查询和分类归档的。各类文件在系统中的存放不是杂乱无章的，而是按照文件类型有序地进行管理，其优点是既缩短了信息查询的时间，又使得相关产品信息的描述更直观、更清晰。

(3) 文件的版本管理

通过文件的版本管理，可将文件的每一次变化配置为不同的版本，建立不同版本间的对应关系，以保证在特定时间阶段对应特定有效的数据，文件的版本一般是通过与之关联的文件夹实现的。

(4) 文件的安全控制

① 权限管理

PDM 系统要完成对用户的识别、对用户存取数据的权限确认工作，保证信息的完整性、安全性、正确性，要防止合法用户有意或无意地越权访问，要防止非法用户的入侵。为了防止非法访问，在操作系统目录下，所有文件都隐含了真实的文件名，然后将读、写控制权全部交给操作系统的超级用户。由系统管理员建立账号，一般用户无法找到具体所需的文件。一旦将文件交给 PDM 管理，那么就在 PDM 中生成新的只有 PDM 才能解释的名字，并由 PDM 控制读、写权限。这样即使在操作系统的列表命令下，虽然文件目录中可以列出文件名，但无权限的用户也无法读、写和执行。

② 用户管理和数据共享

对系统的合法用户进行管理，包括用户自身信息的定义、修改及与用户相关的信息。其中系统的基本用户可分为超级用户和普通用户。

文件管理模块为企业宏观管理提供功能，并为所有与产品相关信息和产品生命周期内产生的全部信息提供功能。同时，各功能模块的实现，如产品结构配置管理、工作流管理等模块的实现都与文件管理密切相关，因此，文件管理模块是确保 PDM 系统其他模块顺利完成的基础。

以项目管理为例，项目主管将项目分解为若干子项目、子任务，然后进行分发，各个子项目都要经过一系列相关工作流程，随着流程的逐步推进，不断产生项目相关文件，并且伴随着版本、版次的变迁，文件的数量和种类也不断增加，这些文件包括图形文件、文本文件、数据文件、表格文件和多媒体文件等不同格式的文件。一般来说当一个工作流程结束后，在产品模型中就增加了一个新的零部件，这样，产品的结构随着项目的进展变得越来越完整，当项目结束时便得到了完整的产品数据。当流程完成后，项目阶段由工作状态转变为归档状态，此时，这个阶段所产生和处理的文件数据都要进行归档，从工作流程的角度来看，只有当所有的文件全部归档后，才意味着流程的结束，完成了该流程所描述的任务。同时，文件归档应当按照文件的不同类型进行分类归档，实现文件类型的有序管理，避免了文件组织的杂乱无章，从而使得产品信息的描述更直观、更清晰。当完成文件归档之后，产品及其所属的所有零部件、零部件的描述文件都与该项目存在联系，因此，可将项目名称或项目编号作为索引进行查询，从而提供快速、有效的信息访问，实现信息透明。

2.1.3 电子仓库与文件管理的关系

如前文所述，电子仓库处于 PDM 结构的核心位置，它连接数据库与文件系统，通过建立在数据库之上的关联指针，建立不同类型的或异构的产品数据之间的联系，实现文件的层次和联系控制，能够保证数据的安全性和完整性，并支持各种查询与检索功能。

由于 PDM 系统管理的物理文件往往是各式各样的，管理和查找起来非常困难。如果用数据库对它们进行管理，只需将文件的描述信息，如文件名、文件长度、类型、创建日期、版本、所有者及存取路径提取出来，添加到数据库表格中，就可以建立数据库表格中每一条记录与一个物理文件的连接，从而保证记录与相应物理文件的对应关系。因此，通过电子仓库可以比较方便地实现文件的分布式管理与共享，如图 2-10 所示。

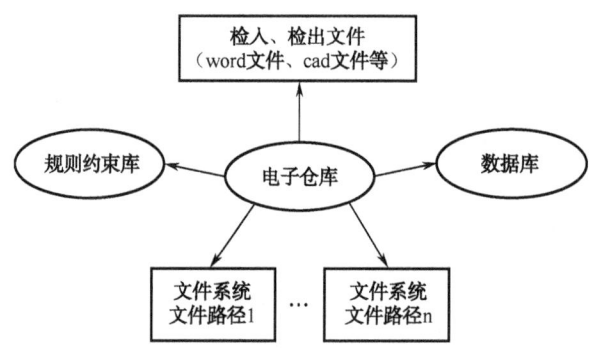

图 2-10 电子仓库与文件管理的关系

PDM 系统在进行文件存入操作时，首先要通过规则约束检查，只有符合操作权限的用户才能将文件存入电子仓库中，这时文件的元数据将存入元数据库中，具体文件则放入指定的某一文件系统的相关路径中，而打散的物理数据则放入指定的数据库中。根据操作权限，用户可以通过文件对象的指针来实现相应文件的操作，PDM 系统自动到相应的表格中进行记录的修改和增加，来跟踪文件信息的变化，把文件的元数据存入元数据库中，相应的具体文件则放入指定的某一文件系统的相关路径中。通过这样的机制，PDM 系统对用户屏蔽了文件存储的实际物理位置，使得用户无须了解软件的运行路径、版本、版次，以及文件的物理位置的信息，就可以利用电子仓库来管理存储异构介质上的产品电子文件，实现产品数据的无纸传送；同时，生成的文件在存入时，首先要通过规则约束检查，只有符合操作权限的用户才能将文件存入电子仓库中；另外，这种机制还可以使用户实现文件信息的快速查询和检索，这些信息包括文件描述、作者、部门、版本号和零件与项目间的联系等，并能保证数据的一致性、完整性和安全性。

2.2 Teamcenter中的产品数据

2.2.1 零组件业务对象的基本结构

零组件业务对象基本结构包括 Item、Item Master（Form）、Item Revision 和 Item Revision Master（Form）四部分，其中 Item 收集零组件业务对象各个版本都使用的全局数据、Item Master（Form）用于扩展存储用户零组件业务对象属性数据的表单，Item Revision 收集零组件业务对象某一版本使用的数据，Item Revision Master（Form）用于扩展存储用户零组件业务对象某一版本属性数据的表单。

1. 零组件（Item）

Item 用于表示产品及相关的零部件，不分大小，如整车、车身总成、副仪表板总成、螺钉、电子元件等，它描述的是一实物。在 Teamcenter 系统中，以 Item 为中心来组织所有与零部件相关的设计数据。对于每一个 Item 对象，采用版本对其技术状态的变更进行标识，以保留对技术状态历史的可追溯性。根据"Item"思想，产品数字化模型包含的信息有版本、特征数据、设计文件、制造文件、参考资料、产品结构等，用来提供产品的技术视图和客户视图。

对于 Item 的创建有两种方式，一是通过 Teamcenter 客户端的新建 Item 的命令来创建；二是通过 NX、Catia Manager 等的集成客户端界面来创建。

实例 2-1　ABC 汽车企业定制的 Item 类型

根据 ABC 汽车企业零部件的分类情况，在 Teamcenter 系统中定义几种不同的 Item 类型，同时使用 Document 类型的 Item 来管理技术文件，其名称和描述如表 2-1 所示。

表 2-1　ABC 汽车企业 Item 类型定义

序号	Item 类型	说明
1	CompleteUnit	完整单元，由一个或一组零件组成，能完整表达 VPG 分组的功能或结构，其数模定义了完整单元下各零部件在整车中的装配坐标
2	DesignPart	设计零件，为制造装配车辆或技术表达而设计的零件，是自制、采购或技术定义的基本元素
3	StandardPart	标准件，多指标准件紧固件
4	Drawing_2D	DesignPart 零部件数据所对应的图纸数据
5	Document	表示技术文件类的对象

Teamcenter 平台中定制的 Item 类型
ABC 汽车企业在 Teamcenter 平台下定制的 Item 类型如图 2-11 所示。

2. 零组件版本（Item Revision）

每个零组件（Item）都有至少一个版本（Item Revision）。在 Teamcenter 中，系统利用版本来记录零组件的历史演变（更改情况），并通过版本的追踪来保证用户取用的数据是最新有效的。每当产品归档，即生成一个新版本。数据归档后，不能随意对已归档的数据进行修改；如果需要修改，必须通过变更过程记录修改原因和改前改后关系（详细阐述见第 4 章的工程更改管理），同时通过版本的升迁记录数据的变更。换句话说，新版本的产生一定伴随有工程更改的发生。

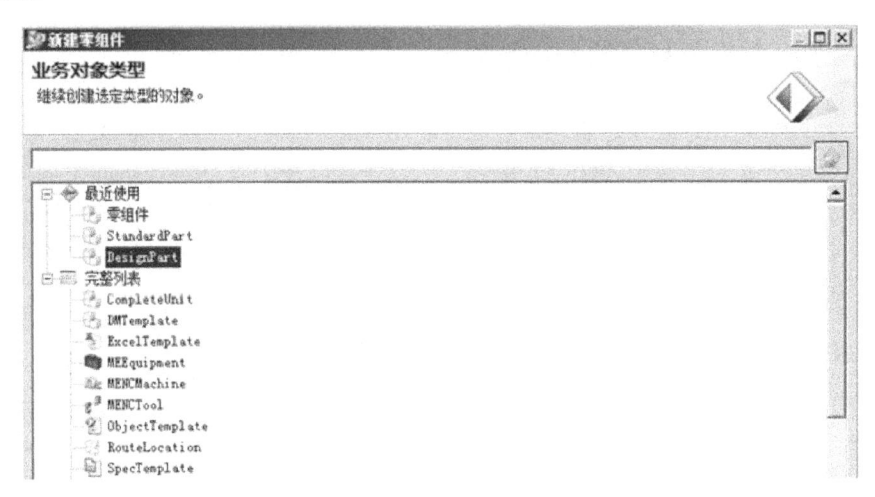

图 2-11　ABC 汽车企业定制的 Item 类型

另一方面，设计过程中对象经常需要修改，但有时修改的程度较小。在每个正式版本基础上所做的小范围修改，当还不至于上升到建立新版本时，用版次（Version）来标识，即没有归档以前的图纸修改不作为一个版本，称为版次。Teamcenter 中的版次指数据在发放前，可以由不同的设计人员通过签入/签出方式进行修改和保存，修改记录通过版次升迁的方式记录。

如图 2-12 所示表示了版本和版次的关系。在 Teamcenter 系统中，保证 Item 与 ItemRevision 关联在一起，但两者的特性可以不同，如 Owner 可以不同。Teamcenter 系统中版本修订的方法是选中要修订版本的 Item Revision，然后在菜单栏中单击"文件"→"修订..."，如图 2-13 所示。

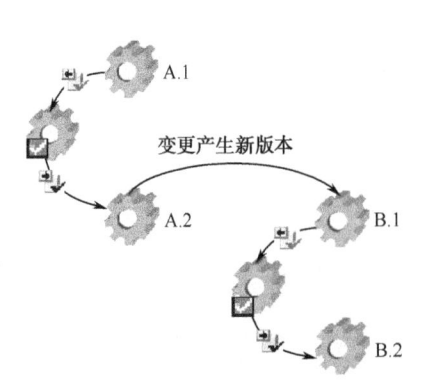

图 2-12　版本和版次的关系　　　　图 2-13　版本修订

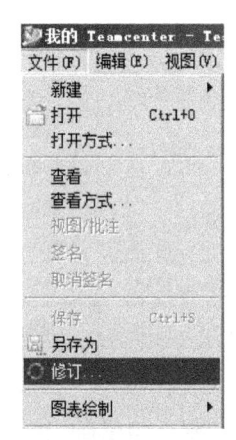

3．Item Master/Item Revision Master

Teamcenter 系统使用表单（Form）将各种属性信息数据直接存入关系型数据库中。与 Item

直接关联的表单是 Item Master，两者同生同灭；与 Item Revision 直接关联的表单是 Item Revision Master，两者同生同灭。Teamcenter 系统提供了 Item 和 Item Revision 预先定义的属性和用户自定义属性的方法，如图 2-14 所示。

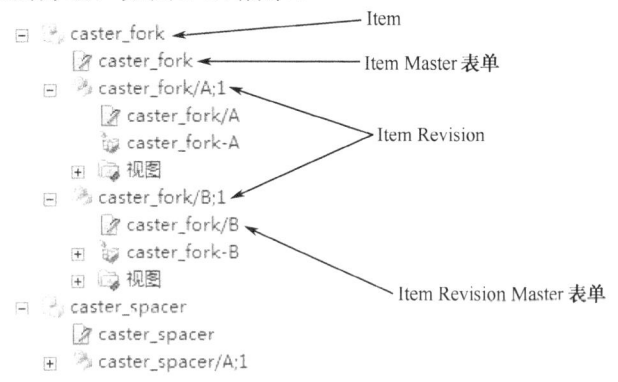

图 2-14　Teamcenter 系统中的 Item Master/Item Revision Master 表单

2.2.2　Item 版本和状态管理

Item 在系统中创建之后，将随着研发、设计和工程的进展而不断改变其形态。设计人员可以通过对 Item 关联的数据、文件、属性表等内容进行修改而对 Item 的定义做出改变，这是一个随时间而变的数据历程。

版本（Revision）：版本是记录 Item 变化的最基本单元，它记录了设计过程中的某个时点，此时点的数据具有一定的成熟度。经过流程审核后这个状态将被冻结。一个 Item 创建后，PDM 系统将自动创建一个 Item Revision，所有的设计数据、文件及属性都与这个 Item Revision 关联，此时，数据所有者可以对这个 Item Revision 进行编辑，当完成这个版本的数据后，设计工程师可以把这个 Item Revision 提交流程进行审核，审核后这个 Item Revision 就具有了一个状态。下一次，如果还要修改这个 Item Revision，就可以在这个 Item Revision 的基础上修订（Revise）一个新的 Item Revision。Item Revision 变化时的顺序号称为版本号，初始版本号为 A 或者 001，然后依次增加。

状态（Status）：状态是标识一个 Item Revision 冻结（不可修改）或者在工作状态（可以修改）的属性，其含义通常由整车开发的阶段来定义，表示一定的产品成熟度。每个 Item Revision 的审批流程都被设置了一个状态标识。工程师在 Item Revision 提交审批时必须选择一个与所需状态对应的流程，经过此流程审批后，此 Item Revision 就获得了一个状态标识，此状态标识可用于进行访问权限控制和 BOM 的版本规则控制。在 Teamcenter 中按照数据在产品生命周期中的变化，可以将一个对象的状态分为以下三种。

- 发放（Released）：是指已归档的（或称发放了的）数据对象，是正式的用于生产或指导下游工件的数据，一般情况下用户只有读的权限，其权限管控较为严格。
- 流程中（In-Process）：是指处于流程审批过程中的数据对象。这一类对象是半正式的，必须经过许可才可以修改。
- 工作状态（Working）：是指处于工作过程中的数据对象。这类数据不固定，经常会有修改。主要控制工作状态中（Working）的所有产品对象权限，一般对象创建后就使用这个权限规则。

2.2.3 数据集

每个产品对象均有一些具体的数据文件来描述其不同方面的详细信息，如设计模型、计算说明、设计要求等。这些数据文件是由不同的应用软件产生的（如 CAD 软件、Office 软件等），具有不同的表现形式（如 Text 文件、图形文件等）。

Teamcenter 的数据集（Dataset）提供了管理各类应用软件所产生文件的手段。不管是技术说明文件还是 CAD/CAM/CAE 系统产生的图形数据文件，都可以用原来的形式或点阵形式或其他任何计算机形式的文件存放在 Teamcenter 系统中。

数据集是用来管理（存放）应用软件生成的数据（文件）的一种对象，对应于不同类型（格式）的数据（文件），Teamcenter 提供 Dataset Type 与之对应。常用的 Dataset 类型如图 2-15 所示。

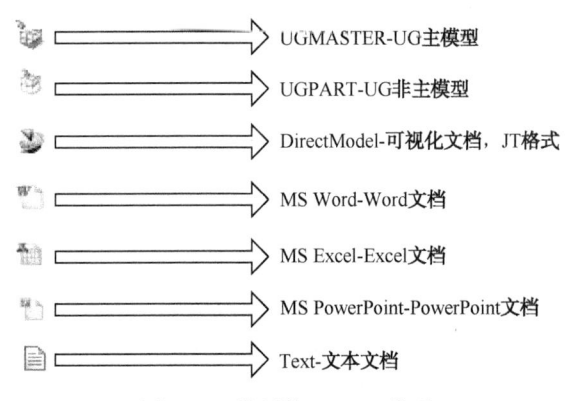

图 2-15 常用的 Dataset 类型

数据集可与多种工具（Tool）关联（包含），一种 Tool 对应相关的应用软件，意味着数据集（某种文件格式）可以用多种软件打开并编辑。一个数据集中可以包含一个或多个文件对象（IMANFile），这些文件称为命名的引用（Named Reference），它们存放在卷（Volume）中。引用（Reference）定义了数据集所管理的文件格式，包括文件形式、扩展名等。

新建数据集操作如图 2-16 所示，其中数据集的定义要素包括名称，可以采用两种方式，名称（不唯一）和 ID/版本/名称（唯一）；工具，一般采用默认为首选工具；导入，一般文件均有模板，创建时需要导入，如图 2-17 所示。

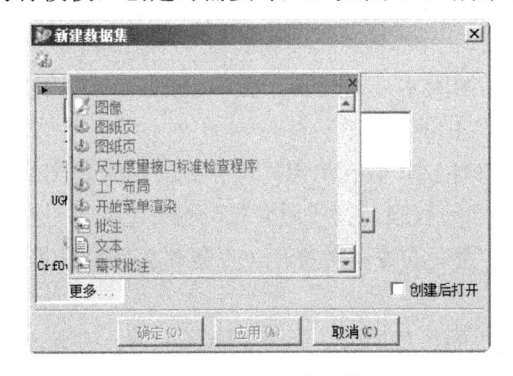

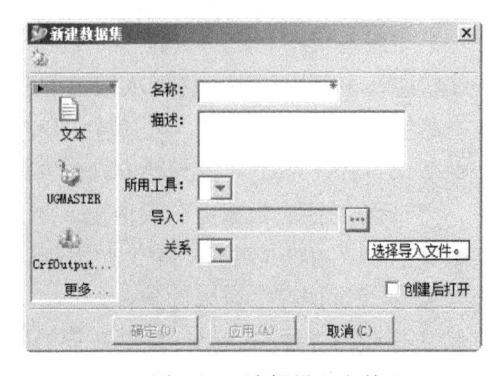

图 2-16 新建数据集   图 2-17 选择导入文件

2.2.4 文件夹

文件夹是一种容器，是一种灵活的组织产品信息的方法。可以使用文件夹来建立相关数据之间的挂靠关系，也可以通过建立上下层次的文件夹结构来分类、组织各种相关数据。文件夹可以包含其他任何对象（包括其他对象文件夹）。用户可以创建嵌套文件夹结构，将产品信息存储到相应的位置。

Teamcenter 系统给每个用户创建几个默认的文件夹，如图 2-18 所示。Home 是用户的根文件夹；Newstuff 是系统默认的存放临时对象的文件夹；Mailbox 是邮箱文件夹，是用户接收由其他 Teamcenter 用户发送的邮件的地方，用户账号创建以后，将自动在 Home 文件夹下创建个人邮箱；我的工作列表是进行流程任务跟踪和执行的容器，存储审批过程中的流程信息。其下的 Tasks to perform 虚拟文件夹为需要用户参与的流程任务，Tasks To track 虚拟文件夹为由用户发起（负责）的任务，可以查看流程的执行状态。

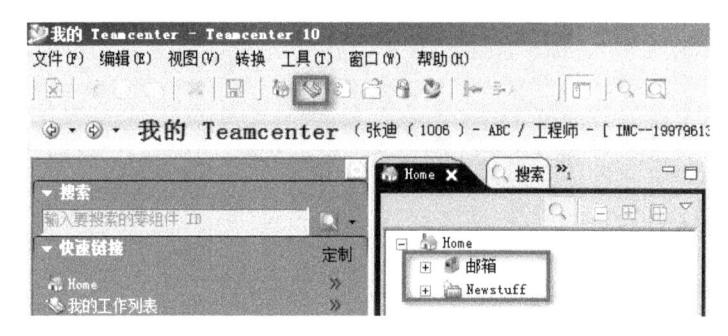

图 2-18　Teamcenter 默认文件夹

2.2.5　Item/Revision 与产品数据的关系

产品通常需要使用许多信息，这些信息从不同方面描述"零组件""零组件修订版"，或与"零组件（Item）""零组件修订版（Revision）"相关的信息。Teamcenter 使用关系（Relation）来建立（描述）这些关联（关系）。主要的关系包括规范关系（Specification）、需求关系（Requirement）、表现关系（Manifestation）、引用关系（Reference），如图 2-19 所示。

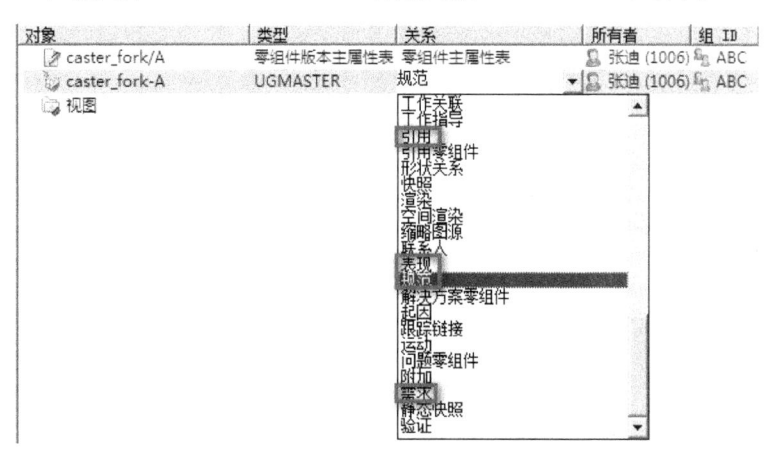

图 2-19　Teamcenter 关系

（1）规范关系

规范关系是用来满足需求的详细方法、设计、作业流程和过程，只能用于"零组件修订版（Revision）"，而不能用于"零组件（Item）"。原因在于，尽管对产品（零组件）的需求可以保持恒定，但是实际的制造方法、设计、作业流程和过程会因型号不同而大大改变，如表2-2所示。

（2）需求关系

需求关系是此"零组件"或"零组件修订版"必须满足的准则。需求关系往往不会指定满足此准则的方式。例如，需求关系可能会指定"零组件修订版"的最大权重，但不会指定如何构造它，如表2-2所示。

（3）表现关系

表现关系是在某特殊时刻"零组件"或"零组件修订版"的某特殊方面未定义的快照。例如，"数值控制（NC）"程序文件就是一个普通表示。我们认为它表示"零组件修订版"的某个方面（如加工信息），而且，只有该"零组件修订版"未更改时，此信息才是准确的。"零组件修订版"一旦改变，NC 程序文件就可能不再准确，且可能需要重新创建，如表2-2所示。

（4）引用关系

引用关系描述工作区对象与"零组件"或"零组件修订版"的一般的未定义关系。可将此关系类型当作杂项关系类型。引用关系的典型示例：白皮书、阶段报告、商业条款、顾客来信、实验室注意事项等。

表 2-2　Item/Revision 与产品数据的关系图

产品数据对象（Object）	类型（Type）	关系（Relation）
000008/A	UGMASTER	规范（Specification）
000008/A	Word	需求（Requirement）
000010-A-dwg1	UGPART	表现（Manifestation）
Field Report 001	Text	引用（Reference）

2.2.6　复制/剪切/粘贴/删除操作

（1）剪切（Cut）：剪切是把数据的链接指针除去，并没有删除数据本身，数据仍存在数据库中，一般情况下，剪切要和粘贴操作配合使用。

（2）复制（Copy）：复制仅是将文件指针放到剪贴板中，数据库中的数据对象仍是唯一的。

（3）粘贴（Paste）：粘贴是将剪贴板中文件指针复制到目标文件夹，数据库中的数据对象仍是唯一的。

（4）删除（Delete）：只能对有删除权限的数据删除，包括对文件夹、零组件和数据集的删除，如果不能删除，说明该数据对象被引用，查看引用的方法是在"My Teamcenter"中选择需删除的数据，选择 Referencers 面板，选择 Where：Referenced，双击窗口中需要删除的数据对象，便可查看该数据对象的引用信息。

第 2 章　电子仓库与文件管理

实例 2-2　数据删除操作

删除用户 1006 下 Item Revision 的 caster_wheel，如图 2-20 所示。

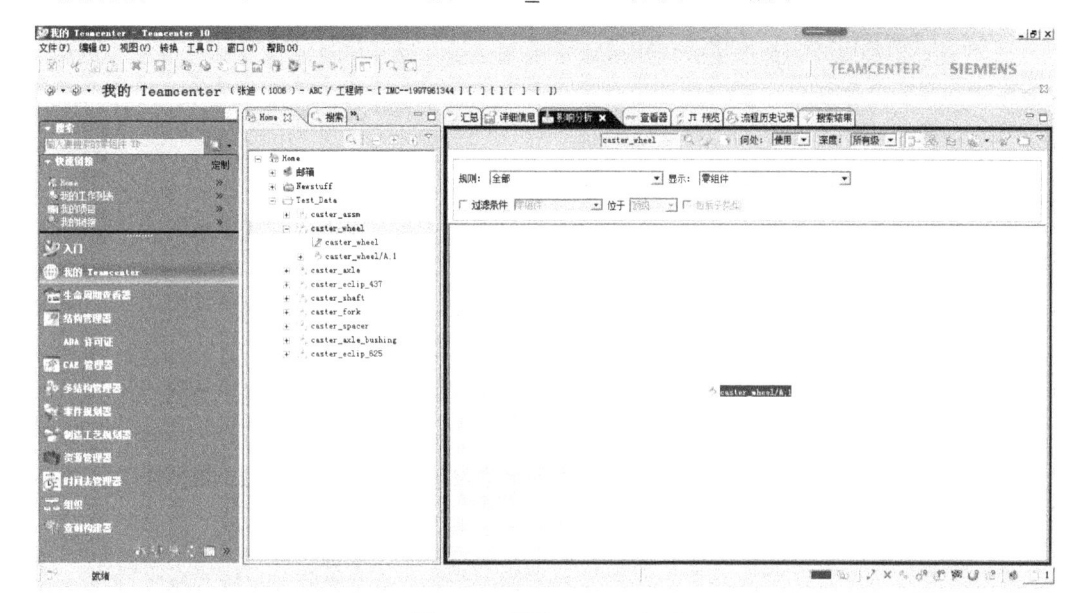

图 2-20　删除 caster_wheel

操作步骤

（1）首先要确认该数据对象没有被签出，否则无法删除。

确认该数据对象是否签出的方法如下。

① 选择该数据对象，右键选择"查看属性"，如图 2-21 所示。

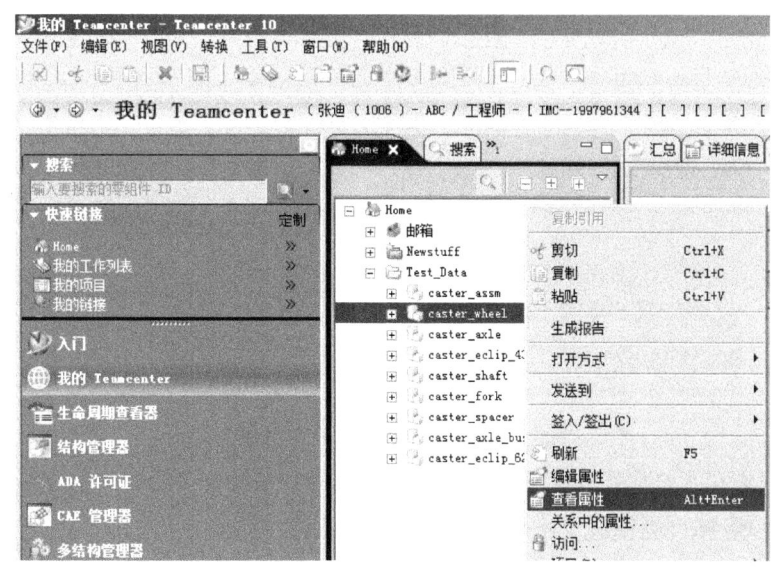

图 2-21　查看属性

② 在弹出的属性窗口中，选择底部的"全部"，若再选择左下角"更多"，可显示出更多内容。

③ 在签出栏出现 "TRUE" 标识，说明该数据对象已被签出，如图 2-22 所示，需执行签入操作后才能删除该数据对象。

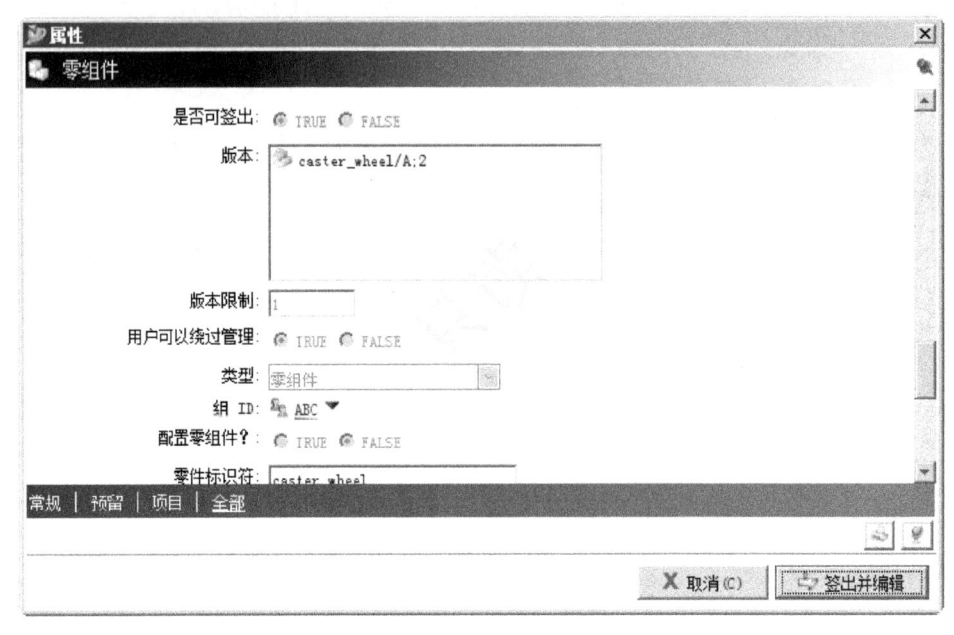

图 2-22　数据对象已签出

（2）要确认该数据对象不在流程中或没有流程状态，否则无法删除。

（3）用户将数据签出后，其他用户对该数据的内容不能进行更改。

实例 2-3　Item（caster_wheel）的签入（Check-in）/签出（Check-out）操作

1. 数据的签出操作

（1）在 "我的 Teamcenter" 中选中需要签出的数据对象（如 Item Revision），依次单击菜单 "工具" → "签入/签出" → "签出…"，如图 2-23 所示。

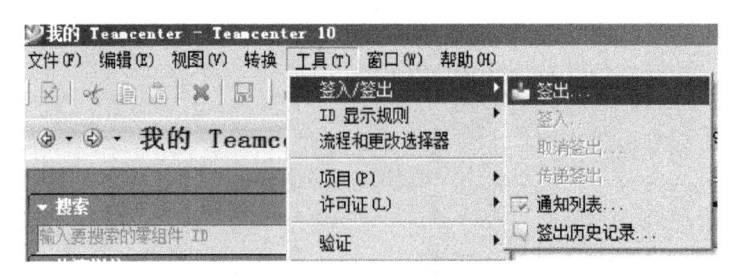

图 2-23　工具→签入/签出→签出…

（2）弹出 "签出" 对话框，可以输入相关信息，也可不输入。如果需要签出 Item Revision 下的其他对象，选择 "浏览选定组件"，如图 2-24 所示。

（3）单击 "选择所有组件"，如图 2-25 所示，单击 "确定" 按钮，再单击 "是" 按钮，签出完成。

（4）选择 Item/Item Revision，单击 Details 面板，查看签出列中有 Y 符号的对象，表示该 Item/Item Revision 下相关对象已签出，如图 2-26 所示。

第 2 章　电子仓库与文件管理

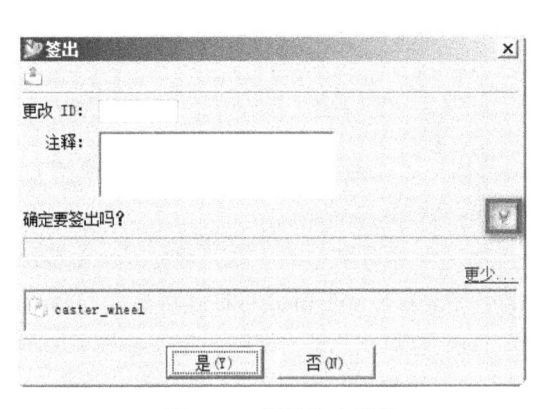

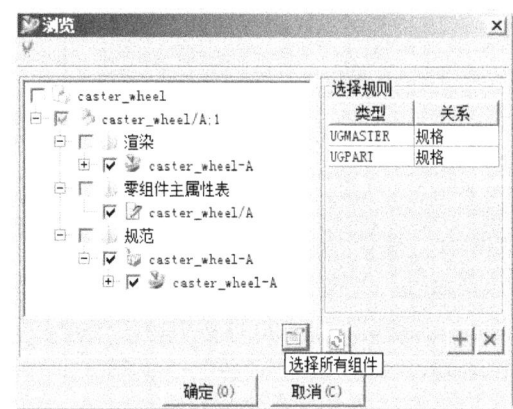

图 2-24　浏览选定组件

图 2-25　选择所有组件

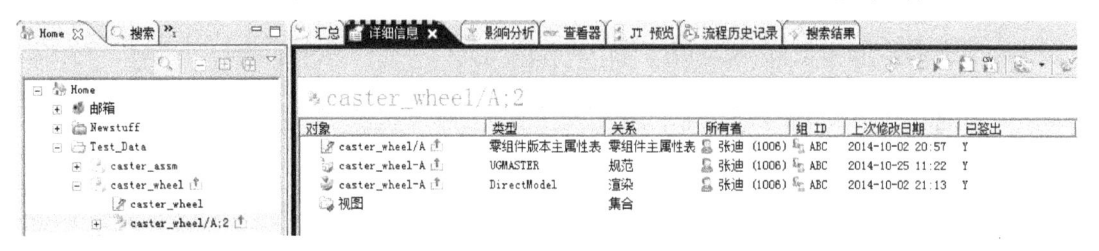

图 2-26　查看数据是否签出

*注：用户将数据签出后，其他用户对该数据的内容不能进行更改。

2．数据的签入操作

（1）选中已签出的数据对象（如 Item Revision），依次单击菜单"工具"→"签入/签出"→"签入…"，如图 2-27 所示。

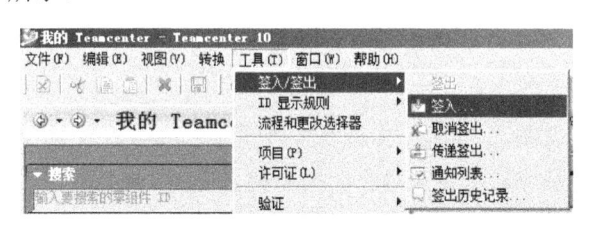

图 2-27　工具→签入/签出→签入…

（2）弹出"签入"对话框，如果需要签入 Item Revision 下的其他对象，选择"浏览选定组件"，以下操作同签出操作，这里不再赘述。

（3）签入操作完成后，选择 Item/Item Revision，单击"详细信息"面板，查看"已签出"列中 Y 符号，若已消失，表示该 Item/Item Revision 下相关对象已签入，如图 2-28 所示。

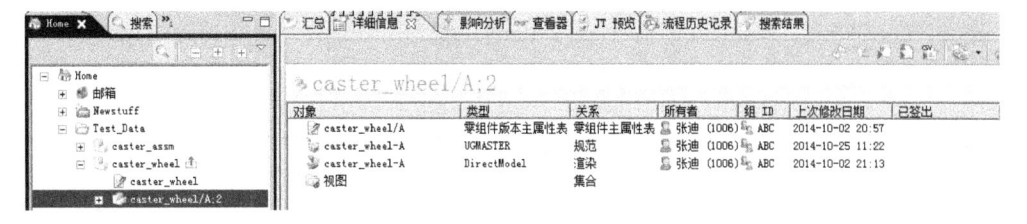

图 2-28　查看数据对象是否签入

2.2.7 产品对象的数据和文件组织

1. Item 数据组织

在 Teamcenter 系统中，通过 Item 对象来组织数据，各种数据集（Dataset）以不同的关系（Relation）挂在 Item Revision 下来共同表示一个完整的设计单元。

Teamcenter 的用户可以在 My Teamcenter 下查看对象的详细信息。在"我的 Teamcenter"下选择一个 Folder、Item 或者 Item Rvision、Dataset、Form 等；在窗口的右侧将分别显示"汇总"视图、"详细信息"视图、"影响分析"视图、"查看器"视图、"JT 预览"视图、"流程历史记录"视图等。选择"汇总"视图，页面显示选中对象的概述信息，如名称、描述、发放状态、发放日期、所有者、组 ID 等信息，如图 2-29 所示。

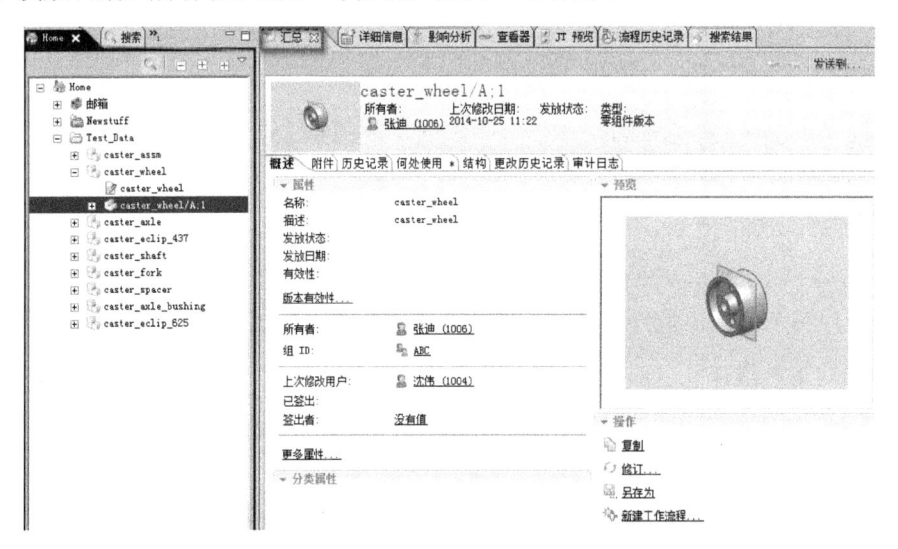

图 2-29 "汇总"视图

选择"详细信息"视图，页面将以列表的形式显示选中对象包含的所有信息，"关系"列的信息显示了所选对象与其下各个对象间关系的名称，如图 2-30 所示。单击窗口右侧的"视图菜单"项，在弹出的下拉列表中单击"列"选项，并根据需要在"列管理"对话框中添加其他对象属性，如图 2-31 所示。

图 2-30 "详细信息"视图

第 2 章　电子仓库与文件管理

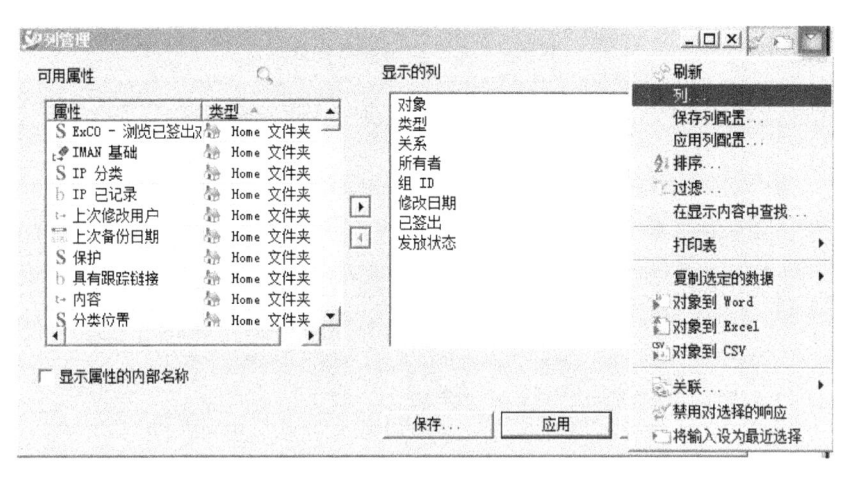

图 2-31　"列管理"对话框

2．个人工作区数据组织

每个 Teamcenter 的用户登录系统后，都会有一个工作区（Workspace）可存放数据。根据数据的类型，我们建议用户以如下的结构形式组织工作区中的数据，即将工作区分为"个人工作区""共享工作区"和"项目工作区"，如图 2-32 所示。

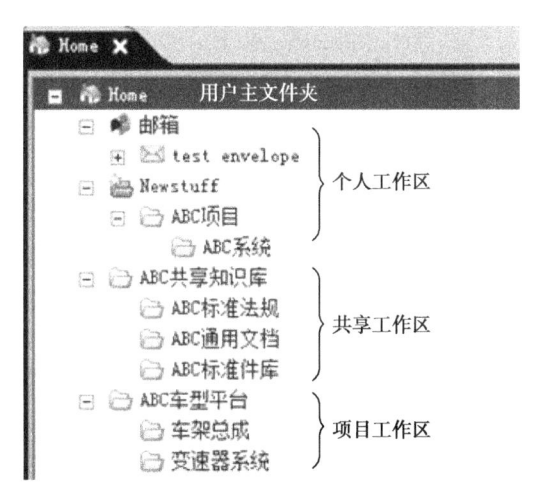

图 2-32　用户工作区

2.3　Teamcenter中数据建模

机械制造企业在长期运营中积累了大量数据，其产品数据种类少则几十种，多则上百种，包括自制件、通用件、外购件、标准件等；同时产品数据的系列较多，少的有两三种，多的有十余种，范围覆盖企业的客户、产品、资源、生产、市场营销、合作伙伴、财务等，支撑着企业的日常业务运营和管理，同时也蕴含着关于客户特征、业务规律、企业发展趋势相关的重要信息，因此，应该把数据作为企业的宝贵资产进行管理和运营。本节以产品数据为重点，研究其在 Teamcenter 平台中的数据建模过程。如表 2-3 所示给出了 ABC 汽车企业某产品对象的分类模型，供读者参考。

表 2-3　某产品对象的分类

对象分类	定　义	数据类型
零件	由统一名称和牌号的材料、不采用装配工序制成的产品，是组成产品最基本的单元	3D 模型
		2D 工程图纸
		工艺文件
		借用件、通用件
部组件	由两个或两个以上的零件或由零件和材料，以可拆卸或不可拆卸的连接方式组成的产品（部件）；或由材料、零件、部件等，经装配连接组成的，具有独立结构或独立用途的产品	3D 模型
		2D 工程图纸
		工艺文件
成件	有单独产品号的、能完成某项使用功能的产品	3D 模型
		2D 工程图纸
		工艺文件
标准件	按标准（国家、行业及企业标准）制造的紧固件	借用件、通用件
外购件	从外单位购买的零、部、组件称为外购件（提供技术要求，由外单位研制的零、部、组件习惯上称为外协件）	特征参数

　　Teamcenter 系统中业务建模器集成开发环境（Business Modeler Integrated Development Environment，BMIDE）就是提供定制功能的模块。BMIDE 是一个用来配置和扩展 Teamcenter 所安装的数据模型的工具，它是基于 Eclipse 平台开发的，支持无代码的扩展，Eclipse 支持 C/C++和 Java 语言。BMIDE 可以将用户自定义的数据模型对象添加到 Teamcenter 默认的数据模型对象之上。它通过 COTS（商业产品供应架）数据模型将用户自定义数据模型与标准的数据模型分离开来从而完成其功能。数据模型对象被保存到为应用程序服务并包含数据模型对象的模板中（又称为一个解决方案）。当用户利用 BMIDE 创建数据模型时，此数据模型就已经被保存到它自己的模板中。当用户开发数据模型时，可以将其部署到测试服务器上以得到预期的效果。完成测试后，用户就可以利用 Teamcenter Environment Manager 将数据模型打包安装形成产品的模板。

实例 2-4　零组件 DesignPart（设计零件）的定制

　　定制名称为 DesignPart（设计零件）的 Item，其创建由设计工程师完成，其他角色的用户不创建设计零件。

　　要求如下。

　　（1）DesignPart 的详细属性设置如表 2-4 所示，度量单位 UOM 设置如表 2-5 所示，LOV 定义如表 2-6 所示。

表 2-4　DesignPart 属性设置

编　号	字　段	显示名称	类　型	LOV	备　注
1	Y2_Part_Number	Part Number	String[9]	--	零件号
2	Y2_Version	Version	String[2]	--	版本号
3	Y2_PartName_CH*	Part Name CH	String[128]	--	零件中文名称
4	Y2_PartName_EN*	Part Name EN	String[128]	--	零件英文名称

续表

编号	字段	显示名称	类型	LOV	备注
5	Y2_Part_Type	Part Type	String[2]	Y2_Part_Type	零件类型
6	Y2_Old_Part_No	Old Part Number	String[32]	--	老零件号
7	Y2_Drawing_Available	Need Drawing	String[2]	Y2_Drawing_Available	有图/无图
8	Y2_Material_Name	Main Material	String[64]	--	零件主要材质

注：属性 Y2_PartName_CH*和 Y2_PartName_EN*右上角的*号表示此属性为必填项。

表 2-5　度量单位 UOM 设置

编号	名称	描述
1	g	克
2	kg	千克
3	l	升
4	m	米
5	ml	毫升
6	mm	毫米

表 2-6　LOV 定义

编号	名称	列表值	列表值描述	附加的对象属性
1	Y2_Part_Type	A	Assembly 实体总成零件	DesignPartVersion Master.Y2_Part_Type
		S	Standard Part 标准件	
		D	Dummy Part 非实体零件	
		M	Material 辅料	
		C	Component 实体单体零件	
2	Y2_Drawing_Available	Y	Yes 是	DesignPartVersion Master.Y2_Drawing_Available
		N	No 否	

（2）DesignPart 的 Item ID 由系统自动生成，编号规则 C+8 位流水号，例如，C10000001。Revision ID 为计数显示，最小值为"01"，最大值为"99"。

（3）对于所有 Item Revision，只有当工作状态的版本发布了，才能做修订升版，即只有一个版本为工作版本。

（4）通过设置深层复制规则，可以将源 Item Revison 下的 Word、Excel、Powerpoint 文件复制到新对象下，UGMaster、UGPart 类型的数据集不复制到新的对象下。

（5）创建零件与二维图纸的关系文件夹 2D_Relation。

系统中零件用 DesignPart 类型表示，而图纸用 Drawing_2D 类型表示。为了记录三维模型版本与二维工程图纸版本之间的关系，在三维模型所在的 ITEM Revision 下定制了关系文件夹 2D_Relation，工程师手工把二维工程图所在的版本复制到三维模型所在的版本下。

1．新建业务对象并添加属性

（1）打开 BMIDE，新建项目 YCIT_PDM。

(2)新建业务对象"Y2_DesignPart",显示名称为"DesignPart",如图 2-33 所示(在此说明一下,Y2_为前缀,文中以后涉及此内容的,Y2_省略)。

图 2-33　新建 Y2_DesignPart 业务对象

(3)创建完成后,查找选择 DesignPartRevisionMaster,在"属性"标签页,添加属性,如图 2-34~图 2-36 所示。

图 2-34　新建"永久"属性

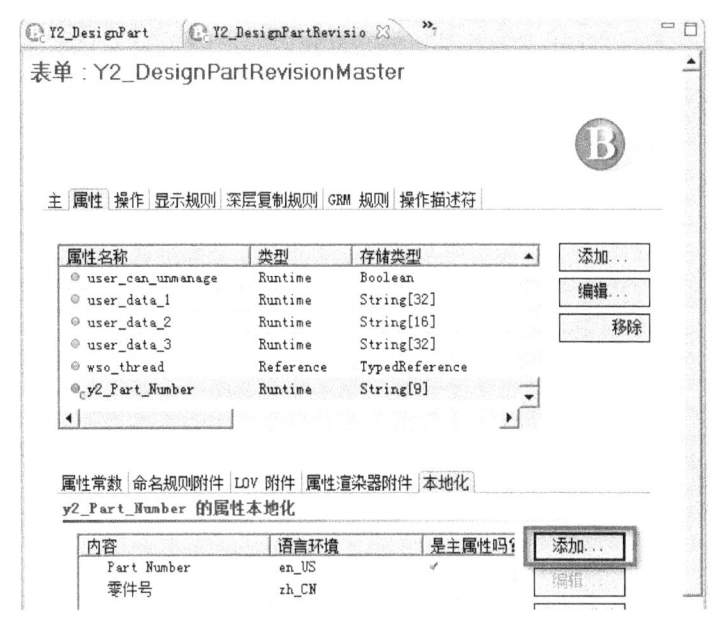

图 2-35 添加本地化值

图 2-36 必选项

2. Item ID 和 Revision ID 的创建和附加

Item ID（零部件编号）是系统识别 Item 的唯一标识。编码的方式原则上可分为两类：有意义编号和无意义流水号。有意义编号易被使用人员识别，但需要专人对编码进行控制，会成为 Item 创建时的瓶颈。流水号的创建由系统控制，无须人工干预，但必须与名称、属性或相关数据一起才能识别。

（1）创建一个名称为"CU_DP_Rule"的命名规则，如图2-37和图2-38所示。

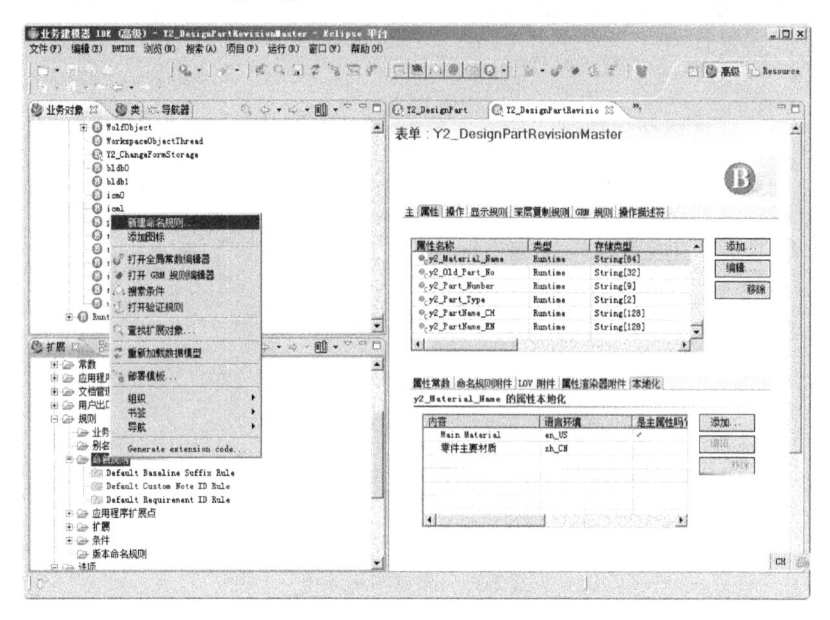

图2-37 新建命名规则

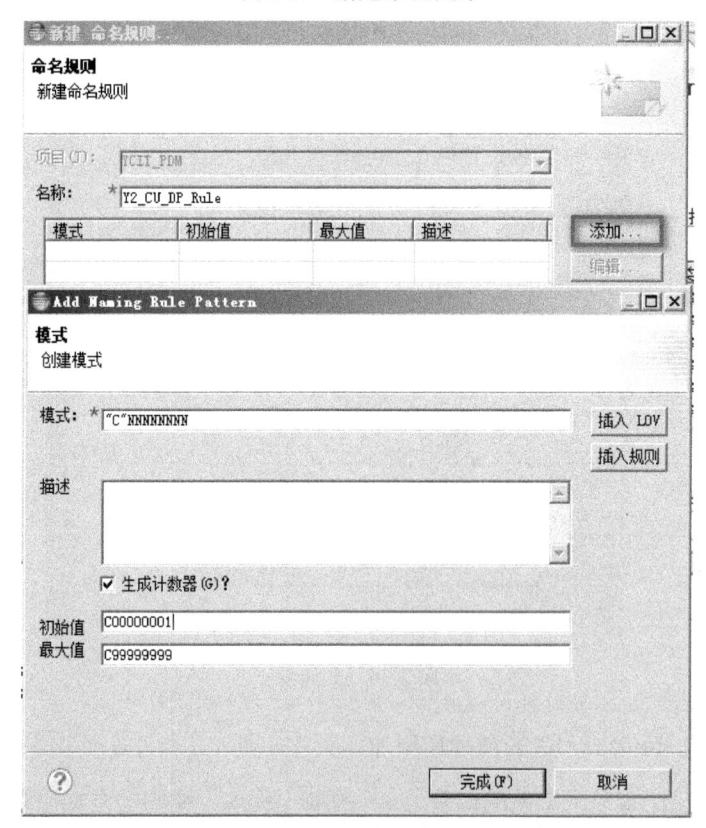

图2-38 创建模式

同时，用户可以自行输入DesignPart的编号，如输入C+8位流水号+".颜色代码"的零件号表示颜色件；输入C+8位流水号+".SW"表示焊点文件等，如图2-39所示。

第 2 章 电子仓库与文件管理

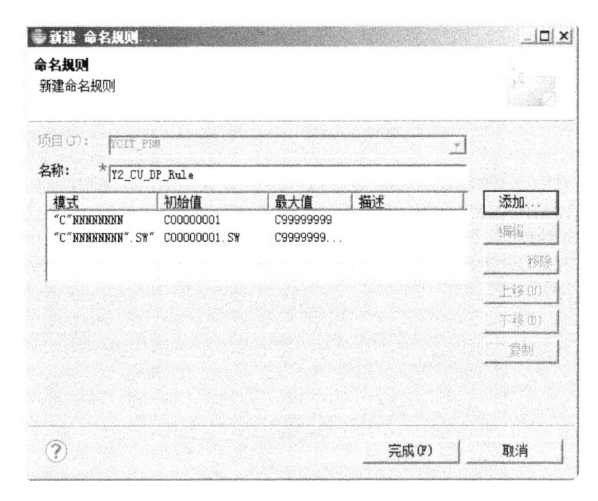

图 2-39 模式创建完成

（2）创建名称为"Revision_Rule"的 Revision ID，如图 2-40 所示。

图 2-40 创建 Y2_Revision_Rule 的 Revision ID

（3）命名规则的附加。

以 CU_DP_Rule 的命名规则为例，其附加在 DesignPart 的 item_id 属性上，使得创建 DesignPart 的时候用户单击"Assign"，自动生成 Design 的版本，如图 2-41～图 2-43 所示。同理 Revision_Rule 的命名规则附加在 DesignPart Revision 的 item_revision_id 属性上，方法同上。

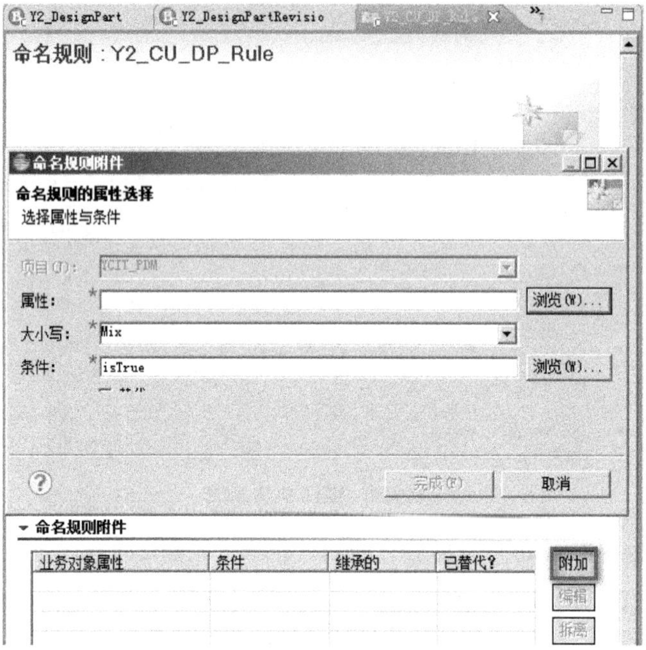

图 2-41　附加命名规则附件

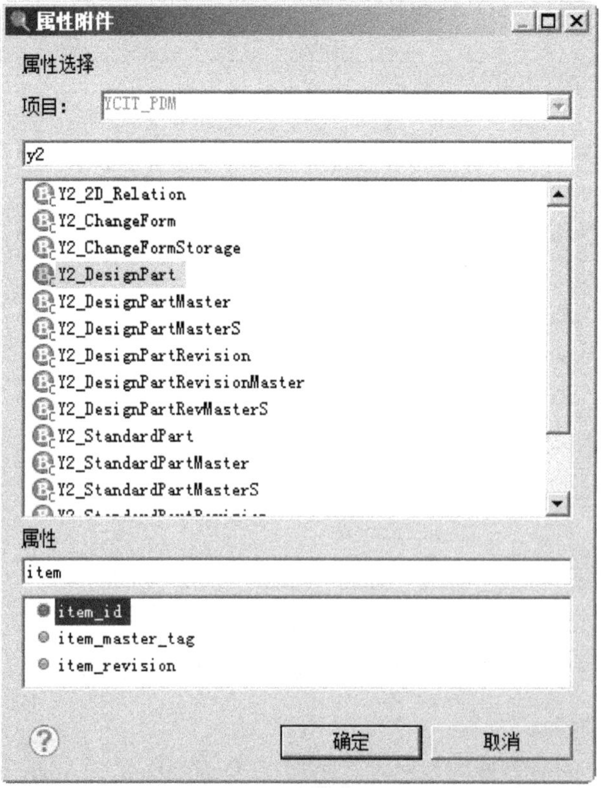

图 2-42　属性选择

第 2 章 电子仓库与文件管理

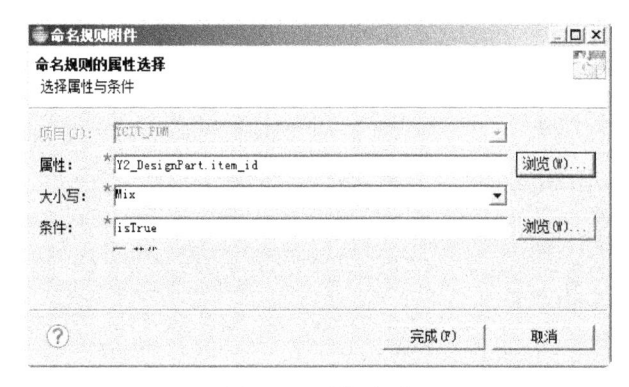

图 2-43 附加完成

3．定制 UOM

创建 DesignPart 的时候根据需要选择 Unit of Measure。按照单件计算的零件不需要选择 Unit of Measure，按照长度、重量、容积等计算的零件需要从 Unit of Measure 列表中选择合适的值。创建以下计量单位：kg、g、m、mm、l、ml。其定制后的效果如图 2-44 所示。

4．创建 LOV

为了满足上述选择性输入的属性，要在 Teamcenter 中定义如下的 LOV。在系统上线后，LOV 的维护工作由系统管理员来承担。本例中 Part Type 属性由用户从属性列表中选择输入。创建名称为"Part_Type"的 LOV，LOV 的值包括 A、S、D、M、C，如图 2-45 所示。附加该 LOV 到 DesignPart Revision Master 的 Part Type 属性上。如图 2-46 和图 2-47 所示。

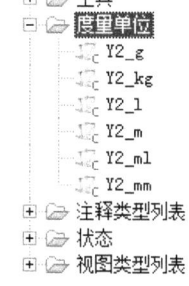

图 2-44 度量单位效果图

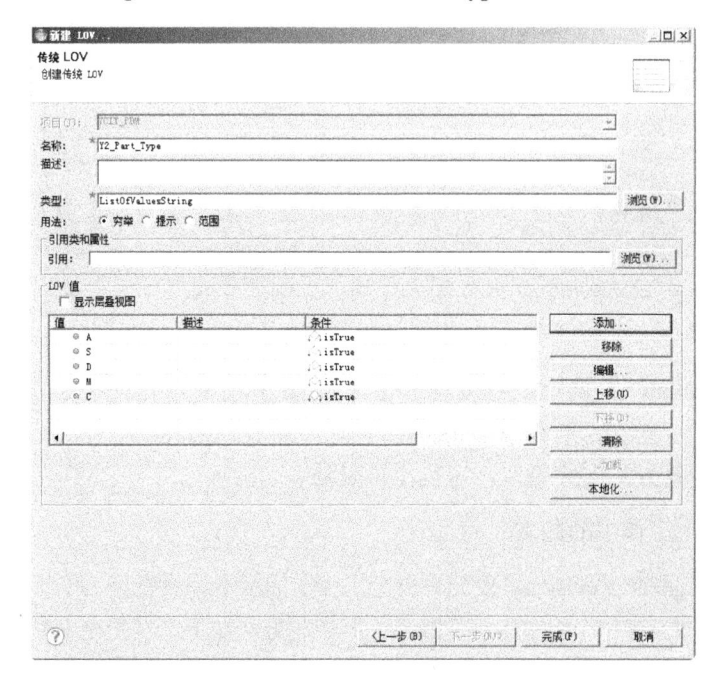

图 2-45 新建 LOV

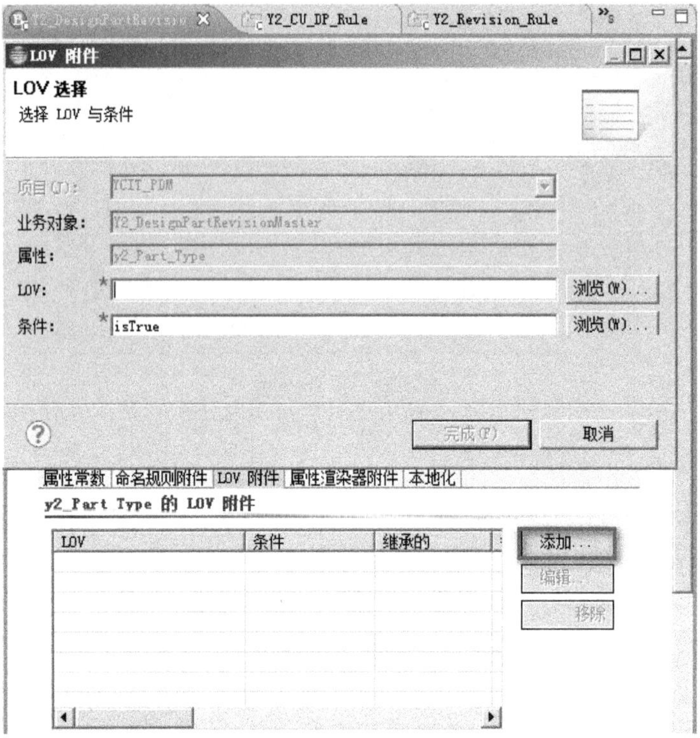

图 2-46　添加 LOV 附件

图 2-47　LOV 附件添加成功效果图

"Drawing Available"属性同样要求用户从列表中选择。首先创建名称为"Drawing_Available"的 LOV，值包括 Y 和 N。将该 LOV 附加到 DesignPart Revision Master 的 Drawing Available 属性上。其方法与此类似，这里不再赘述。

5. 仅允许一个工作中的版本

对于所有 DesignPart Revision，仅允许一个工作中的版本。只有当工作状态的版本发布了，才能做修订升版，即只有一个版本为工作版本。其定制方法如下，首先在 BMIDE 的业务对象中查找到 DesignPart Revision，在"业务对象常数"标签选择"MaxAllowedWorkRevsForItemCopyRev"，如图 2-48 所示。单击"编辑"按钮，弹出如图 2-49 所示的对话框，将值"-1"改为"1"。

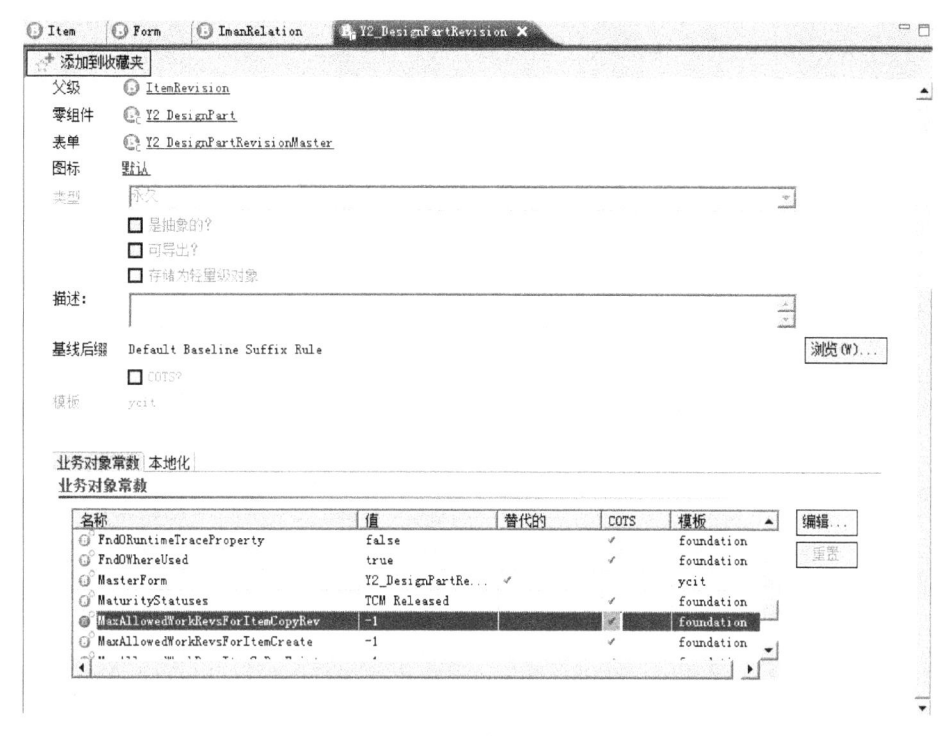

图 2-48　业务对象常数

图 2-49　修改值

然后切换至"操作"标签，如图 2-50 所示，展开"操作"文件夹下"原有的操作"文件夹，选择"ITEM_create_rev"，如图 2-51 所示，在右侧面板"扩展附件"中单击"预条件"，添加"checkLatestReleased"扩展规则，如图 2-52 所示。

图 2-50 操作

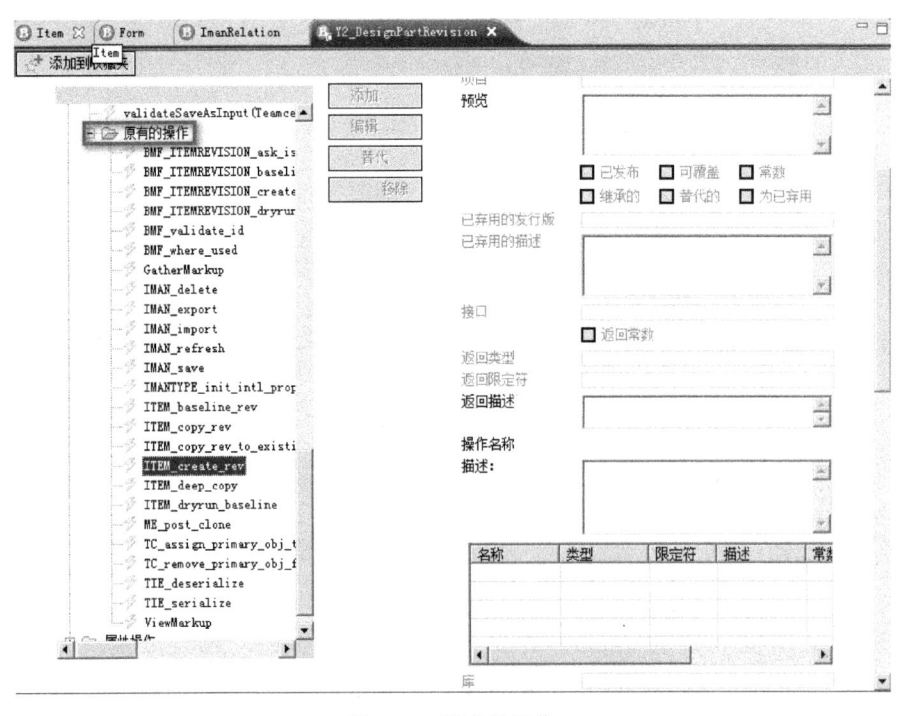

图 2-51 原有的操作

6. 深层复制规则

通过设置深层复制规则,可以将源 Item Revison 下的 Word、Excel、Powerpoint 文件复制到新对象下,UGMaster、UGPart 类型的数据集不复制到新的对象下。其详细配置如表 2-7 所示，以 Word 文件为例，其设置后的效果如图 2-53 所示。

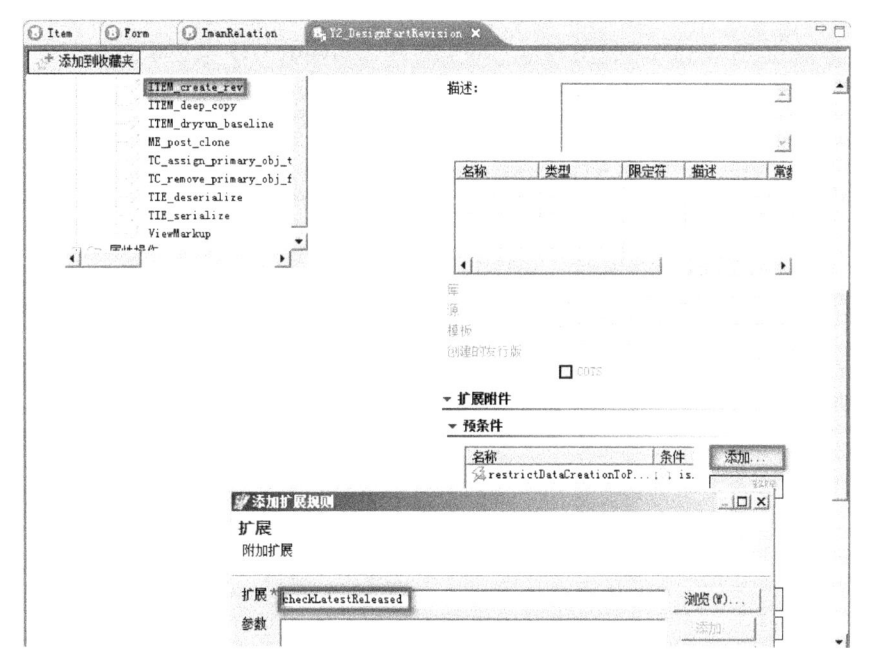

图 2-52 添加扩展规则

表 2-7 深层复制规则

目标类型	操 作	复制类型	关系类型	对象类型
DesignPart Revision	SaveAs	CopyAsObject	IMAN_specification	MSExcel
	SaveAs	CopyAsObject	IMAN_specification	MSWord
	SaveAs	CopyAsObject	IMAN_specification	MSPowerPiont
	SaveAs	NoCopy	IMAN_specification	UGMaster
	SaveAs	NoCopy	IMAN_specification	UGPart

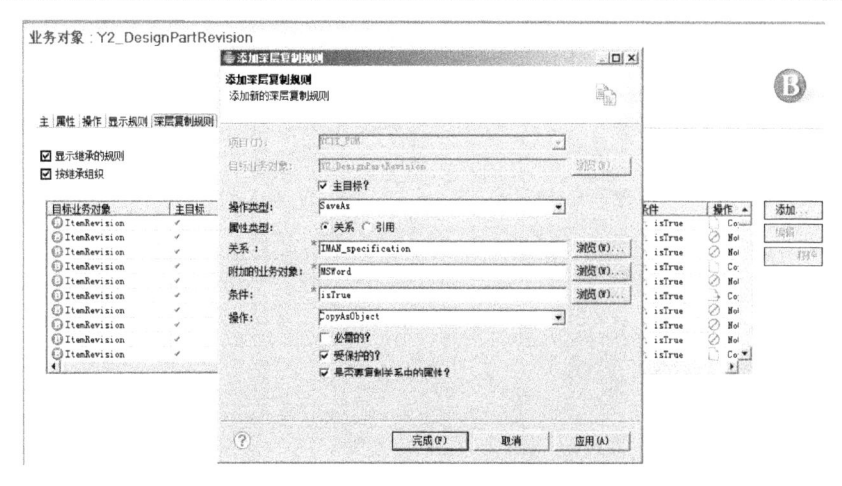

图 2-53 Word 文件的深层复制规则设置

7. 创建零件与二维图纸的关系文件夹 2D_Relation

系统中零件用 DesignPart 类型表示，而图纸用 Drawing_2D 类型表示。为了记录三维模型版本与二维工程图纸版本之间的关系，在三维模型所在的 ITEM Revision 下定制了关系文件夹 2D_Relation，工程师手工把二维工程图所在的版本复制到三维模型所在的版本下。

本例定义一个名称为"2D_Relation"的关系，并使用文件夹的方式显示这个关系。定制方式如下。

（1）首先在业务对象中查找到"ImanRelation"，单击鼠标右键，选择"新建业务对象"，如图 2-54 所示，输入名称和显示名称，单击"完成"按钮，2D_Relation 关系创建完毕，如图 2-55 所示。

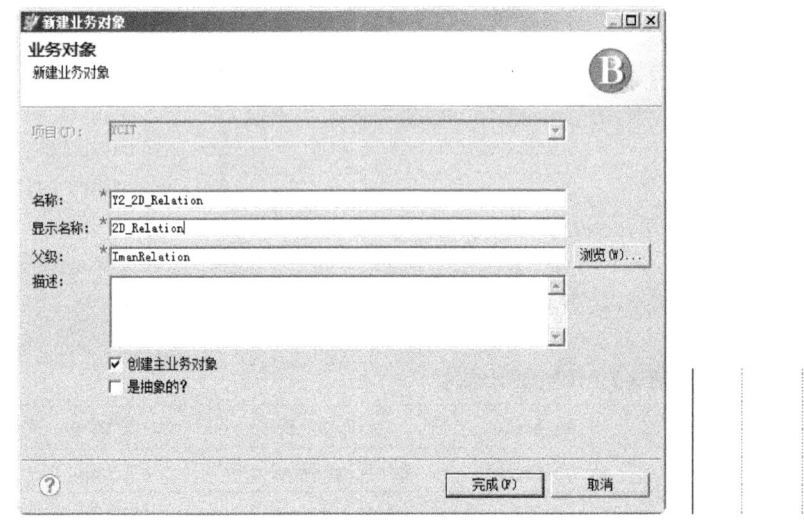

图 2-54　新建关系业务对象　　　　　　　图 2-55　2D_Relation 关系创建成功

（2）选择"DesignPartRevison"业务对象，单击"属性"标签页，单击添加"关系"属性，如图 2-56 所示。在"关系业务对象"中查找输入"2D_Relation"，如图 2-57 所示，单击"完成"按钮。

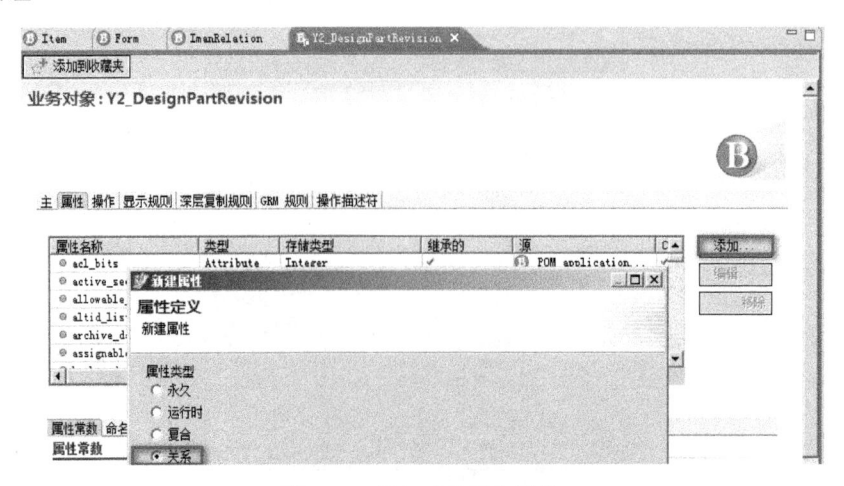

图 2-56　添加"关系"属性

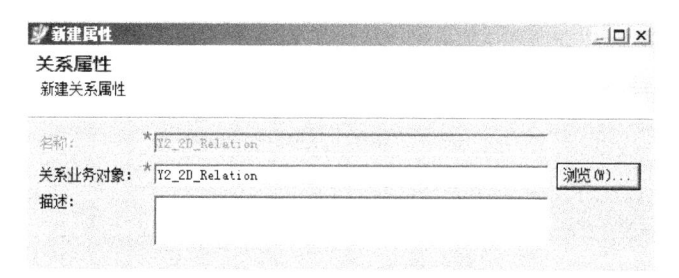

图 2-57 选择"2D_Relation"关系业务对象

8．显示规则

DesignPart 类型的零组件由设计工程师完成，其他角色的用户不创建。此功能是由显示规则完成的，其设置如图 2-58 所示。

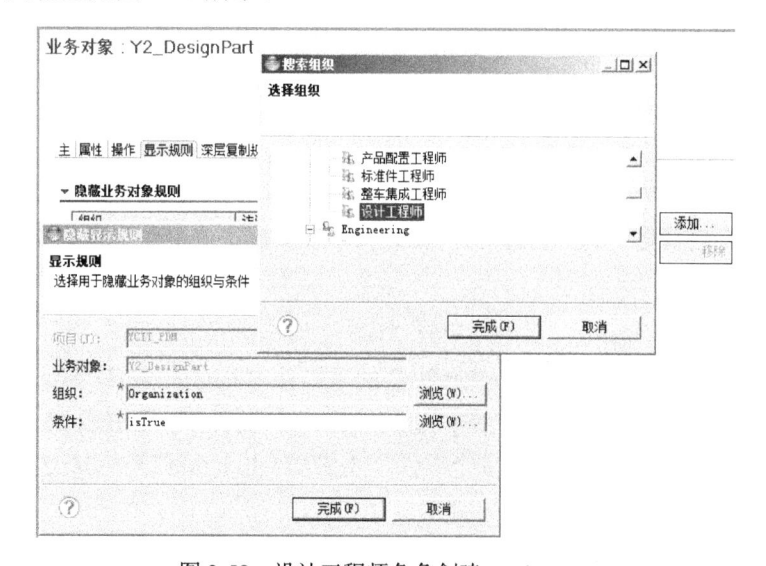

图 2-58 设计工程师角色创建 DesignPart

在 BMIDE 中完成以上设置后，保存模型，部署模板，如图 2-59 所示。

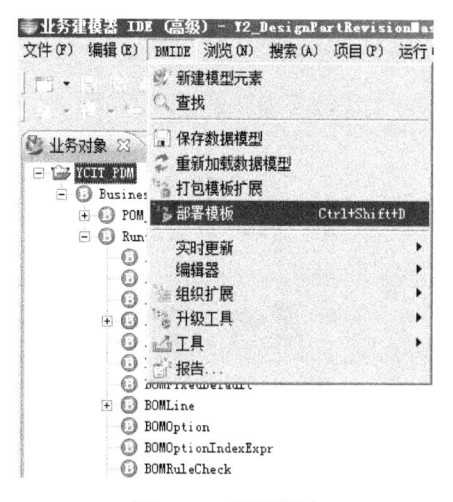

图 2-59 部署模板

9. 2D_Relation 显示设置

BMIDE 部署成功后，DBA 角色用户登录 Teamcenter，在"我的 Teamcenter"下，单击菜单栏中"编辑"→"选项"，进行如图 2-60 所示的操作。

图 2-60　设置 2D_Relation 关系

在 Teamcenter 系统中创建 DesignPart 类型的零组件与其对应的 2D 图纸，然后复制二维图纸的版本，将其粘贴到对应的零件版本的 2D_Relation 文件下，如图 2-61 所示，同时，同一个 2D 图纸的版本可以将其添加到多个零件版本的 2D_Relation 下，以表达几个零件共图的关系。

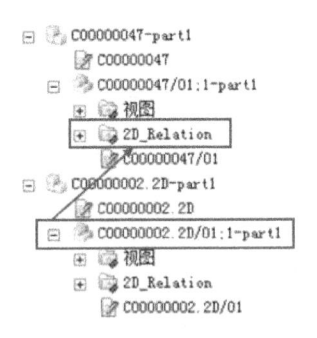

图 2-61　2D_Relation 显示结果

本章习题

一、填空题

1. 元数据在描述信息资源时一般分为_____、_____、_____三个层次。

2. PDM 系统的电子仓库有_____、_____、_____三种。
3. PDM 系统中的文件按照格式分为_____、_____、_____、_____、_____五种类型。
4. Teamcenter 给每个用户创建了_____、_____、_____三个默认文件夹。
5. 没有归档以前的图纸修改不作为一个版本，称为_____。

二、简答题

1. 简述元数据与电子仓库的概念。
2. 电子仓库提供给用户的主要数据操作功能有哪些？
3. Teamcenter 中 Item/Revision 与产品数据的关系分为几种？
4. 解释签入和签出的概念。
5. 列举常用数据集的类型。
6. 请解释 Item、Item Revision 的概念，新建一个 Item 后，会同时附带哪些对象？

三、操作题

1. 零组件 CompleteUnit 的定制

CompleteUnit（完整单元）的创建由设计工程师完成，其他角色用户不创建。CompleteUnit 的详细属性设置如表 2-8 所示。

表 2-8 CompleteUnit 属性设置

编 号	字 段	显示名称	类 型	LOV	备 注
1	Y2_Part_Number	Part Number	String[9]	—	零件号
2	Y2_Version	Version	String[2]	—	版本号
3	Y2_PartName_CH*	Part Name CH	String[128]	—	零件中文名称
4	Y2_PartName_EN*	Part Name EN	String[128]	—	零件英文名称
5	Y2_Old_Part_No	Old Part Number	String[32]	—	老零件号
6	Y2_Remarks	Remarks	String[32]	—	备注

其余设置要求同实例 2-4，这里不再赘述。

2. 零组件 StandardPart（标准件）的定制

StandardPart（标准件）的创建由标准件工程师完成。其他角色用户不创建。

（1）StandardPart 的详细属性设置如表 2-9 所示。

表 2-9 StandardPart 属性设置

编 号	字 段	显示名称	类 型	LOV	备 注
1	Y2_Part_Number	Part Number	String[9]	—	零件号
2	Y2_Version	Version	String[2]	—	版本号
3	Y2_PartName_CH	Part Name CH	String[128]	—	零件中文名称
4	Y2_PartName_EN	Part Name EN	String[128]	—	零件英文名称
5	Y2_Spec	Specification	String[32]	—	规格

续表

编号	字段	显示名称	类型	LOV	备注
6	Y2_Material_Name	Material Name	String[64]	—	材料名称
7	Y2_Weight	Weight	Floating[16]	—	重量

（2）StandardPart 的编号由系统自动生成，编号规则 B+8 位流水号，例如，B10000001。创建一个名称为"SP_Rule"的命名规则，模式为"BNNNNNNNN"。将 SP_Rule 命名规则附加到 StandardPart 的 item_id 属性上。

其余设置要求同实例 2-4，这里不再赘述。

3．零组件 Drawing_2D 的定制

创建 Drawing_2D。Drawing_2D 是 DesignPart 零部件数据所对应的图纸数据。

（1）Drawing_2D 的详细属性设置如表 2-10 所示。

表 2-10 Drawing_2D 属性设置

编号	字段	显示名称	类型	LOV	备注
1	Y2_Draw_Number	Drawing Item ID	String[12]	—	2D 图的对象号
2	Y2_Revision	Revision	String[2]	—	版本号
3	Y2_PartName_CH*	Part Name CH	String[128]	—	零件图纸中文名称
4	Y2_PartName_EN*	Part Name EN	String[128]	—	零件图纸英文名称
6	Y2_Drawing_Type	Drawing Type	String[32]	Y2_Drawing_Type	图纸类型
7	Y2_Old_Part_No	Old Drawing Number	String[16]	—	老零件号

（2）Drawing_2D 的 ID 编号规则为相应的 DesignPart ID 号后加上".2D"，由用户手工输入。

其余设置要求同实例 2-4，这里不再赘述。

第3章 产品结构与配置管理

产品结构与配置管理包括产品结构管理与产品配置管理两个部分。产品结构管理是指对产品层次关系和关联到产品结构上的各种设计信息和制造信息的管理；产品配置管理是指对物料清单（BOM）进行设计或在特定条件下进行的重新编排。作为产品数据组织与管理的一种形式，产品结构与配置管理以电子仓库为底层支持，以 BOM 为其组织核心，把定义最终产品的所有工程数据和文档联系起来，实现产品数据的组织、管理与控制，并在一定目标或规则约束下，向用户或应用系统提供产品结构的不同视图和描述，例如，设计视图、装配视图、制造视图、计划视图等。

3.1 基础知识

3.1.1 BOM 管理

1. BOM 定义

物料清单（Bill of Material，BOM）又称为产品结构表、物料表等，是产品结构（Product Structure）的关系表述，将产品的原材料、零配件、组合件等予以拆解，并将各单项物料如物料代码、品名、规格、单位用量、损耗等按照制造流程的顺序记录下来，排列为一个清单，即形成物料清单。

（1）狭义的 BOM

狭义的 BOM 就是产品结构，仅仅表述的是对物料物理结构按照一定的划分规则进行简单的分解，描述了物料的物理组成，一般按照功能进行层次的划分和描述。狭义 BOM 的不足之处：由于没有加上工艺成分，根据功能划分 BOM 层次结构，非常容易出现歧义。根据个人的理解或者现实生产情况的不同，对于同一产品可能做出不同的 BOM 定义。

（2）广义的 BOM

广义的 BOM 是产品结构和工艺流程的结合体，两者不可分割。离开工艺流程来谈论产品结构，没有现实意义。要客观科学地通过 BOM 来描述某一制造业产品，必须从制造工艺入手，才能准确描述和体现产品的结构。

广义的 BOM=产品结构+工艺流程。两者结合的方法是首先确定产品的工艺流程，然后描述每个工序（工艺流程的组成部分）上所使用的物料；由于生产组织方式的不同，各子物料有相应的生产子工艺流程，同样每个工序上都存在物料的使用，这样就根据生产组织方式决定了 BOM 的层次。广义的 BOM 如图 3-1 所示。

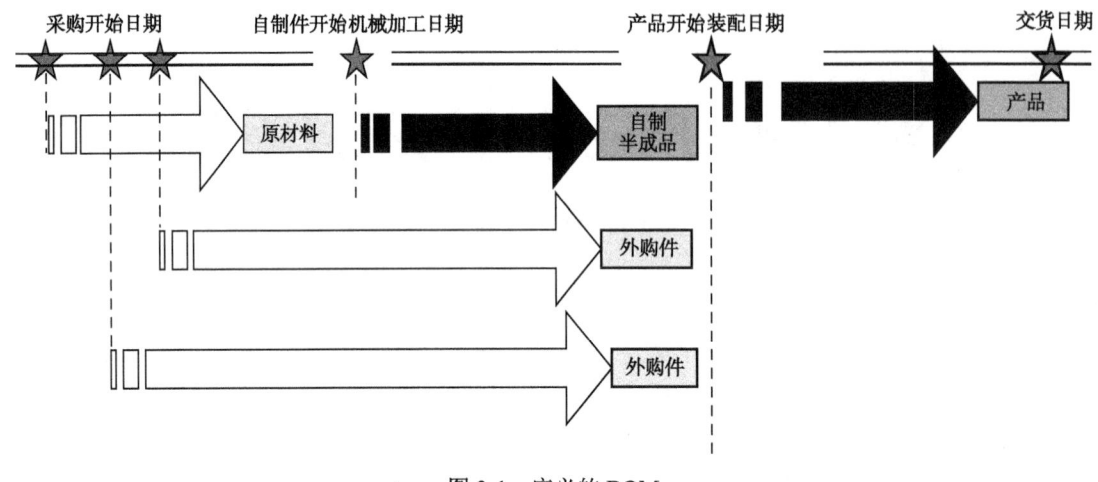

图 3-1 广义的 BOM

广义的 BOM 在 ERP 中的应用缺陷是没有体现"资源"优势,工序中人力资源和设备资源甚至资金(成本)资源都没有得到体现。在 ERP 应用系统中,BOM 的概念已经开始扩展,真正体现"资源"的意义。

(3)扩展的 BOM

扩展的 BOM 在传统意义上更加深入地体现"资源"的意义,已经变成 Bill of Manufacturing,不仅包含工艺流程和产品结构,更多的是对设备、人工和资金信息的集成和体现。

扩展的 BOM 公式:BOM(Bill of Manufacturing)=工艺流程(Routing)+产品结构(Product Structure)+资源(设备、人工、资金等)。

扩展的 BOM 实现的技术关键就是如何将设备、人工和资金等信息体现在 BOM 中,ERP 概念的引入和计算机数据库技术的不断进步为 BOM 概念的扩展提供了可能。扩展工艺流程和产品结构的信息,便可以非常轻松地将"资源"体现在 BOM 的实现上。

实例 3-1 BOM 实例

BOM 是一张扁平的二维表,横向各行称为字段或域,纵向是子项。以 ABC 汽车股份有限公司为例,其工程 BOM(含总装构件)和工程 BOM(增减件清单)如表 3-1 和表 3-2 所示。

表 3-1 BOM 实例

工程 BOM(含总装构件)		ABC 汽车股份有限公司														
<车型编号>	<车型描述>														
日期															
序号	层次	编号			类	名称	CPSC	数量	材料	重量	状态	重要度	归属系统	是否服务	是否3C件	是否环保件	是否公告件	型号	责任人	发布日期	备注
		前缀	基本号	后缀																	

表 3-2 BOM 实例

工程 BOM（增减件清单）															ABC 汽车股份有限公司	
新日期	<车型编号>					旧日期	<车型编号>									
增件	减件	层次	编号			类	名称	CPSC	数量	材料	重量	是否3C件	是否环保件	是否公告件	型号	备注
			前缀	基本号	后缀											

2．BOM 数据特点分析

BOM 是一个结构化的产品及零部件表，包括产品的装配结构、相应零部件的装配数、相关的特征参数、技术文档和图形文档等。

为了提高零部件的互换性、降低生产成本以及重用产品设计知识，在新产品的设计过程中，企业会有大量使用标准件和重用已有零部件的情况，这样，企业的一个产品之中或者产品零部件之间存在着大量零部件相互借用现象。零部件的大量相互借用关系使得 BOM 数据成网状结构，如图 3-2（a）所示。其中，P 表示产品，A、B、C 表示部件，D、E、F 表示零件，数字表示上层部件对下层零部件的装配数量。图 3-2（a）显示了 BOM 原始数据错综复杂的网状关系，A 同时为 P 和 B 的子件，D 同时为 P 和 A 的子件。产品 P 的 BOM 的树状表示如图 3-2（b）所示。

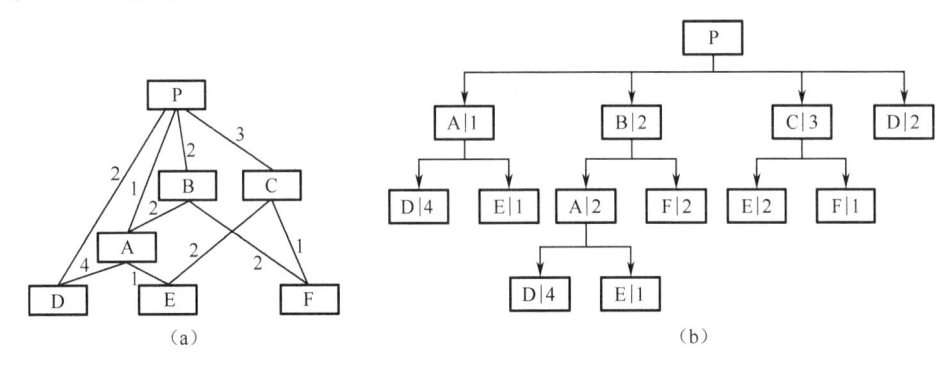

图 3-2 产品 P 的 BOM 的网状结构和树状表示

产品及其零部件的装配层次关系，构成了 BOM 的基本数据结构。归纳产品 BOM 结构的特点如下。

（1）产品 BOM 结构具有明显的层次特点。上一级零部件由下一级零部件构成，是下一级的父件；下一级是上一级的子件。在 BOM 中，必须明确零部件所在的层次和它相关的父件和子件的联系。

（2）产品 BOM 中零部件关系是多对多关系，存在单父多子或多父单子情况。一个部件可能由多个零件/子部件组成，一个零件/子部件也可以被用于多个部件。

（3）产品 BOM 的零部件特征参数复杂，且不同零部件特征参数的类型也不同，零部件的特征参数不能在同一关系表的列中反映出来。例如，A 部件可能有尺寸方面的特征参数，而 D 可能包含使用材料方面的特征参数。

（4）由于产品构型的技术状态随着客户的要求而不断变化，产品 BOM 也会动态地变化，从而增加了 BOM 的复杂性。同时，BOM 还有版本管理的功能。

（5）产品零部件的数据还包括各种图形和技术文档等复杂的数据类型。

理顺产品的结构关系，必须对产品结构进行规范化设计，通过拆分的方法将产品结构体现的网状结构，转化为如图 3-2（b）所示的树状结构。图 3-2（b）表达了零部件之间的装配级别和装配数量关系（数字表示下层零部件对上层零部件的装配数量）。从图中可以明显看出，在装配关系中，上、下层零件之间存在着多对多的关系。一个部件可以由多个不同的零部件组成，一个零部件可以装配在多个不同的产品或部件上，多对多关系使得描述 BOM 的问题更为复杂。

3. 数据库中几种常见的 BOM 数据结构记录形式

（1）单层 BOM

单层 BOM 通常又称为父子型 BOM 或者指针码 BOM，通过零部件之间的装配与被装配关系（即父子关系）来描述。单层 BOM 采用"单父-单子"的 BOM 结构。BOM 表中相同的结构关系只记录一次，BOM 本体只有单层 BOM，并且该表只记录了产品结构的父子关系。在 BOM 从体中，零部件属性表用来描述产品各组成零部件对象的属性，如变更记录、材料、技术状态等；关联对象表用来描述零部件之间的关联关系，用于控制零部件关联变更。采用单层 BOM，可以清楚地表达产品结构，数据冗余少，但是搜索效率较低。

单层 BOM 主要有"父件代码""子件代码"和"装配数量"三个域。如图 3-2 所示的产品 P，其单层 BOM 如表 3-3 所示。

表 3-3 产品 P 的单层 BOM

序　号	父 件 代 码	子 件 代 码	装 配 数 量
1	P	A	1
2	P	B	2
3	P	C	3
4	P	D	2
5	A	D	4
6	A	E	1
7	B	A	2
8	B	F	2
9	C	E	2
10	C	F	1

（2）多层 BOM

多层 BOM 即通常所说的层次型 BOM，采用"单父-多子"的数据结构，其特征是详尽地记录了从产品到零部件的每个层次结构与零部件的配置关系，即使是同样的零部件结构，只要存在于不同的产品中，也需要记录一次。而同一产品的相同零部件结构在该产品 BOM 的不同层次上可重复出现，以完整地记录一个产品所有零部件的配置关系。多层 BOM 的搜索性能好，但是产品重用性能差，且数据冗余大。

多层 BOM 主要有"父件代码""子件代码""装配数量"和"层次号"四个域。如图 3-2 所示的产品结构 P，其多层 BOM 如表 3-4 所示。

表 3-4　产品 P 的多层 BOM

序 号	产品代码	子件代码	装配数量	层次号
1	P	A	1	1
2	P	B	2	1
3	P	C	3	1
4	P	D	2	1
5	P	D	4	2
6	P	E	1	2
7	P	A	2	2
8	P	F	2	2
9	P	E	2	2
10	P	F	1	2
11	P	D	4	3
12	P	E	1	3

（3）复合型 BOM

复合型 BOM 是针对单层 BOM 和多层 BOM 存在的利弊，综合两种 BOM 的构造方法而提出的，以解决系统在运行过程中数据维护及运行效率之间的矛盾。复合型 BOM 的构造方法，参考单层 BOM 构造方法和多层 BOM 构造方法，采用"产品代码""父件代码""子件代码""装配数量"和"层次号"五个域来表示。复合型 BOM 结构与单层 BOM 类似，采用"单父-单子"数据结构，只是在每个子件的表示上又加上了所对应的最终产品。如图 3-2 所示的产品 P，其复合型 BOM 如表 3-5 所示。

复合型 BOM 结构借用了父子型 BOM 的构造方法，因此，可以通过递归方法来显示产品的结构树，在通用件的描述上比多层 BOM 数据冗余小，但由于要对每个产品结构进行定义，所以比单层 BOM 的数据冗余大。

表 3-5　产品 P 的复合型 BOM

序 号	产品代码	父件代码	子件代码	装配数量	层次号
1	P	P	A	1	1
2	P	P	B	2	1
3	P	P	C	3	1
4	P	P	D	2	1
5	P	A	D	4	2
6	P	A	E	1	2

续表

序 号	产品代码	父件代码	子件代码	装配数量	层次号
7	P	B	A	2	2
8	P	B	F	2	2
9	P	C	E	2	2
10	P	C	F	1	2

（4）矩阵型 BOM

对于一个包含有 N 个零部件的产品来说，矩阵型 BOM 的数据结构是构造一个 $N \cdot N$ 的方阵，矩阵中的元素 a_{ij} 的取值范围为整数，其意义为当 $a_{ij} = 0$ 时，表示零部件 i 与零部件 j 之间不存在父子关系；当 $a_{ij} > 0$ 时，表示零部件 i 与零部件 j 之间存在正向装配关系，且零部件 i 与零部件 j 的装配数量为 a_{ij}；当 $a_{ij} < 0$ 时，表示零部件 i 与零部件 j 之间存在被装配关系，且零部件 i 与零部件 j 之间的装配数量为 $-a_{ij}$。如图 3-2 所示产品的 BOM 数据矩阵如图 3-3 所示，从中可以看出该矩阵为反对称矩阵。

显而易见，矩阵型 BOM 的数据结构可以准确描述产品结构，可以满足产品结构数据唯一性、完整性和一致性的要求，并且具有较好的搜索性能。但矩阵型 BOM 的数据冗余量较大，无法实现数据重用。同时由于每种产品所包含的零部件数量是不确定的，这给数据库结构的设计带来很多困难，即无法在关系型数据库中确定数据字段的个数。因此，这种数据结构在实际的企业应用系统中很少采用。

$$\begin{array}{c}\begin{array}{cccccccc}P&A&B&C&D&E&F\end{array}\\\begin{array}{c}P\\A\\B\\C\\D\\E\\F\end{array}\begin{bmatrix}0&1&2&3&2&0&0\\-1&0&-2&0&4&1&0\\-2&2&0&0&0&0&2\\-3&0&0&0&0&2&1\\-2&-4&0&0&0&0&0\\0&-1&0&-2&0&0&0\\0&0&-2&-1&0&0&0\end{bmatrix}\end{array}$$

图 3-3　产品 P 的矩阵型 BOM

（5）二叉树型 BOM

根据数据结构的知识，任何一个树状图都可以转化为二叉树描述。二叉树型 BOM 数据结构正是基于这种观点的一种 BOM 数据描述方法。在这种方法中，二叉树的左子树和右子树分别被定义为"左子右兄"。根二叉树型 BOM 数据结构描述，如图 3-2 所示的产品层次树状结构可建立如图 3-4 所示的左子右兄树。通过左子右兄树的表达，能够利用链表结构实现对产品结构树的操作。

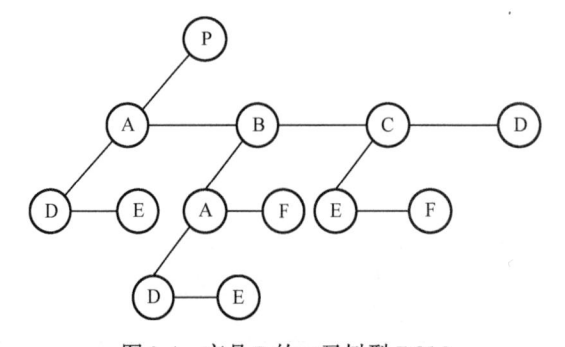

图 3-4　产品 P 的二叉树型 BOM

二叉树型 BOM 数据结构与单层 BOM 数据结构类似，能够满足产品数据的要求，并且数据具有一致性，易于维护。

4．BOM 分类

BOM 作为企业进行设计、加工、管理的核心，不同的部门有不同的要求。例如，生产部门只需要描述自制件信息的制造 BOM，工艺部门只需要工艺 BOM，物资部门只需要原材料和标准件的采购 BOM。设计部门应提供涵盖以上各个 BOM 的设计 BOM。

在产品的整个生命周期中，根据不同部门（设计部门、调度部门、生产部门、售后部门等）对 BOM 的不同需求，主要存在以下几种 BOM：工程 BOM（Engineering BOM，EBOM）、工艺 BOM（Process BOM，PBOM）、制造 BOM（Manufacturing BOM，MBOM）、成本 BOM（Costing BOM，CBOM）、采购 BOM（CBOM）、客户 BOM（Customer BOM，CBOM）、销售 BOM（Sale BOM，SBOM）、维修 BOM（WBOM）等。

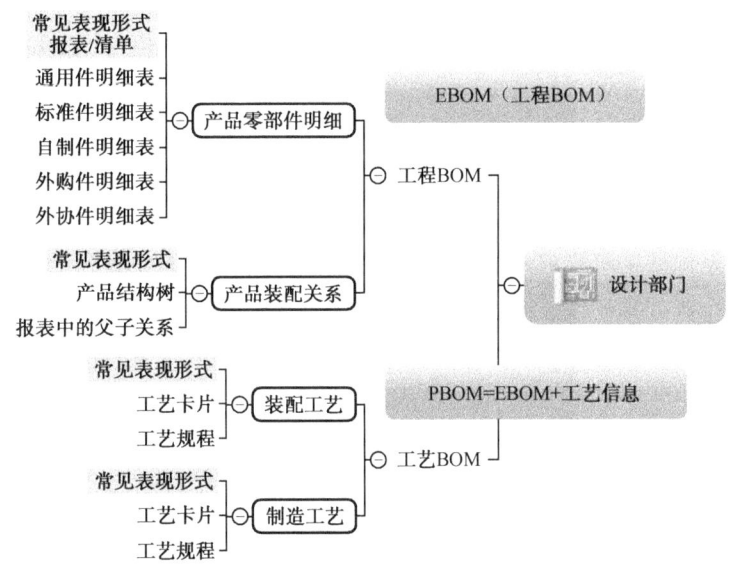

（1）设计部门对应的 BOM

设计部门对应的 BOM 主要包括工程 BOM（EBOM）和工艺 BOM（PBOM），其关系如图 3-5 所示。

图 3-5　设计部门对应的 BOM 关系

（a）EBOM

主要是设计部门产生的数据，产品设计人员根据客户订单或者设计要求进行产品设计，生成包括产品名称、产品结构、明细表、汇总表、产品使用说明书、装箱清单等信息，这些信息大部分包括在 EBOM 中。EBOM 是工艺、制造等后续部门其他应用系统所需产品数据的基础。

（b）PBOM

是工艺设计部门以 EBOM 中的数据为依据，制定工艺计划、工序信息、生成计划 BOM 的数据。PBOM 是由普通物料清单组成的，只用于产品的预测，尤其用于预测不同的产品组合而成的产品系列，有时是为了市场销售的需要，有时是为了简化预测计划而简化了主生产计划。另外，当存在通用件时，可以把各个通用件定义为普通型 BOM，然后由各组件组装成某个产品，这样一来各组件可以先按预测计划进行生产，下达的 PBOM 产品可以很快进行组装，以满足市场要求。

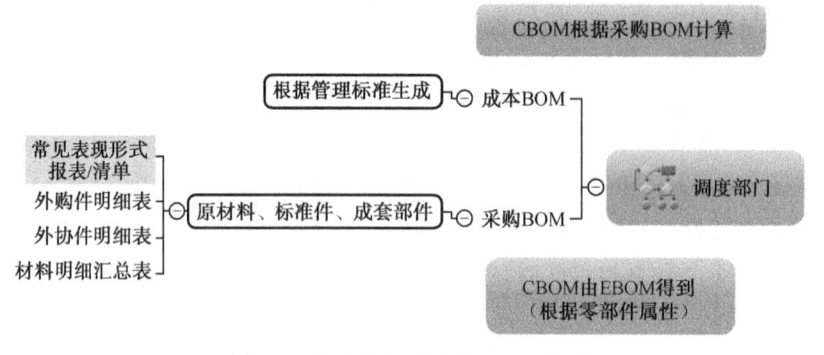

（2）调度部门对应的 BOM

调度部门对应的 BOM 主要包括成本 BOM 和采购 BOM，其关系如图 3-6 所示。

图 3-6　调度部门对应的 BOM 关系

（a）成本 BOM（CBOM）

CBOM 是财务部门根据设计部门、工艺部门和制造部门的数据信息进行汇总核算形成的财务报表。CBOM 给出了产品的成本信息，包括采购成本、制造成本、总采购成本、总制造费用及分摊点管理费用。在价值分析方面，CBOM 对于通过减少小项目成本来降低产品的总成本，或者考查成本上升的原因，都有一定的价值。

（b）采购 BOM

采购 BOM 是根据生产要求外购的原材料、标准件和成套部件等产生的，主要包括外购件明细表、外协件明细表和材料明细汇总表。采购 BOM 信息来源一般来源于设计图纸和工艺卡片上的信息汇总，由采购部门或生产准备部门根据它来安排采购计划和生产计划。

（3）生产部门对应的 BOM

生产部门对应的 BOM 主要包括制造 BOM（MBOM），其关系如图 3-7 所示。

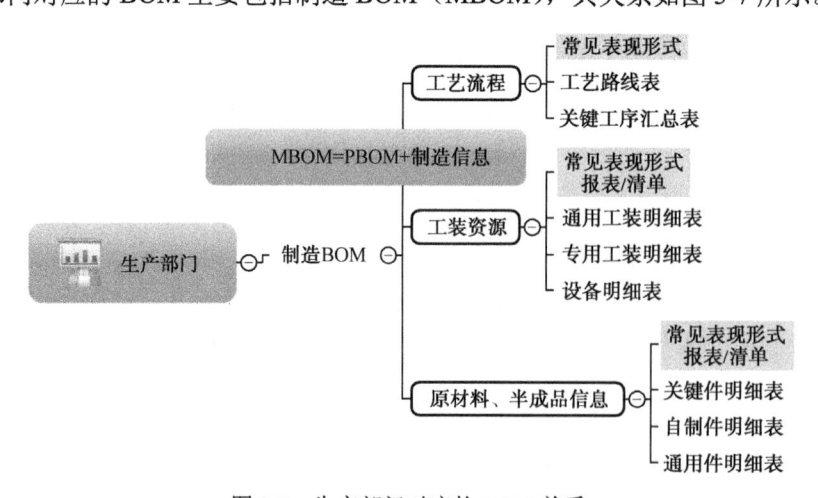

图 3-7　生产部门对应的 BOM 关系

MBOM 是制造部门根据已经生成的 PBOM，对工艺装配步骤进行详细设计后得到的，主要描述了产品的装配顺序、工时定额、材料定额，以及相关的设备、刀具、卡具和模具等工装信息，反映了零件、装配件和最终产品的制造方法和装配顺序，反映了物料在生产车间之间的合理流动和消失过程。PBOM 和 MBOM 都是提供给计划部门（ERP）的关键数据之一。

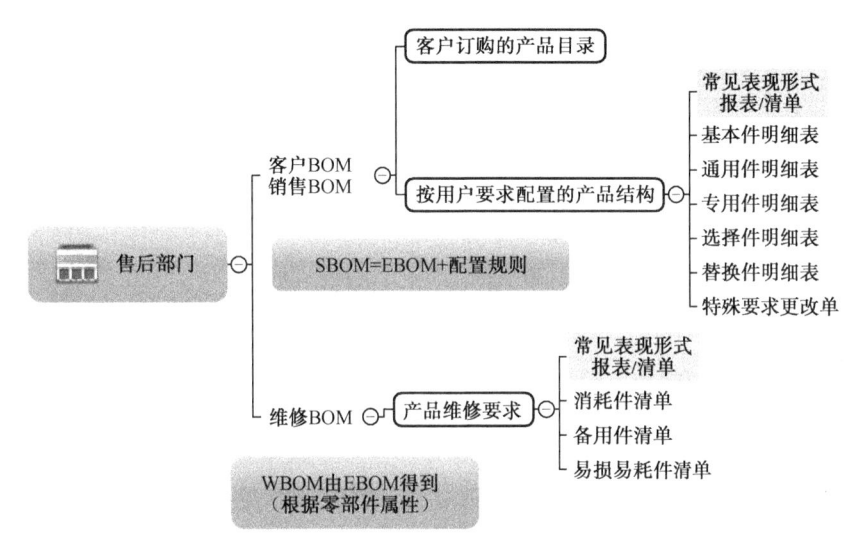

（4）售后部门对应的 BOM

售后部门对应的 BOM 主要包括客户 BOM、销售 BOM 和维修 BOM，其关系如图 3-8 所示。

图 3-8 售后部门对应的 BOM 关系

（a）客户 BOM

客户 BOM 有两个含义，一是指从所有产品机构中筛选出客户订购的产品目录，二是指用户订购的具体规格产品的明细表。

（b）销售 BOM

销售 BOM 是按用户要求配置的产品结构部分，对应常见文本格式的表现形式，包括基本件明细表、通用件明细表、专用件明细表、选择件明细表、替换件明细表、特殊要求更改单等。销售 BOM 信息一般是一个系列产品各规格不同类型零部件明细信息的汇总。

（c）维修 BOM

维修 BOM 是按维修要求产生的，对应文本格式的表现形式，包括消耗件清单、备用件清单、易损易耗件清单等。维修 BOM 信息一般从设计 BOM 对应记录属性中筛选获得。

因此，生产制造企业各形式 BOM 的总体关系图如图 3-9 所示。

（5）EBOM 与 PBOM 的区别

EBOM 与 PBOM 主要是根据它们来源的应用系统不同来分类的，EBOM 主要来源于 CAD 系统，PBOM 主要来源于 CAPP 系统，或者直接来源于 PLM 系统，它们都是对产品结构中零部件的属性描述，都是 PLM 系统中的单一产品数据源。单一产品数据源作为整个系统的底层数据核心和所有相关产品数据的共同访问源。单一产品数据源能保证产品数据一致、最新、完整、无冗余和可靠。在数据来源、所反映的具体内容等方面的区别如表 3-6 所示。

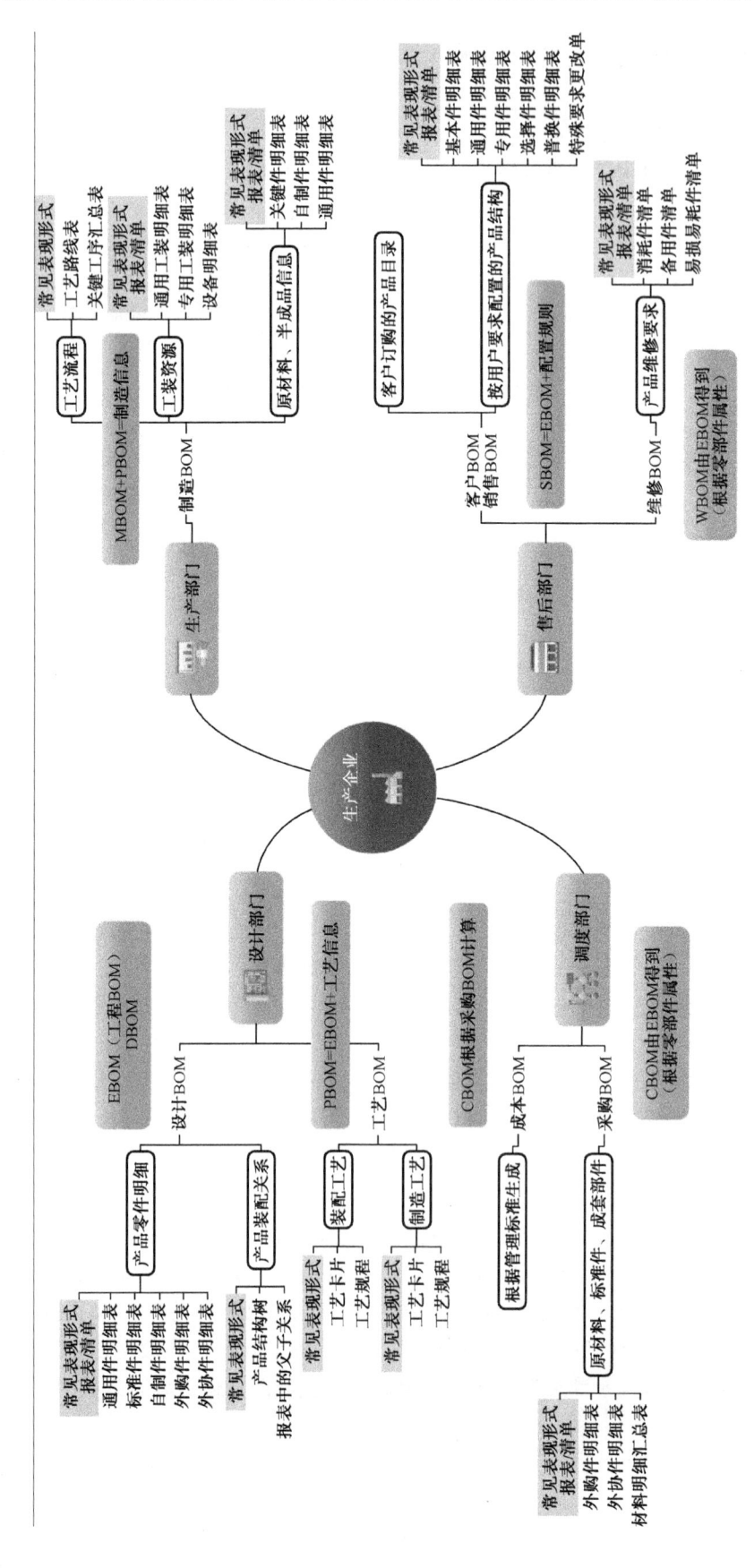

图 3-9 生产制造企业各形式 BOM 的总体关系图

第3章 产品结构与配置管理

表3-6 EBOM 与 PBOM 的区别

区 别	EBOM	PBOM
数据来源	主要针对产品设计活动过程所反映的产品设计属性的一种技术描述文件，来源于CAD系统	主要针对产品工艺实施规划过程，以及制造生产过程中所反映的产品属性的一种计划文件，来源于CAPP系统
所反映的具体内容	一般指设计信息，如CAD系统中二维图纸的标题栏信息和明细表信息	一般指工艺信息，如CAPP系统中的加工工序、工艺路线、工时定额、材料定额，以及机床、刀具、夹具、模具和量具等工装方面的信息

（6）EBOM 和 MBOM 的区别

虽然 EBOM 和 MBOM 都包含着产品结构信息，但也存在很大差异。在产生部门、性质、反映内容的侧重点、作用等方面的区别如表3-7所示。

表3-7 EBOM 和 MBOM 的区别

区 别	EBOM	MBOM
产生部门	由设计部门产生的数据	制造部门设计后得到
性质	属于技术文件	属于管理文件
反映内容的侧重点	重点反映产品的组成	除了反映产品的组成外，重点反映产品的制造层次和制造过程
作用	是设计输出结果之一，不能用于生产计划	是生产和销售计划的基础，与工艺、设计、生产能力、库存等都有联系

3.1.2 产品结构管理

目前对于我国企业，尤其是中小企业来说，小批量、多品种、面向用户的设计、生产与装配已经成为主要的生产模式，传统的一个产品对应一张明细表的产品结构管理已不能适应现代企业的管理要求。如何建立某一通用产品结构描述管理，实现相似产品和零部件的筛选和组装，以便实现某一类或某一产品系列的结构管理，成为产品结构管理必须考虑的问题。产品结构管理是以产品为核心、建立产品生命周期中各种功能和应用系统直接联系的重要工具，是产品设计过程进展情况的直接体现，主要包括产品结构层次关系管理（产品结构树的建立）、基于文件夹的产品-文档关系管理和产品版本管理等。

1. 产品结构层次关系管理（产品结构树的建立）

（1）基本概念

① 产品结构树

相互关联的一组零件按照特定的装配关系组装起来即构成部件，一系列零件和部件有机地装配在一起则构成产品，将产品按照部件进行分解，部件再进一步分解成子部件和零件，直到零件为止，由此形成的分层树状结构，称为产品结构树。产品结构树可以方便地描述产品结构的层次关系，表示产品组成部分相关联的数据信息。产品结构树以树状方式描述产品结构，根节点表示产品，叶节点表示零件，中间节点表示部件，节点间的层次关系描述了产品的组成。

② 产品结构

产品结构可以分为完整产品结构和具体产品结构。完整产品结构包括一个产品的所有可能的零部件，以及这些零部件的不同版本。具体产品结构仅包括构成该具体产品的所有零部件。

③ 产品结构层次关系管理

产品结构层次关系管理指的是对单一、具体产品所包含零部件的基本属性的管理，并维护它们之间的层次关系。利用 PDM 系统提供的产品结构管理功能可以有效、直观地描述所有产品的相关信息。

④ 产品材料明细表

产品材料明细表集中反映了产品结构的汇总信息，它描述了产品结构中各零部件的层次关系，零件的数量、材料，是自制件还是外购件等信息。

（2）产品结构的层次关系管理

对于制造企业来说，其产品通常是由一系列零件和部件装配构成的，而部件又由一系列层次更低的零件子部件装配组成，而且在产品设计、制造的过程中，围绕着产品结构形成了各种各样的数据、文档，包括设计文档、装配计划文件、CAD 文件、产品规格说明文档等，但这些文档在关系上都是依附于每个具体产品、零部件而存在的，产品零部件的数据包含与图纸相关的各种属性和信息，利用显示装配关系的产品结构树，可以直观、形象、合理地组织和表示所有的产品数据。

产品结构的数据管理原理是通过组件、零部件和原材料等业务对象和它们之间的逻辑关联关系，来描述以产品结构模型为基础的整个产品信息，其中的逻辑关联关系具有鲜明的层次性。产品结构树上面的每个节点代表一个产品或其中的某个零部件，每个节点以其主图档为代表，节点的属性包括零部件（或产品）及其主文档的属性，其他文档则以附属文档的形式存放。通过产品结构树的方式，将与产品有关的各种数据（如图档、工艺、文档、工艺分工路线、工装、材料、毛坯、材料消耗定额、任务等）有机地关联在一起，从而使得数据的组织和管理变得十分便捷，数据关系更加清晰，为各种产品数据的组织、检索和统计提供了强大支持。

利用 PDM 系统提供的产品结构管理功能，可以有效、直接地描述所有与产品相关的信息。产品结构树为每个业务对象建立自己的属性，并采用零件基本记录进行描述，如零件标识码、名称、版本号及类型等。通过建立零件与部件间的装配关系建立产品结构的层次关系，随着产品复杂度的不同，这种层次关系少则两三层，多则六七层不等。在设计、生产过程中，产品的构件经常有修改的情况出现，不仅有个别属性的修改，甚至还有结构关系的修改。在 PDM 中完成上述修改需要区别不同的情况，较简单的情况（如还未形成版本时）可直接修改，复杂的情况（如对已发布版本的数据进行修改）则需要按照工程变更的流程进行操作。

如图 3-10 所示是数控机床的产品结构及其基本属性示例，图中表示了产品零部件之间的层次关系及每个节点包含的相应属性。通过这样的产品结构树图，根据所给查询条件，根据不同的分支，就可迅速找到所需的数据，并且可以自由选择结构树的分解层次树，展开自行设定的层次中的零部件，在需要时也可以输出相应的材料明细表。

第 3 章 产品结构与配置管理

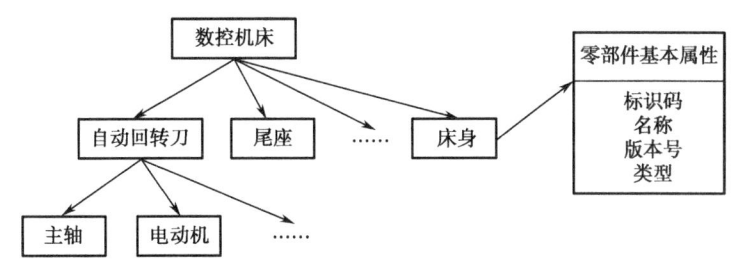

图 3-10 数控机床及其基本属性示例

2. 基于文件夹的产品-文档关系管理

PDM 系统中的文档都是以文件的方式存放于服务器的电子仓库中，只有具有合法权限的用户才能在权限许可的范围内通过 PDM 软件访问相关文档，从而避免非授权或非法的访问，保证了数据库中文档与图档的安全性。PDM 系统以产品结构为基础来管理与零部件相关的文档，为每一种部件定义一个文件夹，将与该部件有关的文档都放入该文件夹下。PDM 通过关联将不同产品结构树下的对象连接起来，用户可通过关联方便地存取各种资料，允许用户在文件、文件夹、部件和零件四种对象之间建立关联并查阅这种关联，例如，在一个文件与它的参数文件之间建立关联，当用户查阅该文件时可以方便地沿着关联链接到其参数文件；在一个部件和一个子文件夹之间建立关联，用户便可以方便地从该部件找到其参考子文件夹，该子文件夹可以包含该部件的设计资料和工程图纸等。关联还可以与其他功能结合起来，满足一些用户更复杂的要求。例如，通过产品项目与配置，PDM 系统可以产生并配置出产品材料清单。如果该产品树中零部件的相关图纸都用关联联系起来了，则系统还可以产生该配置产品的全套图纸清单。

在 PDM 系统中，文档与对象（如产品、部件、零件）之间是相互关联的。把文档与产品结构中的零部件相关联，就形成了产品结构树。不过在 PDM 系统中并不是把文档与对象直接关联，而是以文件夹作为链接零部件与文档的桥梁，通过对文件夹的分类实现对各种不同文档的分类管理。例如，可以针对设计过程、制造过程、更改过程等每一个过程，都建立一个专门的文件夹来管理该过程中涉及的文件，而一个文件夹可以包含多个文件，管理着多个不同的文件。通过这种管理方式可以很好地完成从设计、制造到销售整个生命周期的信息管理工作。如图 3-11 所示表示了对象、文件夹、文档的关系。

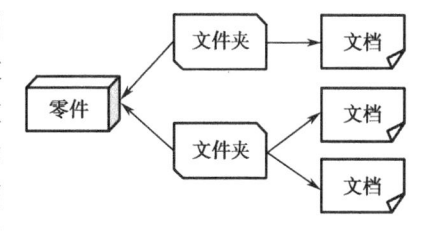

图 3-11 对象、文件夹、文档间的关系

3. 产品版本管理

通常，产品的设计过程是个连续、动态的过程。一个设计对象在设计过程中不断修改，会产生许多版本。版本不仅包含了设计对象在当时的全部信息，而且还反映了该版本的设计对象和与其相关联对象的联系，例如，零部件对象版本与文档版本的关联性。一个对象的多个版本间应该有联系，而且还应有识别每个版本的有效条件。此外，版本应有标识号，一种是按版本产生的时间顺序记为 A、B、C、…；另外一种是按照正整数的顺序，以时间的先后依次记为 1、2、3、…；有时也会混合使用两种形式。包含版本的零件结构如图 3-12 所示。

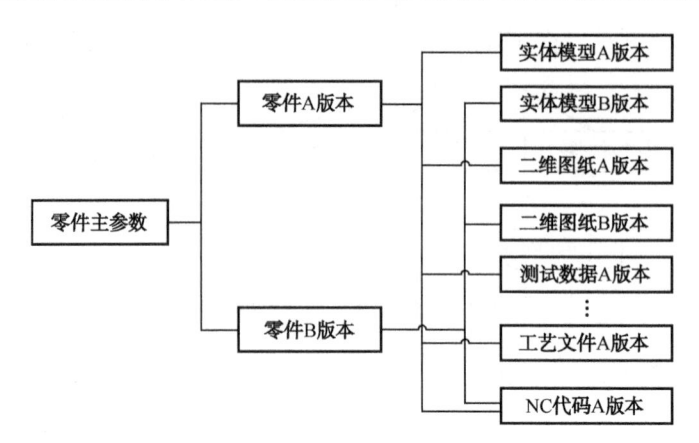

图 3-12 包含版本的零件结构

PDM 的版本管理就是管理事物对象和数据对象的动态变化情况，前者如零件、部件、文件夹等，后者如各种文档等。常见的版本管理模型有两种：线性版本模型和树状结构版本模型。线性版本模型是最简单的模型，如图 3-13（a）所示，它是根据版本产生的时间顺序依次排列的，当产生一个新版本时，系统自动赋予一个新版本号，且不允许赋予重复的值。线性版本模型能够很好地描述版本顺序产生的情形，而它的缺点是不能区分是新设计产生的版本，还是在前一个版本的基础上修改的版本，即它不能用于有多种可选设计方案的情况。

如图 3-13（b）所示表示的树状结构版本模型正好能够弥补线性版本模型的缺陷。在该模型中，一个特定的路径就反映了一种设计方案的版本繁衍过程，表明某对象具有两种设计方案，在 B 版本基础上形成了可选的 C 版本和 D 版本，在 C、D 版本基础上分别修订后的 D 版本和 E 版本既是其一版本的修订版本，又是两种设计方案的终止版本。

(a) 线性版本模型　　(b) 树状结构版本模型

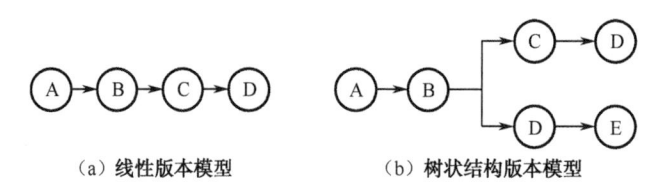

图 3-13 版本管理模型

按照设计对象所处的不同状态，版本有不同的状态名，其版本状态变化流程图如图 3-14 所示。设计阶段对象的版本称为工作版本，工作版本驻留在设计人员私有的电子仓库中，只能由设计者进行修改，其他用户不能访问，也不能引用。当设计工作完成以后，设计者需要将该对象的版本提交到共享的公共电子仓库待审批，这种存放在共享电子仓库中待审批的版本称为提交版本。提交版本不允许修改或删除，其他用户可以查看，但不能引用。提交版本经审核批准后，成为发布版本。发布版本放在专门的电子仓库中，所有用户只能对它进行查询，不能修改。在设计的某阶段时间内，若需要版本保持不变的状态，则可以将它冻结起来，称为冻结版本。冻结版本一般存放在项目电子仓库中。处于冻结状态的版本不允许有更新、删除等操作，但是冻结版本解冻后成为工作版本，即可对它进行操作。提交版本是审批阶段的冻结版本，它与冻结版本相同，都能被设计者引用，可成为设计者开展下一步工作的基础。不需再改变的版本需要归档保存，版本归档后成为归档版本。

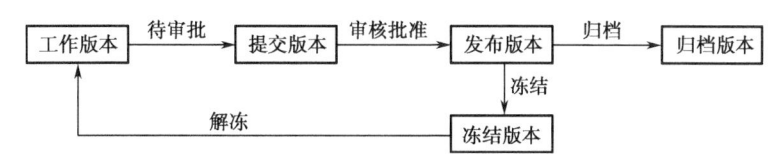

图 3-14 版本状态变化流程图

在设计过程中,需要对版本已发布或归档的对象更改时,可以采用新增版本的方法来满足设计的需求。

3.1.3 产品配置管理

如今,越来越多的制造是面向用户订单的制造,不管是产品的设计加工,还是组装,都是面向用户订单的需求而进行的,生产过程中的各个环节相互结合紧密。产品配置管理能够满足企业面向订单的生产方式,可以定义面向订单生产的各个关键特征,有效提高设计的重用性和效率,方便系列产品的管理。

产品配置管理按产品族的管理方式,建立基型产品结构。按客户订单需求,根据约束规则、参数等定义产品性能和零部件选项之间的关系,快速生成符合设计、制造要求的产品配置结构。

提供基型产品及零部件分类管理,通过产品分类定义、约束规则定义、参数定义快速形成选配产品 BOM 的产品簇。

设计师在基型产品及零部件分类管理的基础上,根据产品设计的功能需求、用户自定义的约束规则及按零部件功能特征选用原则,快速生成符合设计、制造要求的产品配置。

在产品配置器中提供了各产品、零部件的功能、性能、结构、参数的对比。

基于产品簇管理的配置器,可对产品簇内的多个产品进行结构上的差异分析及确定零部件在产品簇内的共用程度、使用频度与成本构成,使设计师明晰产品差异原因和系列化进程,并对使用频度高的零部件进行关注,便于产品的改进及优化。

1. 产品配置的概念

一般来说,在产品设计过程中,构成产品的零部件会经历多次修改,有些零部件还会有许多版本。为了满足不同消费水平、不同地域的消费者的需求,同一类产品会有不同的零部件结构,有的即使使用同一个零部件,也可能会用到它们的不同版本。在产品结构管理的基础上,利用事先建立的完整产品结构,为了满足用户所需功能的要求,设计或选择零部件,把这些零部件按照它们的功能、某种组合规则或某种条件进行编组,形成一个具体的产品,称为产品配置,其中的条件即为配置条件。用各种不同的配置条件形成产品结构的不同配置,称为产品结构的配置管理。

产品配置是与产品结构紧密相关的概念,配置是指对描述在技术文档中或者体现在产品实际使用过程中的产品功能特性和物理特性进行表示。该定义从产品特性的角度对产品配置进行定义,相当于客户和销售部门使用的配置需求的概念。由于产品的特性需求最终是通过实际的产品结构来实现的,因而产品配置的结果就是具体产品结构。配置也看作选择一组构件并维护其关系以形成一个设计解决方案的过程,这时配置的概念相当于配置设计。

产品配置管理的目的是根据用户给出的配置需求,基于通用的产品类结构,选配出完全或部分满足需要的零部件及其产品结构。产品配置管理的具体目标如下。

(1) 集中管理产品数据资源及使用权限；

(2) 统一管理产品生命周期内全部数据；

(3) 保证各部门物料清单（BOM）的一致性；

(4) 提供用户关心的不同类型的产品配置信息，大多数令人满意的产品是用户自己配置的产品，所以要增加用户可选项；

(5) 灵活地配置产品数据。

为了降低成本，要求零件替换灵活，尽量选择标准零件或根据当地可用性资源选择替代品，以最低的成本来满足设计要求，即用最少的零件数产出最多的产品类型。

2. 产品配置规则

产品配置规则可以分为以下三类。

(1) 变量配置规则

当 BOM 本体结构中的零部件的某个属性具有多个可选项时，可以将该属性视为变量，按照该变量取值不同来确定具体的 BOM 本体结构，称为变量配置。变量配置中的属性变量可以是字符型、数字型和日期型的数据。配置条件按照逻辑运算法则进行，可以是"="" <""">"" and"" or"等。

(2) 版本配置规则

BOM 结构中的各个零部件通常有多个不同的零部件版本，各零部件版本在产生过程中具有不同的状态，即工作状态、提交状态、发布状态和冻结状态，对应的版本称为工作版本、提交版本、发布版本和冻结版本。其中工作版本是处于设计阶段的版本；提交版本是指设计已经完成，需要进行审批的版本；提交版本通过所有的校对和审核，经批准后就成为发布版本；冻结版本是设计达到了某种要求，在一段时间保持不变的版本。按照版本和版本状态的不同取值来确定 BOM 具体结构，称为按版本和版本状态配置。按照版本所处的状态可以形成不同的配置。其中，按照已发布的最新版本进行配置和按照已发布的所有版本进行配置是应用较多的配置方法。

(3) 有效性配置规则

BOM 结构的零部件各个版本的生效时间、有效时间可能会有所不同，有时 BOM 结构树的不同层次上分别有一个零件的不同版本或者同一版本分布在结构树的不同层次上，由此形成了不同的配置情况，此时，需要按照有效性进行配置。有效性可以是版本有效时间配置项，修改序号的有效时间配置项，零件的有效个数等。按照有效性取值来确定的 BOM 本体结构的配置，称为有效性配置。配置项的数据类型可以是字符型、数字型或它们的组合型。

运用上述配置规则，可以进行单一产品配置及系列化产品配置。单一产品的配置管理是指对非系列化产品的单一产品中涉及的不同版本的零件和部件、结构可选件、互换件、替换件，按照配置的思想进行的有效管理，属于产品配置管理中较简单的一种情况。替换件与互换件虽然都属于更换的范畴，但在应用范围上还是有区别的。替换件仅适用于某种产品范围之内，超出了该范围即无效。而互换件则可以超出具体某一个产品的范围，可以用于多种不同的产品，例如，标准件就属于互换件的范畴。如图 3-15 所示的产品结构具有不同版本的零件和部件、替换件、互换件信息，以及各零件和部件具有的配置项和结构选项等。

第 3 章 产品结构与配置管理

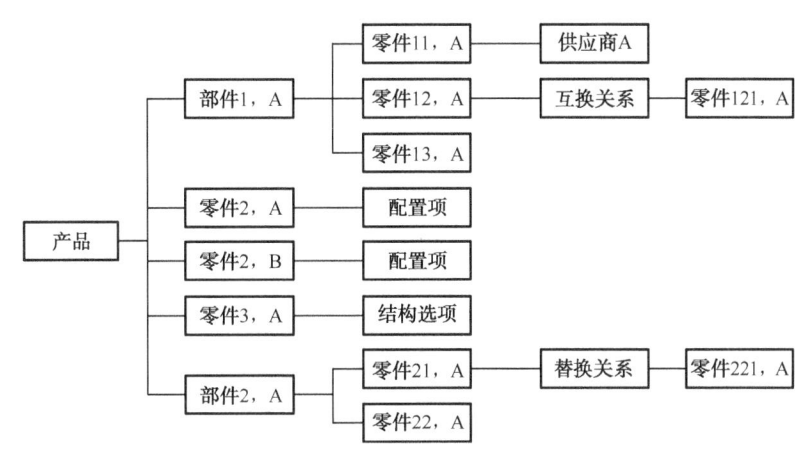

图 3-15 单一产品结构配置图

系列化产品配置适用于企业开发系列化产品的情况。例如，一种产品投入市场后，受到用户欢迎，且通过市场分析，还存在很大的市场潜力，这时企业应该迅速做出反应，在原产品的基础上做变形设计，形成满足不同层次用户的需求、具有不同功能的系列化产品。在 PDM 中通过实施变量配置管理，即可获得系列化产品的结构。

3.2 Teamcenter中的产品结构与配置管理

产品结构与配置管理与 Teamcenter 中的结构管理器（Structure Management）模块相对应，结构管理器面板中的产品结构树即对应前面重点描述的企业中用到的 BOM。通过 Teamcenter 平台的结构管理器可以实现以下功能：(1) 创建编辑 BOM 结构；(2) 通过变量配置条件，配置产品结构；(3) 按照不同规则显示不同开发状态的数据，如设计数据和冻结数据；(4) 提供报表输出功能；(5) 通过 JT 快速浏览数模，定位组件、部件等。

3.2.1 基本概念

（1）BOM 视图（BOM View）：是 Teamcenter 中一种具体定义的零组件（装配件）信息的数据对象，它存放了该零组件（装配件）的装配结构。BOM 视图必须依附于零组件，否则无使用意义。

（2）BOM 视图版本（BOM View Revision）：是 Teamcenter 中一种具体定义的零组件版本（装配件版本）信息的数据对象，它存放了该零组件版本的装配结构。BOM 视图版本必须依附于零组件版本，否则无使用意义。

零组件版本下有一个 BOM 视图版本，表示这个零组件版本是一个装配件。其装配关系必须将 BOM 视图版本发送到结构管理器才能打开查看、编辑、配置和保存。

BOM 视图在 Teamcenter 中的对应关系如图 3-16 所示。

不同的用户经常需要以不同的方式查看产品的结构。如设计部门可能需要按照子系统的组织方式查看装配结构，制造部门需要的结构要能反映装配的工艺顺序等。为了更好地

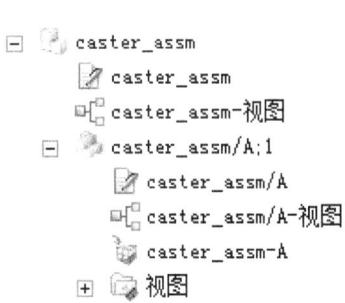

图 3-16 BOM 视图对应关系图

满足用户的需求，针对上述不同用途（如设计、制造）存在不同的产品零部件明细表的构建形式，所以 Teamcenter 中通过定义不同类型的 View 来分别表示。如图 3-17 所示，类型 MEProcess 用于表示工艺明细表。

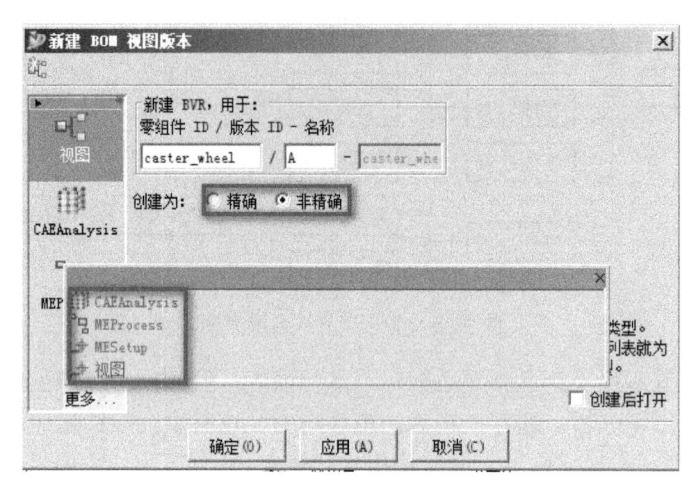

图 3-17 BOM 视图

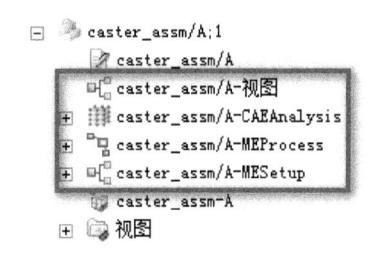

图 3-18 创建多种类型的 BOM 视图

同时，也可以为一个零组件版本创建多个不同类型的 BOM 视图版本，如图 3-18 所示。

（3）非精确（Imprecise）装配：指向 Item Revision（具体用哪个 Revision 则由配置规则决定），允许工程师按照他们希望的配置来查看产品结构，是一种动态装配。例如，为正式生产而已经发布或包含最后工作的零部件版本。

非精确装配的优势在于所有用户面对相同的基本产品结构，但可以配置为适合特定的需求。每当一个新的零件版本发布和创建，非精确装配能够自动配置为最新的，这样不必创建一个复制后手工升级它，如图 3-17 所示。

（4）精确（Precise）装配：指向确定的 Item Revision，是一种静态装配，在控制配置的情况下非常有用。例如在设计阶段，当父装配发布后（不再修改），一个小小的变动会导致所有版本变化。装配中一个单件的新版本需要每一个父装配直至顶层都需要修订版本，如图 3-16 所示。

（5）事例（Occurrence）：在 Teamcenter 中当添加一个零组件版本到一个装配件（零组件）版本时，就是创建一个零组件版本到上级装配件（零组件）版本的一个装配关系（事例）。事例保存在 BOM 视图版本中。

（6）BOM 行（BOM Line）：一个装配关系（事例）在结构管理器中显示为一个 BOM 行。

（7）度量单位（Unit Of Measure，UOM）：可以为升、立方米等。

（8）装配数量（Quantity）：只有具有单位的零组件版本数量才可以为小数。

（9）标注（Note）：用于记录和描述装配的特性，如扭矩等。

零件属性表中的信息都可以通过系统配置从而在结构管理器界面上显示出来，如图 3-19 所示。

第 3 章 产品结构与配置管理

| BOM 行 | 零组件类型 | 变更条件 | 规则配置依据 | 零组件版本状态 | 数量 | 查找编号 | 自制/外购 | 度量单位 | VDC - 变更事... | MCV... | EOC - 有效的事例已配置 | 事例有效性 ID | 具有活动的批注 |

图 3-19 零件属性表中的属性信息

3.2.2 产品结构与配置管理

产品结构与配置管理功能在 Teamcenter 平台中是通过"结构管理器"应用程序来实现的。其主要功能有以下几个方面：产品材料明细表的创建与修改；产品材料明细表的版本控制和变量定义，可选件、替换件的管理；产品结构配置规则的定义；根据配置规则自动输出 BOM；支持对"零件或子部件被哪些部件采用"和"部件采用了哪些零件或子部件"的查询；支持对产品文档的查询；产品材料明细表的多视图管理；系列化产品结构视图管理；支持与制造资源计划（MRPII）或企业资源计划（ERP）的集成等。ABC 汽车企业某型号产品装配结构如图 3-20 所示，在此基础上，下面我们详细描述了 Teamcenter 平台中结构管理器相关功能和操作。

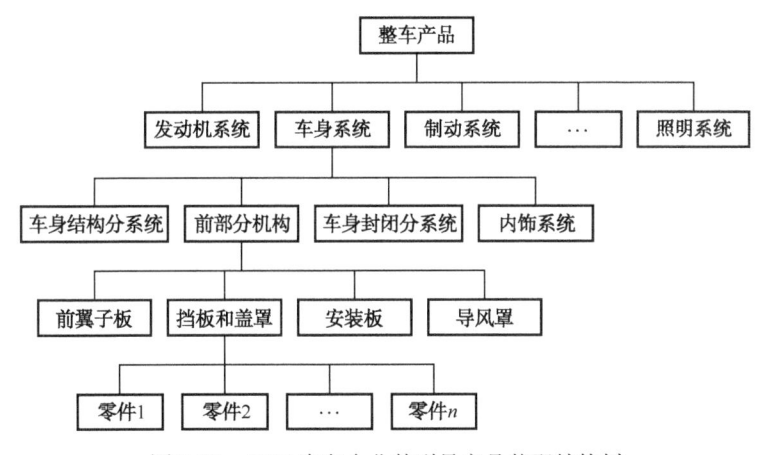

图 3-20 ABC 汽车企业某型号产品装配结构树

1. BOM 编制与基本维护

（1）创建零件间使用关系

设计工程师或者配置工程师在"结构管理器"应用程序下创建零部件间的使用关系，即 BOM 编制。用户可以将已经创建好的零件添加为某个装配件的子零件，也可以在装配件下直接创建一个子零件。考虑到相同的几个零件其装配位置可能不同，因此，不同零件号的装配件可以包括完全相同的子零件。

实例 3-2 创建零组件"C00000029-车身系统"间的使用关系

方法一

① 在"我的 Teamcenter"应用程序中选择用户创建好的零组件"C00000029-车身系统"的 Item Revision。选择菜单"文件"→"新建 BOM 视图版本"，打开如图 3-21 所示界面。

② 在"新建 BOM 视图版本"窗口的左侧选择需要创建的 BOM 视图版本的类型。确定新建的 BOMView Revision 是"精确"还是"非精确"，单击"确定"按钮。

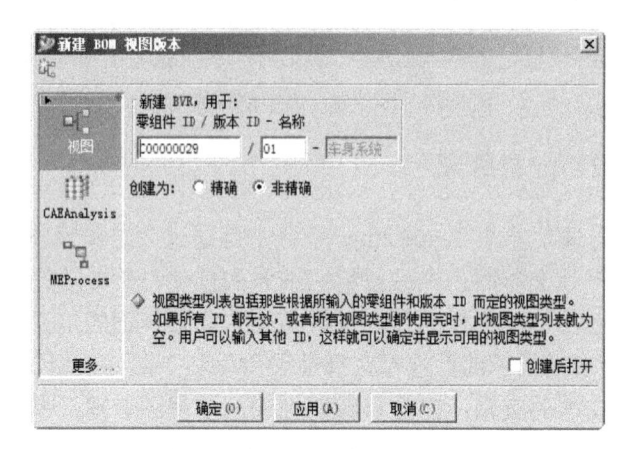

图 3-21 新建 BOM 视图版本

③ 在 Item Revision 下出现新建的 BOMView Revision，显示名称为零组件 ID+版本 ID+BOM 视图版本类型，如图 3-22 所示，可以为一个 Item Revision 创建多个不同类型的 BOMView Revsion。

④ 双击新建的 BOMView Revison，在"结构管理器"中打开 BOM View Revision。

图 3-22 BOMView Revision

⑤ 选择菜单"编辑"→"添加"，打开"添加"窗口，如图 3-23 所示。

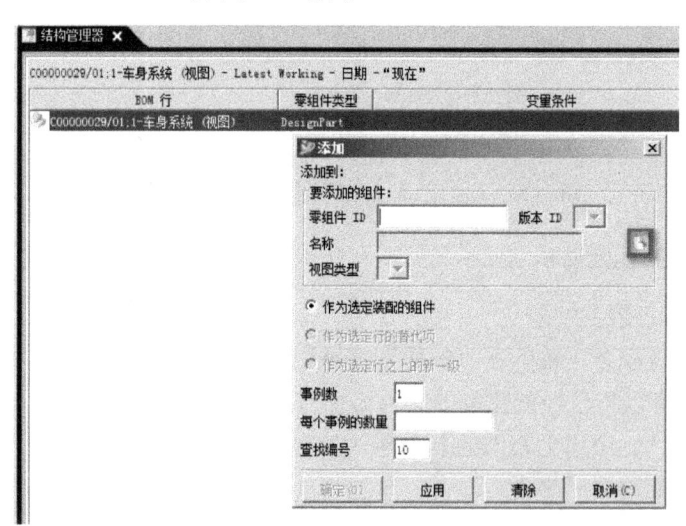

图 3-23 添加零组件

⑥ 在零组件 ID 中输入子零件的 ID 号。或者单击"按名称打开"按钮可以按照零组件 ID 和零组件名称来搜索零件，如图 3-24 所示。

⑦ 输入事例数和查找编号。单击"确定"按钮。单击"应用"按钮可以添加更多的零件或者将一个相同的零件在同一个装配下添加多次。

方法二

前面步骤同方法一，从第 5 步开始，选中"结构管理器"中的装配件"C00000029-车身系统"所在行,选择菜单"File"→"New"→"Item",可以在选中的装配件下创建一个 Item。

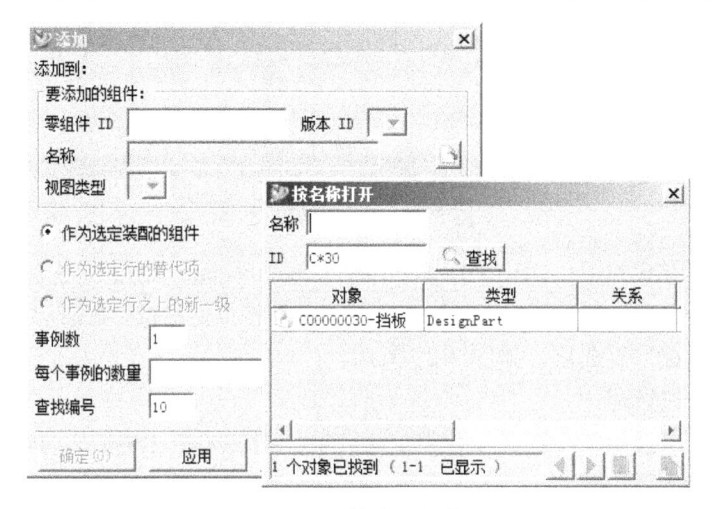

图 3-24 搜索零组件

方法三

前面步骤同方法一,从第 5 步开始,在"我的 Teamcenter"或者其他应用程序选中一个或者几个 Item 或者 Item Revision,将其复制到剪贴板中;在"结构管理器"中选中"C00000029-车身系统",单击"粘贴"按钮,剪贴板中的 Item 将被添加为"结构管理器"中选中的 Item Revision 的子零件。

最后,单击 按钮保存当前内容。在未保存而关闭"结构管理器"应用程序时,系统将弹出对话框,要求用户选择需要保存的 BOM 行。

(2) 显示结构管理器待处理编辑的批注

在更新装配件时,通过设置用户的首选项,能够显示出新添加的零件及新删除的零件或属性。当用户添加新 BOM 行时,新添加的零件显示为绿色,如图 3-25 所示;用户移除 BOM 行时,被移除 BOM 行显示为红色的中画线,如图 3-26 所示;当用户修改 BOM 列的属性时,修改前的属性显示为红色中画线,修改后的属性显示为正常状态,如图 3-27 所示。

图 3-25 添加 BOM 行

图 3-26 移除 BOM 行

产品数据管理原理与应用——基于 Teamcenter 平台（第 2 版）

图 3-27　修改 BOM 行

其首选项配置方式如下：DBA 用户在"我的 Teamcenter"应用程序中选择菜单"编辑"→"选项"，打开"选项"对话框，从左边选中"产品结构"复选框，在右边的面板中选中"显示待处理编辑的批注"复选框，如图 3-28 所示。

（3）重复件打包管理

打包与解包可增强 BOM 在各业务中的适应性。把装配中使用的大量相同零部件打包，导出的 BOM 直接用于下游制造、ERP 等系统和业务。打包/解包命令如图 3-29 所示，结构管理器中打包的显示效果如图 3-30 所示。

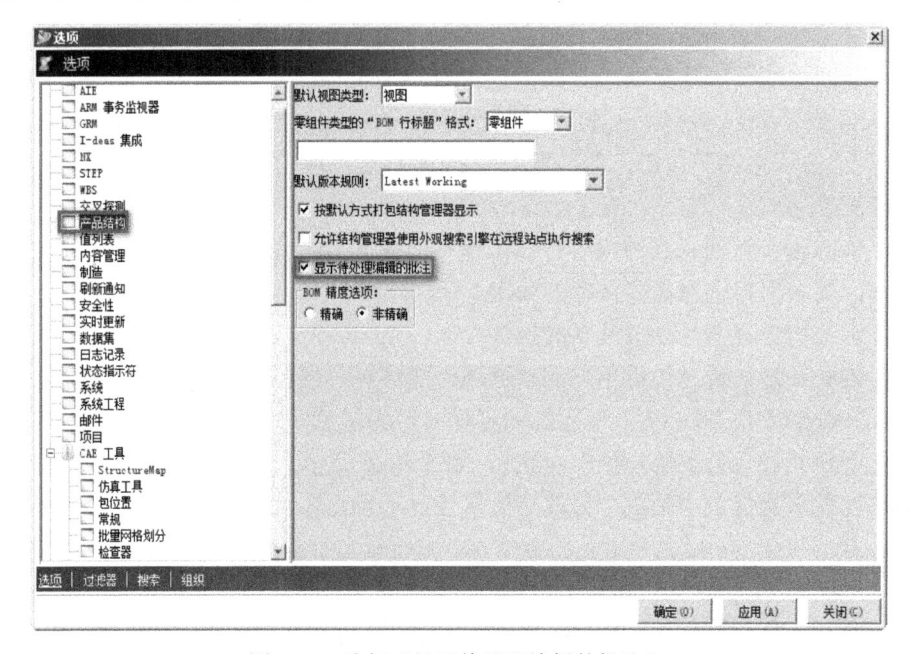

图 3-28　选择"显示待处理编辑的批注"

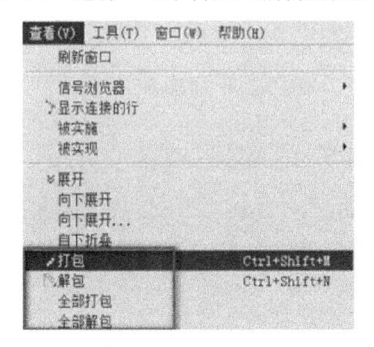

图 3-29　打包/解包命令

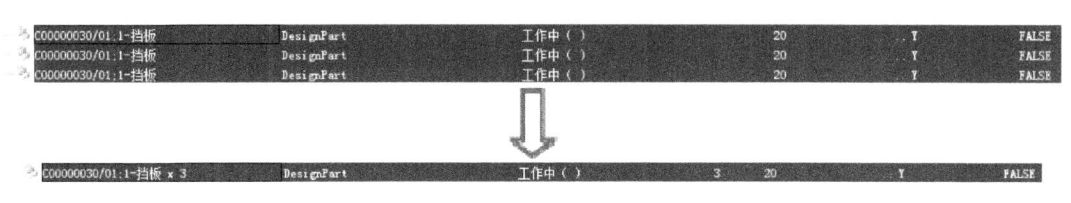

图 3-30　打包的显示效果

实例 3-3　替换子零件

设计工程师或者配置工程师可使用一个已有的零件替换装配中的某一个零件。本例使用"C00000031-挡板替换件"替换"C00000030 挡板"。

操作步骤：

① 在结构管理器中打开装配，选中需要被替换的零件。

② 选择菜单"编辑"→"替换"，打开"替换"窗口，窗口下部显示被替换的子零件，如图 3-31 所示。

③ 在零组件 ID 中输入替换的零组件 ID，按 Enter 键。或者单击"按名称打开"按钮可以按照零组件 ID 和零组件名称搜索零件。

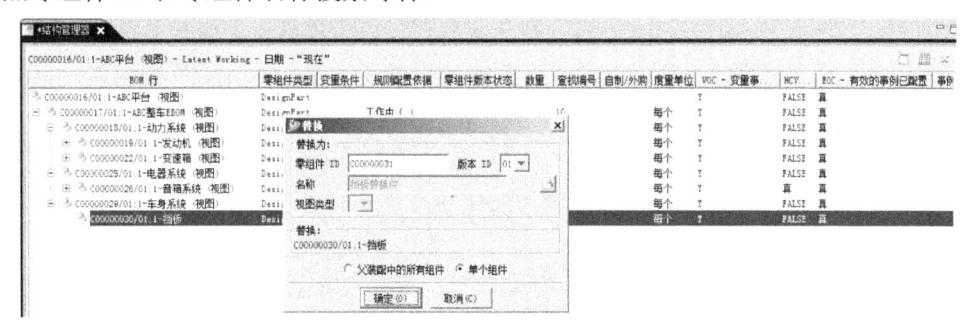

图 3-31　替换子零件

④ 选择替换的选项"父装配中的所有组件"或者"单个组件"。如果被替换零件在装配中出现多行，则选择"父装配中的所有组件"时，所有的行都被替换为新的零件，选择"单个组件"时仅将选中的行替换为新的零件，如图 3-31 所示。

⑤ 单击"确定"按钮，保存对结构管理器的更改。

注意：这里复制一个 Item 或者 Item Revison 到剪贴板后，选择菜单"编辑"→"替换"也可以完成此项功能。

实例 3-4　在 BOM 结构中查找零件

用户可以在 BOM 结构中按照零件编号、零件类型、使用数量等属性查找需要的零件。当用户对产品结构不熟悉，而且装配树庞大的时候，可以使用此功能。本例中查找零件"C00000030"。

操作步骤：

① 在"结构管理器"中打开 BOM 结构。

② 单击页面左下角的搜索按钮，打开"搜索"窗口。

③ 在窗口下输入搜索规则，单击"查找"按钮。系统将高亮显示搜索结果，如图 3-32 所示。

图 3-32 查找零件

实例 3-5　管理全局备选件

全局备选件提供跨 BOM 视图的能力，在所有 BOM 视图版本中有效。为 BOM 更改和零部件替换提供了全局一致性，避免遗漏。产品工程师可以为零件设置全局备选件，以表达在任何装配下可以用一个零件替换当前零件，此操作可以在"结构管理器"中完成，也可以在"我的 Teamcenter"中完成。在"结构管理器"中，BOM 行可以显示备选件列表。

操作步骤：

① 在"我的 Teamcenter"应用程序中，选择要设置全局备选件的零件，在右键菜单中选择"管理全局备选件"。

② 在"结构管理器"应用程序中打开装配件，选定装配件下需要设置全局备选件的零件；单击窗口左下角的"管理全局备选件"按钮，打开"管理全局备选件"窗口，如图 3-33 所示。

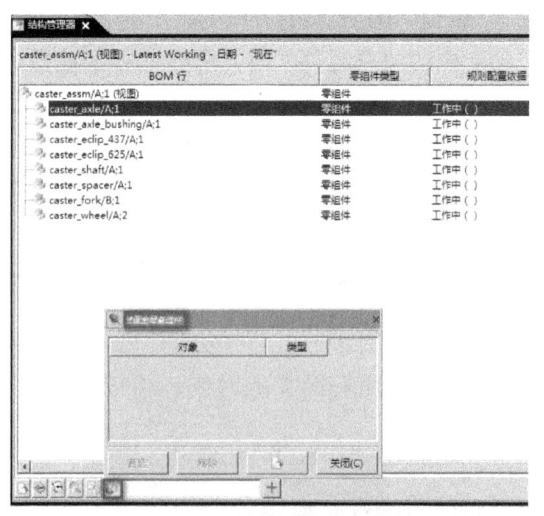

图 3-33　打开管理全局备选件

③ 在打开的窗口下单击"添加零组件作为全局备选件"按钮。输入查询条件，选中零件的全局备选件并双击。如图 3-34、图 3-35 所示。

第 3 章　产品结构与配置管理

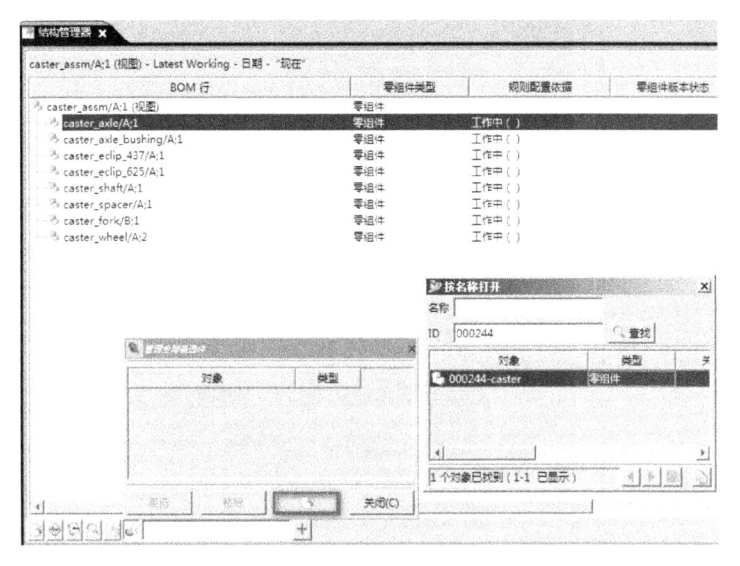

图 3-34　查找备选件 1

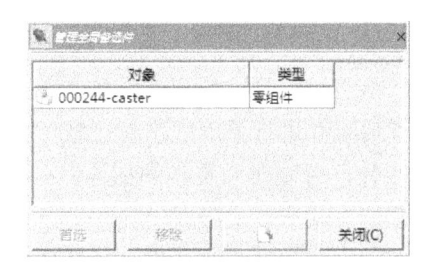

图 3-35　查找备选件 2

④ 设置了全局备选件的零件，在 BOM 结构中会以高亮的形式显示，BOM 行图标旁边出现图标，如图 3-36 所示。

图 3-36　显示全局备选件

⑤ 在列表中选择一个零件，单击"移除"按钮，可将其从替代件列表中删除，然后单击"保存"按钮。

⑥ 在 BOM 中插入替代件列表，可以查看零件的所有替代件，如图 3-37 所示。

2. BOM 比较

BOM 比较可以用于确认工程零部件的更改情况，验证同一零部件在不同视图中的一致性，发现 BOM 不同配置结构之间的差异。BOM 比较让用户可以看到两个产品结构之间零部件的变化情况。有时用户可能关心在单层装配结构上的零部件变化；有时用户又可能想知道整个产品结构中所有零部件的差别，如相关的多个视图、产品的不同变量配置等。

BOM 比较的特点包括以下几个方面：区别不同 BOM 配置之间零部件的数量、版本、查找编号等属性变化；比较不同 BOM 版本之间的变化；检出不同 BOM 视图之间的差异；提供多层级、多粒度 BOM 比较，有针对性地比较 BOM 之间的差异；提供可视化比较 BOM 功能，直接比较几何视图之间的差异等。

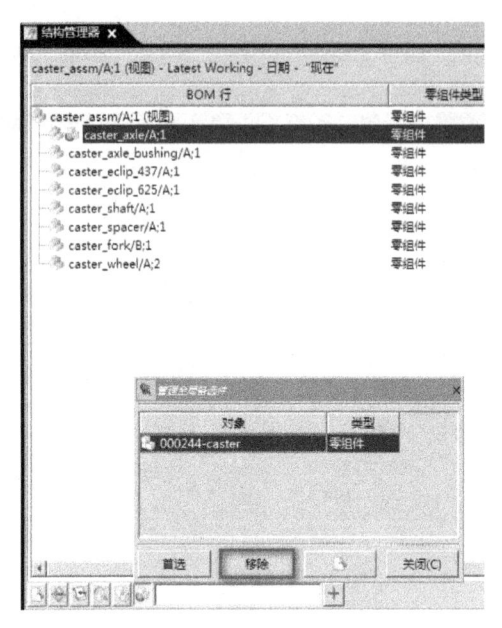

图 3-37 管理全局备选件

BOM 比较层次分为三种：单层——只比较产品结构的第一层；多层——先对顶层进行单层次的比较，然后对匹配的子装配件进行下一层次的比较（配置），层层推进直至整个产品结构；底层——只比较底层的零件，忽略中间层次的部件。

实例 3-6　BOM 比较

为了便于 ABC 汽车企业维护产品 BOM，可以借助 Teamcenter 的 BOM 比较功能，比较相同或不同产品所使用的零件的相异之处，用户可清楚地了解 BOM 修改前后之差异，以便修正错误，并可追踪修正过程，也可产生比较结果报告。

以"C00000017-ABC 整车 EBOM"和"C00000040-ABC2 整车 EBOM"的 BOM 比较为例，首先在"结构管理器"中单击"将此窗口拆分为两个窗口"按钮　，分别把需要进行比较的两个产品结构发送至结构管理器，选择"工具"→"比较"，手动选择比较模式，在"报告"项打勾，单击"应用"按钮，如图 3-38 所示。

图 3-38　BOM 比较

3. 产品配置

当某个产品形成系列产品时，在不同型号的产品中存在许多具有相同用途、相同名称但不同规格、不同型号的零部件。这些零部件的某些属性具有多个可选的属性值，以适应不同型号的产品。产品配置是为了适应市场变化、满足个性化需求而体现的 PDM 功能，可以在产品研发过程中由设计人员对客户需求进行详细分析和模块化设计，然后对产品进行配置，可以使用制约条件、互斥条件、关联条件、选项条件等方式进行产品零部件的配置控制。产品配置相关的数据是基于市场销售部门的客户需求，由产品规划和总体设计部门结合产品的开发目标来确定。

例如，一支笔由笔帽、笔杆、笔芯组成，其各有两种颜色，即红与黑。这种笔的完整产品结构包含有六个零件，其中笔帽、笔杆、笔芯各两种；对于这种笔中具体的红帽、黑杆、红芯的笔，其具体产品结构由三个零件构成。通过产品结构配置，按照笔杆、笔帽和笔芯的装配关系和各种颜色组合的配置条件，可以产生如表 3-8 所示的八种不同的具体产品结构。

表 3-8 笔的具体产品结构组合

红杆红帽红芯	红杆红帽黑芯	红杆黑帽黑芯	红杆黑帽红芯
黑杆黑帽黑芯	黑杆黑帽红芯	黑杆红帽红芯	黑杆红帽黑芯

实例 3-7 变量配置

ABC 汽车平台配置数据的管理是以车型平台为核心，统一管理配置项、选项值及配置的约束规则等，图 3-39、图 3-40、表 3-9 显示了这些数据之间的关系，其中配置项/配置值一般来说是根据企业的传统来的。通过对 ABC 汽车平台产品配置的研究，其中配置项使用了"主要特征"和"小特征"，"主要特征"反映车辆的大特征，一定程度上反映了销售特点；而"小特征"是由"主要特征"决定的特征，面向设计和制造。每种车型包括一定的关联配置，存在着驱动、互斥等约束关系。

根据上述配置情况，给出 Teamcenter 平台中的详细配置过程。

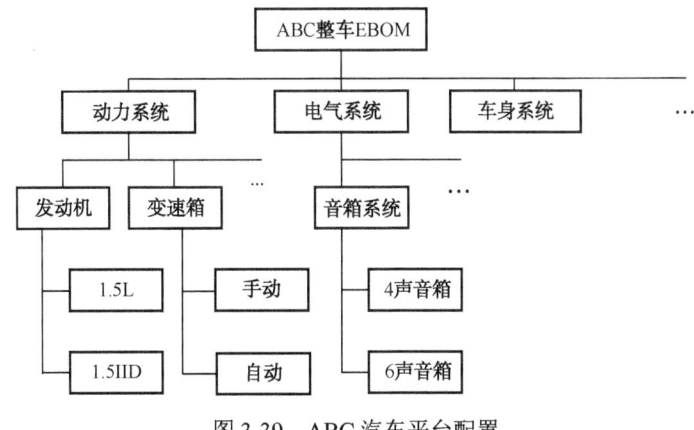

图 3-39 ABC 汽车平台配置

```
SEI Engine IO 473QE IF 车辆档次 = 舒适型 OR 发动机 = 1.5L
SEI 音箱 IO 6声音箱 IF 车辆档次 = 豪华型 OR 发动机 = 1.5IID
SEI Engine IO 476QE IF 发动机 = 1.5IID OR 车辆档次 = 豪华型
SEI 音箱 IO 4声音箱 IF 车辆档次 = 舒适型 OR 发动机 = 1.5L
SEI 发动机 IO 1.5L IF 车辆档次 = 舒适型
SEI 发动机 IO 1.5IID IF 车辆档次 = 豪华型
SEI 变速箱 IO 手动 IF 车辆档次 = 舒适型
SEI 变速箱 IO 自动 IF 车辆档次 = 豪华型
```

图 3-40　配置的约束规则

表 3-9　选项和允许值

选　项	允　许　值
Engine	473QE、476QE
发动机	1.5L、1.5IID
变速箱	手动、自动
车辆档次	舒适型、豪华型
音箱	4声音箱、6声音箱

（1）定义 BOM 结构

在 Teamcenter 系统中，创建 ABC 整车 EBOM 结构，发送至结构管理器，如图 3-41 所示。

（2）创建选项

在"结构管理器"应用程序中，单击"显示/隐藏数据面板" ，在选项中按照如表 3-9 所示的要求创建五个选项，如图 3-42 所示。在 Teamcenter 系统中，不建议设置默认的选项值。

图 3-41　ABC 整车 EBOM 结构　　　　图 3-42　设置选项

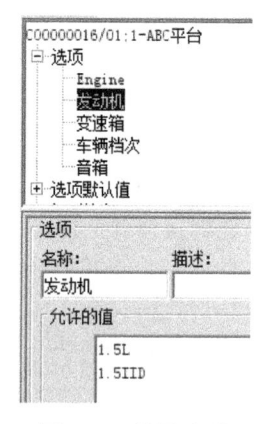

（3）附加变量条件

选项及选项值定义好之后，需要把选项值以"变量条件"的形式附加到 BOM 行。通常在 BOM 行只定义简单的条件。其操作步骤如下：

在结构管理器中，首先选中 BOM 行，以"C00000016-1.5L"为例，单击"编辑变量条件"按钮，如图 3-43 所示，弹出"变量条件"对话框，定义变量条件"发动机=1.5L" AND "Engine=473QE"，如图 3-44 所示。变量条件设置完成后的效果图如图 3-45 所示。

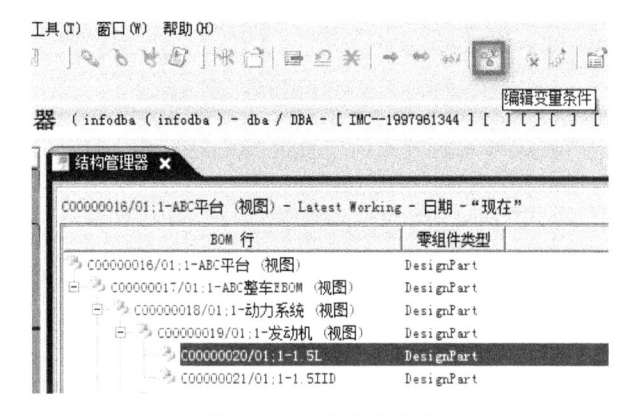

图 3-43 编辑变量条件

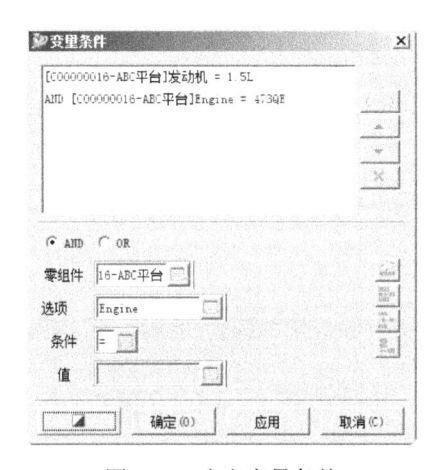

图 3-44 定义变量条件

图 3-45 变量条件定义完成后效果图

（4）选项约束

配置值之间的约束关系，通过"选项约束"来定义，即定义"主要特征"和"小特征"之间的关联关系。在用户选择选项值时，如果首先选中"主要特征"，那么从属的"小特征"将会自动显示出来。在"选项默认值"标签页中，按照如图 3-40 所示创建八个默认值，如图 3-46 所示。

图 3-46 设置选项约束

（5）选项的验证功能（规则检查）

选项的验证功能，即允许用户定义哪些选项值不能被选择，当用户选择这些值时，系统将根据定义的信息通知用户，其形式分为"Inform""Warn""Error"。在规则检查中，创建如图 3-47 所示的规则检查，即当"发动机=1.5L"AND"变速箱=自动"时，弹出警告文本"1.5L 没有自动挡"。

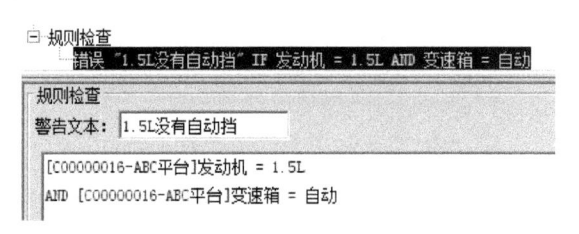

图 3-47 规则检查

（6）变量配置的使用

在"结构管理器"应用程序中，选择根节点"C000016-ABC 平台"，单击工具栏按钮"设置选定模块的选项值"，如图 3-48 所示。弹出"配置 C00000016/01:1-ABC 平台"对话框，如图 3-49 所示。

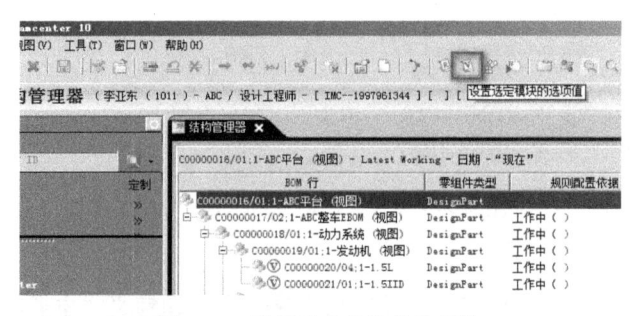

图 3-48 设置选定模块的选项值

选择"舒适型"，如图 3-50 所示，车辆档次是主要特征，发动机、变速箱、音箱、Engine 等是小特征，"主要特征"驱动"小特征"，配置结果如图 3-51 所示。

第 3 章　产品结构与配置管理

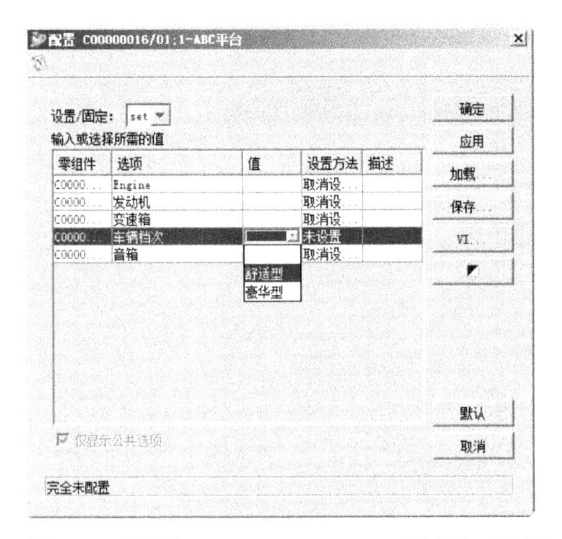

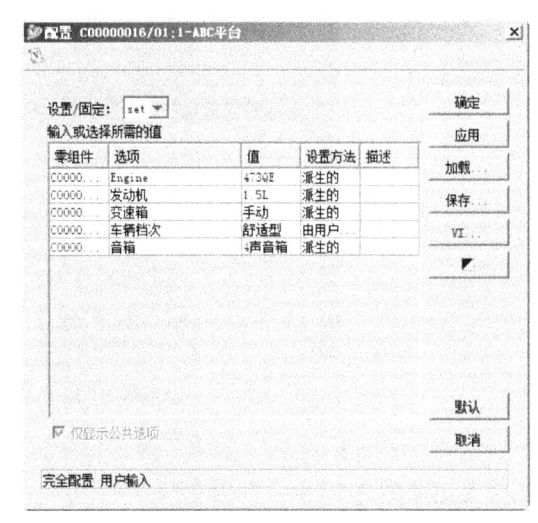

图 3-49　"配置 C00000016/01:1-ABC 平台"对话框　　　图 3-50　"舒适型"选项

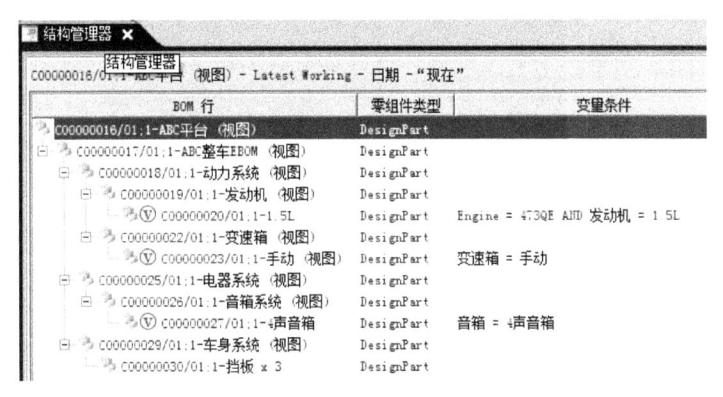

图 3-51　"舒适型"配置

选择"豪华型",如图 3-52 所示,"主要特征"驱动"小特征",配置结果如图 3-53 所示。

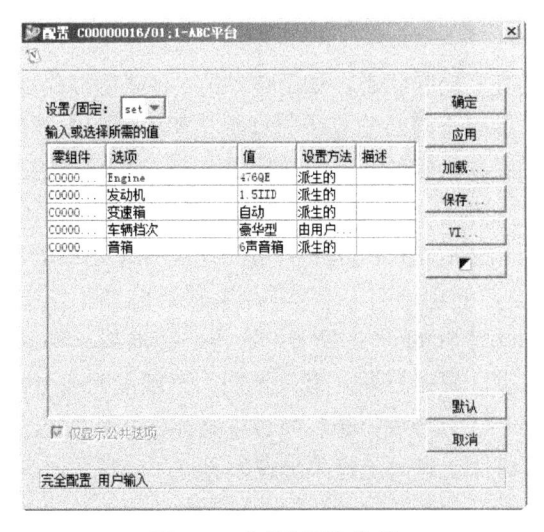

图 3-52　"豪华型"选项

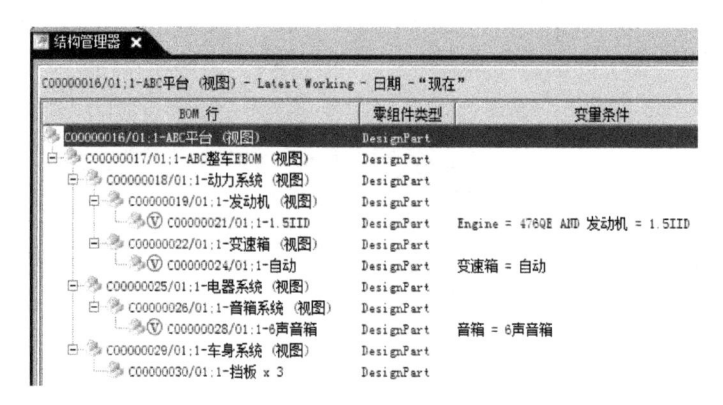

图 3-53 "豪华型"配置结果

这里，请读者注意，"配置"对话框中如果发动机设置为"1.5L"，变速箱设置为"自动"，则会弹出如图 3-54 所示的警告。

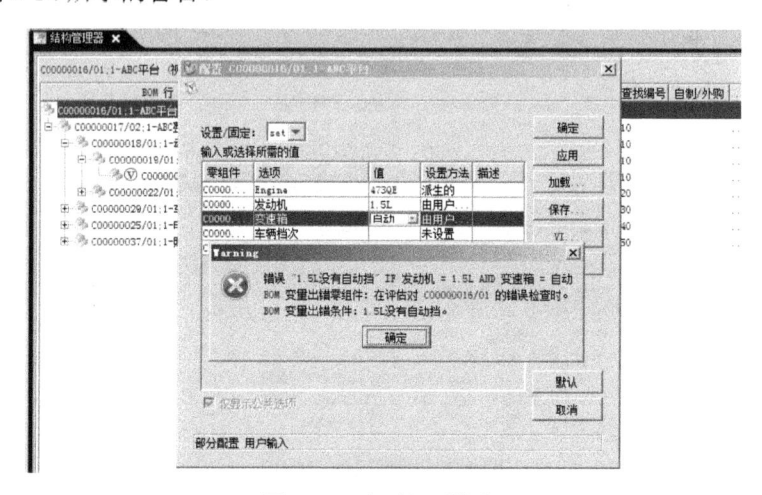

图 3-54 选项规则检查

4．BOM 版本与状态管理

在版本产生过程中具有不同的状态，如工作状态、提交状态、发布状态、冻结状态等，按照版本所处的状态可以形成不同的配置。通过定义和应用版本规则到产品结构中，用户可以得到符合条件的零部件版本。例如，可以决定是打开工作状态的版本还是已经审核发布的版本。Teamcenter 系统默认情况下有八种版本控制类型。

（1）工作（Working）阶段："Working"条目用于选择使用中的零组件版本（那些没有任何发布状态的版本）。根据其创建日期，选择零组件最新的"工作中"版本。

（2）归档状态（Status）："Status"条目用于选择已经以某一特定状态发布的零组件版本，即任意发布状态、选定状态、发布日期、有效日期、有效单元编号。

（3）替代（Override）："Override"条目允许以特定的零组件版本替代那些将由其他准则选中的版本。要使用的零组件版本只是简单地复制到"工作区"文件夹中，后者再在"替代"条目中被引用。

（4）精确（Precise）模型："Precise"条目用于选择在精确材料清单中精确指定的零组件版本。此条目对非精确材料单没有影响。

（5）最新（Latest）版本："Latest"条目用于选择零组件版本，而不考虑其是否处于"已发布"状态。此时不区分"工作中"的版本和具有状态的版本。

（6）日期（Date）："Date"条目用于指定配置日期。

（7）产品系列号（Unit No.）："Unit No."条目用于指定配置具有状态的零组件版本时供匹配使用的单元编号。

（8）终结 Item（EndItem）："EndItem"条目用于验证应用于该顶层零组件的规则所指定的单元编号（或日期）。顶层零组件通常指的是最终产品，或者是带有自己单元编号或序号的产品的主模块或子系统。

一个版本规则可由下列选项组合而成：选定指定用户或者组的工作状态（Working）的版本；根据版本的状态或者最新发布的状态选择版本；根据 BOM 的精确和非精确关系选择特定的版本；根据版本的标识信息选择特定版本，如版本的字母数字顺序、创建时间等。以上每一个规则构成版本规则的一个条目，一个版本规则可以由多个条目按照一定的顺序组成，在打开一个产品结构时，Teamcenter 会按照版本规则的建立顺序进行判断，筛选出符合规则的零部件版本。

在结构管理器中，系统默认设置了一些版本规则，系统设置的版本规则包括 Latest Working、Latest Released 等。系统默认的版本规则为 Latest Working。根据企业的不同需求，用户同样可以定制不同的版本规则。结合编者 PDM 的实施经验，归纳版本配置的原则如下：

① 整个产品研发过程中的版本变化非常复杂，必须系统地制定版本配置规则，避免出现无任何有效版本的情况，从而造成版本规则重新配置的问题。

② 必须制定版本配置的"主规则"，采取最易实现的"最近时间、最近阶段"方法。

③ 根据客观需要，辅以"次要规则"，制定多条不同的次要规则，这样便于不同使用场合下的过滤查看。

④ 必须制定"必选规则"，保证不会出现无零件版本应用的问题。

实例 3-8　创建和应用版本规则

① 定制 Training 规则：如果有工作状态版本（Working），就用它，否则用投产阶段版本（Production），或用预投产阶段版本（Pre_Production），或用样机阶段版本（Prototype）。规则如下。

Working(Owning User=Current)

Has Status(Production,Configured Using Released Date)

Has Status(Pre_Production,Configured Using Released Date)

Has Status(Prototype,Configured Using Released Date)

② 定制 Training1 规则：如果有投产阶段版本（Production），就用它，否则用预投产阶段版本（Pre_Production）或样机阶段版本（Prototype）或工作状态版本（Working）。规则如下。

Has Status(Production,Configured Using Released Date)

Has Status(Pre_Production,Configured Using Released Date)

Has Status(Prototype,Configured Using Released Date)

Working(Owning User=Current)

(1) 版本规则的创建

① 在结构管理器界面上选择菜单"工具"→"版本规则"→"创建/编辑",如图 3-55 所示。弹出"修改版本规则"对话框。

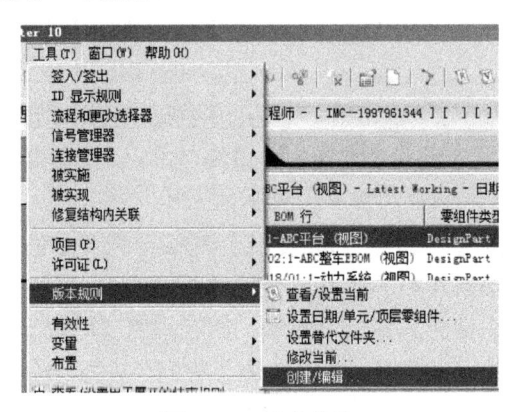

图 3-55 创建/编辑

② 在"修改版本规则"对话框中,输入名称"Training",添加规则条目,规则中的优先级为优先查找最新 Working 状态的版本,否则查找具有"投产阶段"状态的版本或查找具有"预投产阶段"状态的版本或查找具有"样机阶段"状态的版本,如图 3-56 所示。同样,Training1 版本规则的创建结果如图 3-57 所示。两个规则创建成功后的效果图如图 3-58 所示。

图 3-56 创建 Training 规则    图 3-57 创建 Trainging1 版本规则

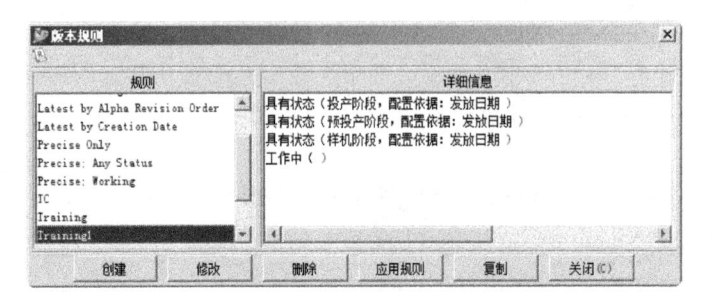

图 3-58 版本规则创建成功

第 3 章 产品结构与配置管理

（2）版本规则的使用

① BMIDE 中定制三个状态。

在 BMIDE 中的扩展文件夹下，单击"选项"→"状态"，新建名称为"Production""Pre_Production""Prototype"三个状态，如图 3-59 所示。

在本地化右侧，选择"添加"，以"Pre_Production"为例，在本地化中填入"预投产阶段"，语言环境为"zh_CN"，状态为"Approved"，然后单击"完成"按钮，如图 3-60 所示。其他两个状态的本地化与此类似。

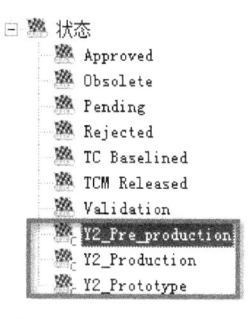

图 3-59 定制状态

② 零组件生成多种状态。

以"C00000020-1.5L"为例，有四个版本状态，其中 01 版本状态是投产阶段，02 版本状态是预投产阶段，03 版本状态是样机阶段，04 版本状态是 Working，如图 3-61 所示。

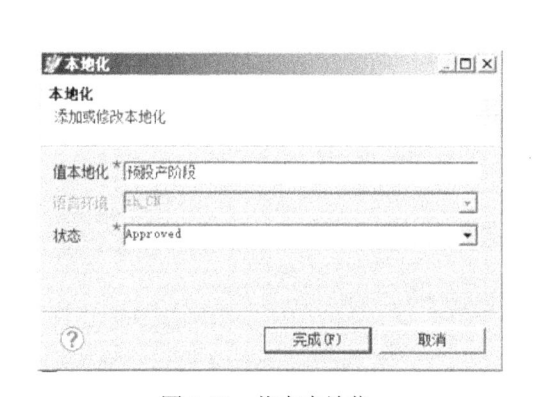

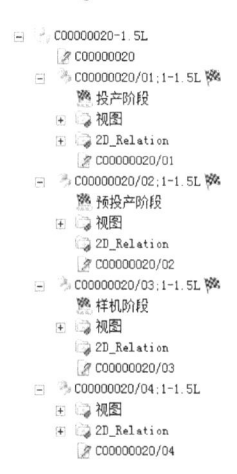

图 3-60 状态本地化   图 3-61 四种状态的零件

③ 查看结果。

将 ABC 整车 EBOM 发送至"结构管理器"应用程序，选择菜单"工具"→"版本规则"→"查看/设置当前"，弹出"查看/设置当前版本规则"对话框，在左侧区域选择 Training 规则，结构管理器界面中的显示结果如图 3-62 所示，从中可以看出 C00000020 显示的是 04 版本的状态。用同样的方法，在左侧区域选择 Training1 规则，结构管理器界面中的显示结果如图 3-63 所示，从中可以看出 C00000020 显示的是 01 版本的状态。

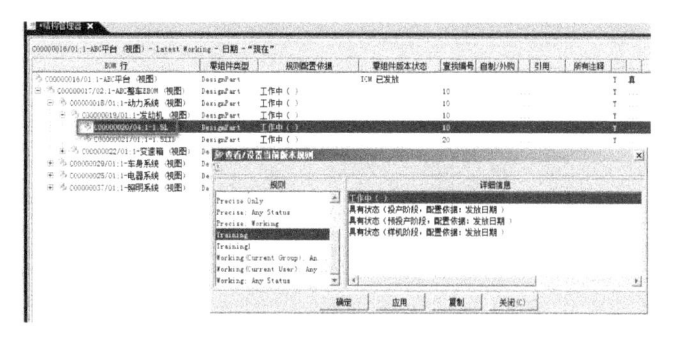

图 3-62 Training 规则的应用

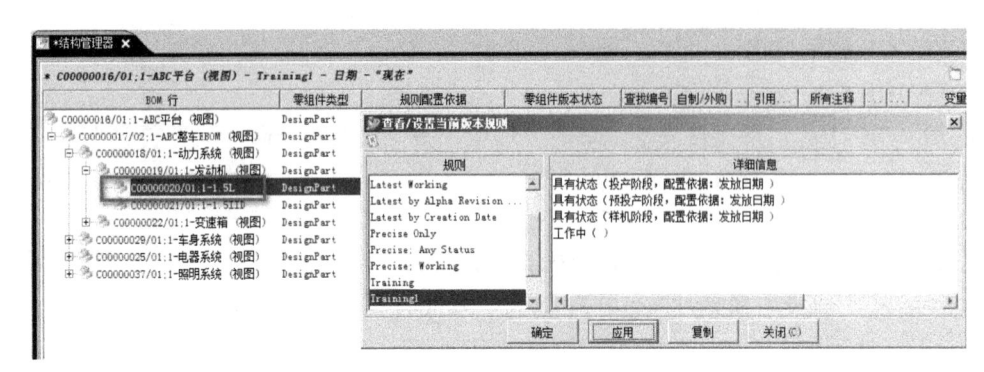

图 3-63　Training1 规则的应用

本章习题

一、填空题

1．BOM 是＿＿＿＿＿＿的缩写，表示＿＿＿＿＿＿＿＿的含义，分为狭义 BOM、＿＿＿＿＿＿、＿＿＿＿＿＿三类。

2．在产品的整个生命周期中，不同部门对 BOM 有不同需求，设计部门产生的是＿＿＿＿、工艺部门产生的是＿＿＿＿＿＿、制造部门产生的是＿＿＿＿＿＿、财务部门产生的是＿＿＿＿＿＿。

3．BOM 在数据库中的记录形式分为＿＿＿＿＿＿、＿＿＿＿＿＿、＿＿＿＿＿＿、＿＿＿＿＿＿、＿＿＿＿＿＿五种。

4．产品结构分为＿＿＿＿＿＿和＿＿＿＿＿＿两种，其中＿＿＿＿＿＿和 Teamcenter 中的精确装配相对应，＿＿＿＿＿＿和 Teamcenter 中的非精确装配相对应。

5．PDM 常见的版本管理模型有＿＿＿＿＿＿和＿＿＿＿＿＿两种。

二、简答题

1．简述产品结构树的概念。
2．简述 8 种版本规则的控制类型。
3．简述 3 种产品的配置规则。
4．Teamcenter 中的产品结构与配置管理可以实现哪些功能？请详细描述。
5．版本规则：

Has Status(Production,Configured by Date Released)

Has Status(Pre-Production,Configured by Date Released)

要配置的 Items 为

Part1/A:status=Pre-Production[1-Apri-2022]

Part1/B:status=Production[1-Jun-2022]

Part1/C:status=Production[1-Aug-2022]

Part1/D:working

Part2/A:status=Pre-Production[1-May-2022]

Part2/B:status=Production[1-Jul-2022]
Part2/C:status=Pre-Production[1-Sep-2022]
哪些符合规则？

三、操作题

1．如图 3-64 所示，BT8 摩托车的完整产品结构，其中发动机型号有 A100、A80、A60、A50 四种，根据功率和发动机型号等技术参数设定 BT8 摩托车的配置条件、配置变量和配置选择表，如表 3-10 和表 3-11 所示，在 Teamcenter 系统中模拟实现此配置。

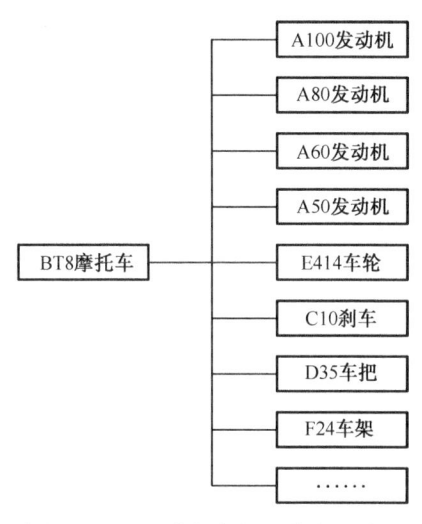

图 3-64　BT8 摩托车的完整产品结构

表 3-10　配置选择表

条　件	变　量　名	规　则　1	规　则　2	规　则　3	规　则　4
条件 1	功率	125	100	100	<60
条件 2	档次	豪华	豪华	普通	低档
条件组合方式		AND	AND	AND	OR
选择发动机型号		A100	A80	A60	A50

表 3-11　配置条件及配置变量

变　量　名	变　量　值
功率	125,100,50
档次	豪华，普通，低档
发动机型号	A100，A80，A60，A50

2．以卫生间装配示例，其装配的完整产品结构包括抽水马桶、普通浴缸、冲浪浴缸、淋浴头、瓷砖、大理石、塑料地板、立式水槽、普通水槽、豪华双水槽。设计者希望根据房屋的豪华程度进行配置，定义选项为豪华型、小康型、经济型。其中，豪华型包括抽水马桶、冲浪浴缸、大理石、豪华双水槽；小康型包括抽水马桶、普通浴缸、瓷砖、普通水槽；经济型包括抽水马桶、淋浴头、塑料地板、立式水槽。在 Teamcenter 系统中模拟实现此配置。

第 4 章 工作流与过程管理

在现实生活中，不论做什么工作，都有一个工作过程。而工作过程又可以分解为多个工作步骤，每个工作步骤完成若干个操作。各个工作步骤之间，根据所要完成任务的性质，有一定的先后顺序。例如，企业设计部门要设计一个产品，首先由设计工程师设计出各个零部件；然后把这些设计资料，如工程图纸、三维模型、设计说明书等，提交给上级技术人员进行审核；如果这些资料有不合适的地方，则把它们返回到工程师处进行修改，再重复提交、审核，直至审核通过为止。这里，设计一个产品是一个工作过程，它由产生设计资料、审核、修改等工作步骤组成，而且，审核的工作步骤必须在产生设计资料之后进行。为了完成某项任务，按照一定顺序进行一系列工作的过程称为工作流程。

4.1 基础知识

4.1.1 概述

企业在其长期的生产经营中，会产生出各种能完成工作的业务流程和工作步骤。作为 PDM 系统中重要的基本功能之一，工作流与过程管理（Workflow & Process Management, WPM）就是建立在对企业各种业务流程的分析结果之上的。它用来定义和控制数据操作的基本过程，并对已建立的工作流程进行运行、维护、控制，以及对工作历史过程进行记载，使产品数据与其相关的过程有机地结合起来。它主要管理当用户对数据进行操作时，人与人之间或活动与活动之间的数据流向，以及在一个项目的生命周期内跟踪所有事务和数据的活动。在企业中，过程管理广泛用来跟踪和控制产品的设计和修改过程，以增强产品开发过程的自动化程度。

工作流与过程管理使得在一个产品全生命周期中参与"加工产品"的人员都可以在正确的时间、以正确的方式得到正确的任务，从而保证了企业内部工作有计划地进行，是规范企业管理的有力执行工具。过程管理支持和改善了所有与产品形成过程有关人员的协同工作，从整体上提高了工作效率。在工作过程中，信息和数据的交换是利用计算机网络进行的电子方式交换，大大缩短了数据的传输和等待时间。过程管理还对各种活动进行实时控制，产品数据（如任务书、上游设计文档等）可以提交给一定的工作流程，对这些数据项在各工作单元中的执行状态，PDM 系统也将自动给予统计。典型的工作流程管理是对更改的管理，将更改的申请、审批和修改等一系列活动组建为一工作流程，使更改控制更加有效。

1. 基本概念

（1）产品全生命周期

产品从设计到报废是由一系列有序状态组成的，例如，从设计开始，经过审批、发放、生产、使用、更改与报废等状态，这一系列有序的状态构成了产品全生命周期，如图4-1所示。

（2）过程

数据对象在其全生命周期中从一种状态变到另一个状态时，应进行的操作或处理的规则的集合，称为过程。过程为工作流程的基本构成单元。

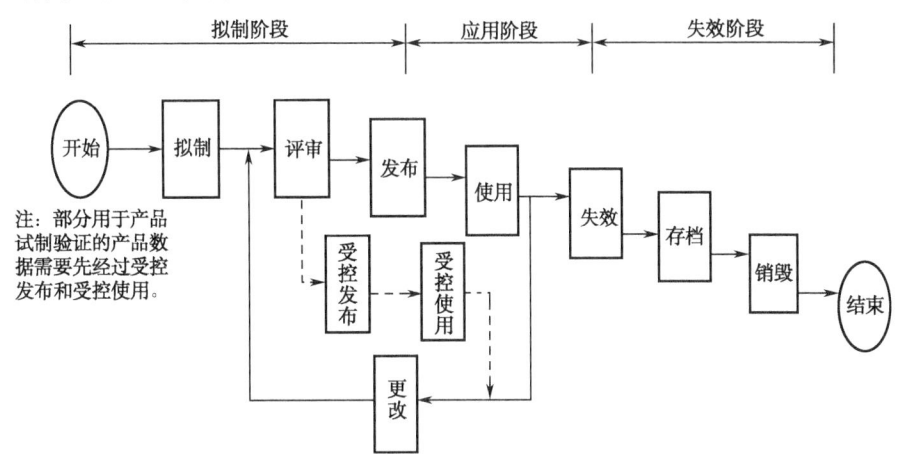

图 4-1 产品全生命周期

（3）工作流程

为了完成某项任务，按照一定顺序进行一系列工作的过程称为工作流程。

工作流程分为以下六步：一项工作分解成若干个步骤；设定每个步骤要完成的任务；安排完成这些任务的人员；设定每个步骤的启动和结束的条件；完成任务的期限；安排各个步骤的先后顺序。

（4）流程电子化

电子化的产品数据归档与发布流程，能够将设计工程师拟制的电子数据，通过计算机网络自动传递给审核人进行审核，审核通过后再自动导入计算机数据库，自动发布给需要的部门，并自动签收、记录。

（5）电子表单

每一个工作流都有一张电子表单，记录业务流程运作过程中的各种信息。在电子流程操作完成后产生的电子表单中，记录了审核人提出的详细审核修改意见，记录了归档的产品数据的元数据信息，以及电子流各操作人的电子签名，其中包含重要信息，因此，应该作为产品数据的一部分，并在产品数据管理中长期保存。

2. 工作流与过程管理的类型

工作流与过程管理按照管理的范围和功能进行划分，可分为三种类型：任务管理、工作流管理与任务历史管理。

（1）任务管理

任务管理主要管理某人在某时对哪些数据对象做了哪些事，对哪些数据产生了影响，应该通知哪些人。由于工程设计中工程师需要经常"创建"或"修改"产品数据，维护不同的版本，有时在生成某些数据而又未正式发布之前（如生成零件的主模型），需要通过任务管理器发给有关技术顾问，希望通过咨询得到有关专家反馈回来修改意见。此外，产品设计的下游（如工艺设计、生产、组装等）需要依据所谓的正版数据进行工作。所以，一旦有人对电子仓库中的零件主模型的原始"正版"进行了修改，就应该通知相关人员，或通过电子邮件将有关更改通知或更改后的数据分发给相关人员。任务管理往往是单向的活动。

（2）工作流管理

在产品设计与制造过程中，小到一张工程图纸的审批、发放或更改，大到零部件设计、分析、制造，都是面向工作群体的，同时依照一定流程执行。例如，一张图纸需要根据设计意图由设计师生成实体模型并成图，然后交给同组工作人员进行审核，如未发现问题，再交由项目负责人审批、签字，最后正式发布给其他部门（如生产、组装部门），并交由图档管理部门归档。

在同一个企业中，类似这样有一定约束的工作流程往往数目很多，而且变化比较复杂，例如，工程图纸的审批、发放，对于不同部门，不同性质的图纸，其流程也不一样，而且PDM系统的工作流管理在有些情况下要面向不同企业，所以工作流的定义与管理工具必须有很好的灵活性，以适应各企业自身的组织、经营、管理风格。

工作流的建立涉及三方面模型的有机结合，其一是工作流模型，即建立如上所述过程的有序组合；其二为资源模型，包括用户、用户组、角色与应用工具等，它们是过程中的任务执行者；最后是数据模型，用于定义和追踪提交给工作流的数据对象的类型。

（3）任务历史管理

正如数据的版本管理是维护产品数据有效性和演变过程核查的必要手段，各项任务的完成情况及其过程也应有完善的记录，便于将来查询。提供这一过程核查功能，也完全符合国际质量标准 ISO 9000 对前后过程一致性追踪的基本要求。此外，如果用户希望追溯项目开发过程中以前什么地方出现过问题，以资借鉴，那么任务历史管理就是一个十分重要的工具。

任务历史管理往往是与产品研发过程中的阶段性节点相关联的，通过任务历史管理，可以对研发节点的所有相关数据与各项更改记录进行检索与查阅，从而了解产品研发状态演变的前因后果，为新产品研发提供有效参考，例如，产品设计方案的制订、研发进度的合理安排、研发资源科学配置等。

4.1.2 PDM 系统工作流与过程管理

1. PDM 系统流程管理的设计方法

PDM 中的流程设计是确定产品设计中的各个环节和路径，具体包括设计人员工作职责的制订、审批人员权限的划分等。现行企业中各部门的工作流程具有相似性，但实施方案需要根据企业的现行管理模式来确定，这就给流程设计方法提出了一个功能要求，即要能不断适应企业经营管理模式的变化而重新组合。

PDM 中的流程设计方法有两种：一是预置式流程设计，该方法将企业中的流程模式预置在一个模块中，制订流程时只需要对流程进行选择即可达到设计要求；二是采用可视化设计方法，用图框表示节点，用有向线段表示信息的流向，用属性来定义节点和流程的相互关系，

第 4 章 工作流与过程管理

如将节点定义为设计人员、校对人员、审批人员等,将流程定义为提交、返回修改等。可视化设计流程的方法比较直观,易于表达,具有较大的灵活性,企业也容易接受,本教材主要讲述可视化设计方法。

任何一个工作流程都包括一组工作步骤。PDM 系统定义一个工作流程就是设定流程中的各个步骤,表示它们的相互关系,指明各个工作步骤的启动条件和终止条件、所要完成的工作任务、完成任务的人员以及完成任务的期限等。工作流程的定义内容可大可小,一个工作流程中的某项工作也可以通过另一个工作流程来完成。

工作流程的定义可以用流程图形象地表示出来,如图 4-2 所示。流程图是由若干个节点和它们之间的连线构成的。每个节点代表了一个工作步骤,它们之间的连线表明完成工作任务的顺序关系。对于节点,需要设定一些属性,用以描述这个节点的特性。节点的属性一般包括用户、意见、期限、启动条件和通过条件。

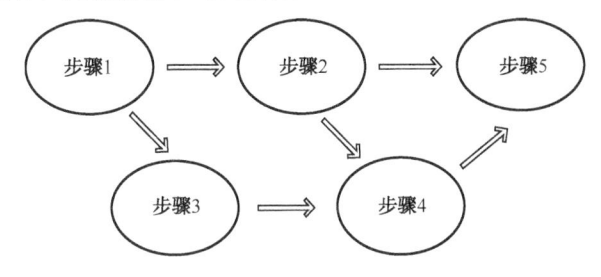

图 4-2 工作流程示意图

用户属性,描述完成任务的人员。属性值是单选的,可以是若干人员的姓名、角色或企业组织名称,如张三、结构设计工程师、设计科、项目一组等。有时一个节点的工作无法预先指定完成人员,就将该节点的用户属性设为"运行设定"。当流程运行到这个节点时,主管人员根据情况指定人员。有时一个节点的工作需要通过一个子流程来完成,该属性值可以是一个子流程的名称,通过它去启动一个子流程。

意见属性,描述使用者对当前节点是否可以通过的意见。属性值有"批准""否决""退回"和"完全否决"等。"批准"表示同意流程通过当前节点,可以进行下面的节点。"否决"表示不同意流程通过当前节点,并退回到上一节点。"退回"表示不同意流程通过当前节点,并退回到指定节点。"完全否决"表示不同意流程通过当前节点,并退回到起始节点。例如,流程示意图中"步骤 2"节点批准后,就行进到"步骤 4"和"步骤 5"。在"步骤 4"节点意见是不同意时,若属性值是"退回",应指明退回到"步骤 2"还是"步骤 3";若属性值是"完全否决",就退回到"步骤 1"。

期限属性,描述完成工作的期限。属性值可以是时间数,如天数、小时数等相对时间,也可以是完成任务的最后日期。

启动条件属性,描述本节点的前邻节点激活本节点的条件。属性值可以是"全部通过"和"任意一个即可"等。"全部通过"是指只有所有指向当前节点的前邻节点全部被批准后,当前节点才可以启动。"任意一个即可"是指只要有一个指向当前节点的前邻节点被批准,当前节点便可以启动。例如,流程示意图中的"步骤 4"节点的启动条件属性是"全部通过",只有在"步骤 2"和"步骤 3"节点都被批准后,才能够启动。

通过条件属性,描述完成本节点任务的标识。属性值可以是"全部通过""任意一个即可""按比例通过"等。"全部通过"是指只有执行当前节点任务的所有人员全部批准挂接在流程上的内容，流程才能通过当前节点。"任意一个即可"是指只要执行当前节点任务的所有人员中任一个成员批准了挂接在流程上的内容，流程就能通过当前节点。"按比例通过"是指在执行当前节点任务的所有人员中，批准了挂接在流程上的内容的人员比例数达到或超过管理员设定的比例后，流程才能通过当前节点。

2．PDM系统工作流与过程管理的功能

（1）定义并建立工作流程

在长期的生产实践中，每个企业都形成了自己的产品研制开发工作流程。一般来说，开发新产品首先需要分析市场需求，提出可行性分析报告，然后进行初步设计、样机生产、新产品鉴定等阶段。只有通过鉴定以后，才能开始定型设计，实现批量生产。上述过程只是粗线条地划分了产品开发的过程，实际上，在产品的生命周期中，工作流程是环环相扣的，工作流程间存在着嵌套、分支的情形，一个工作过程还可能包含一个具体的工作流程。

工作流程要完成的任务可能是产生设计资料，也可能是对某种资料进行审核等。因此，定义并建立的工作流程有：定义产品的开发流程、定义设计数据的审批流程和指派流程的用户。

① 定义产品的开发流程。

产品开发流程往往存在分支与嵌套，例如，新产品开发中的初步设计阶段，可细分为原理设计、方案设计、结构设计等过程。这些工作过程构成了初步设计的一个流程，进行结构设计时，按照设计对象的不同，又分两个分支流程：一个是装配设计流程，另一个是零件设计流程。在进行零件设计时，还可进一步细分为若干子工作流程。一般来说，构成产品生命周期的每一个工作流程的内容、要完成的工作是不同的。

产品的开发流程分为串行式和并行式的开发流程。传统的开发流程主要是串行式的，如装配件设计完成以后才可以进行零件设计，零件结构设计完成后才能进行零件的加工工艺设计，最后是制造。这种设计效率低下，零件的设计错误往往在样机试制时才会发现。为提高设计效率，应采用并行式的工作流程。PDM系统提供了可视化的工作流编辑器，可以在PDM中建立符合企业习惯的并行工作流程，如CAD设计人员完成了结构模型的设计后，可以将该模型提交给设计人员进行可装配性和可制造性分析，以便他们并行地参与，并且指定每个过程的执行人（角色），设定过程的输入和输出数据。

② 定义设计数据的审批流程。

在不同的工作流程中产生的产品数据一般需要经过一定的审批会签流程，才能成为指导生产的产品数据。一般审批业务流程有以下步骤：当产品信息的设计者已经完成了产品信息的制定后，就可以把这些产品数据提交审核和批准。审批人员对设计资料中的问题提出意见，连同设计资料一起返回给设计者。设计者根据审批意见对设计资料中的问题做出修改，再次提交审核和批准。在每个审批人员都批准后，产品数据就被发放，供有关人员共享。

如图4-3所示表示了设计数据的审批会签流程。在工作流程中涉及各种人员，他们在过程中充当不同的角色，被授予的权限也不相同。例如，只有设计部门的主管才具有审核设计文件的权利，工艺审查由高级工艺师担任，标准审查员判定标准的执行情况。各项审查都通过后，最后由该产品开发项目的负责人批准设计方案。

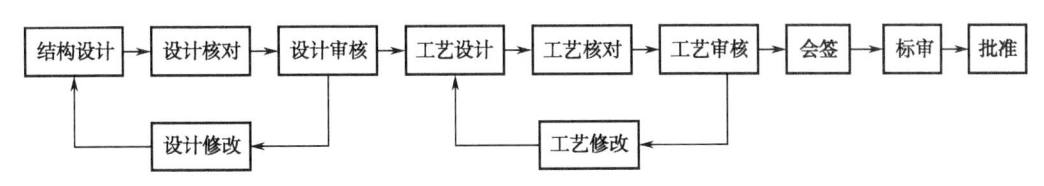

图 4-3 设计数据的审批会签流程

在传统的审批流程的执行过程中,上述各个环节是按照串行的方式进行的。等待审批的产品图纸或文件在某一时刻只能被一个审批者审查,其他审批者只能排队等待前一审批过程结束后才能拿到产品图纸或文件开始审批。如果由于某种外部原因,某个审批者未能按时完成该项工作,整个审批签署的流程会被延误,不能如期完成预定的工作。由此可见传统的串行式的工作流程效率较低,应采用并行式的审批流程。

③ 指派流程的用户。

指派用户或用户组给工作流的每个过程节点,对这些用户进行角色分工,规定他们的工作权限与工作职责,并在一定的约束条件下进行工作。

(2) 运行并控制工作流程

工作流程的运控器可以将每个参与人员的任务放到个人的工作任务列表单中,每个参与人员从 PDM 系统可查看到自己工作任务列表单中列出的工作任务,这些任务在流程的规定下并行地工作。系统如具有电子邮件接口时,用户在开机的同时,还能得到已有工作任务的消息。

例如,数据进入审批流程时,设计人员将设计数据对象提交给工作流程,即自动进入工作流程运控器,并按照预先定义的审批流程运行。此时数据被自动"冻结",即使是数据的属主设计人员,暂时也无权对该数据进行修改。待审批的材料通过网络展示到各审批人员面前,他们可以在各自的审批窗口上同时审批不同的或相同的审批内容,如果不同的审批内容间并无因果关系的话,审批同意与否的意见,可以通过窗口上的不同按钮来表达,而表达审批意见的窗口只有审批人员才具有,这就杜绝了其他人员的篡改和越权行为。各项审批通过后,将对审批对象进行版本发放,使之成为正式版本,并自动存档。其他任何人员只能通过一定的方式(如通过任务历史管理器)进行查阅,但不能修改。当需要修改时,将按照另外的流程(工程更改流程)进行。显然,由于网络资源共享,并行化的过程管理大大提高了工作效率,使得企业的各业务流程更为有序、更为合理、更趋结构化,并且易于控制。

(3) 查看流程中文档的状态

文档的状态分为设计、送审、修改、入库、发行和冻结等,在工作流运行的过程中,任何授权的用户均能看到流程执行的情况、流程中文档的确切位置和状态、浏览过程的历史记录及执行的结果注释。管理员可以根据流程制定各任务期限,检查各参与人员的进展情况,并将情况及时通知下道工序人员,以保证工作的顺利进行。

PDM 可以提高流程的执行效率,为企业信息化提供了诸多优点,但是,我们也要深刻认识到组织企业各种业务流程的重要性。采用 PDM 对工作流程进行管理,只是管理手段上有了进步,如果业务流程组织得不好,即使应用 PDM 也不能解决根本问题。企业还应当结合 PDM 所提供的管理手段的特点,对原有的业务流程进行分析和重组(如:原来的业务流程中必须串行执行的任务,在 PDM 下是否可以并行执行;原来并行执行的任务,在 PDM 下是否可以提高并行执行的程度等),从而使流程管理能够更好地发挥 PDM 的作用,提高流程的执行效率。

4.1.3 PDM 系统工程更改流程

在产品的整个生命周期当中，由于外部环境的变化和企业内部的原因，工程更改（Engineering Change，EC）是制造企业生产经营活动中的一项重要业务，涉及设计、工艺、制造、工装、采购、销售、服务等众多部门。例如，由于客户的新需求、工艺工装的要求、产品生产制造过程中出现的偏差、制造资源协调的变化等，都会使得产品发生工程更改，从而引起对某个产品或相关产品、文档等进行修改的活动。工程更改管理，即通过建立严格的更改业务流程，在手工或计算机支持下，使更改活动始终处于严格的可控状态，并记录更改涉及的所有对象的变化，保证相关信息的一致性和完整性。国际对象管理组织（Object Management Group，OMG）认为工程更改是一种流程，该流程由四个阶段组成：工程更改问题的提出、工程更改申请、工程更改执行和工程更改影响的传播。这四个阶段也组成了整个工程更改流程的生命周期状态。

1. 工程更改的原因与分类

引起工程更改的原因主要有：改善安全性，如设计存在重大的安全隐患；提高性能或可生产性，如生产部门提出制造困难或成本过高，用户建议改进产品性能；设计文件勘误，如设计、工艺等有关人员发现图纸存在错误；采购要求替换不可获得的外购件等。综上可以看出，设计部门、生产车间和客户是产生工程更改的三个主要来源。一般地，处于生命周期上游的更改，更改影响的范围比较窄、代价较小，而处于生命周期下游的更改，更改影响的范围则比较宽、代价较大。

2. 工程更改存在的主要问题

产品数据在其整个生命周期中主要经历三种状态的转变，即工作状态、预发布状态（流程中）和发布状态。工作状态是指产品数据正在设计阶段的状态，此时设计工程师可以任意对产品数据进行修改和签入、签出；预发布状态是指产品数据已完成设计，并提交到相关部门审核或审核已通过但并未归档的状态；发布状态是指产品数据已归档投入使用，并能够被其他用户借用的状态。工程更改管理是面向处于预发布状态或发布状态的产品数据。

由于更改的数据对象是预发布或发布的数据，因此在更改活动中，设计、工艺、制造、质量、销售和服务等部门都会参与进来，这种跨部门、多人员共同参与的活动，就会存在众多不确定的因素。如果没有有效的管理手段，则会导致更改活动遇到很多阻碍。主要存在以下几个方面的问题：

（1）缺乏有效的信息管理平台。传统的基于纸质文档的手工管理方式，很大程度上不能实现数据共享和信息沟通，导致更改过程耗时过长、效率低下，而且还容易出现数据错误等现象。

（2）缺乏更改过程管理和监控。企业各应用软件所产生的异构的电子文档，使得各个部门、协作单位之间面临"信息孤岛"问题，例如某个更改了的数据与多个文档或者零部件相关联时，由于没有及时通知到相关人员和部门，导致在别的地方还在使用老版本的数据，就很难保证更改数据的完整性和一致性，对更改产生的影响范围也缺乏有效合理的评估，对更改数据的历史追溯更是无从谈起。

第4章　工作流与过程管理

3. 工程更改管理的三个阶段

（1）基于手工绘图的更改管理阶段

原始的手工绘图时期，主要以纸质产品图样为准，通过对产品图样的更改标识来进行管理，对于零部件版本的管理，也主要通过人工来管理。

（2）基于简单 CAD 系统的文件管理阶段

在此阶段，设计人员开始采用 CAD 软件进行绘图，但各种流程更改仍由人工进行管理，各种审核也仍以纸质文件为准。审核完成后，再录入 CAD 管理系统，因而常常会出现纸质图样与电子图样不符的情况。此时，同样缺乏对影响到的其他零部件或图纸有效的控制。

（3）基于 PDM 平台的工程更改管理阶段

通过设定相应版本管理办法和更改控制流程，由 PDM 实现自动管理设计更改的数据，控制设计更改的过程。它可以缩短设计更改周期，降低设计更改成本，减少更改频率和更改错误，实现更改过程的可追溯性。

由于更改预发布或发布状态的产品数据，不仅会影响生产准备和零部件库存等方面的工作，而且还有可能影响已生产或正在生产的产品，延长产品的开发周期，增加产品开发成本，这与快速响应市场需求是相违背的。因此，工程更改管理的主要目的是通过研究设计更改的起因，理顺设计更改与产品开发、生产管理等方面的关系，通过有效管理和控制工程更改达到减少更改次数、缩小更改影响范围和降低更改成本的目的。

4. PDM 系统中的更改管理

（1）工程更改管理与 PDM 的关系

产品数据管理系统管理了与产品相关的所有数据和流程，工程更改是对处于预发布状态或发布状态产品数据的修改，因此，工程更改管理所涉及的产品数据，只是产品数据管理系统管理的产品数据的一部分。与产品数据相关的流程主要有项目管理流程、产品开发流程、文档设计流程、更改申请与审批流程、更改执行流程和产品数据发布流程等，因此，工程更改流程也只是产品数据相关流程的一部分。所以工程更改管理必须以产品数据管理系统为基础，利用产品数据管理系统底层服务和产品数据管理系统，以及产品数据、流程、人员组织的管理机制，有效地管理工程更改中的人员组织、数据和更改流程。

工程更改管理又有不同于一般的产品数据管理和流程管理的特点。产品数据管理着重研究产品数据及其关系的管理，流程管理则着重研究通过流程提高效率、加强流程间反馈的策略，工程更改管理的目的是降低更改的成本和提高更改效率，对产品数据管理和流程管理的利用，只是工程更改管理为达到目的而采取的手段，并不是最终目标。

更改设计状态产品数据的影响，一般不会超出部门或产品开发团队，而且由于产品处于设计阶段，因此，不会对生产管理产生很大的影响。但更改预发布和发布状态的产品数据时，不仅会影响产品开发部门或产品开发团队的工作，而且会影响企业的生产组织、工装准备和零部件库存管理等工作，对于协作开发的产品还会影响协作企业的生产，而且由于已经开始生产，甚至产品已经上市，在更改时就必须考虑该更改对已生产出的产品、库存零部件处理的影响，因此，工程更改管理，不仅涉及对更改产品数据及流程的管理，更重要的是对更改影响的管理，综合考虑时间、成本、效益等方面的要求，对更改中的问题进行正确决策。

(2) PDM 中的更改管理

工程更改管理在 PDM 系统中和更改管理相对应。所谓更改，可以理解为当某个零部件或文档已经处于发放状态时，对该零部件或文档进行的修改。产品更改是一个不断重复的业务过程，该过程覆盖了企业的多个部门。对一个零件的更改除了涉及产品设计部门以外，还与工艺装备设计、工艺过程规划、制造、成本核算、采购、销售，以及用户服务等部门有关。基于 PDM 系统的更改工作流管理模块应该具备一个包括以下元素的规则库：更改建议、更改评审、更改申请、更改许可、更改任务单、更改说明、更改执行、更改发放、更改通知等。

在 PDM 系统中，更改管理作为正式的控制更改的流程，提供了更改建议、控制和审批过程的管理。更改管理包含所有与更改相关的信息，例如，零件更改的原因（Why）、谁要求更改（Who）、更改什么（What）、更改何时生效（When）、工程更改的成本等。

4.2 Teamcenter中的工作流与过程管理

工作流程是真实世界中的行为现象。Teamcenter 的工作流与过程管理模块对企业的工作过程或活动进行管理，可以创建、执行、监督和控制各种串行、并行或混合的工作流程；用于控制企业活动的先后次序并促使相关人员响应；用于控制一个文档或图纸经过一个预定义的环节后成为正式生效的文档或图纸。

Teamcenter 系统中产品数据的创建、审批和发放的流程可进行如下描述：在 Teamcenter 系统中，新创建的 Item Revision 处于 Working 状态，对 Item Revision 下进行定义的数据集（如 CAD 2D/3D 数据、技术文档说明等）一般关联在 Item Revision 下，当工程师对定义数据操作完成后，跟随 Item Revision 一起提交一个相应的审批流程（根据此 Item Revision 的成熟度或发放要求），同时 Item Revision 和关联的数据集获得相应的发放状态（Status）。

Teamcenter 的工作流设计器提供可视化的操作界面，灵活多样的流程任务类型，为工作流程模板提供了多种任务类型、状态和操作类型，可组合适于各类业务流程需求的流程模板；可以通过便捷、灵活的拖曳编辑方式，快速构建流程模板；另外可以导入、导出流程模板，便于流程模板的保存和移植。如图 4-4 所示，上部框内为工具栏，中部框内为流程导航栏，其中树状显示流程，可快速浏览任务，同时可调整任务节点在树状结构中的上下位置。下部框内为任务面板，从左至右依次是"显示任务属性面板""显示任务处理程序面板""显示任务签发面板"，允许为每个任务节点添加描述信息。

4.2.1 基本概念

1. 名词术语

（1）流程（Process）

自动化的事件过程，描述了为完成一个事件过程所需的单个任务及任务的顺序。各个任务具有时效和等级。有串行的工作任务和需要并行完成的任务。

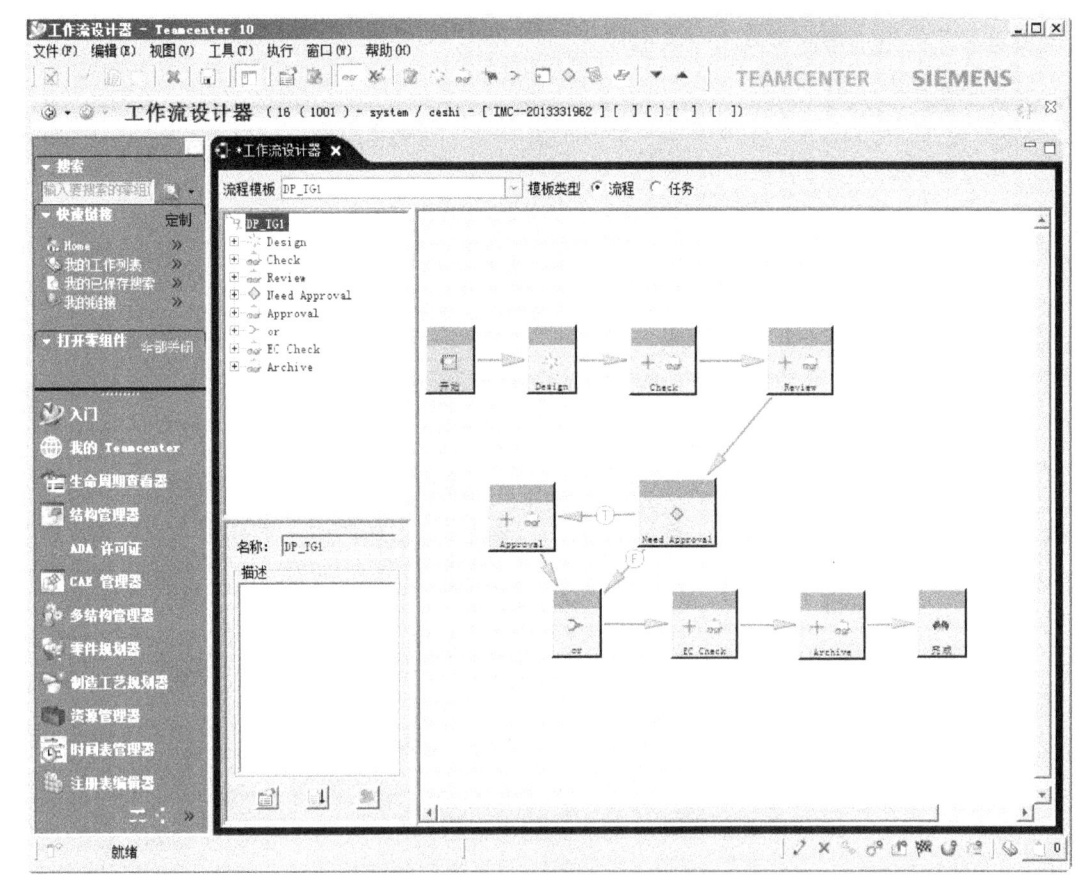

图 4-4 工作流设计器界面

（2）流程模板（Process Template）

工作流程的设计定义图。不同用途的流程使用不同的模板来定义，分别表示和适用于不同的事件过程，客户可以通过流程模板来定制符合自身企业要求的流程模板。

（3）任务（Task）

用于构建流程的基本单元。每个任务块定义了需完成这个任务的一组动作、规则、资源。

（4）任务模板（Task Template）

任务的设计定义图。Teamcenter 根据真实世界任务的性质不同，预先制定了不同类别的任务模板，如 Do、Review、Condition、Routine 等。

（5）处理器（Handler）

构成任务最基本的活动、规则定义和描述。分为 Action handlers 和 Rule handlers 两种类型。

动作处理器（Action handlers）：用于定义一个任务的动作（Action）。例如，显示信息、搜索上个任务的结果、通知用户、设置权限、启动应用等动作。

规则处理器（Rule handlers）：用于将事件规则结合到流程模板的任务中。Rule handlers 对一个动作进行条件判断控制。

（6）资源分布（Resource Profile）

Resource Profile 定义完成某一任务的人力资源，定义到组、角色。在执行任务时，只有符合资源要求的组、角色才被选中承担任务。

(7) 状态 (Status)

Teamcenter 使用状态来表示数据的审批结果或所处的设计阶段,如发布、投产、预投产、停产、作废等状态。

(8) 节点 (Node)

节点指流程中的某个阶段。

(9) 工作列表 (Worklist)

允许用户跟踪自己发起的流程或负责的任务。在 Worklist 中可以看到一系列由用户负责的任务,并要求用户完成这些任务。Worklist 只能让用户查看参与的流程任务。

2. Teamcenter 流程模板设置

在建立流程模板之前,首先必须熟悉企业的业务流程,这就要求系统管理员在熟悉企业流程规范的基础上深入企业各部门进行调研,了解实际过程和需求。另外,要求系统管理员对 Teamcenter 提供的建立流程的各个模块特别熟悉,充分利用软件的功能,避免重复设计而走弯路。

一个工作流程模板由以下 5 部分组成:各种任务 (Task)、任务的先后次序、项目组织或人员、定义任务控制规则和动作要求。

Teamcenter 中的流程定义需要考虑以下几个方面:审批后的状态 (Status);审批归档后的数据保护;层数 (level);定义每层之间的关系;每一层的票数 (Signoff) 和有效票数 (Quorum);同时一个很重要的方面,要考虑流程中每一层不同人员的职责,例如,有的用户只关心某一设计的存在与否或进展情况,不关心可以采用的通知方式;有的用户虽然不参与审批,但需要知道文档的内容,因此,可以限制其审批的权限,只允许其打开文档就可以了;而有些人需要参与审批并签字,这样的用户需要赋予其相应的权限。

(1) 系统管理员职责

系统管理员的职责是定义工作流程模板,包括:定义流程的步骤及顺序 (Stage)、定义流程的状态 (Released Satus)、定义流程中的人员 (Signoff Team)、设定权限 (Access Right)、设置相应的控制机制 (Handler)。

(2) 流程审核要点

① 一件工作 (Job) 是一个流程的真实发生。每当一个流程运行时就是一件工作。

② 一个审批者 (Approver) 就是一个任务的负责人。

③ 一个附件 (Attachment) 就是 Teamcenter 的一个与流程工作相关的对象。有两种类型的附件,目标附件和参考附件。目标附件将通过流程发放,审批完成后将加上状态。参考附件是在流程中提供参考信息的,不会发放。

④ 责任人 (Responsible Party) 是提交流程的发起人,并且这个流程将在审批过程中始终出现在用户的 Worklist 中,负责所有任务的分配工作 (选择审批者)。

⑤ 选择审批者是指派任务的审批执行者。

⑥ 执行审批是任务的审批执行者进行审批工作。

(3) 任务状态及动作关系

任务状态用于控制和协调完成流程中每个独立的任务。Teamcenter 中有以下任务状态:

Unassigned、Pending、Started、Suspended、Skipped、Aborted、Completed 等。而动作是转变一个任务状态到另一个状态的手段，Teamcenter 的任务状态及动作关系如图 4-5 所示。

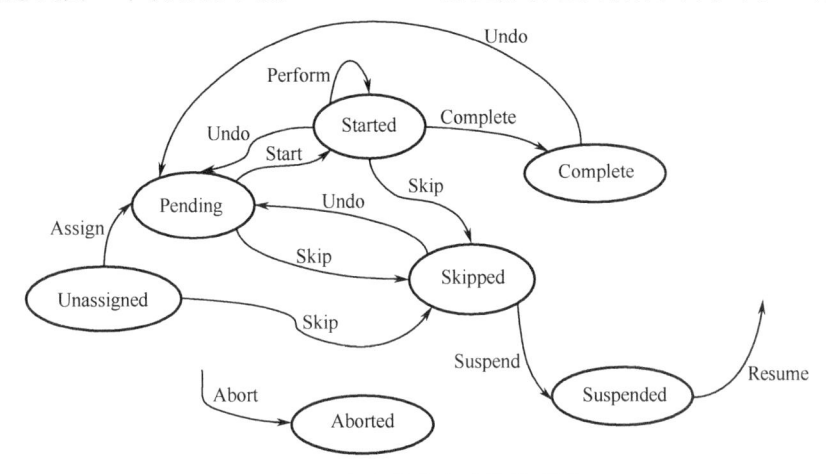

图 4-5　任务状态和动作关系图

（4）Teamcenter 预设的流程及任务模板

① 预设的流程模板。

Teamcenter 系统自带了 Process、Review Process、TCM Release Process、Requriement Signoff 等流程模板，这些模板提供用户在创建其他新任务模板、审核流程模板及自定义流程时选用，如图 4-6 所示。

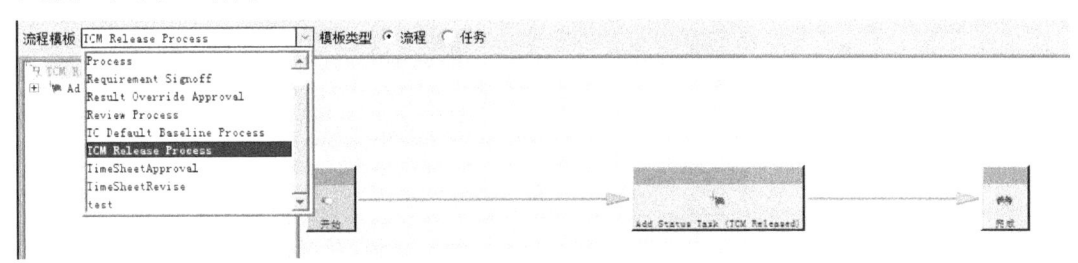

图 4-6　TCM Release Process 流程模板

② 任务模板。

任务模板（Task Template）：Teamcenter 预先制定了适合各种不同要求的任务模板类型，包括：空任务模板、Do 任务模板、Review 任务模板、Add Status 任务模板、Or 任务模板、Conditions 任务模板、Route 任务模板、Sync 任务模板、Impact Analysis 任务模板、Prepare ECO 任务模板、Checklist 任务模板等。

下面重点介绍几种常用的工作流任务模板。

Do 任务：是一个包含 EPM-Hold Handler 的任务模板，当任务开始后，EPM-Hold Handler 能阻止任务自动完成。这个任务模板有一个用户对话框，当任务完成后，用户可以选中对话框中的复选框，表明任务已经完成。

Review 任务：审核任务，是一个包含 Select-Signoff-Team 子任务和 Perform-Signoffs 子任务的任务模板。Select-Signoff-Team 子任务用来指定执行审核的人员，而 Perform-Signoffs 子任务则用来执行审核任务。在设计工作流时可以为 Select-Signoff-Team 子任务限定执行此任务的组或角色，这样在启动流程为流程指定人员时，人员就被限定在指定的组或角色内。

　　▶ Aold Status 任务：添加状态任务，用来为流程中的目标对象添加一个发布状态。流程设计时在该任务模板属性中选定发布状态，当流程启动后，将自动完成目标对象发布状态的添加。

　　▶ Or 任务：或任务，当多个处于同一层次上的任务中只要有一个发生就能触发它们的后续任务时，需要用 Or 任务。不管 Or 任务有多少前驱任务，只要有一个完成，系统就执行该任务，推动流程继续走下去。

　　▶ Condition 任务：条件任务，用于分支流程。条件属性有一个结果属性，可以设置为三个值：True，False，Unset。创建一个流程时，条件任务的两种后续任务根据实际需要分别把条件路径设置为 True 和 False，从而建立与 Condition 任务的关联。在流程设计中，Condition 任务一般需要和 Or 任务组合使用。

（5）路径

在 Teamcenter 中定制工作流模板时，有多种路径选择，包括：成功路径、失败路径、条件路径等。其中成功路径允许任务依次执行，失败路径允许设置因任务无法完成、拒绝、代码错误等产生的流程回路，条件路径允许根据各种条件设置满足条件的输出结果，如图 4-7 所示。

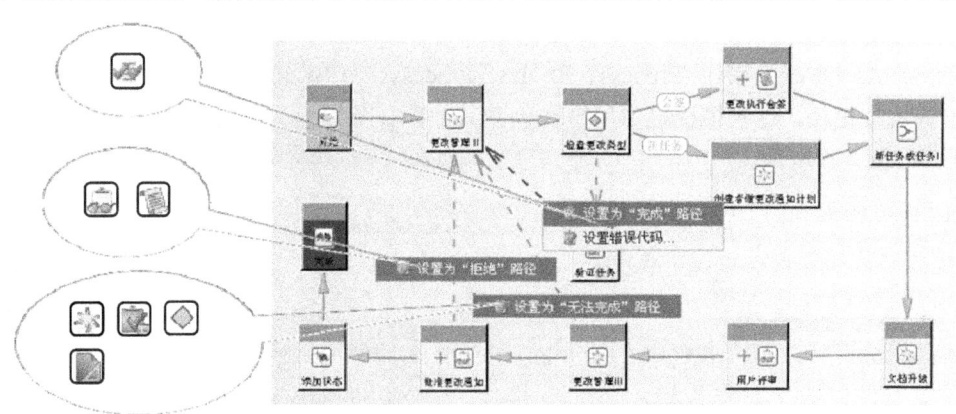

图 4-7　路径

其中条件任务的路径特点如图 4-8 所示，一是为条件任务提供多种选择路径，对应四种输出结果，即真（True）、假（False）、无法完成和定制结果；二是可将 Teamcenter 中所有查询条件作为任务条件，用户可根据业务需求自定义查询条件。

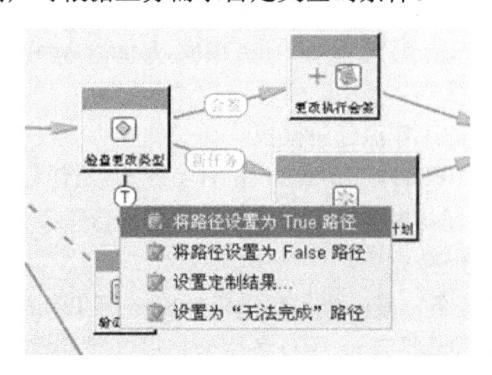

图 4-8　条件路径

4.2.2 Teamcenter 中的流程管理功能

前面已经提到，Teamcenter 系统本身提供有一些流程模板，但这些模板不能满足实际应用需求，系统管理员需要建立一些符合该企业实际应用需求的作业流程模板。下面结合工作流程管理需要定义的几个方面，介绍 Teamcenter 中流程模板的创建。

流程的名称，应该简洁明了，使得用户一目了然。如五级设计审批流程、八级工艺会签流程等。对于流程的使用范围，各企业有相应的管理制度，规定了企业有哪些文件，文件签署应按什么顺序，以及不同阶段需要什么角色的人员签署。例如，某企业规定设计文件应该按"设计→校对→审核→工艺→会签→标审→批准→归档"的顺序进行签署，各类文件的签署顺序按照表 4-1 中的规定进行。

表 4-1 各类文件的签署顺序

文件名称	设 计	校 对	审 核	工 艺	会 签	标 审	批 准
任务书	☆	☆	☆	—	☆	☆	☆
关键件汇总表	☆	☆	☆	☆	☆	☆	☆
零件图	☆	☆	☆	☆	○	☆	☆
产品明细表	☆	☆	☆	—	—	☆	☆

注：☆—表示必须签署，○—表示按需要签署

将企业需求分析清楚以后，接下来创建流程模板。如任务书的流程为"设计→校对→审核→会签→标审→批准→归档"；零件图的流程为"设计→校对→审核→工艺→标审→批准→归档"。流程每一阶段否决后可以返回到上一级，也可以直接返回到初始状态，要根据企业的需要而制定。

在各个阶段，审批人员对具体的数据文件可以表示同意、反对和弃权三种不同的意见，若在一个阶段中，需要多个审批人员审批时，还需要制定通过的原则，可以是全部同意、多数同意和一票同意或否决等方式。

当审批人员选择同意时，可以考虑把审批人员的姓名和同意时间自动签署到需要审批文件的相应位置，类似纸质文件的签署。这一功能的实现需要在 Teamcenter 系统中进行二次开发来实现。文档最后由资料管理部门归档，企业根据需要制定一套完整的资料管理办法，确定电子签署的有效性。

下面我们通过两个实例来全面介绍流程模板的定制和流程的模拟。

实例 4-1 快速发布流程

案例要求：将 Teamcenter 系统环境外签署完整的、现行有效的旧数据纳入到 Teamcenter 中管理时，不需要走签署流程，针对类似情况，建立快速发布流程模板。

1. Teamcenter 定义流程模板

快速发布流程模板如图 4-6 所示，操作流程比较简单，流程模板中 Handler 的设置如图 4-9 所示。

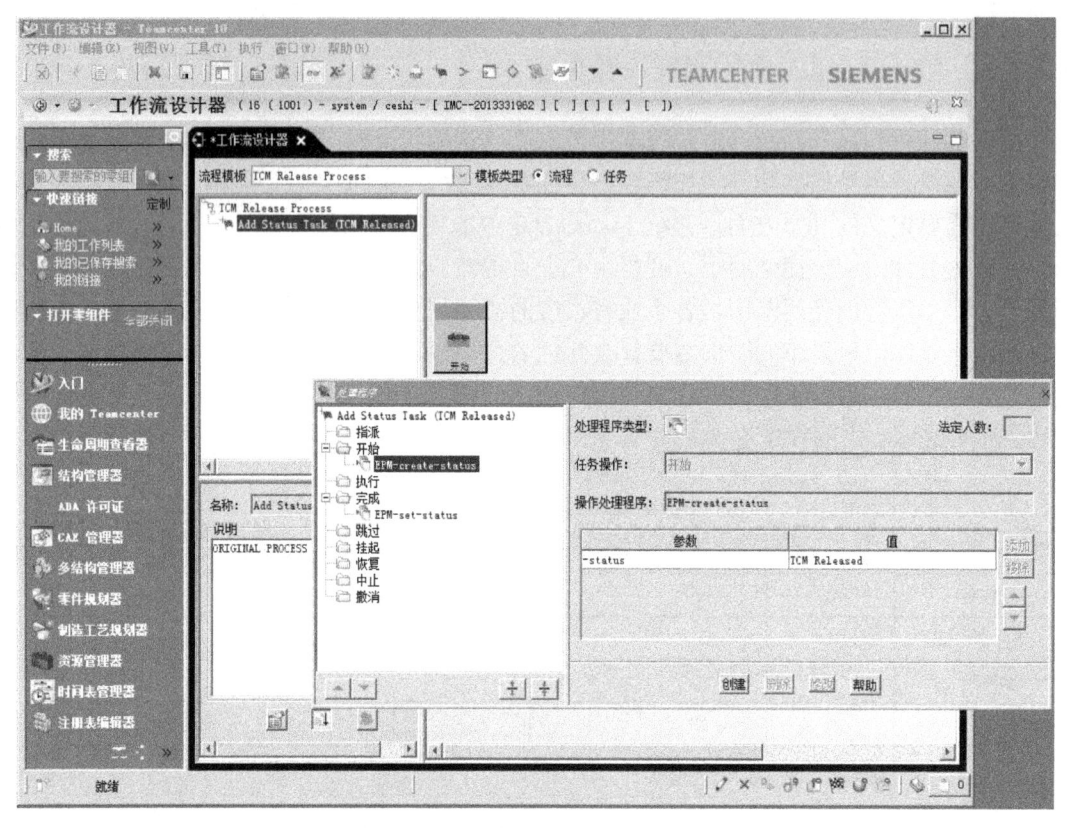

图 4-9 流程模板中 Handler 的设置

2. 流程运行效果

分别选择零组件版本 PRT002/A，record-button-changed-ring/A，"文件"→"新建"→"工作流程…"，弹出"新建流程对话框"，输入流程名称"快速发布流程"，流程模板选择"TCM Release Process"，如图 4-10 所示。单击"确定"按钮，则出现如图 4-11 所示的结果。

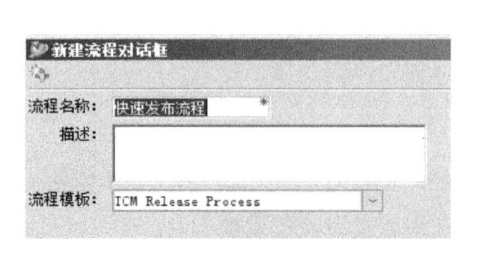

图 4-10 新建流程对话框   图 4-11 快速发布流程结果图

实例 4-2 DP_TG0 流程

进入此流程的对象要求是 DP Revision、Drawing_2D Revision，流程完成后对象的状态为 TG0。流程图如图 4-12 所示；流程节点定义如表 4-2 所示；流程 Handler 定义如表 4-3 所示。

第 4 章 工作流与过程管理

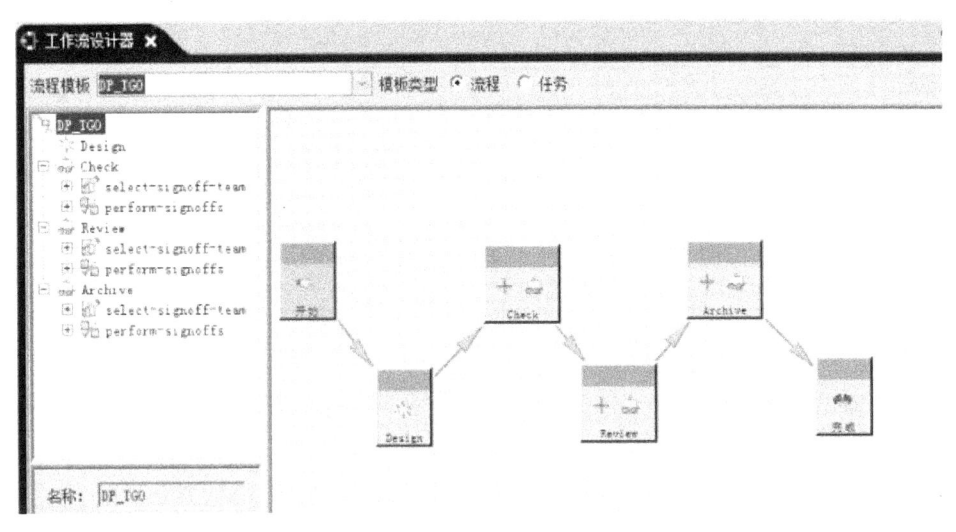

图 4-12 DP_TG0 流程图

表 4-2 流程节点定义

序号	节点名称	参与者	参与者权限设置	（修改、删除、增加）Handler 列表
0	DP_TG0	—	—	增加： 指派：EPM-attach-related-objects 开始：EPM-validate-target-objects EPM-create-status 完成：EPM-set-status
1	Design	工程师	读、写	—
2	Check	主管工程师	读	根节点修改： 撤销：demote perform-signoffs 节点增加： 执行：demote-on-reject
3	Review	主任工程师	读	根节点修改： 撤销：demote perform-signoffs 节点增加： 执行: demote-on-reject
4	Archive	归档工程师	读	根节点修改： 撤销：demote perform-signoffs 节点增加： 执行：demote-on-reject

表 4-3 流程 Handler 定义

序号	Handler 名称	描述	参数	参数值
0	EPM-attach-related-objects	—	-relation -att_type	C9_2D_Relation Target
1	EPM-create-status	—	-status	C9_TG0
2	EPM-set-status	—	-action	append

续表

序 号	Handler 名称	描 述	参 数	参 数 值
3	EPM-validate-target-objects	—	-include_type	C9_DesignPartRevision,C9_Drawing2D,UGMASTER,BOMView 等
4	demote	—	-level	Design
5	demote-on-reject	—	—	—

1. Teamcenter 定义流程模板

系统管理员登录系统，选择工作流设计器应用程序，进入工作流设计器应用程序界面，如图 4-13 所示。

图 4-13 工作流设计器应用程序界面

（1）新建模板

系统管理员在工作流设计器应用程序中，选择菜单"文件"→"新建节点模板"，打开"新根节点模板"对话框，输入模板名称"DP_TG0"，如果该流程可基于已有流程新建，则可从基于根节点模板下拉框中选择已有流程，否则，默认空模板即可，模板类型选择"流程"，单击"确定"按钮。

（2）为新模板添加任务模板

可在新建工作流窗口中选择任务模板创建新的流程模板，添加新任务模板的方法为：在工具栏中单击需要的任务模板，移动鼠标到流程创建区域内，在空白处双击鼠标左键，任务模板将被添加到新建流程区域内；在左侧的名称文本框中修改任务名称。注意，修改完成后，鼠标要单击拥有该名称的任务或单击上侧流程树中的空白处。

任务模板添加完成后，需要通过流程箭头指定流程任务的先后执行顺序，方法如下：选择作为前续任务的任务节点，鼠标不要松开，拖动鼠标到作为后续任务的任务节点处，松开鼠标，一个连接前后任务节点的箭头将出现在两个任务中间，如图 4-14 所示。

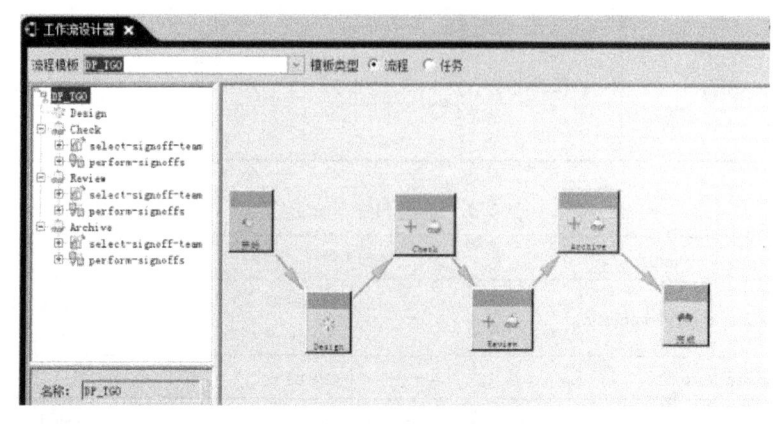

图 4-14 添加任务模块并指定流程任务的先后顺序

第4章 工作流与过程管理

（3）流程回退任务的设置

对于流程中的审核节点，如果审核人不通过，流程将回退，而回退到哪个任务，是由系统管理员根据实际需要在建立流程模板时指定的。本例中，Check、Review、Archive 任务都要设置回退到 Design 任务。

在 Teamcenter 10 中流程回退有比较简单的方式，可使用反向箭头来实现，请读者自己练习。本例中，介绍一种使用 Handler 控制的传统方法。以 Check 任务为例，选中 Check，单击"显示任务处理程序面板"，选中任务操作"撤销"下的"EPM-demote"项，单击"参数""值"变量右边的"+"，添加如图 4-15 所示的参数。

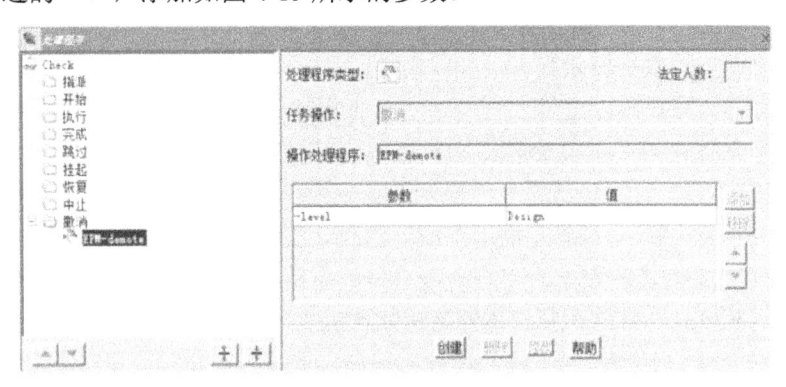

图 4-15 EPM-demote 参数设置

单击 Check 任务左边的"+"，展开该任务的结构树，选择"Perform-signoffs"，单击"显示任务处理程序面板"，选中任务操作"执行"，在右侧的"操作处理程序"中选择"EPM-demote-on-reject"，单击"创建"按钮，如图 4-16 所示。

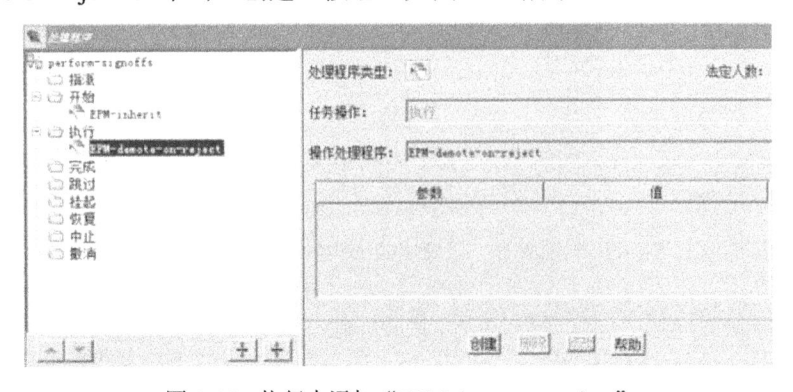

图 4-16 执行中添加"EPM-demote-on-reject"

（4）设置任务签发

对于审核任务，可为其子任务 select-signoff-team 指定签发概要表，这样，当客户端新建工作流时，需要根据流程模板中指定的签发概要表指定任务执行人。例如，Check 任务节点设置如下签发概要表：组为 ABC，角色为主管工程师，审核者数为 1，如图 4-17 所示。这样，当客户端新建工作流程，指派任务执行人时，必须至少指定一位角色为 ABC 组主管工程师的审核者来执行审核任务。通过指定签发法定人数的数字或百分比，可设置任务通过审核的标准，例如，指定审核者数为 3，签发法定人数指定为 1，则在客户端执行该审核任务时，3 人中只要有 1 人审核通过，即使其余两人拒绝，流程也将继续执行下一任务。

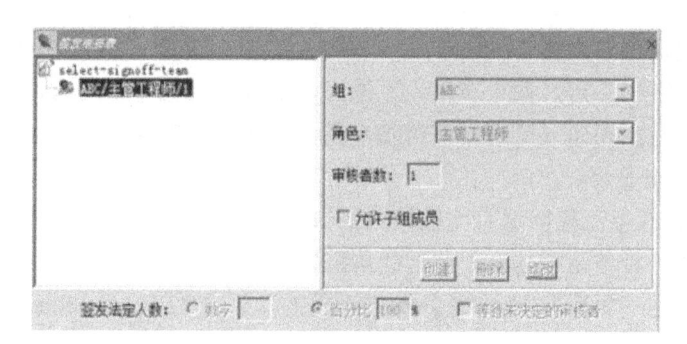

图 4-17 设置任务签发

（5）工作流程中的数据权限设置

工程师具有读、写权限，主管工程师、主任工程师、归档工程师只有读的权限，实现此功能则需要进行命名的 ACL 和 Handler 的设置。

工作流设计器中的 ACL 设置是在"显示任务属性面板"中进行的。单击"命名的 ACL"按钮，会弹出"权限配置"对话框，供用户配置工作流程中数据的访问权限，如图 4-18 所示，创建 ACL 的读写权限，流程发起者可以查看、修改审核数据。如图 4-19 所示设置了读权限，流程数据在审核节点时，审核人员只能查看评审数据，不能再进行修改。

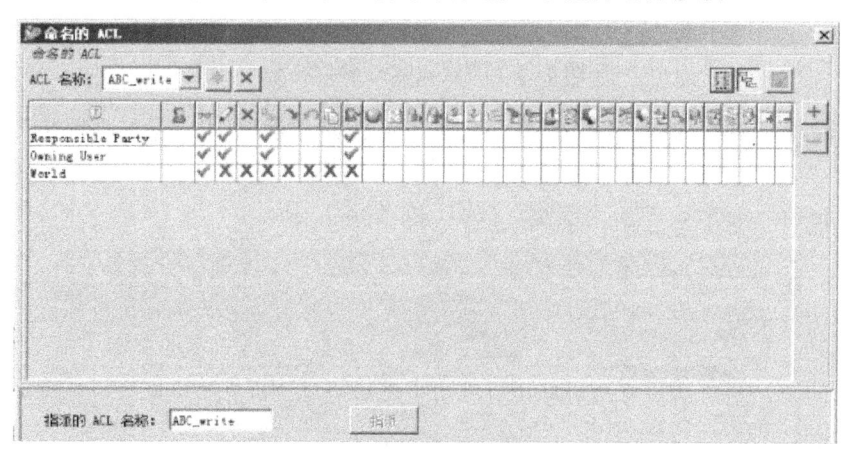

图 4-18 设置 ACL 的读/写权限

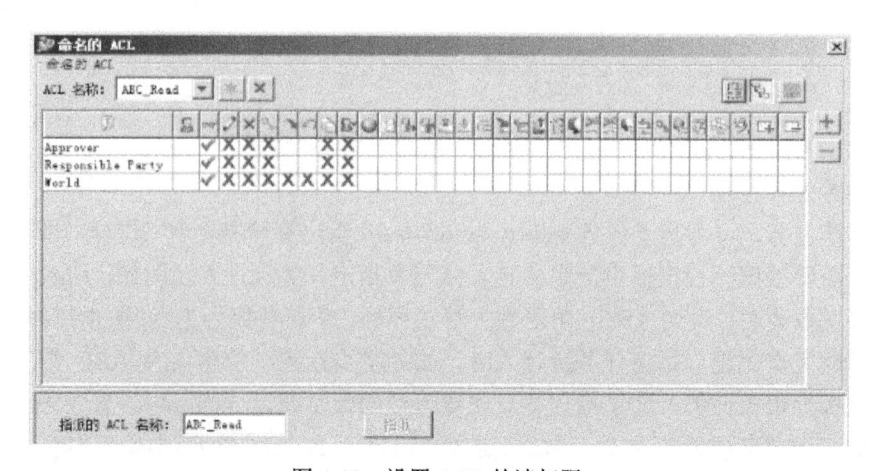

图 4-19 设置 ACL 的读权限

第 4 章 工作流与过程管理

访问工作流程中数据的权限是通过 In Job 规则条件来控制的，如果条件设置正确，系统会自动将访问权限树与工作流过程关联在一起。Teamcenter 系统使用 EPM-set-rule-based-protection 这个 Handler 实现访问权限树的应用。设置到某个流程中具体的状态或任务下面，并将控制信息传递到权限树，来决定指派命名的 ACL 会起作用。本例中，在 Design 任务中，单击"显示任务处理程序面板"，在任务操作的"开始"的"EPM-set-rule-based-protection"项中，输入如图 4-20 所示的参数值。

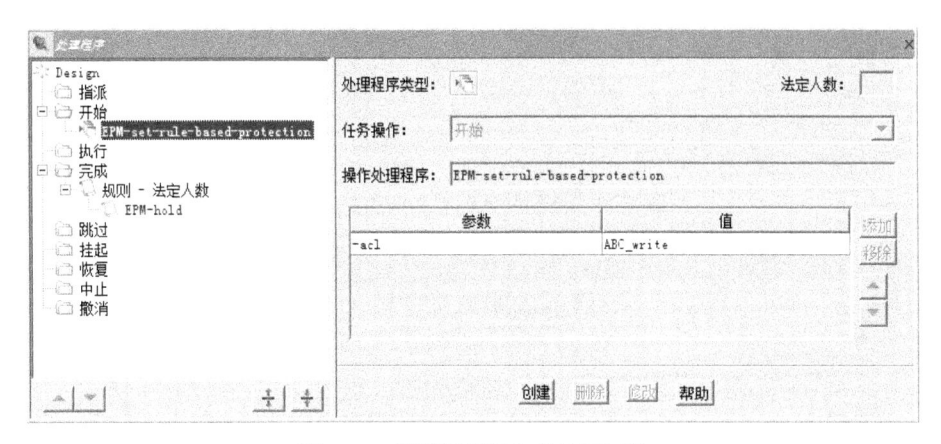

图 4-20　设置流程发起者的写权限

在 Check、Review、Archive 任务中，单击"显示任务处理程序面板"，在任务操作的"开始"的"EPM-set-rule-based-protection"项中，输入如图 4-21 所示的参数值。

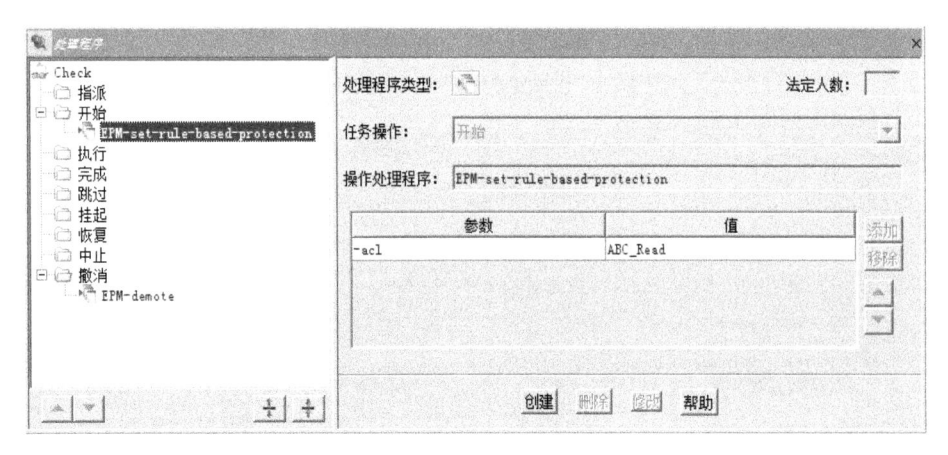

图 4-21　设置流程审核者的读权限

（6）设置其他任务处理程序

设置限制流程中目标对象的类型为 C9_DesignPartRevision、C9_Drawing2D、UGMaster、BOMView 等，如图 4-22 所示；设置流程所带附件与此 Item Revision 的关系必须是 2D_Relation 关系等，如图 4-23 所示，添加状态的设置如图 4-24 所示。

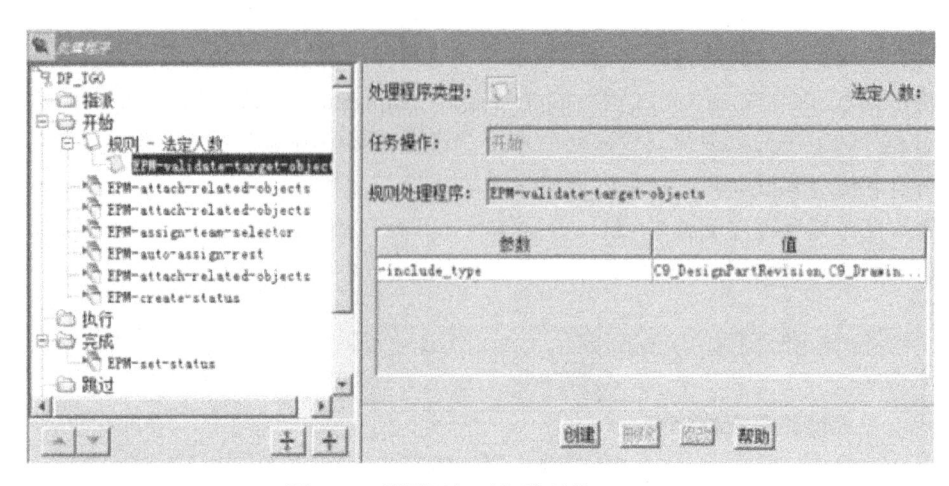

图 4-22　设置目标对象类型的 Handler

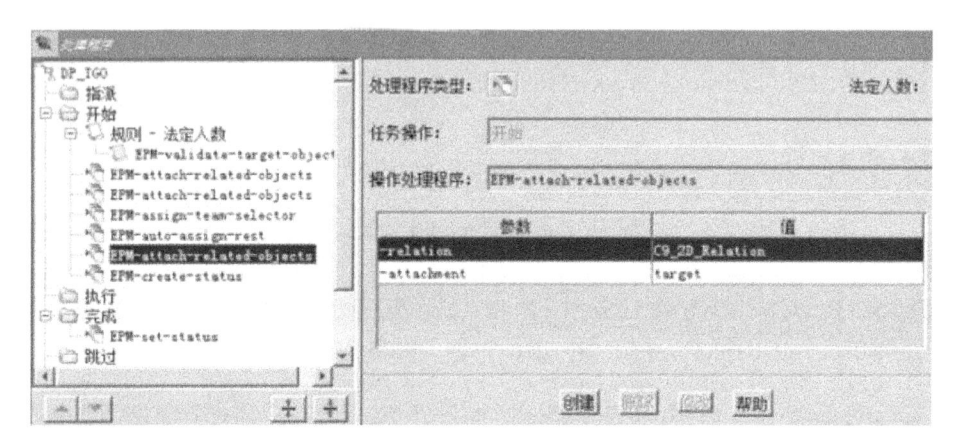

图 4-23　设置流程所带附件的 Handler

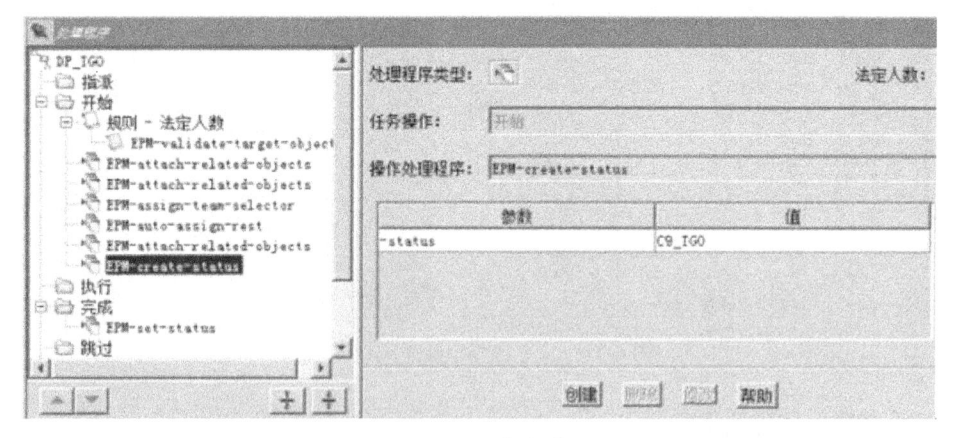

图 4-24　添加状态

（7）设置任务超时提醒

设置任务超时提醒后，如果任务执行人没有在设置的时间内执行任务，系统将发 Teamcenter 内部邮件通知。

任务超时提醒设置方法：单击工作流设计器左下角的"显示任务属性面板"，弹出"属性"窗口,在"持续时间"处单击"设置"按钮,弹出"设置持续时间"窗口,在其中填入持续时间。例如,如果任务在 30 分钟后仍然没被执行,需要发邮件通知,可在"分钟"文本框中输入 30;在"接收者"后单击"设置"按钮,弹出"选择接收者"对话框,选择任务超时后将接收超时提醒的组或用户,如图 4-25 所示。

(a)属性   (b)设置持续时间

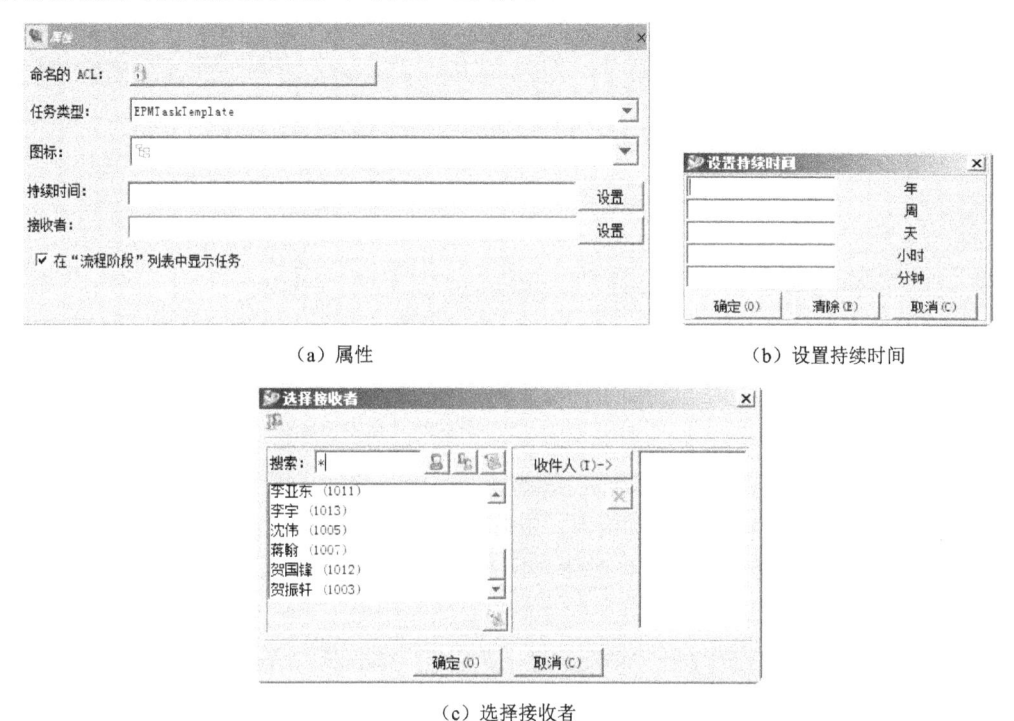

(c)选择接收者

图 4-25 设置任务超时提醒

(8)流程模板过滤

在创建流程模板后,可根据权限设置流程模板过滤,针对具体的组为其指定特定的流程,通过这种方法可为不同组的用户筛选不同的流程,流程模板过滤由系统管理员来设置。

在流程模板过滤器中可为一个组指派多个流程模板,其中每个流程模板都基于一个具体的对象类型,例如,基于 DesignPartRevision 的零组件类型,为 ABC 项目组指派多个流程模板,这样当 ABC 组中的成员针对版本零组件新建工作流程时,可选的流程模板列表仅限于流程模板过滤器中指派的流程模板。

流程模板过滤器设置方法如下。

系统管理员在工作流设计器界面中,选择菜单"编辑"→"模板过滤器",如图 4-26 所示,打开"流程模板过滤器对话框"。

在"流程模板过滤器对话框"中,从组名下拉框中选择"ABC"组,从"对象类型"中选择 C9_DesignPartRevision 这个零组件类型,从窗口下方的"定义的流程模板"中选择 ABC 组对零组件类型为 C9_DesignPartRevision 的对象将使用到的流程模板,单击按钮,流程模板将添加到左侧的"指派的流程模板"中。单击"确定"按钮,如图 4-27 所示。

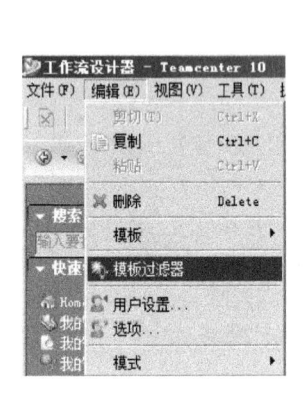

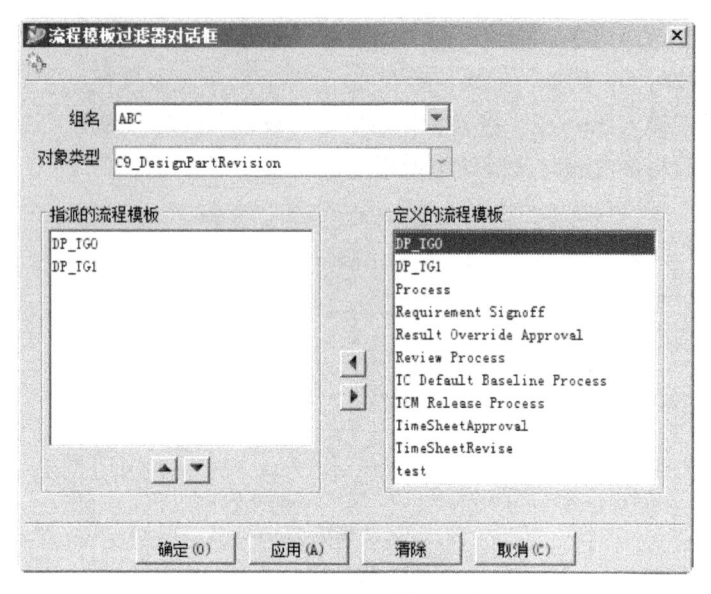

图 4-26 选择模板过滤器　　　　　　图 4-27 设置流程模板过滤

在默认情况下，用户新建工作流时，系统界面中会有流程模板过滤器的提示。如果选中"全部"，则流程模板列表将列出所有模板，如果选中"指派的"，则流程模板列表中的流程模板限制为流程模板过滤器中指定的针对用户所在组及对象类型指派的流程模板，如图 4-28 所示。

图 4-28 模板过滤的使用（1）

系统管理员可通过设置系统的首选项 CR_allow_alternate_procedures 的值为 none，这样当用户新建工作流时，界面中流程模板过滤器提示消失，流程模板列表中只有流程模板过滤器中指定的针对用户所在组及对象类型指派的流程模板，如图 4-29 所示。

第 4 章 工作流与过程管理

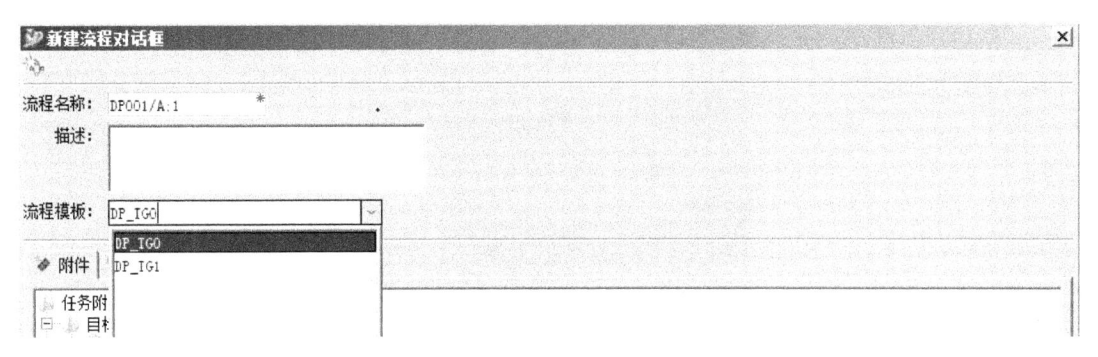

图 4-29 模板过滤的使用（2）

2. 流程运行效果

通过 DP_TG0 流程可以将该阶段的设计数据进行冻结，本流程发布需要经过设计、校对、审核、归档几个步骤。

（1）流程的创建角色为工程师，工程师选中需要提交流程的 ITEM 版本节点，允许使用该流程的 ITEM 版本类型为 Revision、Drawing_2D Revision（图纸版本需由工程师手工复制到相应 Revision 的 2D_Relation 关系文件夹下，当 Revision 走审批流程时，Drawing_2D Revision 会跟着走相应审批流程），如图 4-30 所示。

（2）工程师可以同时将多个零组件提交到流程同时进行检查，选择结束后，在"文件"菜单中选择"新建"→"工作流程"，按规范填写流程名称并选择"DP_TG0"模板，如图 4-31 所示。

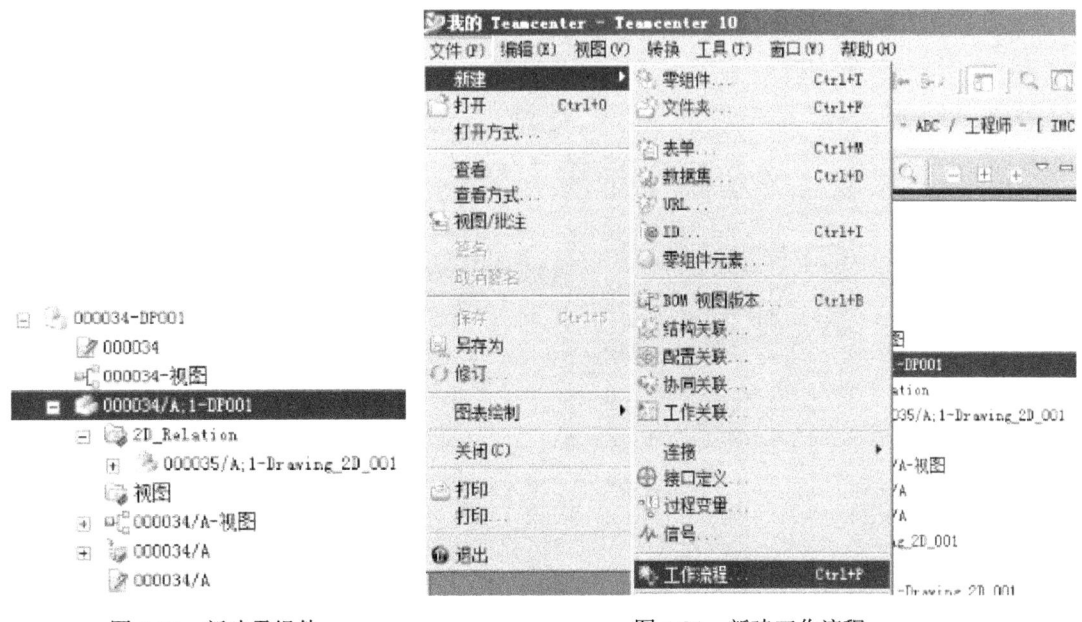

图 4-30 新建零组件　　　　图 4-31 新建工作流程

（3）控制流程中包含的目标对象为：三维数模/二维工程图、BOM 视图等；流程中对"校对者""审核者"的选择由流程发起者完成，"校对者"的角色为主管工程师、"审核者"的角色为主任工程师、"归档者"的角色为归档工程师，如图 4-32 所示。

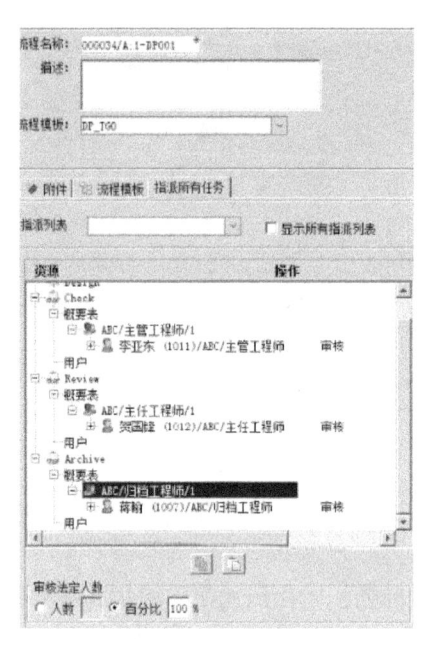

图 4-32 设置概要表

（4）工程师在流程发起界面单击"确定"按钮，开始工作任务；然后工程师进入"我的工作列表"，选择发起流程；流程发起者本人检查数据，确认无误后勾选完成；这里注意，如果 DesignPartRevision 的关系类型"2D_Relation"下如存在数据，系统对其进行冻结，如图 4-33 所示。

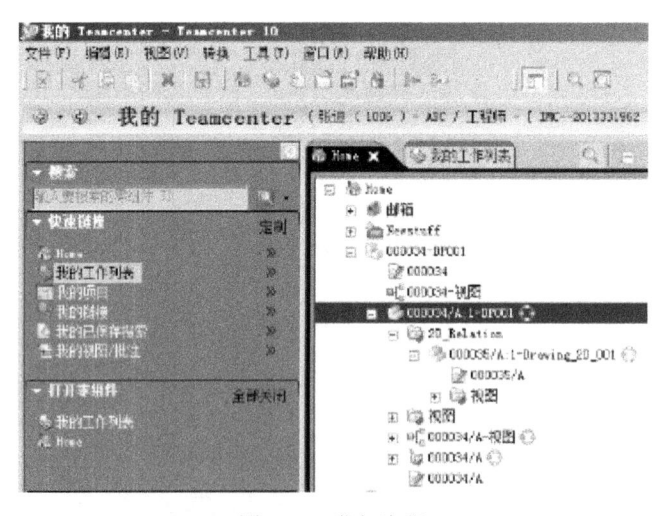

图 4-33 发起流程

（5）校对者进入"我的工作列表"，对发起者发起的工作流任务进行评审；如校对未通过，则返回到设计节点，如图 4-34 所示。

（6）审核者进入"我的工作列表"，对发起者发起的工作流任务进行评审，如审核未通过，则返回到设计节点；归档管理员进入"我的工作列表"，对发起者发起的工作流任务进行评审，如审核未通过，则返回到设计节点。

（7）评审通过后对数据进行冻结并添加 TG0 状态，如图 4-35 所示。

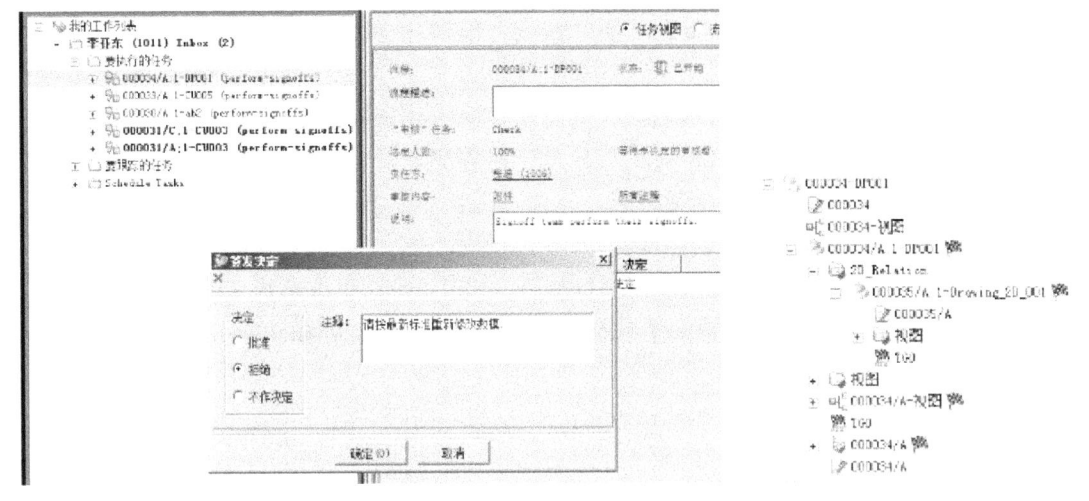

图 4-34　设置签发决定　　　　图 4-35　流程运行结束

4.3　Teamcenter 中的工程更改流程

　　Teamcenter 系统提供了代替传统产品更改控制的电子化功能，即更改管理（Change Management，CM）来控制产品定义与配置更改的过程。根据更改的分类自动选取相应流程，通过完整的数据模型评估更改的影响范围并记录评估结果，更改的过程以电子流程的形式进行管理，更改的结果以结构性的形式进行管理，更改过程的监控、提醒等同流程管理。

　　Teamcenter 更改查看器可以创建和管理更改流程。更改查看器提供流程中所用对象的审计历史记录，以使对象的各种使用情况都可以追踪；更改查看器可以建议、合并、审核和批准更改；更改查看器可以追踪和报告更改历史记录，以及向组织成员通报更改情况。通常，更改流程首先创建更改对象，这些对象充当用户使用的各类更改流程模板。然后，在需要时由用户创建更改请求。完成更改请求并获得批准后，会创建更改通知。

4.3.1　基本概念

　　（1）零部件更改：指因企业的零部件的改进产生的更改过程，更改发生后，新产生的零部件将取代企业原有零部件在所有产品中得到应用。

　　（2）更改：对配置、设计要求或文档的临时或永久性的更改。

　　（3）问题报告（Problem Report，PR）：启动更改，PR 定义问题或增强功能请求。有时处理 PR 可能导致创建企业更改请求（ECR）。创建 PR 在更改流程中是一个可选步骤。根据站点上不同的约定，可能首先识别的是具有 ECR 的问题或增强功能请求，而不是 PR。PR 可由一个或多个 ECR 处理。

　　（4）企业更改请求（Enterprise Change Request，ECR）：它推荐一种更改并捕获与该更改相关的业务决策。ECR 提出针对问题的解决方案，包括成本估计和更改所带来的好处。实际解决方案（如新的零组件版本）会在更改通知中实施（ECN）。ECR 通常是对 PR 的响应，除非跳过了 PR 阶段。一个单独的 ECR 可以对多个 PR 中标识的问题进行分组并更正。ECR 可能由一个或多个 ECN 处理。

（5）企业更改通知（Enterprise Change Notice，ECN）：可以实现更改。提供详细的工作计划以解决一个或多个 ECR 或某一 ECR 中的一部分。ECN 可标识受更改影响的所有零组件和文档，并授权可更正某一更改的操作。

（6）偏离请求（Deviation Request）：寻求从产品解决方案偏离的许可来解决一系列问题，从而启发改进。通常，提供两种偏离请求，①偏离请求：寻求从零件解决方案偏离的许可。②放弃请求：寻求许可以接受不合格零件。

（7）PR、ECR、ECN 之间的关系：问题报告（PR）、企业更改请求（ECR）和企业更改通知（ECN）是用于收集更改流程中不同阶段信息的更改对象。如图 4-36 所示说明了这些对象之间的关系。

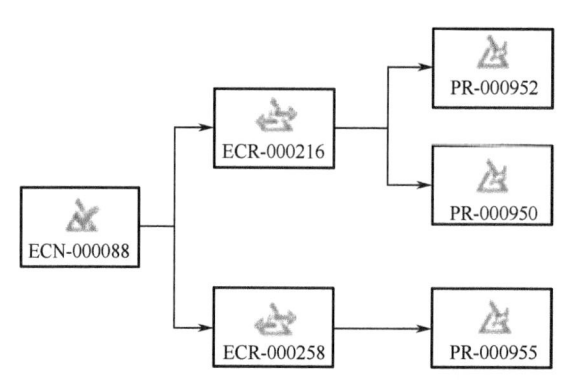

图 4-36　PR、ECR、ECN 之间的关系

每个更改对象将在实施和被实施文件夹中显示以下关系。在一个或多个 PR 中标识的问题，可以通过一个单独的 ECR 来实施。同样，在一个或多个 ECR 中标识的问题可以通过一个单独的 ECN 来实施。类似地，单独的 ECR 可以被两个或更多的 ECN 拆分和实施，如图 4-36 所示。使用更改管理器，用户可以创建非常复杂的更改结构来满足特定的更改需求。

（8）更改对象文件夹的结构：在更改对象的文件夹中，包含了更改的相关数据，可以把更改相关的信息放到相应的文件夹中。在更改对象中定义了需要更改的零组件（Problem Items）、替换的新零件（Solution Items），以及更改后相对应的零组件（Affected Items）。在更改对象的文件夹中，对应更改审批流程，可以浏览分配给当前用户的任务（TaskstoPerform），以及跟踪更改流程中的其他任务（TaskstoTrack），如图 4-37 所示。

图 4-37　更改对象的结构

① 问题零组件（Problem Items）：表示需要被更改或替换的零组件，它可以是零件或装配件。零件更改后，Problem Item 将被 Affected Item 所替换。

② 受影响的零组件（Affected Items）：表示的是 Problem Items 经过更改后生成的新版本，对应于 Problem Item，它可以是零件或装配件。

③ 解决方案零组件（Solution Items）：作为更改结果，Solution Items 表示在更改中产生的新零件或零件的新版本。

④ 引用零组件（Reference Items）：其中包含引用了关联信息（如分析文档和系统日志）的任意 Teamcenter 对象（数据集）。

⑤ 计划零组件（Plan Items）：其中包含在工作分解结构中定义了任务的时间表。

⑥ 实施（Implements）：其中包含引用该更改对象的更改对象版本。ECR 实施 PR，ECN 实施 ECR。

⑦ 被实施（Implemented By）：包含由该更改对象引用的更改对象版本。PR 由 ECR 实施，ECR 由 ECN 实施。

4.3.2 标准跟踪流程

标准跟踪流程如图 4-38 所示。

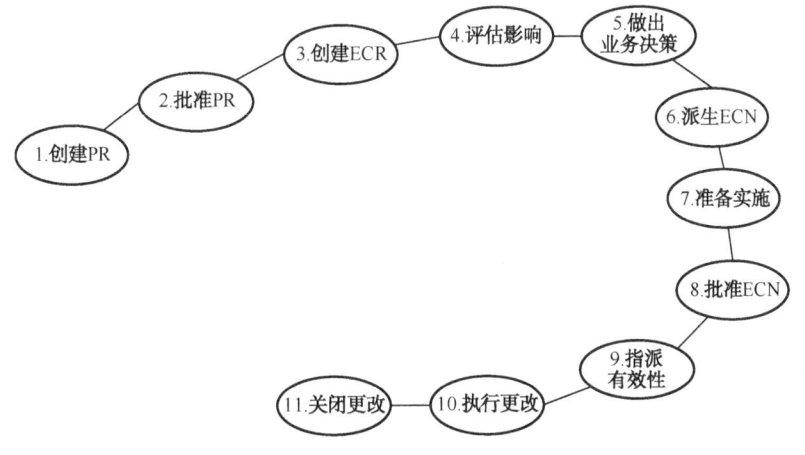

图 4-38 标准跟踪流程

（1）创建问题报告（PR）。请求者以创建问题报告来标识问题或增强功能请求，提供初步的评估，以及演示重现问题所必需的步骤。

（2）批准问题报告。更改专家可以向问题报告指派优先级，并将它指派给分析员进行技术审核。专家或分析员将推荐一种处置，例如已批准。

（3）创建企业更改请求（ECR）。请求者（可以是与问题报告关联的分析员）可以创建 ECR 以处理问题报告。同时，更改请求可以处理多个 PR。在此阶段，分析员将开发一个解决方案或几个备选解决方案。分析员通过对文档、Word 文档、演示文稿等进行标记来完成该操作。在本阶段尚未决定是否需要哪些新的零组件或零组件版本。如果问题很容易解决，PR 有时可以提出解决方案。但是，提出的解决方案仍然会被正式记录在 ECR 中。不过，通常请求者可能并不知道采用什么解决方案，甚至对此一无所知。

（4）评估影响。更改专家向分析员指派 ECR。分析员标识受更改影响的零组件，准备支持文档，并针对为实施更改所必需的操作准备高级建议。

（5）制定业务决策。更改专家将 ECR 提交到更改审核委员会，由该委员会决定是否进行更改。更改审核委员会不但可以批准和拒绝更改请求，还可以要求进行附加调查。如果是快速跟踪更改，审核委员会将是该更改的所有者，流程将进入到执行更改阶段。在此阶段，将根据表单、适用性功能及互操作性，决定是修订还是创建新的零组件。

（6）派生企业更改通知（ECN）。请求者（可以是 ECR 的分析员）可以派生新的更改通知，以处理批准的更改请求，也可以将 ECR 关联到现有的 ECN。ECN 处理更改的详细实施信息，它可以处理多个更改请求。请求者可委派详述实施计划详细信息的责任。

（7）准备实施计划。分析员制定详细的计划来处理通过 ECN 处理且已批准的 ECR。在此阶段，将在新建或修订的零组件中实施同意的解决方案。

（8）批准 ECN。对于标准跟踪流程，更改实施委员会将会审核和批准解决更改的计划。对于快速跟踪流程，批准比较不正式，可能只需更改专家来管理。

（9）指派有效性。更改专家可以向 ECN 指派有效性。有效性指定更改的生效时间。

（10）执行更改。分析员实施并跟踪详细的计划，以处理更改。更改专家跟踪实施进度。

（11）关闭更改。分析员关闭实施计划的关联级别，完成实施计划各级别相关的所有操作后，更改专家将关闭更改。

4.3.3 更改管理的功能

Teamcenter 系统支持 CMII 标准，如图 4-39 所示，也可以进行灵活定制。Teamcenter 提供符合 CMII 的更改流程控制，CMII 模型是一种产品配置解决方案。CMII 模型通过提出组织的企业级要求和处理驱动这些要求的活动，拓展了传统配置管理的范围。CMII 可提供为适应更改及维护其要求的完整性和相关产品信息所需的能力，可进行完整的更改管理，包括更改申请、影响评估、同意更改、更改实现、批准更改等步骤。Teamcenter 系统中的 CM 模块提供更改申请/更改审批/更改执行的定义，结合一组工程更改流程，将更改与相关的文档、BOM、项目计划等资料相关联，记录每一次更改的历史以便查询全部更改过程。一旦更改发生，将自动通知有影响的部门。用户可以填写更改单，分析更改影响，执行更改和通知更改。更改后的产品对象和文档可以得到最快应用。

当有更改和事件发生时，快速、完整地把信息通知有关团队成员是非常重要的。通常，有些更改影响产品开发时，设计人员主要通过面对面通知、电子邮件的方式自主通知有关开发团队成员，这样难免会使得更改的影响范围分析不足，相关更改人员无法及时得到通知。Teamcenter 提供了灵活多样的通知方式，以使相关人员及时获得更改消息。

（1）实现对设计文件更改流程的管理，当设计文件更改时，相关人员可以收到更改通知，并完成更改认可等操作。

（2）提供更改管理流程模板，并在实施中与实际情况结合，充分利用行业管理经验，实现流程优化，快速实施。Teamcenter 提供符合国际 WFMC 标准的流程管理和定义功能，同时提供符合国际 CMII 标准的更改流程管理和定义。Teamcenter 支持根据船舶行业特点及企业业务特点扩展更改流程，实现更改流程的优化和灵活应用。

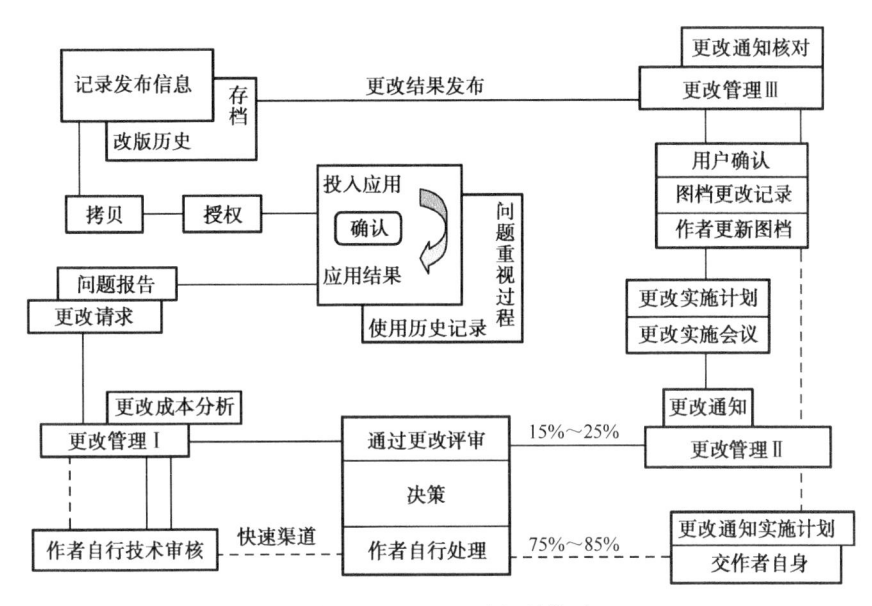

图 4-39 CMII 更改控制模型

（3）更改管理的应用范围不仅仅是设计部门，其他如市场、采购、售后服务、制造相关的人员也应该能够通过方便直观的用户界面反馈产品问题，并能得到相关问题的最终反馈，从而形成问题处理的闭环流程。Teamcenter 允许从企业部门组织或临时项目组内添加更改相关人员，使其在正确的时间参与更改或审核等工作。

（4）更改管理与文档、产品结构、工作流程管理应用紧密结合，提供数据与流程的统一管理。Teamcenter 更改解决方案从问题报告、更改申请到更改通知均紧密关联，更改申请会继承问题报告的文档数据，更改通知会继承关联更改申请文档数据、问题报告、更改申请及通知直接关联相应类型的更改流程，实现更改流程与更改文档表单等数据的统一管理。支持更改单批准后，其关联的对象更新版本后，自动通知此对象管理签发图单的接收人。

（5）可查询工程更改中的相关数据，如更改原因、更改内容、更改命令、审核意见、生效日期等。同时标识更改前后图文档的变化，统一集成与更改相关的技术信息，便于查询所有相关文件。Teamcenter 支持完整的更改过程管理，包括更改通知单、更改申请、过程文档、关联交付物和相关参考资料，如有问题的设计、问题报告、影响分析、受影响的设计（如其他设计部位）或者业务内容（如成本）、更改后的设计解决方案、更改计划等。

（6）可以图形化的方式查看工程更改前后 BOM 的变化。Teamcenter 不仅具有 BOM 比较的功能，并且能以图形化的方式进行展示，便于设计人员进行查看。当产品结构更改时，系统可分析指定的零件被使用在哪些产品，自动做出设计更改影响程度分析，不会有任何遗漏。

（7）Teamcenter 提供更改 BOM 管理器能够通过更改对象与增加、删除的零部件关联，驱动 BOM 的改变，最大化减少 BOM 更改的工作量。

（8）支持通过流程模版的定义，确保没有关联工程更改对象的零部件版本无法发布。Teamcenter 提供多种流程任务约束规则，工程更改定义必须关联文档对象，根据规则，如果没有关联更改对象，则给出提示告警。

（9）产品更改过程中相应的产品文档、BOM 表等相关信息同时更改，保持产品数据的统一性。Teamcenter 提供的更改影响分析确保所有相关信息在更改中不会有遗漏，当文档更改时，系统可自动分析文档更改所影响的其他文档，做出设计更改影响程度分析，从而保证一次更改一次完成，包括借用件、通用件装配分析及为估算更改成本提供依据。

（10）更改文档的编号由系统自动分配，更改通知单与被更改图档自动关联。Teamcenter 提供的更改通知单不仅与被更改图档自动关联，与更改流程自动关联，而且集成问题报告的相关信息，随时追溯查看更改全过程的相关文档，系统的对象管理能够记录每次对象更改的结果。通过版本管理，不仅保留了产品结构对象本身的历史，而且保留了与之相关文档的历史，实现数据的可追溯性。

（11）Teamcenter 提供更改对象的生效管理，如按照日期、批次等生效控制机制等。可根据更改指令控制产品数据的创建和更新版本，设置版本的生效日期。

（12）任何一个文件的更改，或许是技术指标的变化，或许是零部件的替换，或许是几何尺寸的调整等都可能对其他相关文件产生影响。在 Teamcenter 系统中各种文档相互之间定义了若干种关系，一旦某一个文件发生修改，通过不同类型的关系可以得出影响的范围，辅助更改管理人员分析文档修改影响的范围，例如，除了几何尺寸发生变化，还有零部件的性能、零件的材料或公差等发生更改时，系统同样可以得出可视化影响分析。Teamcenter 可视化模拟功能提供了高级标注功能，它使设计评论者可以标注图形信息，增强了 Teamcenter 流程控制的互操作性和工程更改通知控制。

（13）能够根据系统的更改单生成一定格式的更改单文件，供打印使用。系统还提供对更改单的分类统计功能，并以图表的方式显示。

4.3.4 更改管理的创建和更改流程的审批

本节以具体产品的更改过程为例，阐述在 Teamcenter 系统中更改对象的创建和更改流程的审批过程。

实例 4-3 轮胎粗糙度更改管理

案例背景：市场反映某公司某种型号概念车（最终产品）的轮胎（零件）粗糙度不够，不够防滑，希望增加轮胎粗糙度。工程设计部门确认问题后，提交工程更改申请（CR），更改申请通过专门的流程审批生效后，设计工程师创建更改通知（CN），把需要更改的内容和相关技术文档作为附件，提交到审批流程中。更改通知根据预先定义的流程进行逐级审批，最终更改得到批准，更改通知被发放（released），更改有效性设置。

（1）查找需要更改的零件，创建工程更改申请（CR）。

查找需要更改的零件，启动结构管理器、浏览周边零件的三维模型；创建工程更改申请（CR）输入更改申请的基本属性，启动更改流程，如图 4-40 所示。

第 4 章 工作流与过程管理

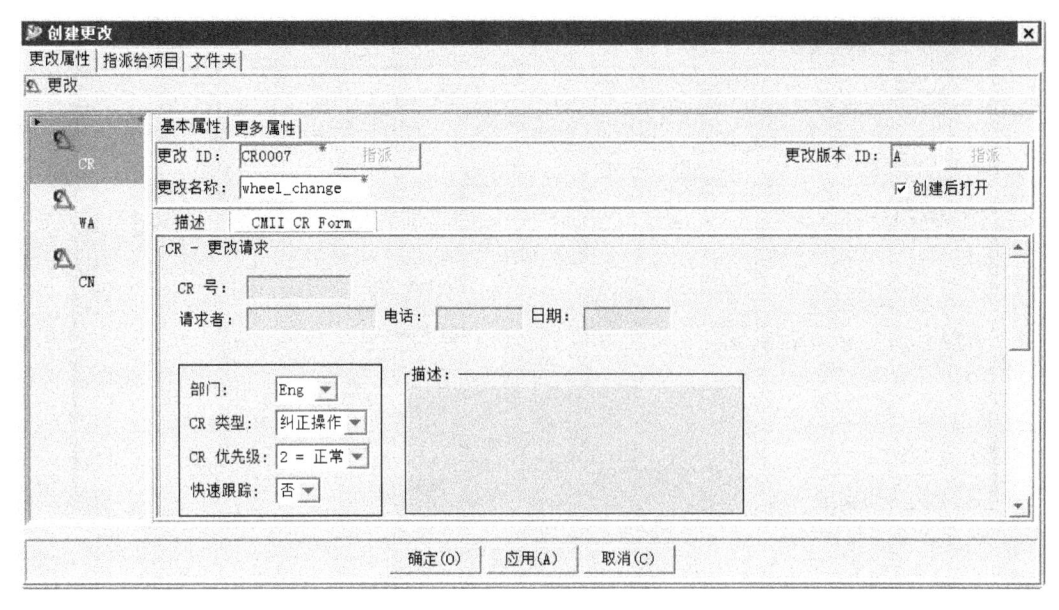

图 4-40 创建工程更改申请

（2）添加相关更改数据到更改申请的文件夹，如图 4-41 所示。

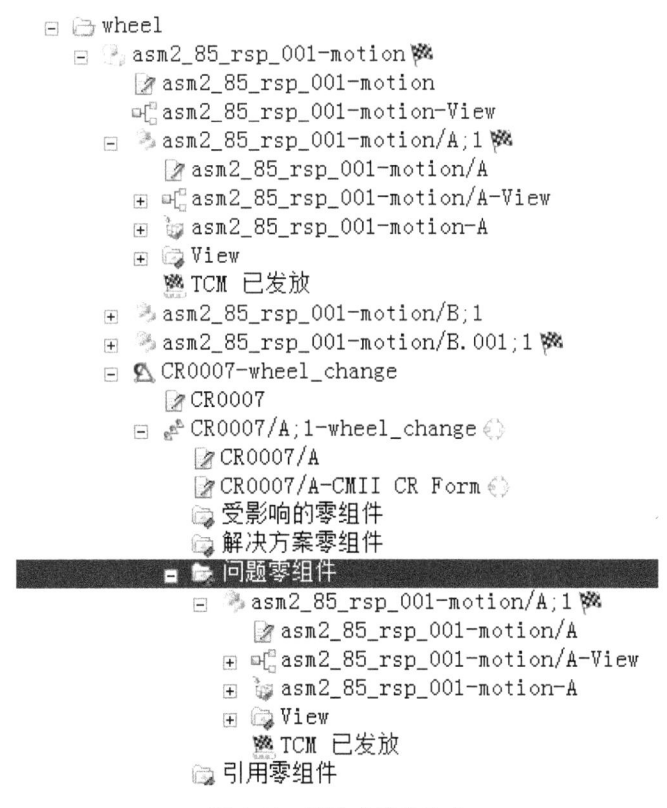

图 4-41 更改申请文件夹

（3）进入 CM 查看器，浏览更改流程状态，如图 4-42 所示。
（4）进入更改流程，进行流程审批，直至更改申请通过，如图 4-43 所示。

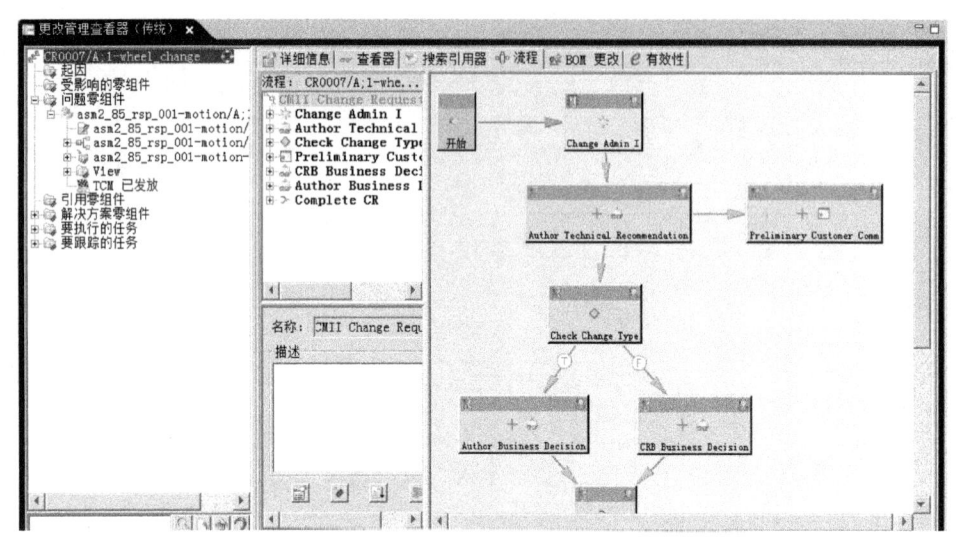

产品数据管理原理与应用——基于 Teamcenter 平台（第 2 版）

图 4-42 浏览流程状态

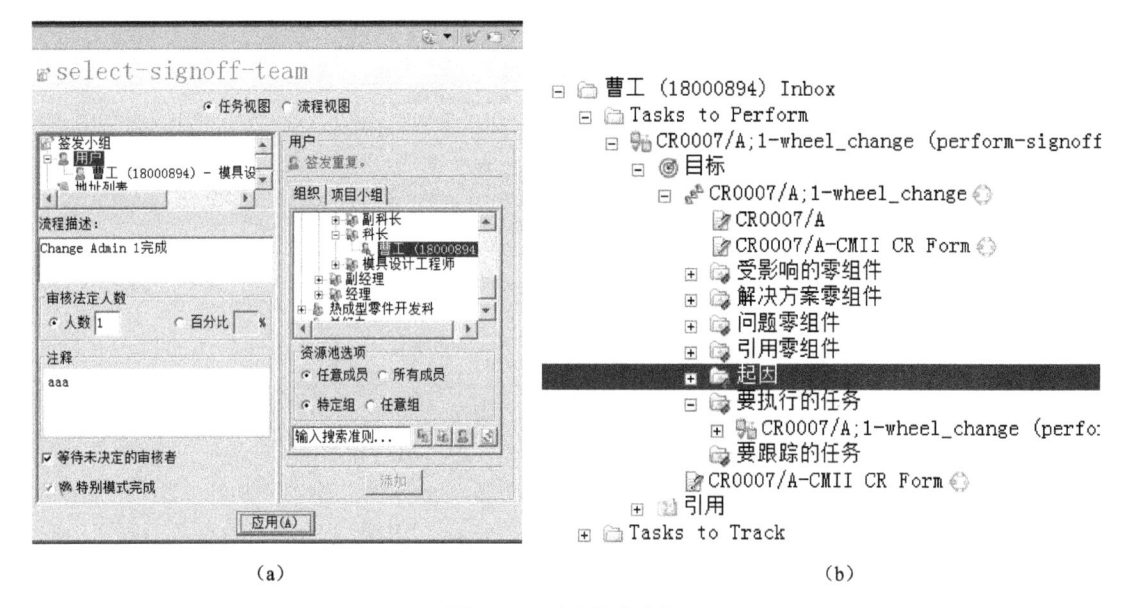

(a)　　　　　　　　　　　　　　　　(b)

图 4-43 更改申请流程

（5）以 asm2_85_rsp_001-motion/A;1 为基础，创建零件新版本 asm2_85_rsp_001-motion/B;1，如图 4-44 所示。

图 4-44 创建零件新版本

第 4 章 工作流与过程管理

（6）创建工程更改通知 CN，输入基本属性，启动更改申请通知流程。

（7）添加相关数据到更改通知的文件夹，如图 4-45 所示。

图 4-45　更改通知文件夹

（8）进入 CM 查看器，浏览更改流程，进行审批，直至更改通过，更改通知被发放（released），如图 4-46 所示。

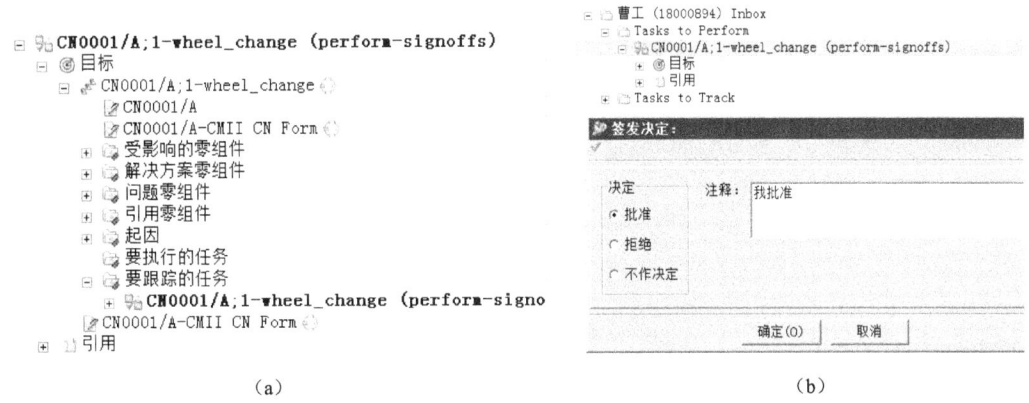

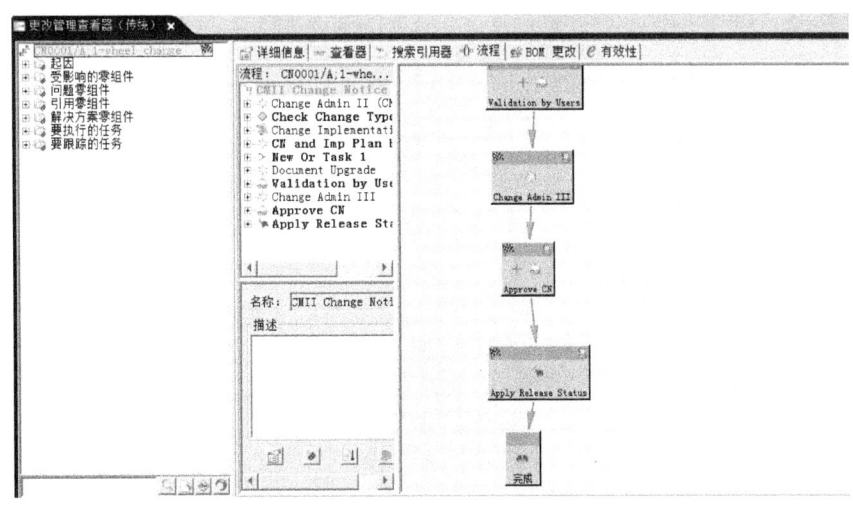

(a)

(b)

(c)

图 4-46　更改通知流程

（9）设置更改的有效性，如图 4-47 所示。

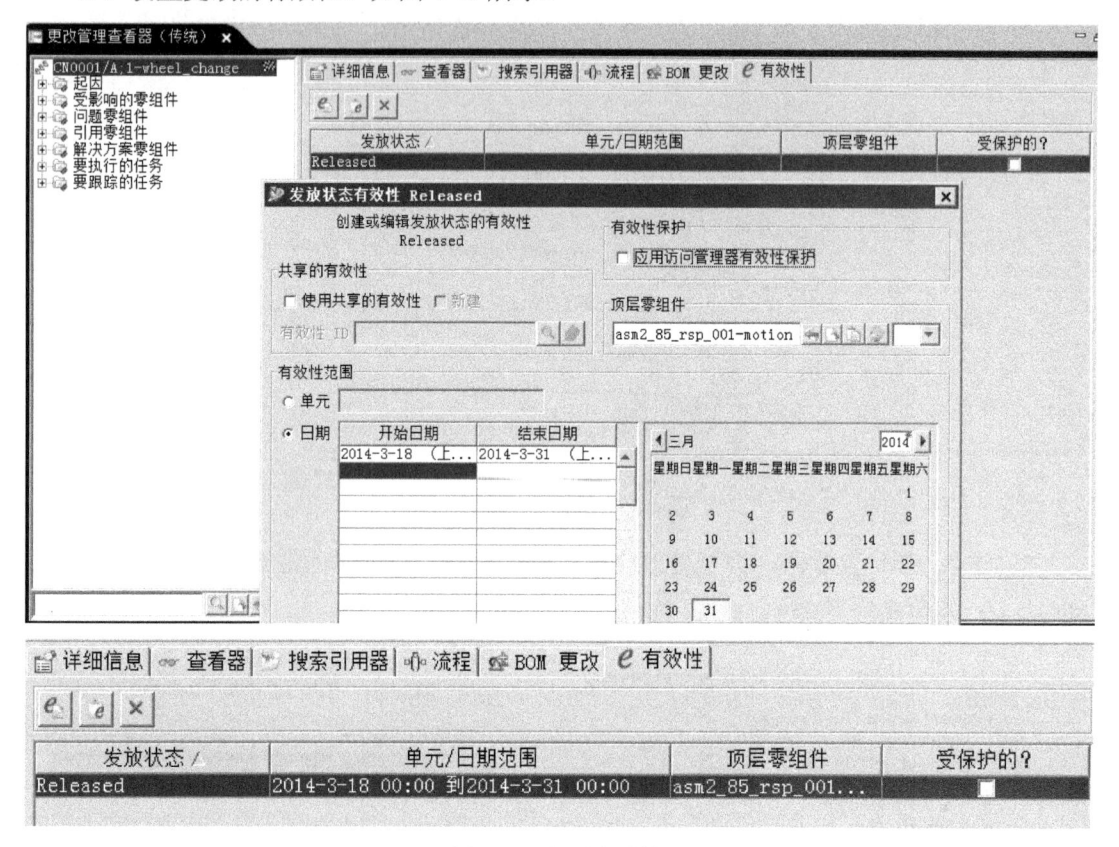

图 4-47　设置有效性

本章习题

一、填空题

1．工作流与过程管理按照管理的范围和功能进行划分，可分为_____、_____、_____三种类型。
2．流程管理分为_____和_____两大类。
3．产品数据的工程更改管理分为_____、_____、_____三个阶段。
4．Teamcenter 中一个工作流程模板有_____、_____、_____、_____、_____五部分组成。
5．PR 是_____的缩写，含义是_____。
6．ECR 是_____的缩写，含义是_____。
7．ECN 是_____的缩写，含义是_____。

二、简答题

1．简述工作流与过程管理的主要工作过程。

2. 简述流程中 Handler 的概念，Teamcenter 中有几种 Handler 类型，简述其功能。

3. 简述 Teamcenter 中流程管理的几个任务模块。

4. 流程中有几种类型的附件，分别简述之。

三、操作题

1. DP_TG1 流程：进入此流程的对象要求是 DP Revision、Drawing_2D Revision，流程完成后对象的状态为 TG1。流程图如图 4-48 所示；流程节点定义如表 4-4 所示；流程 Handler 定义如表 4-5 所示。

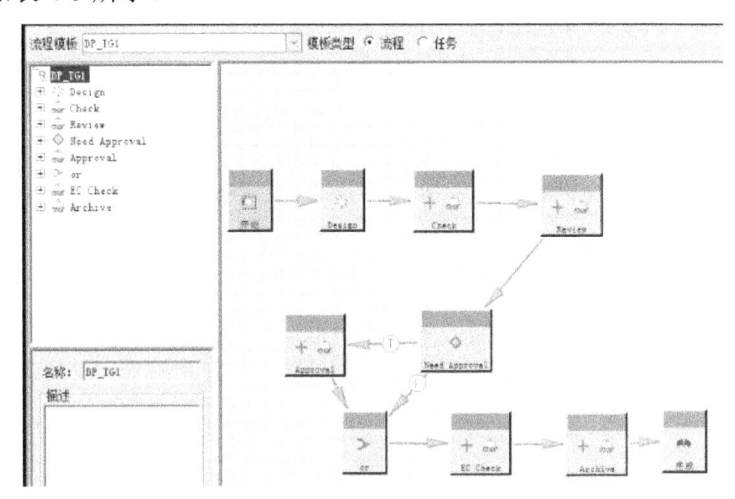

图 4-48　流程图

表 4-4　流程节点定义

序号	节点名称	参与者	参与者权限设置	（修改、删除、增加）Handler 列表
0	DP_TG1	—	—	增加： 指派：EPM-attach-related-objects 开始：EPM-validate-target-objects 　　　EPM-create-status 完成：EPM-set-status
1	Design	工程师	读/写	
2	Check	主管工程师	读	根节点修改： 撤销：demote perform-signoffs 节点增加： 执行：EPM-demote-on-reject
3	Review	主任工程师	读	根节点修改： 撤销：demote perform-signoffs 节点增加： 执行：EPM-demote-on-reject
4	Approval	总监	读	根节点修改： 撤销：demote perform-signoffs 节点增加： 执行：EPM-demote-on-reject

续表

序号	节点名称	参与者	参与者权限设置	（修改、删除、增加）Handler 列表
5	EC Check	更改工程师	读	根节点修改： 撤销：demote perform-signoffs 节点增加： 执行：EPM-demote-on-reject
6	Archive	归档工程师	读	根节点修改： 撤销：demote perform-signoffs 节点增加： 执行：EPM-demote-on-reject

表 4-5 流程 Handler 定义

序号	Handler 名称	描述	参数	参数值
0	EPM-attach-related-objects	—	-relation -att_type	C9_2D_Relation Target
1	EPM-create-status	—	-status	C9_TG0
2	EPM-set-status	—	-action	append
3	EPM-validate-target-objects	—	-include_type	C9_DesignPartRevision,C9_Drawing2D,UGMASTER,BOMView 等
4	demote	—	-level	Design
5	demote-on-reject	—	—	—

请读者给出 DP_TG1 的流程模板定义过程和流程运行效果。

2. 设计评审流程：流程描述了产品设计完成提交试制时的审批过程。详细描述如下。

（1）设计工程师在 NX 集成环境中完成零件数模设计，制作标准化的图纸，发起零件的设计评审流程；

（2）设计工程师在 Teamcenter 中创建辅料等非数模零件，发起零件的设计评审流程；

（3）设计工程师在 NX 集成环境中创建装配件，将设计审批通过的零件添加到装配结构中，NX 中的产品结构同步到 Teamcenter 的 BOM 中，并为装配件制作标准化图纸，发起总成件的设计评审流程；

（4）零件/总成的审批由经理完成；

（5）经理/总监批准产品试制发布；

（6）产品零部件图纸试制发布后由设计工程师打印，并在系统外交给项目经理归档。

请读者给出设计评审流程的流程模板定义过程和流程运行效果。

习题 6：技术文档审批流程

流程描述了技术文档的审批流程，其详细描述如下。

（1）设计工程师在 Teamcenter 系统中编制技术文档，包括设计文档、工艺文档等，设计工程师将编制完成的技术文档提交到技术文档审批流程，并选择相应的流程参与者；

（2）技术文档在提交前先与零部件建立关联关系，否则流程报错；

（3）负责校对的设计工程师对流程中的文档进行校核；

(4) 负责会签的流程参与者对流程中的文档进行会签；
(5) 评审员对文档进行审核；
(6) 标准化工程师对文档进行标准化审查；
(7) 流程中任何一个参与者对文档提出驳回意见，都将驳回退到编制者进行修改。

请读者给出技术文档审批流程的流程模板定义过程和流程运行效果。

第5章 零件分类管理

PDM 系统需要管理大量数据，为了更好地建立、使用与维护这些数据，PDM 系统提供了快捷的分类功能。零件分类管理是指在成组技术和零件族管理的基础上，采用分类管理模式，对零部件、产品等一系列对象进行有效管理的一种方式。它打破了过去仅以隶属关系管理产品及零部件的纵向管理方式，引入以材料、功能、用途、结构等特征因素进行分类的横向管理方式，优化了企业对零部件、产品等信息的管理，能够使用户在分布式环境中高效地查询文档、数据、零件、标准件等对象。

5.1 基础知识

5.1.1 零件族和零件分类方法

1. 零件族

根据对机电产品品种数量的分析，属于中小批量生产的产品在 20 世纪 60 年代占 50%，而在 20 世纪 80 年代已上升到 85%。据统计，我国机械制造企业属于中小批量生产的企业已占总数的 95%左右。

在多品种、小批量制造企业中，机械产品中 3/4 的零件在性能、形状、尺寸、材质等固有特征上存在着相似性。这些具有相似性的零件称为零件族。零件族中的零件一般在设计、工艺、加工上也有一些相似性。根据加工工艺的相似性对零件进行分组，制定适合于一类零件的典型成组工艺。把加工工艺具有相似性的所有零件集中起来成批加工或成组加工，把一个或几个工艺过程相似的零件族，成组生产而建立生产单位的成组生产单元。这样可以把零件的小批量生产转化为按零件族分类的一族或多族零件成组加工的大批量生产，提高生产效率。

2. 产品族

产品族是指那些在某个确定的应用范围内按照一定规律划分其参数等级，用相同的方法实现相同功能的技术对象（整机、部件或零件），这些技术对象应该用尽可能相同的制造方法进行制造。产品族的特点是具有多种参数和性能指标，以满足不同用户的需要，这些参数和性能指标间具有一定的公比级差。

产品族管理是支持目前企业中"小批量、多品种"生产方式的有效工具。PDM 系统中，将具有同类性能特征的产品、相似结构的部件和零件进行统一管理，有效支持面向产品族的设计，提供符合国标标准的基本零件族定义和一套定制属性及继承关系的方法，便捷地派生出系列产品，有效提高企业零部件的重用水平，使设计人员可以根据用户的需求迅速生成产品结构树、物料清单等，从而对用户的需求做出快速反应，降低新产品创新风险和开发管理成本。基于产品族的开发战略是解决目前众多企业在追求满足多样化客户需求时所面临的零件种类激增、制造和管理成本高昂问题的有效途径之一。

3. 零件的分类方法

零件通常指单独加工制件，是制造的单元，也是装配的单元。随着现代生产的进步，特别是 PDM 在企业的实施，恰当的零件分类、命名和编码才能使零件的计算机管理效率和利用率得到提高，便于缩短设计及生产的时间和降低生产成本。

常用的分类技术包括智能化的零件序号、成组技术、搜索/检索技术、零件建库技术等。智能化的零件序号是指系统智能判断零件序号，自动完成零件序号标注和生成明细表，并且将标准件的数据自动填写到明细表中。成组技术（Group Technology，GT）是指组织多品种、小批量生产的一种科学管理方法，它把企业生产的各种产品和零件，按结构、工艺上的相似性原则进行分类编组，并以"组"为对象组织和管理生产。其核心就是识别和利用事物的相似性，按照一定的原则，将具有相似性的事物分为一类，从中找出该类中的典型事物加以研究，总结出该类事物存在的内在规律，或制定出处理它们的一般原则和方法。搜索/检索技术是指计算机索引程序通过扫描零件库中的每一个零件，对每一个零件建立一个索引，指明该零件在零件库中出现的次数和位置，当用户查询时，检索程序就根据事先建立的索引进行查找，并将查找结果反馈给用户。零件建库技术是指对于机械产品的设计过程中要经常使用的大量通用件和标准件，在 CAD 平台的基础上，建立此类常用零部件的信息库，这样可以有效地提高设计效率和质量。

用成组技术对零件分类主要有以下几种分类方法。

（1）视检法

有生产经验的人员通过对零件图样仔细阅读和分析，把具有某些特征属性相似的零件归为一类。用这种方法进行分类的质量决定于人的经验，多少带有主观性和片面性，而且仅适用于零件结构与工艺特征较简单的场合。

（2）生产流程分析法

生产流程分析法是通过对全部加工零件工艺流程进行分析，识别出在工艺上相似的零件集合，从而划分零件族。生产流程分析法的特点是同时产生零件族和机床组，也不要求变动现行的工艺流程，常用于成组生产单元设计和日常的成组生产管理，但这类方法只考虑了零件制造过程和使用设备上的相似性，没有涉及零件特性的相似性，因而适用于对工艺相似的零件进行分类。在零件种数很多、工艺流程较复杂的情况下，应采用数学方法和计算机来进行分析，包括顺序分析法、聚类分析法和分枝-聚类法，分枝-聚类法是一种综合的、新的零件分类方法，它兼备了顺序分析法和聚类分析法的优点。

（3）编码分类法

统一的编码体系是企业信息集成的基础，好比"输血与献血"，要血型一致才能在同一身体里流淌。统一的编码体系就是在不同系统中信息传递的同一血型。编码分类法是将零件的结构特征和工艺信息用一系列的代码（分类码）来表示，按照分类码来区分不同族的零件。用零件分类编码的方法对零件进行分类的系统称为分类编码系统。零件的代码应包括两部分：零件的标识码和分类码。标识码必须是唯一的，可以用零件的图号来作为标识码；分类码描述的是零件的功能、结构、形状、生产工艺等信息，它反映的是一类对象的特点，分类码可以是不唯一的。标识码与分类码二者必须结合起来应用，才能满足零件分类管理的要求。对零件进行分类编码可以简化零件描述，便于用计算机实现分类处理，也便于信息的传输、存储和检索。为便于计算机识别，编码一般采用数字、英文字母或汉语拼音或者是它们的混编形式。

根据分类的目的和要求不同，零件分类编码系统可以分为三种类型，即以零件族设计特征为基础的系统，以零件族制造特征为基础的系统，以零件的设计和制造两方面的特征为基础的系统。其中第一类编码系统用于设计检索及促进设计标准化；第二类系统用于计算机辅助工艺规程编制、零件设计，以及其他与生产有关的内容；第三类系统则兼而有之。

4．零件的事物特性

事物特性是指从对象组中区分事物对象的决定性性质，反映了事物对象在形状、功能、材料及用途等方面的信息。每一个零件都有自己区别于其他零件的特征，即使是事物特性完全相同的两种零件，也会具有不同的特性值。零件的事物特性要靠人们通过观察、测量、试验等科学与专业技术手段来发现。目前，国际已有专业机构为通用产品分类提供规范化的事物特性描述，如德国国家标准局已制定了可供免费网络下载的 90 余种产品及零件的事物特性，涵盖了各种标准件（如紧固件、齿轮、法兰、轴承等）、电子元件、电工、冶金、化工、仪表产品，这些事物特性还在不断丰富和完善中。

零件族的事物特性可以分为几何特性、制造特性、环境特性、材料特性、成本特性、配置特性和功能特性等多种用于区别零件族的特性信息，如图 5-1 所示。

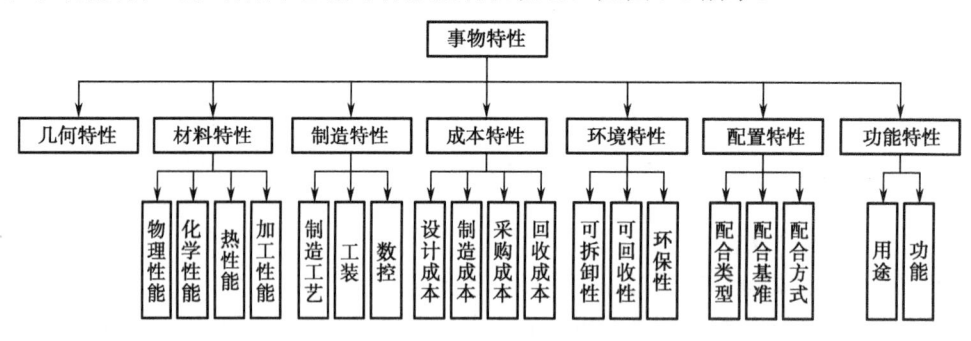

图 5-1 零件族的事物特性

事物特性表是对产品、部件和零件的几何特性、功能特性和制造特性等的信息集合进行研究，通过这些特性，可以对对象进行明确描述，方便对零部件或产品进行精确分类、使用。如表 5-1 所示是以螺栓为例的事物特性表。

表 5-1 带头螺栓（螺母）事物特性表

事物特性表 GB/T 10091，××-××								
带头螺栓（螺母）								
特性代码	BLD	A	B	……	G1	G2	H	……

第 5 章 零件分类管理

续表

事物特性表 GB/T 10091，××-××								
带头螺栓（螺母）								
特性名称	图号	螺纹	公称长	……	头径	腰径	材料	……
单位	—	—	mm	……	mm	mm	—	……

事物特性表定义了从对象组中表征和区分某个对象的决定性特性（事物特性），规定了特性数据的表示格式，使其能够方便地在不同系统之间交换，其他特性则可以通过标准化、规范化过程使其定量化，或通过事物特性得到其导出特性。

在零件族的表示方法中，事物特性表是用于存储同一零件族内不同零件特性值的二维表，表中每一行对应着一个零件实例。因此，在一个零件族中，一张事物特性表就可以表示族内的所有零件，事物特性表所记录的行数就是零件族内的零件数量。利用事物特性表不仅减少了零部件种类，提高了零部件使用频率，而且能够构建可变形模块化产品模型，支持有效的检索和变形设计。

5.1.2 零件分类管理

零件分类管理就是将企业的零件按照相似性（如结构形状相似或制造工艺相似等）的原则划分成若干类，形成零件族，分别加以管理。其核心就是识别和利用事物的相似性，以零件为中心，组织有关产品信息，形成规范化、标准化的管理，提供灵活的零部件检索机制，达到便于检索、便于借用和信息重用的目的。分类管理的目标是能够加快产品形成过程中的各个步骤的速度，提高零部件及产品的稳定性，从而提高产品质量、降低产品成本、加快产品交货周期，增强企业整体竞争力。

1. 零件分类管理的目的

零件分类管理的主要目的是对已有设计信息（包括产品及其相关的文档信息）进行归类管理，为最大限度地重用现有设计成果开发新的产品提供支持。依据成组编码思想，将零件按照标准的或相似的工艺规程、相同的属性、相近的设计思想等原则进行分门别类，形成分类层次结构树。这里的"零件"可以是实际的零件，也可以是不可再分的产品、部件、组件等。

2. 零件分类管理结构树

由于历史的原因，不同的企业各有自己的分类方法。零件分类的方法要考虑到企业的分类习惯和适应分类变化的柔性。图 5-2 所示为一种零件族分类的结构树样例，它将零件按照一定的分类规则，区分为标准件、自制件与外协件等。在标准件、自制件下继续分层，由此构建出零件分类层次结构树模型。通过分类层次结构树可快速查到相应的零件族，由零件族找到族中的零件，并可查看零件的特征参数，如表 5-2 所示。

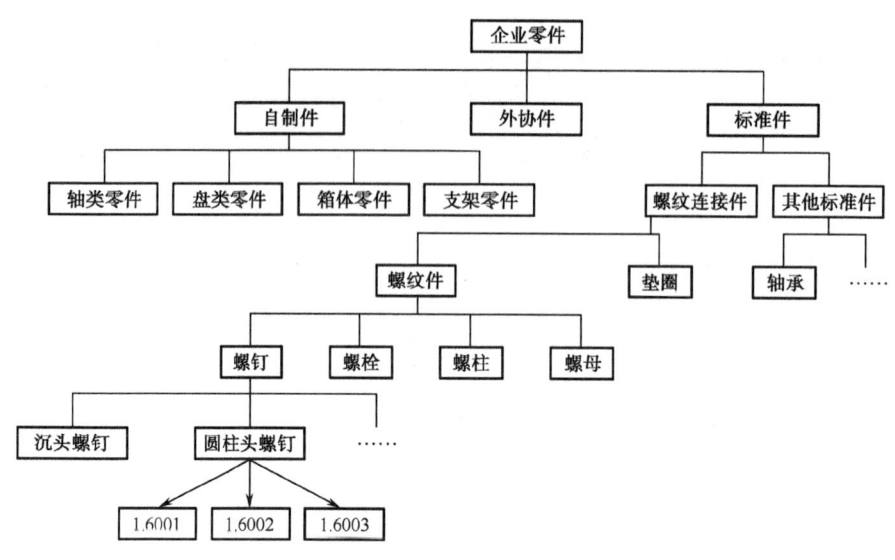

图 5-2 零件族分类结构树

表 5-2 圆柱头螺钉的族特征参数

零件（标识码-分类码）	螺纹直径 /mm	螺纹长度 /mm	杆长 /mm	头径 /mm	头高 /mm	材　料
1.6001_0-03-01-01-001-002	5	38	40	8.5	3.3	A3
1.6002_0-03-01-01-001-002	8	38	60	13	5	A5
1.6003_0-03-01-01-001-002	6	38	50	10	3.9	A3

以汽车配件分类管理为例，其目标是以配件为中心，组织有关配件的信息，便于检索、借用和信息重用，有效解决汽车零配件的层次关系、零配件对象与装配数据以及供应商等关联问题，基于此，ABC汽车股份有限公司要求根据品牌车型制作汽车主要零配件分类表。

采用零件族的思想对汽车配件进行分类，包括视检法、生产流程分析法和分类编码法三种方法。在此基础上，根据零配件（包括部件、组件）的功能、结构和装配等信息进行分门别类，形成分类层级结构树，如表 5-3 所示。

表 5-3 汽车主要零配件分类表

根　目　录	零配件分类子目录	主要零配件
ABC品牌车型	发动机	活塞、活塞杆、气缸垫、气门、燃料泵、电控燃料喷射泵等
	底盘	离合器、变速器、传动轴、万向节、轮毂、转向器、钢板弹簧、液压制动缸、制动软管、滚动轴承、轮胎等
	车身	车架、燃料箱、窗框、车门手柄及锁、座椅、座椅弹簧等
	电器设备	起动机、交流发电机、火花塞、发动机及制动系统控制装置、仪表、传感器、各类继电器、开关等

5.1.3 PDM 系统的分类管理

产品是由零部件按照一定逻辑关系构成的，对产品结构的组成部分——零部件的管理是PDM系统标准功能之一。

1. PDM 系统中零部件的标准化

零部件是产品的基本组成要素，零部件管理首先是对零部件进行标准化、规范化管理。零部件的标准化是 PDM 系统有效管理零部件的前提，也是 PDM 实施成功的基础，对零部件的标准化可以采用以下八项措施。

（1）建立完善的编码体系

利用零件结构形状和尺寸分布的规律性，按产品零件功能的相似性，把机械零件进行分类和编码。将企业中所有的零部件按照统一的规则命名，做到一物一名。

（2）零部件的 ABC 分析

对产品中主要零部件按其功能和结构的相似性进行分类，形成零件族。在每一个零件族中，确定几个主类型，其余的零件通过主类型的参数变更获得。将企业中零部件划分为 A 类件（专用件）、B 类件（企业标准件）和 C 类件（标准件和外购件），了解零件的分布状况，从中确定企业标准化零件，供设计人员在设计时优先选用。

（3）零件参数分析

对已经确定的零件主类型进行分析研究，例如，哪些尺寸可以保持为常数，哪些尺寸必须定义为变量等。

（4）零件分类

采用树状的层次结构来表达分类零件，对零件进行系统的管理，这样既可以增加重复件的使用，也可以加快在计算机系统中查找零部件的速度，从而提高系统工作效率。

（5）建立事物特性表

分析零部件的各项几何特性和功能特性，提取其所有的特征参数，可以组成该对象的事物特性表。

（6）原材料的标准化

通过对原材料的使用分析，尽量减少零部件的原材料使用规格种类数目，如将棒材和板材标准化为少数几种规格。这样可以减少更换原材料、刀具和夹具的准备工作，并能从供货商那里获得批量采购的折扣优惠，以及降低材料库存成本。

（7）工艺标准化技术

工艺标准化包含了加工方法、工艺装备和企业资源的标准化。对相似零部件的工艺过程进行分析，区分其共同的工艺和不同的工艺阶段。共同的工艺阶段采用完全相同的加工方法和工艺装备，可以简化工艺过程，提高加工效率。

（8）规范增加零件的流程

设计人员在新增加零部件时，必须填写"新增零件申请报告"，指明现有零件为什么不能适应需要，新增加零件的必要性和可行性。同时分析新增零件对采购、制造和装配等阶段的影响。由专业部门对报告进行评审，并给出结论后方能增加。

通过一系列的标准化与规范化工作，在统一的分类编码体系下，缩减了零部件种类及数量，规范了零部件的功能、结构、参数、名称等，对企业资源进行了合理的组织和管理，为 PDM 系统中产品族模型的建立及进行配置管理奠定了基础。

2. PDM 系统中零部件的分类管理

将 PDM 系统中的零部件标准化后，可以方便地进行零部件的分类管理。在 PDM 系统中必须将不同的零件分门别类地进行管理，首先，将常用产品的零件进行整理，根据零件的参数模型及使用特点制定详细的分类规则；其次，考虑零件的使用频率，建立系列号，确定每个零件的图号；然后将该零件放到 PDM 系统中进行管理。因此，PDM 系统中零部件的分类管理主要包括以下三个主要功能。

（1）零部件编码管理

在零部件编码体系的基础上，PDM 系统编码功能包括编码规则定义、编码规则维护、编码录入、编码规范化检查及基于编码的检索等。此外，PDM 系统的零部件编码管理还应支持备用编码管理，即一个零部件可能存在两套甚至两套以上编码体系对应的编码。

（2）零部件分类重用管理

PDM 系统的零部件分类重用管理一般由零部件的事物特性属性、事物特性表的定义及管理、零部件的分类管理、零部件的查询管理、零部件的重用管理和相关模块组成。

零部件分类管理为企业的产品和零部件建立一份分类目录，使用户在分类系统中能够用简单的方法找到有关的形状元素、标准件、外购件，以及企业自行开发的零部件。通过层次式的分类方法，建立一个分类结构树，每个层次可以包括任意多个分类元素，即分类节点，分类结构中的每一条路径是指向被检索对象的路标。分类树上的所有分类节点都可以被定义任意多个与零部件形状、功能相关的事物特性。按照这种原理，就可以进行多重分类。分类的结果是一份零部件分类目录，浏览分类节点时并不能找到具体的零部件，这与图书馆的图书分类目录相似。

分类管理是基于事物特性属性的，一般每个分类节点都有其区别于其他分类节点的属性，定义分类节点的事物特性属性，可以在查询重用时作为分类查询的查询条件。在分类节点中定义事物特性属性时，可以为事物特性属性值定义约束条件，限制事物特性属性值的范围。零部件是企业的知识资源，如何快速、准确地检索到企业知识库中符合需要的零部件及其相关资料，是产品设计人员所关心的问题，这就引出了查询管理。查询管理的原理及目的是为重用查询建立灵活的查询体系，使用户能在庞大的对象集中通过特性条件找到需要对象的事物特性子集。建立查询结构可以实现对多种形式查询表单的定义，这些查询表单可以指向不同的对象子集，使重用查询更加灵活。

重用查询管理是根据零部件的事物特性及零部件的分类，借助查询体系的查询表单，开发设计人员根据设计需要查找合适的或相近的零部件资源，以便重用零部件或在此基础上进行变形设计。

（3）零部件查询管理

PDM 系统的零部件分类功能能够大幅度提高产品设计的工作效率。利用零件基本属性、分类结构、事物特性表和工程图纸，PDM 系统应提供以下查询方法。

① 查询分类层次（如查询某个零件族）；
② 查询单个特征或特征组合（例如，根据螺纹直径和螺纹长度查询所有的螺钉）；
③ 从某个具体的零件标识号查询（例如，查找具有确切零件标识号的六角螺钉）；
④ 利用结构浏览器通过图形导航的分类结构进行查询；
⑤ 显示某个 CAD 几何图形。

在设计人员进行零部件查询时，系统应该能提供字符和图形两种查询方式。当对所要查询的零部件有比较具体的设想时，通常可以采取字符查询方法；若只有比较模糊的设想，或者想用图形的方式描述该零部件，采用图形查询的方式比较方便。

值得注意的是，PDM 系统还应支持借用查询和专用查询。借用查询（Where Used）可找出该零部件被哪些产品利用，在哪些结构中利用。专用查询可找出该零部件最先被哪个产品应用。

完善而全面的零部件管理将为产品配置工作打下良好的基础，但作为 PDM 系统产品管理功能的基础，零部件管理不仅是基础数据维护的工作，实际上还涉及企业设计工作、工艺准备工作、标准化工作、管理工作等多方面业务和信息的集成。在 PDM 系统内部，零部件管理也需要通过对象定义、项目管理、工作流管理、工程更改管理、软件集成接口、文档管理等多个模块协同配合才能发挥完整的作用。

5.2 Teamcenter中的分类管理

5.2.1 Teamcenter 分类管理概述

Teamcenter 分类管理功能分为两个模块：分类管理和分类。分类管理是分类的前提，由 Teamcenter 分类库管理员操作，首先需要设计分类的依据，例如，预分类对象的相关主参数用途、尺寸等重要信息，再利用系统分类管理模块建立分类属性字典并建立零件族，建立好零件族后即可将零件数据进行分类；分类模块由公司设计工程师操作，从分类库管理员创建好的分类库中根据属性参数检索设计数据，并将设计数据应用到零部件中。

企业的产品数据（包括标准件、技术数据和制造设备等数据）分类后，能使组件数据更易查找和检索，并允许重用现有零件及合并和删除重复或过期零件，从而可以节约设计时间、降低成本。如图 5-3 所示，企业在 Teamcenter 平台中构建标准件库、材料库，标准件库由国标库、企标库等组成，工程师通过属性检索标准件的属性，查看分类简图和轻量化数据。分类用来创建和维护基于用户工作区对象属性值的层次分类结构，通过分类，用户可以向分类层次结构中添加分类对象（ICO）、对工作区对象进行分类、查找和检索分类对象、修改分类对象的属性值，以及从分类层次结构中删除分类对象。

1. 基本概念

（1）组（Group）：组是相关类的集合，在分类层次结构中处于最高级。标记为标准件的组可以用来组织公司使用的所有标准件，也可以在组中嵌入其他组，例如，如果紧固件是标准件，则可以创建名为紧固件的组，并使紧固件组关联为标准件的子组。组的嵌套级别没有限制。

（2）类（Class）：类代表分类层次结构中的下一级。类用来定义与类关联的所有存储类的复合属性，这些复合属性反过来也定义类。一个类可以有多个别名，不仅可用其主名称进行搜索，还可以用其别名进行搜索。这些名称会在分类层次结构的类工具提示信息中指出。类分为抽象类与存储类。

（3）抽象类（Abstract Class）：用于合并存储类中的通用属性，分类实例对象不能存储于抽象类中。抽象类通常用于存储一组主要特征（属性）的对象，指派给抽象类的属性将由所有子类继承。抽象类可使其他抽象类和存储类作为子项。

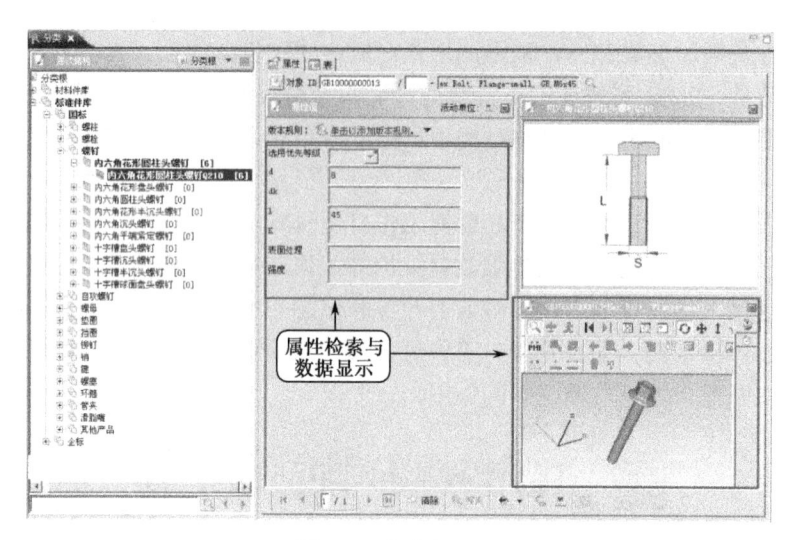

图 5-3 分类主界面

(4) 存储类（Storage Class）：存储类的属性由父类的继承属性和存储类的自定义属性组合而成，存储类可形成对具体零部件等信息的定义，分类实例对象能够存储在存储类中。存储类可在层次结构中保留父项、子项和叶节点位置。

(5) 属性（Attribute）：查询功能的主要依据，属性是固有特征，用来描述和识别一组对象中的某一对象。例如，可用螺母高度和螺纹直径属性来区分一组螺母中的特定螺母。

(6) 属性字典（Dictionary）：定义企业所有需求的属性信息，为具体类的属性的添加提供依据。

(7) 值列表（LOV）：属性格式中的一种，显示为下拉菜单，以简化用户的输入。

(8) 分类层（Hierarchy）：定义企业的分类层次及具体类的属性、访问权限、视图等。

(9) 视图（View）：与存储类或抽象类相关联，用于为特定用户或用户组定制类属性访问权限。可以对不同的用户和组显示不同的属性或隐藏部分属性。视图用于启用或禁用基于用户和组对存储类及其属性的访问权。视图对象由分类库管理员创建和维护。

(10) 分类实例对象（ICO）：ICO 是 Teamcenter 中 Item 对象在分类系统中的表示，它通过分类数据来扩展对象。ICO 指定了在分类层次结构中某个特殊存储类的属性值。

(11) Classification Admin 模块：分类管理模块，通过创建组、类和建立零件族模型（分类结构树），供管理员使用。

(12) Classification 模块：分类模块，对由 Classification Admin 模块建立的分类结构树进行实例化，并进行相关操作。

5.2.2 Teamcenter 分类管理功能

Teamcenter 的分类管理为企业使用的各种国标、行标、企标件、电子元器件、材料件，以及企业设备资源（工装、检具等）提供分类管理功能，通过分类管理，可以将企业的标准件、原材料的工程参数进行统一管理，方便设计过程的重用和借用。分类管理可以实现的功能如下。

(1) 分类结构树管理

用户可以根据标准件、材料件、零部件数据及管理需求建立数据分类规范，在分类模块

第 5 章 零件分类管理

中建立分类结构树来管理 Teamcenter 系统中的标准件、材料件、零部件、通用件、电子元器件等基础数据。

（2）分类属性管理

在建立数据分类规范及实现分类结构树时，可以针对每一组零部件特点进行分类，规划不同的属性参数，以更好地描述零部件特征，为数据查看及检索提供帮助。在将标准件、材料件、零部件等数据发送到分类库时，可以根据已有规划维护每一个零部件的属性。

（3）分类数据检索

工程师既可以通过属性查询窗口、表窗口来检索零件数据，也可以通过属性参数、件号等模糊检索的方式查找符合条件的零件。查询功能的主要依据是属性，属性是标准件、材料件等数据的固有特征，可通过查询属性值来到达分类数据检索的目的。

（4）分类数据查看

结合可视化软件，在零件分类页面，工程师可方便地看到零部件的预览图、分类属性。对于正在查看的已分类数据，工程师还可以根据需要将数据发送到其他模块，以查看数据信息，如将数据发送到"我的 Teamcenter"，就可以查看当前数据的所有版本及属性；将数据发送到"结构管理器"，就可以查看当前数据最新版本的结构信息，如图 5-4 所示。

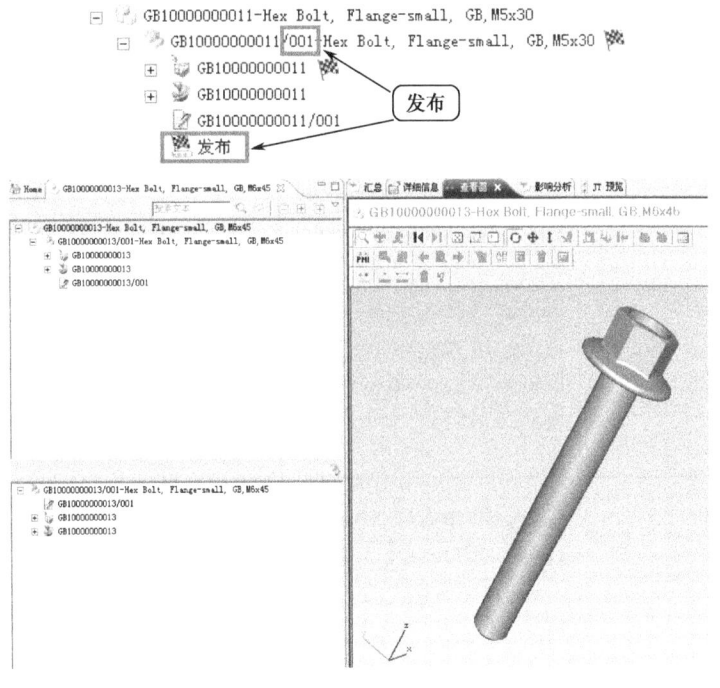

图 5-4 查看分类数据

5.2.3 Teamcenter 分类管理配置

越来越多的产品设计人员在利用 NX 的过程中，认识到模具结构使用的标准件很多都是相同的，如何减少重复设计、提高效率、有效利用之前积累的经验和成果成为一个重要的问题，由此诞生了 NX 的标准件库。然而，在 Teamcenter 和 NX 的集成环境下，NX Manager 读取的是 Teamcenter 数据库中的信息，无法使用本地的标准件库，于是就需要借助分类管理模块来为 NX

Manager 建立标准件分类库;同时利用标准件参数化生成技术,可以缩短设计周期,降低成本。

1. 分类层次树的创建和分类中零件的添加

分类管理使用分类层次树对企业的产品数据进行分类。Teamcenter 分类库管理员使用分类管理来定义组、类、视图等,从而形成分类层次树。当关联一个类时,同时要定义特征属性和特征属性的格式,以确定存储信息的类型。分类库管理员在分类管理模块中创建分类库结构、设置属性参数等分类信息。

实例 5-1 标准件分类库的创建

根据客户要求设计一个标准件库,客户要求如表 5-4 所示。
(1)简述设计思路。
(2)查看分类库导出格式文件。
(3)详述其实现步骤。

表 5-4 标准件分类库结构表

组	抽象类	存储类	类属性	部件族属性
Bearing	Angular Ball	Bearing,GB-T292_AC_DB-1994 Bearing,GB-T292_AC-1994 ……	宽度	Bearing-width
			内径	Inside-diameter
			外径	Outside-diameter
			倒角	Chamfer
	Ball	Bearing,GB-T276_60000_2RS-1994 Bearing,GB-T276_60000_2RZ-1994 Bearing,GB-T276_60000_2Z-1994 ……	宽度	Bearing-width
			内径	Inside-diameter
			外径	Outside-diameter
			倒角	Chamfer
	Cylindrical	Bearing,GB-T283_N-1994 Bearing,GB-T283_NF-1994 Bearing,GB-T283_NH-1994 Bearing,GB-T283_NJ-1994 ……	弯曲半径	Blend-radius
			内径	Inside-diameter
			外径	Outside-diameter
			宽度	Bearing-width
	Needle	Bearing,GB-T290_BK_1-1998 Bearing,GB-T290_BK_2-1998 Bearing,GB-T290_HK_2RS-1998 ……	弯曲半径	Blend-radius
			直径	Body-diameter
			宽度	Body-width
			内径	Inside-diameter
			外径	Outside-diameter
	……	……	……	……
Bolt	Cup Head	Bolt,GB12-88	螺距	Thread-pitch
			直径	Diameter
			头部高度	Head-height
			长度	Length
	Eye Bolt	Bolt,GB798-85 Bolt,GB799-85 Bolt,GB825_A-88 Bolt,GB825_B-88	螺纹长度	Thread-length
			直径	Diameter
			螺距	Thread-pitch

续表

组	抽 象 类	存 储 类	类 属 性	部件族属性
Bolt	Hex Head	Bolt,GB27-88 Bolt,GB28-88 Bolt,GB29.1-88 Bolt,GB29.2-88 ……	头部高度 弯曲半径 螺距 长度 直径	Head-height Blend-radius Thread-pitch Bolt-length Diameter
Bolt	Misc	Bolt,GB37-88 Bolt,GB-T16939-1997	直径 螺距 头部高度 长度	Diameter Thread-pitch Head-height Length
Bolt	Square Head	Bolt,GB8-88 Bolt,GB35-88	螺纹长度 弯曲半径 螺距 直径	Thread-length Blend-radius Thread-pitch Diameter
Nut	Acorn	Nut,GB802-1988 Nut,GB923_A-88 Nut,GB923_B-88	直径 螺距 厚度 高度	Diameter Thread-pitch Thickness Height
Nut	Hex	Nut,GB56-1988 Nut,GB804-1988 Nut,GB9459 Nut,GB-T41-2000 …….	直径 螺距 厚度 螺纹角	Diameter Thread-pitch Thickness Thread-angle
Nut	Knurled	Nut,GB806-1988 Nut,GB807-1988	厚度 螺距 直径	Thickness Thread-pitch Diameter
Nut	Misc	Nut,GB63-1988 Nut,GB805-1988 Nut,GB810-1988 Nut,GB812-88	厚度 螺距 直径	Thickness Thread-pitch Diameter
Nut	Square	Nut,GB39-1988		
Pin	Clevis	Pin,GB882_A-86 Pin,GB882_B-86	直径 长度 倒角 头部直径	Diameter Length Chamfer-size Head-diameter
Pin	Grooved	Pin,GB-T13829.1-2004 Pin,GB-T13829.2-2004 Pin,GB-T13829.3-2004 Pin,GB-T13829.4-2004	直径 长度 体延伸直径	Diameter Length Body-extend-diameter
Pin	Parallel	Pin,GB878-86 Pin,GB-T119.1-2000 Pin,GB-T120.1-2000	高度 螺纹长度 螺距	Body-height Thread-length Thread-pitch

续表

组	抽象类	存储类	类属性	部件族属性
Pin	Parallel	Pin,GB-T120.2_A-2000	倒角	Chamfer-size
		Pin,GB-T120.2_B-2000	直径	Diameter
	Split	Pin,GB880-86	直径	Diameter
		Pin,GB-T91_C-2000	头部直径	
		Pin,GB-T91-2000	长度	Head-diameter
	……	……	……	Length
Profile	Bar	Profile,GB-T702_R-2004	直径	Diameter
		Profile,GB-T702_SQ-2004		
		Profile,GB-T705_E-1989	长度	Length
		Profile,GB-T705_S-1989		
	Channel-Section	Profile,GB707-1988	高度	Body-height
		Profile,GB6723_C-1986	厚度	Thickness
		Profile,GB6723_L-1986		
		……		
	I-Beam	Profile,GB-T706-1988	高度	Body-height
			宽度	Body-width
	Pipe-Tube	Pipe,GB-T13793-1992	厚度	Body-Thickness
		Profile,GB-T3094_A-2000	外径	Outside-diameter
		Profile,GB-T3094_C-2000		
		……		
Screw	Capstan	Screw,GB832_A-88	直径	Diameter
		Screw,GB832_B-88	长度	Length
		Screw,GB832_C-88	螺纹长度	Thread-length
			螺距	Thread-pitch
	Cheese Head	Screw,GB65_A-2000	直径	Diameter
		Screw,GB65_B-2000	长度	Length
		Screw,GB830-88	螺距	Thread-pitch
		Screw,GB833-88	螺纹长度	Thread-length
		……		
	Countersunk	Screw,GB100-86	直径	Diameter
		Screw,GB101-86	长度	Length
		Screw,GB846_CH-85	螺距	Thread-pitch
		Screw,GB846_CZ-85	头部直径	Head-diameter
		Screw,GB846_FH-85		
	Hex Head	Screw,GB838-88	直径	Diameter
			长度	Length
			螺距	Thread-pitch
			螺纹长度	Thread-length
			头部高度	Head-height
	……	……		

续表

组	抽象类	存储类	类属性	部件族属性
Washer	Lock	Washer,GB93-87	外径	Outside-diameter
		Washer,GB859-87	内径	Inside-diameter
		Washer,GB861.1-87	厚度	Thickness
		Washer,GB861.2-87	牙数	Teeth-number
		Washer,GB862.1-87		
		Washer,GB862.2-87		
		Washer,GB7244-87		
	Misc	Washer,GB849-88	孔径	Hole-diameter
		Washer,GB850-88	宽度	Body-width
		Washer,GB852-88	狭窄高度	Narrow-height
		Washer,GB853-88	宽高	Wide-height
		Washer,GB854-88		
		Washer,GB855-88		
	Plain	Washer,GB-T95-2002	厚度	Body-thickness
		Washer,GB-T96_1-2002	内径	Inside-diameter
		Washer,GB-T96_2-2002	外径	Outside-diameter
		Washer,GB-T97_1-2002		
		Washer,GB-T97_2-2002		
		Washer,GB-T848-2002		
		Washer,GB-T5287-2002		

1）制作标准件分类库

（1）创建分类层次结构

① 建立组。

在分类管理中，组的作用相当于 Windows 中的文件夹，它是所有相似零部件的集合。根据企业基础数据进行归类，将标准件、材料件、电子元器件、工装等零件类型以组的形式创建。本例中要求首先创建标准件库组。

Teamcenter 分类库管理员在分类管理应用程序中，选择"Classification Root"，再选择界面右下方的"添加组"，创建新组。或右击"Classification Root"，在快捷菜单中选择"添加组"，创建新组，如图 5-5 所示。输入组名"标准件库"，弹出"添加新组"窗口，手工输入或指派组的 ID；输入组的信息，如名称、访问权限等，同时可为该组添加、移除图片和图标，单击"保存"按钮，查看创建的新组；用同样的方法分别创建 Bearing、Bolt、Nut、Pin、Profile、Screw、Washer 等子组，创建后的效果如图 5-6 所示。

② 建立抽象类与存储类。

将企业实际用到的零件进行分类，把具有共同属性的一类对象在 Teamcenter 系统中创建为抽象类或存储类。其方法如下：选中相应的组，右击，在菜单中选择"添加类"，或者在界面右下方单击"添加类"，如图 5-7 所示；接着手工输入或指派类的 ID；然后填写类的相关信息。

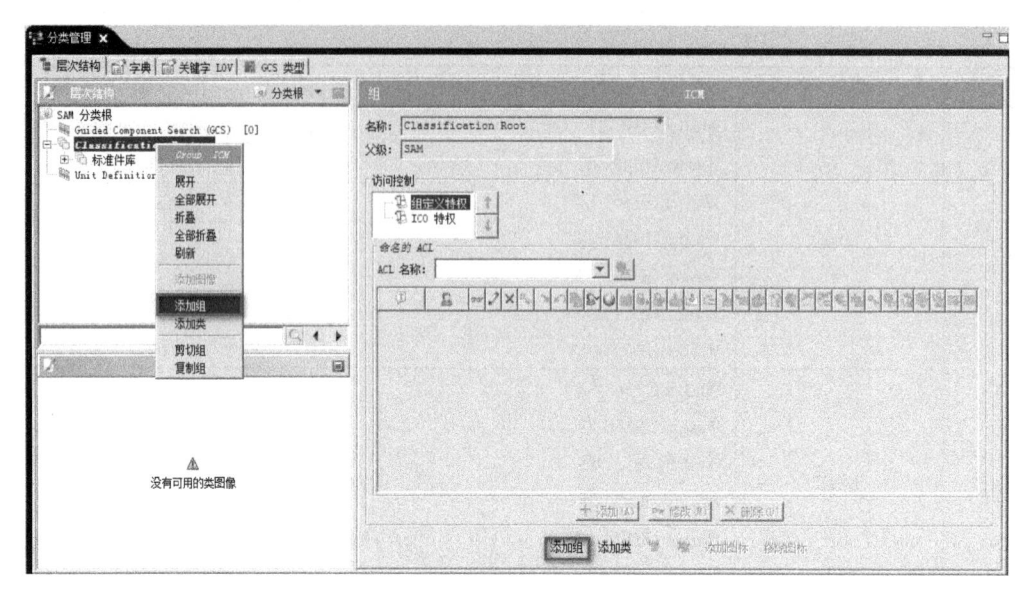

图 5-5 添加组

图 5-6 组创建成功的效果图

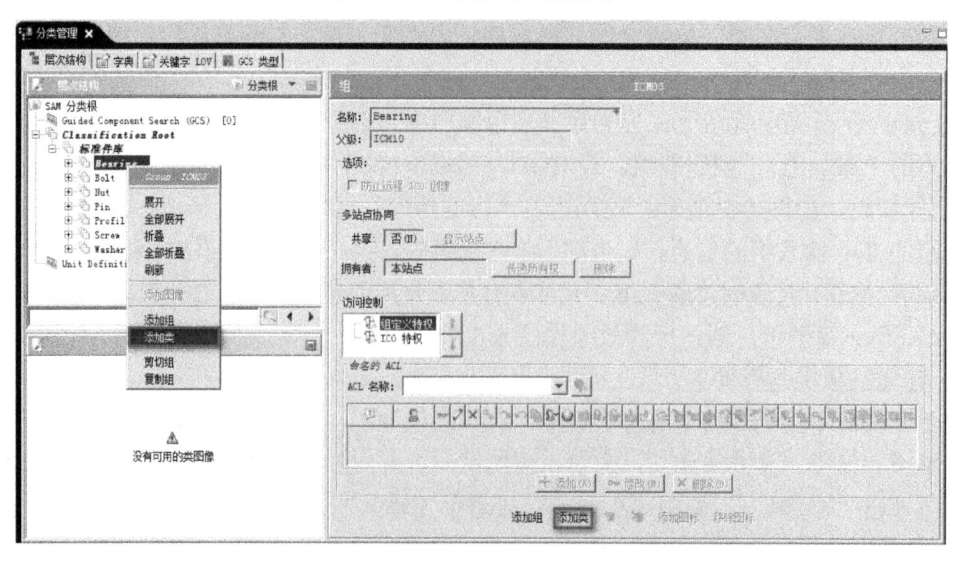

图 5-7 添加类

第 5 章 零件分类管理

其中一些关键选项解释如下。

度量系统：该类是采用公制单位还是非公制单位，或两者都采用。

选项：如果选中"抽象"复选框，则该类为抽象类，不可添加分类实例，如图 5-8 所示；如果选中"允许多个实例"复选框，该类为存储类，允许对同一类添加同一对象的多个实例，如图 5-9 所示。

本例类创建后的效果图如图 5-10 所示。

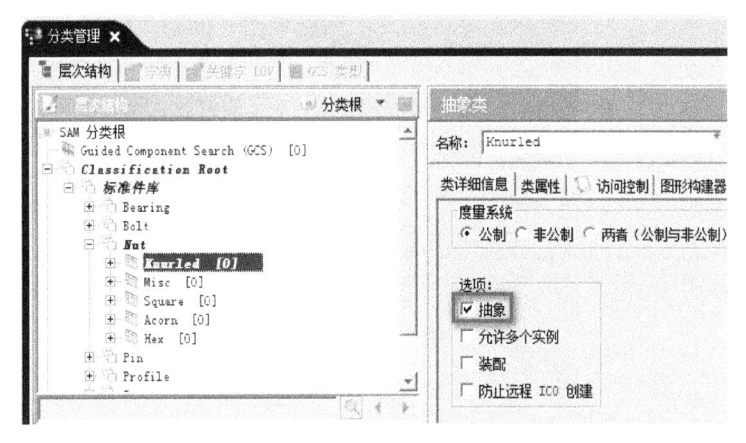

图 5-8 抽象类示例

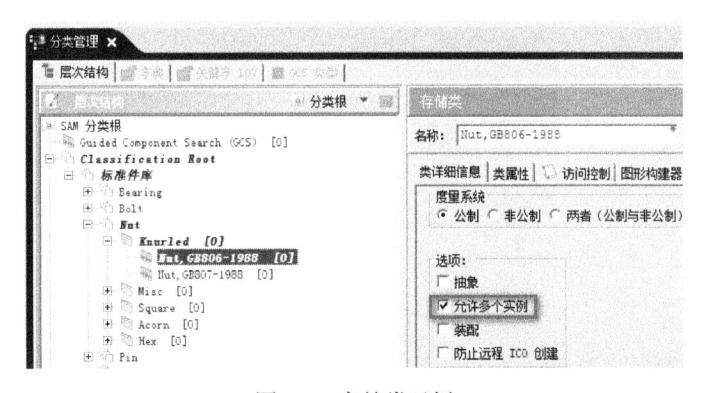

图 5-9 存储类示例

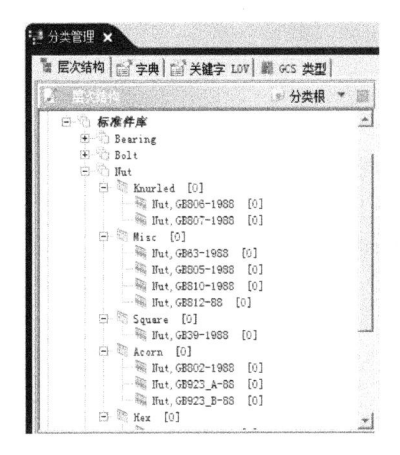

图 5-10 类创建后的效果图

(2) 创建属性字典

属性是固有特征，用来描述和标示一组对象中的某一对象。例如，可用螺母高度和螺纹直径属性来区分一组螺母中的特定螺母。读者在类中所看到的属性是分类库管理员在属性字典中预定义的。这些属性定义不管出现在哪个类或视图中都是一样的。因此，每次使用时螺纹直径属性都有相同的格式、名称、描述及合法值，从而保证整个层次结构中的一致性。

属性字典的创建是在分类管理的"字典"选项卡中设置的。其方法如下：在分类管理应用程序中，单击字典，进入"属性定义"窗口，然后单击"创建"按钮。弹出"新建属性"对话框，指派或手动输入属性的 ID，建议采用指派。其值为大于 1000 的数字，小于 1000 的数字是 Teamcenter 为 NX 集成预留的属性空间。然后输入属性定义的相应信息，如属性名称、简称、默认注释等信息，"*"所标注的项为必填项，如图 5-11 所示，其中对于属性格式的定义有五种方式，即关键字 LOV、整型、实型、字符串型和日期型。

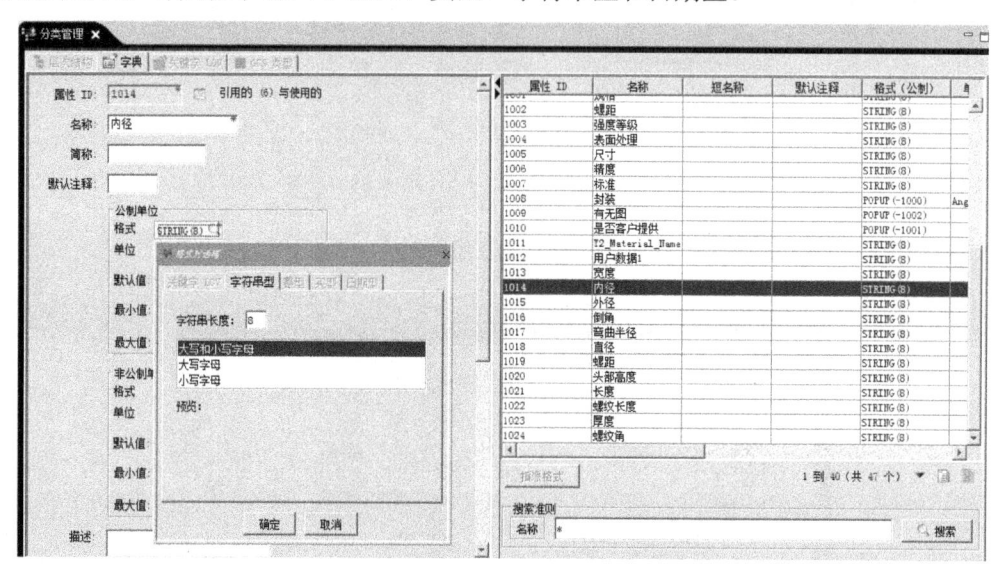

图 5-11 创建属性字典

如果该属性需要关联关键字 LOV，则单击关键字 LOV 选项，输入值列表的 ID，然后单击"确定"按钮。即可定义一个下拉菜单式属性，如果忘记确切的值列表 ID，可单击"KEYLOV 面板"按钮切换到关键字 LOV 面板查看。其他四种格式的定义较简单，可以直接输入位数。

(3) 定义值列表

为了方便零组件的查询，系统采用了属性定义的方式来实现。如图 5-12 所示。所有属性的定义都是由系统管理员添加并定义的。其中，对于属性值固定的属性，是以下拉菜单的形式组织的，称为值列表。值列表的创建是在分类管理中的"关键字 LOV"选项卡中实现的，如图 5-12 所示，输入值列表的名称"是否客户提供"，以及各项条目（1:是；2:否），同时可以使用右侧的按钮，添加、删除、插入条目等，单击"保存"按钮，以生成新的值列表，且显示于界面左侧。

第 5 章　零件分类管理

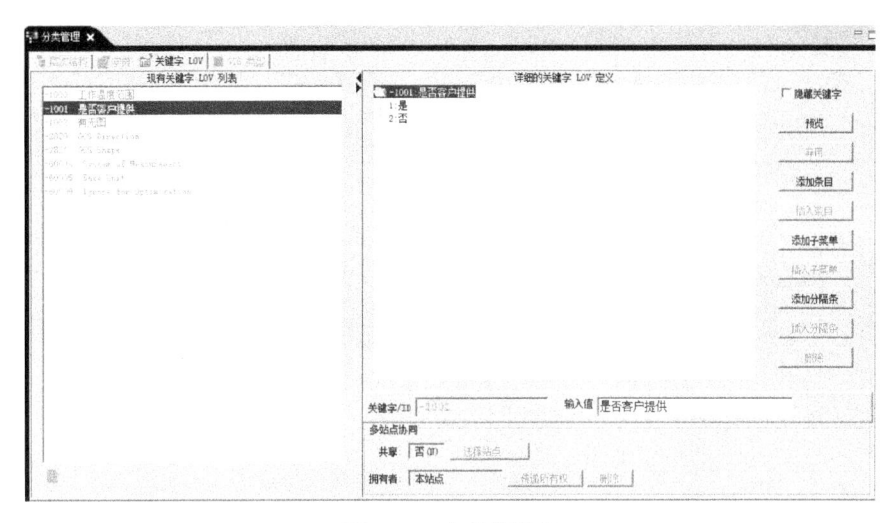

图 5-12　定义值列表

（4）属性的查询与添加

在属性字典界面中，右侧为属性查询工作区。查询方式有多种，如属性 ID、名称等，如图 5-13 所示。选择一种查询方式，输入查询内容，单击"搜索"按钮，查询符合条件的属性，同时查询支持通配符"*"的使用。

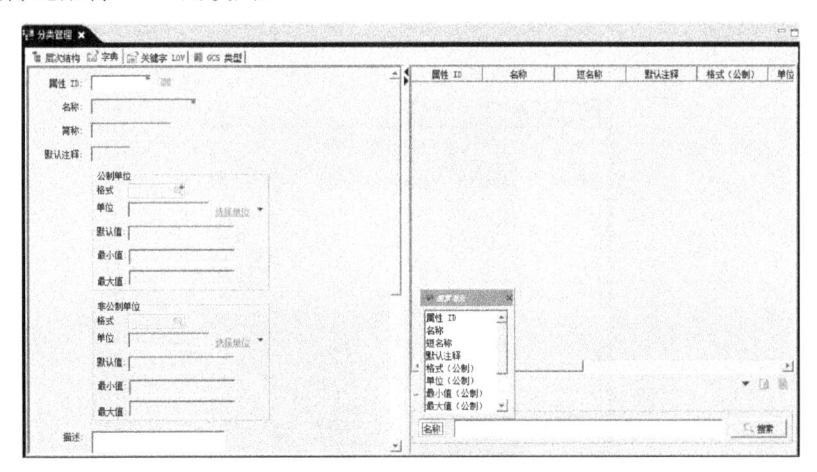

图 5-13　属性的查询

由于每一个抽象类中的所有存储类部件族都是同一系列，所涉及属性都相似，所以相同的属性只需要对抽象类进行类属性的添加，其所属的所有存储类会自动继承父类属性，显示在继承属性面板中。对于不同的属性，则分别在各自的存储类上进行属性的添加。属性添加的方法是首先选中要添加属性的类，单击工具栏中的"编辑当前实例"，单击下侧的"添加属性"按钮，弹出"添加属性"对话框，从中搜索符合要求的属性：可按不同的准则搜索，如ID、名称、简称等。支持模糊查询，从搜索结果中选择符合要求的属性，可一次多选，单击"确定"按钮，属性将被添加到类属性面板中，如图 5-14 所示。

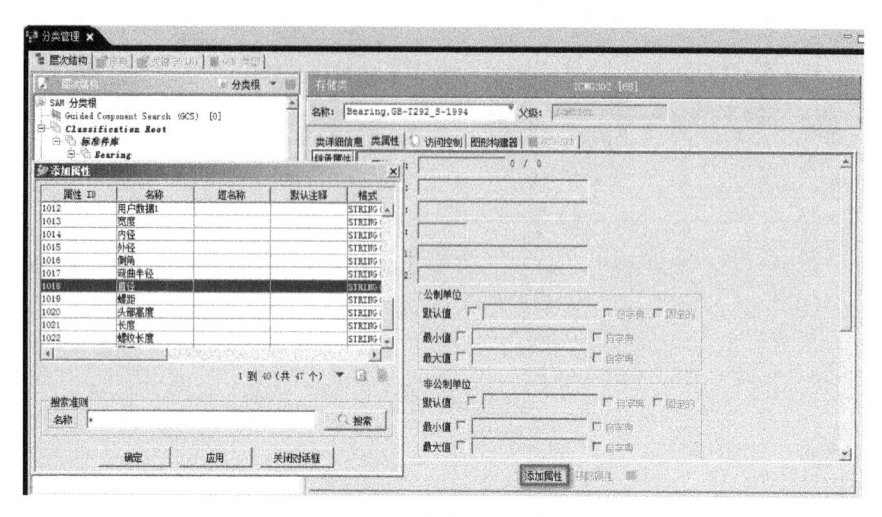

图 5-14　为类添加属性

（5）建立视图

分类管理中提供了视图的显示与抑制，用于实现基于用户或组对类属性的访问权。通过视图，可对不同的用户或组设置某一个类的属性的显示方式。例如，对于某一类产品的属性，希望对设计部显示所有属性的信息，对其他用户则仅显示配置信息。其设置方法如下。

在需要设置视图的存储类上单击右键，选择"添加视图"或界面下方的"添加视图"，如图 5-15 所示。

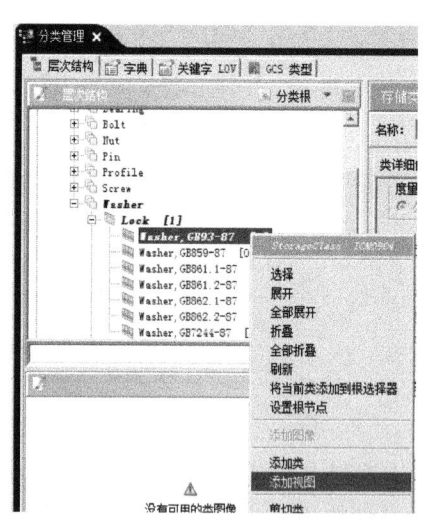

图 5-15　添加视图

选择视图类型，常用的有六种视图，如图 5-16 所示，分别为默认视图（Default View）、用户视图（User View）、组视图（Group View）、角色视图（Role View）、项目视图（Project View）、映射视图（Mapping View）。一般情况下会选择创建组视图，来限制组内人员所能看到的属性，输入视图 ID（注意，视图 ID 要与组名相一致）及视图中显示的属性，如图 5-17 所示。在图 5-17 中，从左边类属性列表中选择允许 ABC 组人员看到的属性字段，添加到右边的视图属性列表中，可选择下方的布局标记更改属性排布。

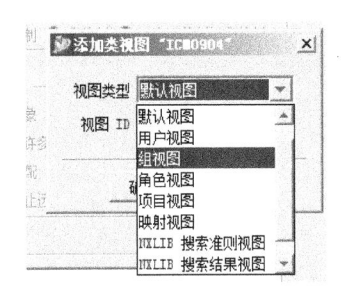

图 5-16 视图类型选择

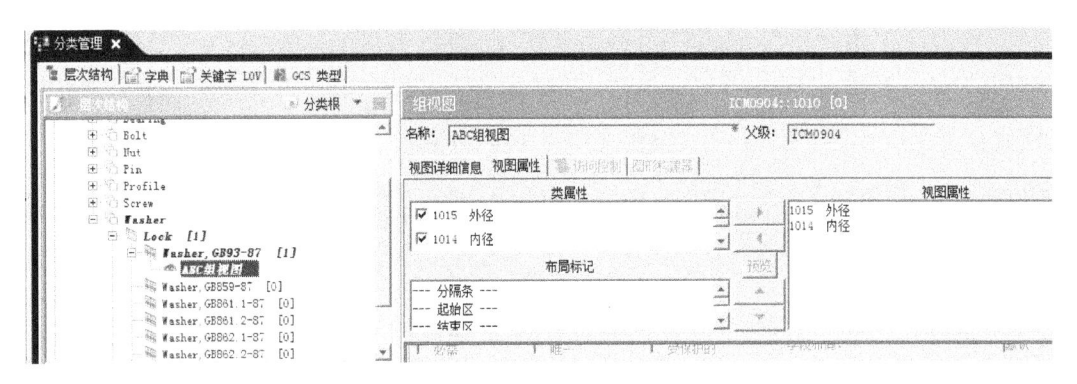

图 5-17 显示视图设置

视图属性设置好后,在分类中,不同组的人员查看对应不同部门的产品属性的显示结果。系统普通用户只能查看到默认视图,如图 5-18 所示。

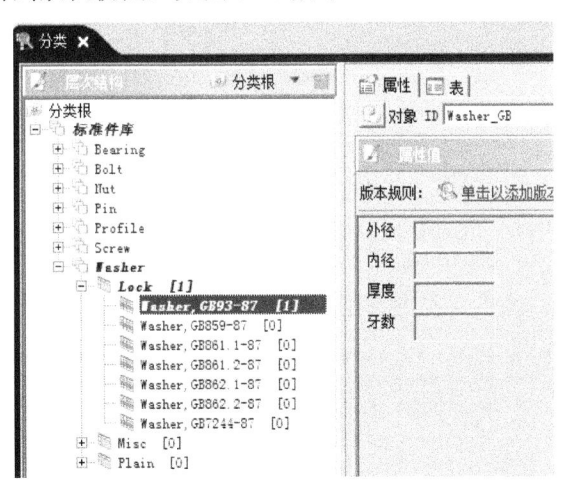

图 5-18 默认视图

ABC 组人员进入分类应用程序后看到的视图,如图 5-19 所示,只能看到"内径""外径"这两个属性。

(6)绘制一个类别简图

为了形象地描述每一个类的零部件的特征,针对每一个类别,绘制一个类别简图,可以分类管理这些简图,方便以后进行查询。在"分类管理"中对每一个具体的类可以把相关的类别简图添加进去,如图 5-20 所示。在"分类"中则可以看到相应的类别简图,如图 5-21 所示。

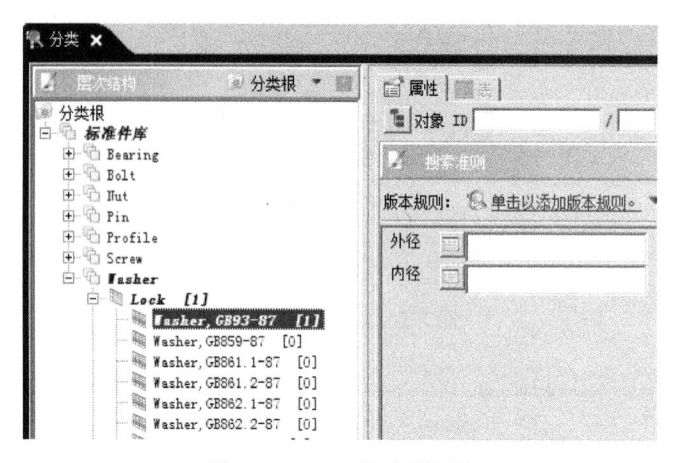

图 5-19　ABC 组成员视图

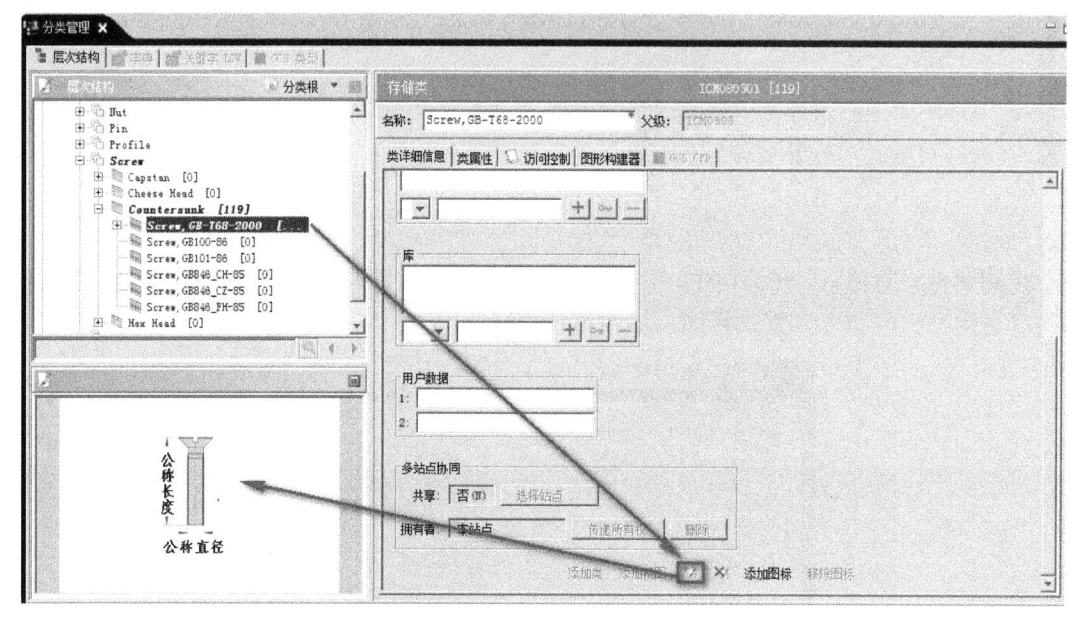

图 5-20　分类简图的添加

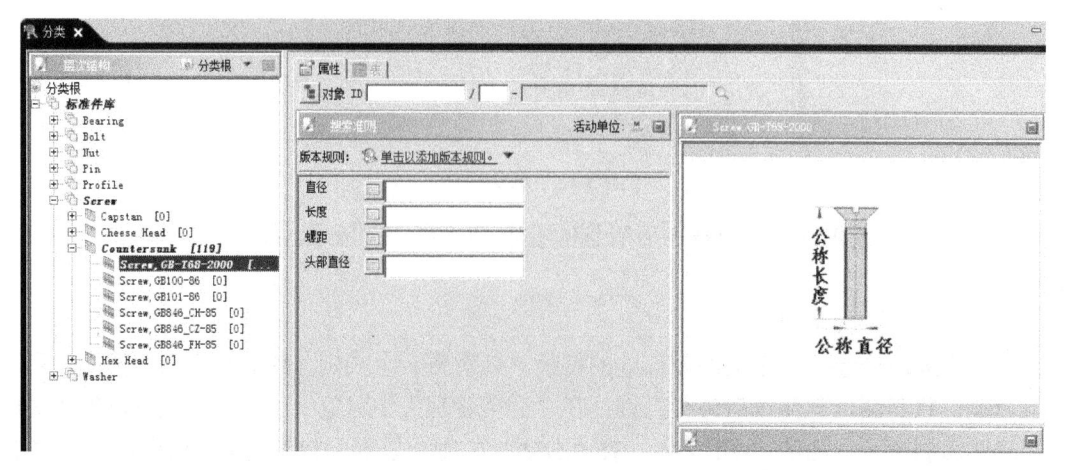

图 5-21　分类简图的查看

第 5 章 零件分类管理

2）分类中零件的添加

（1）添加对象至标准件分类库

在"我的 Teamcenter"中，选择一个 Item，右击，选择"发送到"→"分类"，如图 5-22 所示。

系统界面切换到"分类"下，弹出"分类对象"对话框，单击"是"按钮，如图 5-23 所示。

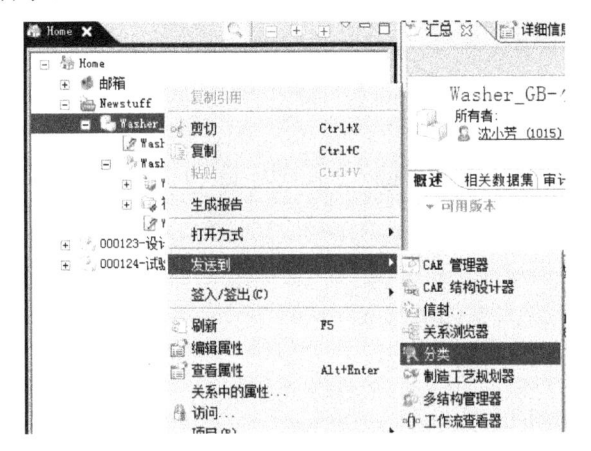

图 5-22　Item 发送至分类　　　　　　　图 5-23　分类对象

在"分类"界面下，右击"分类根"，展开分类树，右击所对应的存储类，选择"选择"选项，如图 5-24 所示。

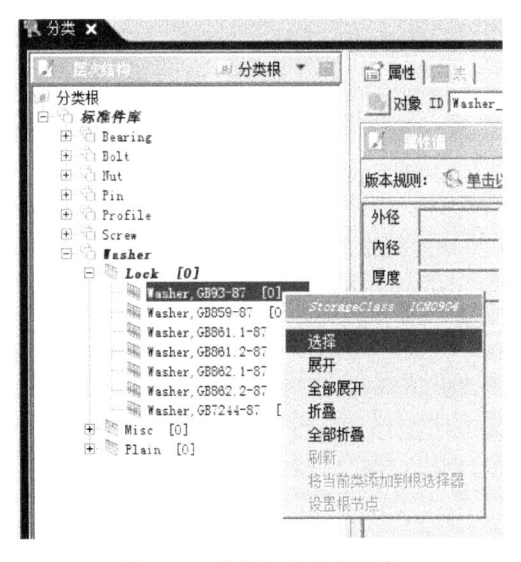

图 5-24　选择相应的存储类

单击工具栏中的"保存当前实例"按钮，则出现如图 5-25 所示的结果，从中读者可以看到，此存储类实例的数量从"0"变为"1"。

3）导入和导出分类数据

使用命令行将分类导出，检查导出文件及其格式。导出语句格式如下：

smlutility –export user password dba file_directory

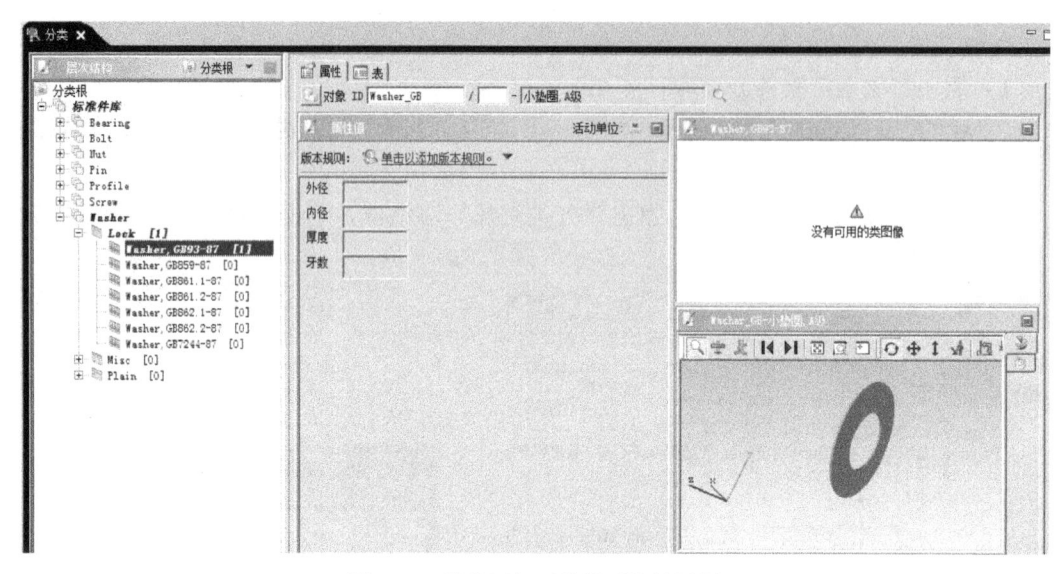

图 5-25 零件添加至分类后的效果图

在本例中打开 tcdos，输入如下语句。

smlutility –export infodba infodba dba F:\fenlei.xml

如图 5-26 所示，即可在本地磁盘 F 盘查看导出分类文件及格式。

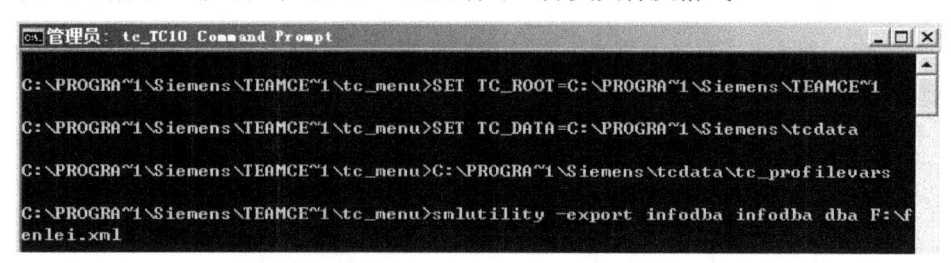

图 5-26 tcdos 中导出分类文件

2．分类管理中的标准件参数化生成

在 Teamcenter 中使用标准件参数化生成技术可以省去工程师重复设计同一型号不同规格标准件的工作，使用户在使用 Teamcenter 和 NX 集成时依然可以使用标准件库，借助 PartFamily（部件族）进行建模来提高设计效率，同时生成的标准件准确可靠。通过标准件参数化生成技术，不仅极大提高了工程师的设计效率，而且可以增加创建的标准件的准确性，避免因多次创建产生的一些人为误差，优化 NX 软件的用户体验，进一步方便工程师建模设计。

实例 5-2　分类管理与 PartFamily/标准件的参数化生成

在本例中，介绍另外一种分类中零件添加的方法，其中，类属性和部件族属性和实例 5-1 中表 5-3 一致，为了节省篇幅，这里不再赘述。

（1）配置图形构建器

分别在文本编辑器中打开 TC_ROOT\bin\nx_graph\strart_nx_graphicsbuilder.bat 和 start_nx_graphicsbuilder.bat.template 这两个文件，进行以下修改：（1）设置当前 UGII_BASE_DIR

第 5 章 零件分类管理

环境变量，本例中为 UGII_BASE_DIR=D:\UGS\NX9.0；（2）设置当前的 UGII_LIB_PATH，本例中为 UGII_LIB_PATH=D:\UGS\NX9.0\UGMANAGER。

（2）部件族模板导入

本例中的标准件库是基于部件族模板及用户所需参数来创建的，所以在所有存储类中都需要添加一个对应的部件族模板，将部件族关键属性对应每个类中的属性。部件族模板可以在 NX 的安装目录中找到，也可以自己在 NX Manager 中创建并保存到 Teamcenter。在本例我们使用前者。

具体的导入操作过程如下：首先在分类管理"层次结构"面板中，选择需要导入模板的存储类，单击工具栏中的"编辑当前实例"按钮，在"图形构建器"界面，有三种方式为该类配置模板："粘贴剪贴板最顶层的零组件或零组件版本"；"选择一个零组件或零组件版本"；"从操作系统导入零件族模板"。本例采用第三种，如图 5-27 所示。

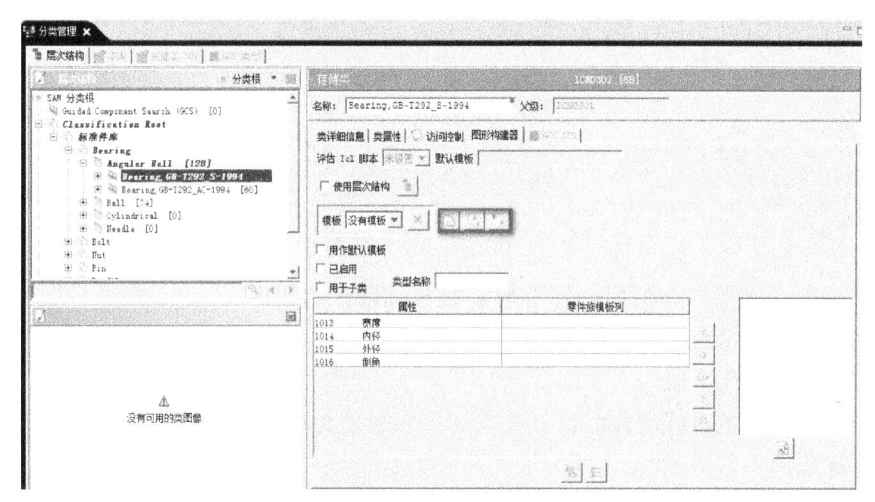

图 5-27 为存储类配置模板

接着单击"从操作系统中选择一个零件族模板"，弹出"导入文件"对话框，导航至零件族模板目录，选中与存储类相对应的零件族模板，单击"导入"按钮，如图 5-28 所示。

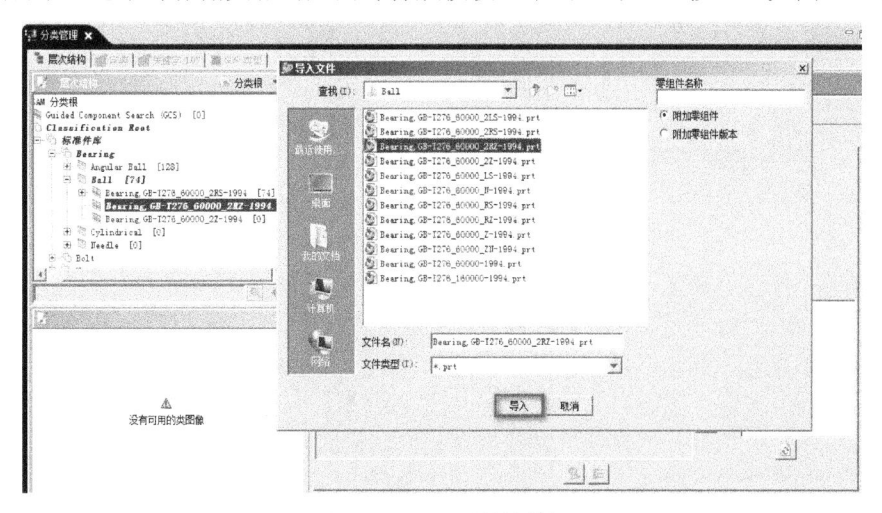

图 5-28 导入零件族模板

导入完成后，单击"从零件族模板刷新列表"，会在面板中显示零件族属性；对应左侧类属性，从中选择相应的属性，将其添加到"零件族模板列"中，如图 5-29 所示，完成后单击"保存"按钮。

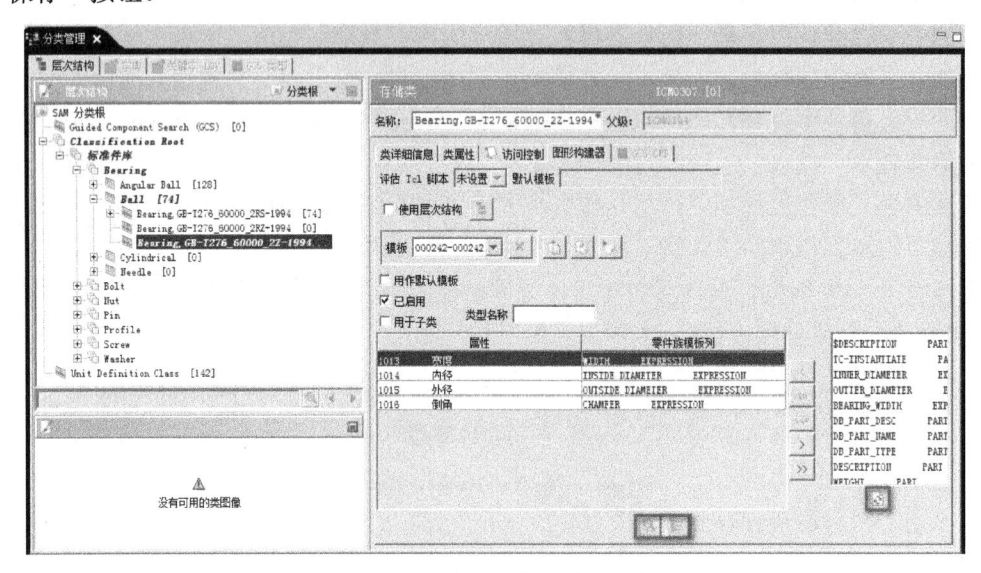

图 5-29 添加相应的零件族属性

保存完成后，单击"为当前选定模板的成员创建分类实例"，该过程是将部件族所有成员实例都创建在该存储类中，模板导入完成。

（3）标准件参数化生成

在分类中参数化生成标准件时，该类与一个部件族相关联，通过用户输入的参数生成相应的参数化标准件。

其实现过程如下：首先打开 Teamcenter 分类应用程序，双击一个存储类；在右侧面板出现"搜索准则"，在出现的属性列表中可以单击"值列表"按钮来选择参数，也可以自主输入参数；单击"搜索"按钮，出现这些参数所对应的标准件，可以通过向左、向右箭头来选择标准件，如图 5-30 所示。

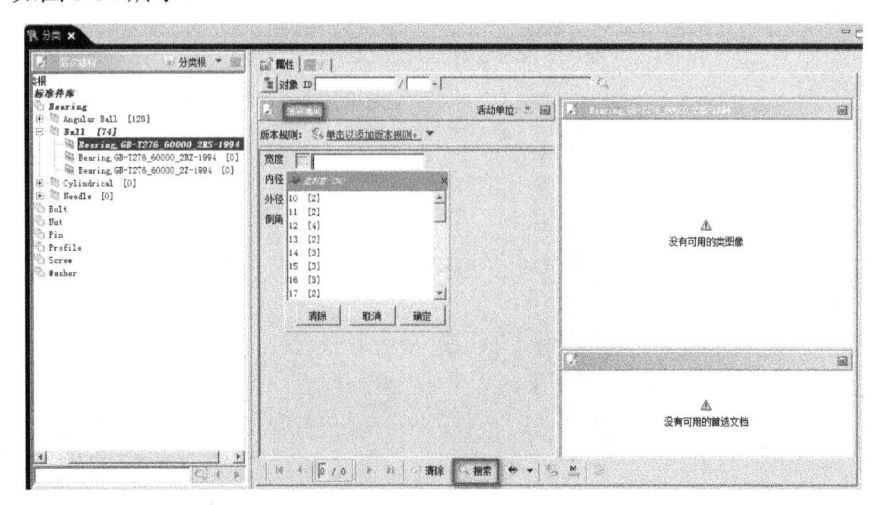

图 5-30 搜索准则

第 5 章 零件分类管理

切换到"表"界面,会将所有符合这些参数条件的部件组成员以列表形式呈现,用户可以双击选中表的某行,然后单击分类工具栏中的"从 ICO 创建/更新图形",再单击"创建/更新"按钮,如图 5-31 所示。系统将生成用户所需的标准件及 JT 预览文件,生成结束后,在"属性"窗口将会显示该标准件的轻量化数模供用户查看。参数化生成标准件效果图如图 5-32 所示。

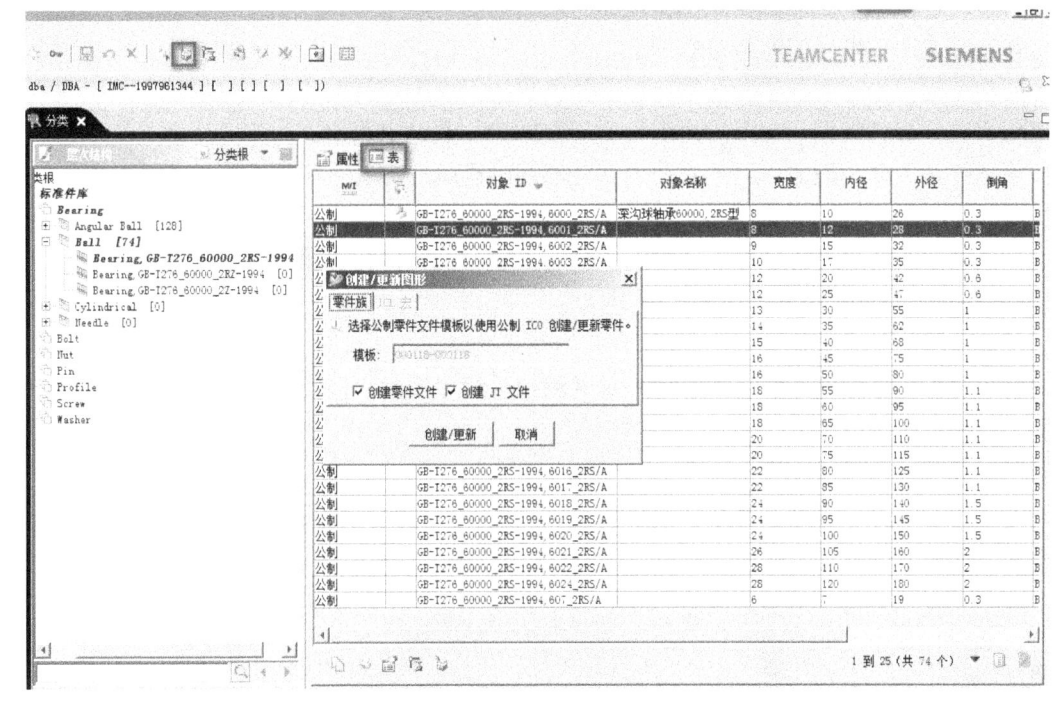

图 5-31 创建/更新图形

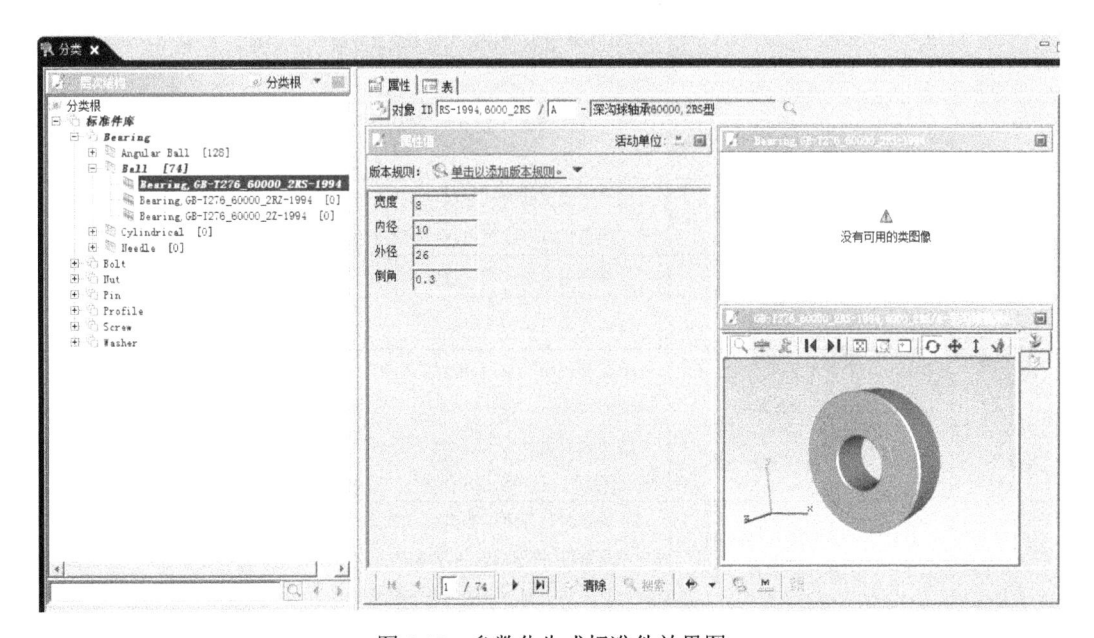

图 5-32 参数化生成标准件效果图

3. 控制对组、类、分类实例对象的访问权限

访问管理模块的一个扩展功能是对分类管理模块的权限控制，通过规则权限的设置，可以控制分类实例对象的访问，控制结构组件（包括组、子组和分类）的访问。访问管理器中的规则权限设置，会覆盖访问管理器中权限树的分支。分类管理中访问权限控制的概念和操作与在访问管理器中的概念与操作一致。

（1）层次结构组件的抑制与保护

层次结构组件的抑制与保护是一种分类管理访问安全控制的方式，可以基于组、角色、特定用户控件来抑制显示个人的组织和类层次结构。通过定制层次树的显示，只提供给用户工作所需的相关分类数据。组件抑制后，能够同时影响分类与分类管理中层次树的显示。当一个层次组件抑制后，该组件的子组件也会被抑制。层次组件的保护是分类管理访问安全控制的另一种方式，通过控制组、分类和子类的创建与修改，使不同的人员负责维护不同部分的层次结构及分类对象。

（2）分类实例对象保护

权限应用到组和类后，决定了哪些普通用户、组中的用户能够查看、添加、修改与组或类关联的分类实例对象。

（3）分类访问权限列表

如表 5-5 所示，描述了多个访问管理权限是如何应用到分类对象上的，以及在分类层次内被选中子对象的权限是否能够被继承。

表 5-5 分类实例对象访问权限

图标	权限	描述
	读（Read）	控制一个组或类在层次树上的可见性。当读的权限被限制后，层次树上将不显示该对象。这个权限会覆盖一个类的分类对象已经设置好的权限。如果读的权限在类的层次中被限制，虽然赋予类中的分类实例对象可读，但该分类实例对象还是不能被访问
	写（Write）	控制组或类能否被修改，并且当应用到类时，控制多个子类和多个视图是否被添加到该类
	删除（Delete）	控制组或类能否从层次中删除。如果用户具有删除组或类下面的对象的权限，但是没有删除该组或对象的权限，则无法删除此对象
	更改（Change）	控件有定义访问控制权限的权利
	传入（Transfer-in）	控制一个对象的所有权是否可以从一个站点传送到另一个站点
	更改所有权（Change Ownership）	此权限不同于访问管理器中的更改所有权。在多站点协同设计中，此权限用来授予或撤销一种权限，即是否可以选择共享站点间的共享分类数据
	发布（Publish）	控制组或类及其子组、子类是否可以共享给其他站点。此外，如果这种权限被限制，用户将无法修改在类或组中定义的共享站点的列表
	对 ICO 进行写操作（Write ICOs）	控制对象是否可以在类中被分类并存储。也可以控制已经存在的分类实例对象是否可以被修改。只有写的访问权限赋予给部件族模板，关联到部件族成员的分类实例对象的属性才能被修改

实例 5-3　标准件权限管理

标准件库用来管理与规范 ABC 汽车企业的设计过程，保存在标准件分类库中的标准件对于全公司而言都可用。因此，ABC 项目组和 SDV 项目组共用同一标准件库，需要对 ABC、SDV 所用标准件进行适当的权限管理，以满足企业需求。

对于标准件版本，需要进行权限管理的状态为设计状态、发布状态（权限管理设置见习题3）。对 ABC 项目组设计状态的标准件版本权限管理规划如表 5-6 所示，其中"命名的 ACL"为 SP_ACL（设计状态）。

表 5-6　设计状态的标准件版本权限管理规划表

角　色	读	写	删	改	复制	更改属主	对分类进行写操作
Owner	Y	Y	Y	Y	Y	Y	Y
ABC 标准件工程师	Y	N	N	N	N	N	Y
dba 组	Y	N	N	N	N	N	N
所有人	N	N	N	N	N	N	N

（1）创建类定义特权

以 Bearing GB-T276 为例，在"分类管理"模块中选择"访问控制"标签页，然后在"类定义特权"中，新建"命名的 ACL"为 SP_ACL，定义如图 5-33 所示的特权设置。

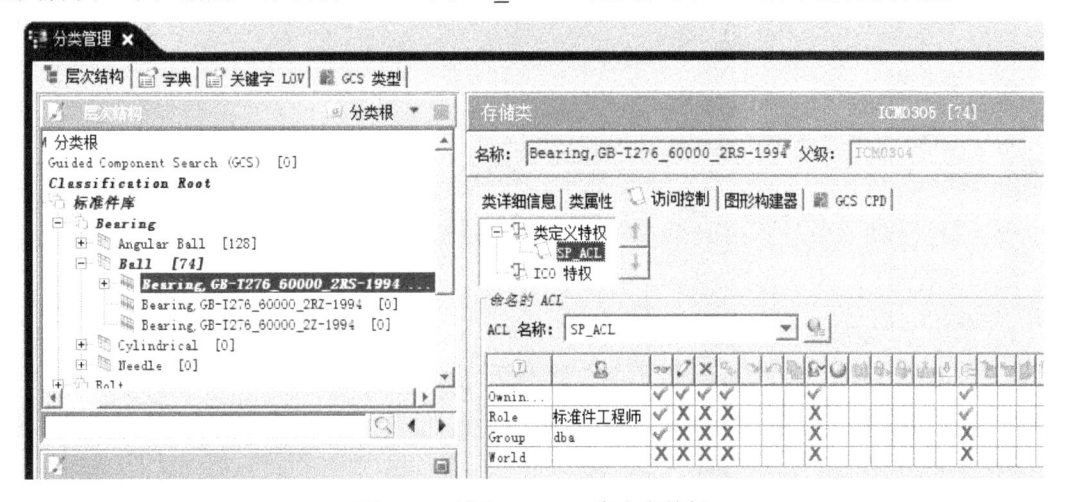

图 5-33　创建 SP_ACL 类定义特权

（2）规则树的设置

同时针对设计状态的标准件版本（Y2_StandardPartRevision），在 Teamcenter 访问管理器中要对规则树进行如下设置（由系统管理员在权限规则树上进行设置）。

Has Class(POM_application_object)->Working

Has Type(Item Revision) -> ABC_working 下增加

Has Type (Y2_StandardPartRevision)->SP_ACL

定制后的效果图如图 5-34 所示。

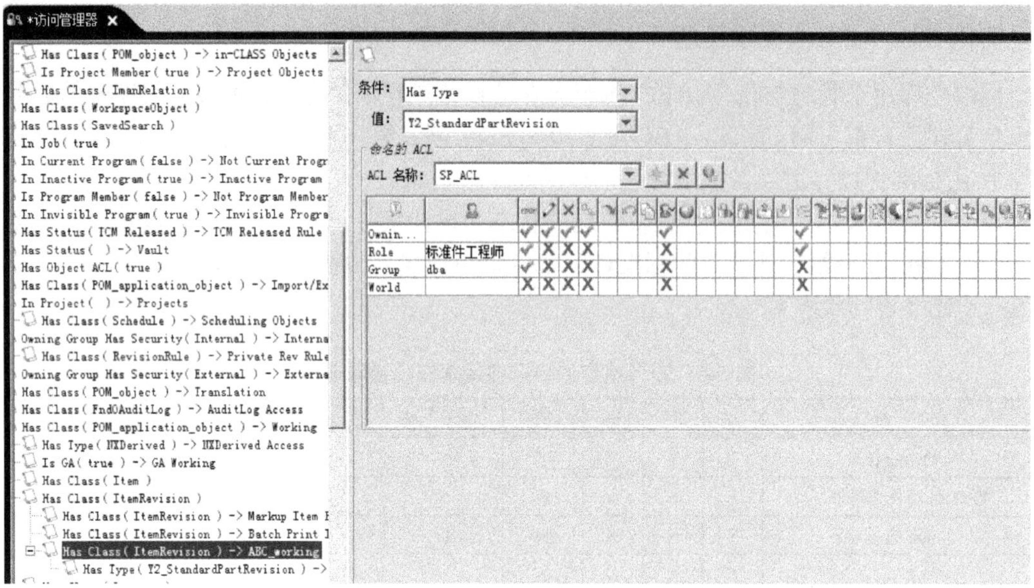

图 5-34 规则树的设置

本章习题

一、填空题

1. 用成组技术对零件分类，主要有_____、_____、_____三种。
2. ICO 是_____的缩写，表示_____含义。
3. Teamcenter 分类管理中导入导出分类数据的命令是_____。

二、简答题

1. 简述零件族的概念及作用。
2. 典型的零件分类方法是成组技术，简述成组技术的核心思想。
3. 简述事物特性和事物特性表的概念。
4. 简述 PDM 零部件分类管理的主要功能。
5. 简述 Teamcenter 分类管理的基本功能。
6. 简述 Teamcenter 中抽象类和存储类的区别。

三、操作题

1. 根据客户要求设计一个标准件库，要求如下。

标准件分类库分类方式及属性。

（1）螺栓。

螺栓又分为六角法兰螺栓、内六角螺栓、六角螺栓、组合螺栓、焊接螺栓、偏心螺栓、平头螺栓。

属性包括普通属性和引用属性，设置如下。

① 普通属性：型式，规格，螺距，强度等级，表面处理，尺寸，精度，标准，电压

(伏特)。

② LOV 属性：是否客户提供（1 是，2 否）。

③ 引用属性：Y2_Material_Name。

(2) 螺母。

螺母又分为焊接螺母、中心螺母、六角法兰螺母、辅助螺母。

属性包括普通属性和引用属性，设置如下。

① 普通属性：型式，规格，螺距，强度等级，表面处理，尺寸，精度，标准，电压（伏特）。

② LOV 属性：是否客户提供（1 是，2 否）。

③ 引用属性：Y2_Material_Name。

(3) 螺钉。

螺钉又分为沉头螺钉、自攻螺钉。

属性包括普通属性和引用属性，设置如下。

① 普通属性：型式，规格，螺距，强度等级，表面处理，尺寸，精度，标准，电压（伏特）。

② LOV 属性：是否客户提供（1 是，2 否）。

③ 引用属性：Y2_Material_Name。

(4) 垫圈。

普通属性包括型式、规格、表面处理、尺寸、标准。

(5) 铆钉。

普通属性包括型式、尺寸、表面处理、标准。

要求：

(1) 简述设计思路。

(2) 制作分类库导入导出文件。

2.（1）启动 NX Manager，使用 UG 的 Part Family 创建一个 Block。在 Part Family 的 Excel 表中定义三个参数：H、L、W。

(2) 在分类管理中创建相应的结构树，一个组、一个抽象类、一个存储类。并定义属性：W_HO、W_L、W_H。

(3) 将分类管理中的类属性与 Part Family 中的参数相映射。

(4) 在分类中创建实例，由映射的参数产生相应的 Part 及 Ttem。

3. 在实例 5-3 中，针对发布状态标准件版本权限的管理原则，标准件设定两种发布状态：SP_ABC、SP_SDV。

(1) 具有 SP_ABC 状态，表示 ABC 标准件工程师可用；

(2) 具有 SP_SDV 状态，表示 SDV 标准件工程师可用；

(3) 具有 SP_SDV、SP_ABC 两种状态，表示 SDV、ABC 标准件工程师均可用；

对 ABC 组发布状态的标准件版本权限管理规划如表 5-7 所示，其中"命名的 ACL"为 SP_ABC；对 SDV 组发布状态的标准件版本权限管理规划如表 5-8 所示，其中"命名的 ACL"为 SP_SDV。

表 5-7　ABC 组发布状态的标准件版本权限管理规划表

角　　色	读	写	删	改	复　　制	更 改 属 主	对分类进行写操作
ABC 标准件工程师	Y	N	N	Y	Y	N	Y
ABC 设计师	Y	N	N	N	Y	N	Y

表 5-8　SDV 组发布状态的标准件版本权限管理规划表

角　　色	读	写	删	改	复　　制	更 改 属 主	对分类进行写操作
SDV 标准件工程师	Y	N	N	Y	Y	N	Y
SDV 设计师	Y	N	N	N	Y	N	Y

第6章 PDM 系统集成

随着企业信息化进程的推进，企业所使用的应用软件越来越多，如用于工程设计的 CAD、CAPP、CAM、CAE、CAQ 等软件；用于办公自动化的字处理和制表软件；用于企业经营管理的管理信息系统（MIS）、制造资源规划（MRPⅡ）软件、企业资源规划（ERP）软件等。信息集成的深度和广度也从 CAD/CAPP/CAM 的集成，发展到并行工程的过程集成，直到敏捷制造的企业集成。随着 PDM 系统的引入，用户一方面希望它能实现对各种应用软件所产生的数据和文档进行有效管理；另一方面，也希望在 PDM 环境中做到应用软件间的信息共享、用户间的协同工作、应用系统与 PDM 系统中数据对象的一致性，以及设计信息与经营管理信息间的集成。以上这些都要求改变过去基于数据库实现应用系统集成的传统办法，而改变为基于 PDM 系统的应用集成。

6.1 基础知识

6.1.1 概述

1992 年英国拉夫堡大学的 Wenston 教授给出了集成的定义：集成是指将基于信息技术的资源及应用（计算机及软硬件、接口及机器）聚集成一个协同工作的整体，集成包含功能交互、信息共享，以及数据通信三个方面的管理与控制，如图 6-1 所示。上述定义揭示了集成的内涵，即集成应包括信息资源与应用两方面的集成。由于系统集成涉及系统结构、技术、用户需求等诸多因素。与软件的定制开发相比，系统集成对软件开发人员的经验和技术有更高的要求。

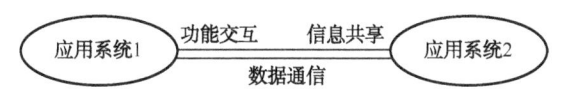

图 6-1 集成的基本概念

系统集成按集成的水平划分，从低到高，可分成汇集、定制、远程过程调用、分布对象、集成平台或集成框架五个级别。汇集是软件系统的简单汇集，不做另外的开发与增值；定制是指针对用户的特定需求对应用系统做特定的、简单的开发，缺乏特有的应用集成技术的支持；远程过程调用是指在集成中采用远程过程调用技术，这种集成要求了解系统的实现细节；分布对象的集成则采用分布对象技术完成应用集成；集成平台或集成框架的集成是面向对象的开放式集成技术，是信息集成的有力工具，只要把需要交互的应用软件分别连接到集成平台，就可以在一组集成服务器的支持下，实现应用软件的集成，有效降低集成的复杂性。

近年来，计算机和网络技术的飞速发展为信息系统应用提供了持续不断的强大推动力。目前系统集成总体上来说经历了信息集成、过程集成和企业集成三个阶段。

1. 基于异构环境的信息集成

企业信息系统集成的目的是实现信息共享，解决系统中各个孤岛之间的数据不一致性的问题。异构环境是指系统中包含了各种操作系统、控制系统、数据库及应用软件。如果各个部分的信息不能有效地交换，则很难保证信息传送和交换的效率和质量。在异构环境下集成问题首先需要解决计算机系统之间的互联，网络协议是计算机互联的基础，通过分布式数据库或开放数据库互联技术实现异构数据库之间的信息集成，可以方便地满足企业产品设计、制造和管理过程中信息共享的需要，保证系统数据的一致性。

2. 基于设计过程的重构和过程集成优化

企业为了在激烈的市场竞争中获得优势，就必须加快产品上市时间，提高产品质量，同时降低成本，提升产品服务。

传统串行作业的设计、开发过程，由于反复设计和渐进开发过程，往往使得产品开发周期延长，开发成本增加。如果将产品开发设计中的过程采用并行作业，在设计时考虑到下游工作的可制造性、可装配性及质量问题，则可减少过程的反复，缩短开发时间，达到改善产品的时间（T）、质量（Q）、成本（C）、服务（S）的目的。

并行工程是基于这种思想的一种先进制造模式。在实施信息管理和过程管理中，产品数据管理（PDM）已经在并行的基础上将集成思想应用到设计、分析、工艺、制造、装配等各个环节。PDM 技术不仅提供集成环境，而且还是一种基于并行工程的控制协调技术，这种控制协调技术保证了并行环境中各个单项技术的有机组合、协调工作。PDM 技术在原有信息集成的基础上更强调功能上和过程上的集成，在优化和重组产品开发过程的同时，实现多学科领域专家群体协同工作。将产品信息和开发过程有机地结合起来，做到将正确的信息，在正确的时间，以正确的方式传递给正确的人。

3. 基于敏捷制造的企业集成

企业要提高市场竞争力，必须充分利用全球的制造资源。敏捷制造的组织形式是企业之间针对某一特定产品建立的企业动态联盟，企业这种不断结盟的能力是企业敏捷性的标志之一。自提出敏捷制造的概念后，多年来美国和欧洲的许多公司在不同程度上应用了敏捷制造与动态联盟的思想，进展迅速。制造企业如果能够生存并得到持续发展，就必须在全球制造业分工合作体系中占有一席之地。敏捷制造是在吸收了多种管理思想和制造理念而发展起来的一套适应多变的制造方式，其核心是为了适应变化的市场和取得竞争优势，企业不能仅靠自身的有限资源，必须以一定的机制合理利用其他企业的资源和技术，以适当方式组织产品开发、生产制造和市场销售，实现综合资源动态优化配置。

在敏捷制造环境下，企业的业务流程将发生重大改变，企业需要分析与重构企业的整个经营过程，重构企业的价值传递过程，相应地调整企业的组织结构；在产品开发上，要求以集成化的产品、过程开发技术和群组支持工具，同步规划产品的市场分析、设计、工艺、生产计划、加工、质量保证，实现产品设计开发过程的并行实施，缩短设计开发周期；在生产管理上，以准时生产（Just In Time，JIT）思想进行面向需求的生产计划和相应的生产管理。总之，通过信息集成、过程继承和资源继承，提高企业的生产率和灵活性。实现企业之间的资源优化配置和动态集成。

6.1.2 PDM 是 CAD/CAM/CAPP/ERP 的集成平台

PDM 的应用目标是将所有与产品形成过程有关的计算机应用系统有机地集成起来，即在信息化孤岛之间构筑起桥梁，从而满足产品开发过程中所有相关人员对整个企业不同信息的需求。

计算机辅助设计（Computer Aided Design，CAD）技术是指工程技术人员以计算机为工具，基于计算机图形学、交互技术等对产品进行总体设计、分析和工程优化的一门应用技术。CAD 系统一般为企业提供二维绘图、三维模型与造型设计、三维部件组装、装配仿真等功能。CAD 系统不仅可以提供模型几何拓扑信息，而且可以提供面向制造、装配和检测的特征信息。计算机辅助制造（Computer Aided Manufacturing，CAM）是将计算机应用于制造生产过程的系统。CAM 的核心是计算机数值控制（简称数控），其输入信息是零件的工艺路线和工序内容，输出信息是刀具加工时的运动轨迹（刀位文件）和数控程序。计算机辅助工艺规划（Computer Aided Process Planning，CAPP）是应用计算机辅助手段制定产品加工制造过程中的工艺规划，包括制造所需的环境与条件、工作流程和所需时间、资源与能力等。这些工艺规划信息包括工艺路线卡、工艺卡和检验工艺卡等。企业资源规划（Enterprise Resource Planning，ERP）是指建立在信息技术基础上，以系统化的管理思想，为企业决策层及员工提供决策运行手段的管理平台。

集成式制造业信息化的主旋律，是以 PDM 为平台进行 CAX、ERP 等系统的集成，可以最大限度地发挥这些应用系统的效率。基于 PDM 的企业全局信息集成框架如图 6-2 所示，PDM 作为 CAD/CAM/CAPP/ERP 的集成平台，需要集成的信息包括产品信息和经营管理信息等两大类。

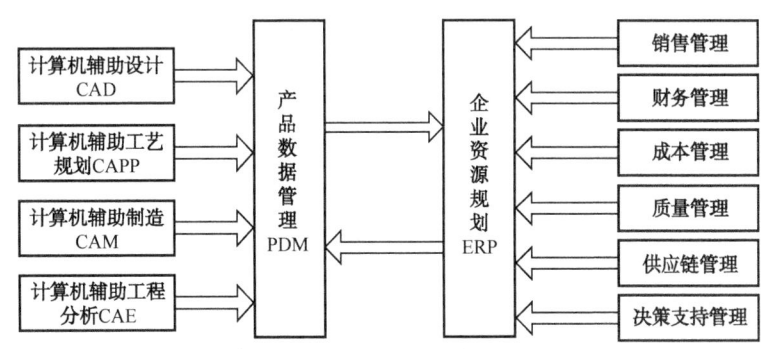

图 6-2 基于 PDM 的企业全局信息集成框架

1. 产品信息的集成

产品信息是指企业中的生产对象信息，这些信息分别存放于 CAD、CAPP、CAM 等系统，如何对这些信息进行有效管理，是企业信息集成的重要任务。

从 CAD、CAPP、CAM 发展的历史看，它们首先是各自独立发展，然后又逐渐彼此靠拢，并试图结合起来。20 世纪 80 年代以后，由于生产发展的需要，CAD/CAPP/CAM 集成技术的研究已成为一个突出的问题。目前，大多数 CAD、CAM 软件供应商都能提供集成化的 CAD/CAM 系统，困难的是如何解决 CAD、CAPP、CAM 系统之间有效的、可靠的集成，即 3C 的集成。我国大多数企业都已经实施了 CAD/CAM，计算机分布在企业中各个部门，并通过网络联系在一起。由于各部门所采用的应用软件、操作系统及硬件平台不同，产生大量的分布式异构数据。同时企业对这些数据缺乏有效的管理和控制机制，造成数据十分混乱。如何使数据共享、数据交换顺畅地进行、完备地表达信息等一系列问题，也是 3C 集成需要重点解决的问题。

PDM 将各类 CAX 系统中的各种信息进行有效管理，在任何地点、任何人在任何时候都可以得到所需要的产品信息，因而 PDM 是 3C 集成的平台，如图 6-3 所示。

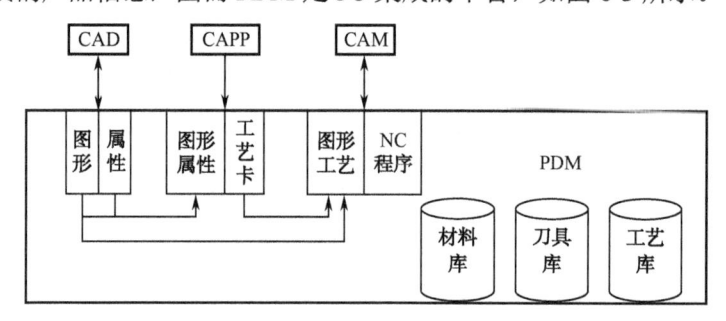

图 6-3 3C 系统集成

从图 6-3 可以看出，PDM 系统管理来自 CAD 系统的信息，包括图形文件和属性信息等。图形文件既可以是零部件的三维模型，也可以是二维工程视图；零部件的属性信息包括材料、加工、装配、采购、成本等多种与设计、生产和经营有关的信息。

在 PDM 系统中建立了企业的基本信息库，如材料、刀具、工艺等与产品有关的基本数据。因此，在 PDM 环境下 CAPP 系统无须直接从 CAD 系统中获取零部件的几何信息，而是从 PDM 系统中获取正确的几何信息和相关的加工信息；根据零部件的相似性，从标准工艺库中获取相近的标准工艺，快速生成该零部件的工艺文件，从而实现 CAD 系统与 CAPP 系统的集成。同样 CAM 系统也通过 PDM 系统，及时准确地获得零部件的几何形状、工艺要求和相应的加工属性，生成正确的刀具轨迹和 NC 代码，并安全地保存在 PDM 系统中。由于 PDM 系统的数据具有一致性，确保 CAD、CAPP 和 CAM 数据得到有效的管理，因此，真正实现了 3C 系统的集成。

2. 经营管理信息的集成

经营管理的信息是指企业中的人、财、物、产、供、销等信息。ERP 系统依据销售计划，利用生产规划子系统、物料采购子系统，设备能力分析子系统和财务子系统等，统一规划企业的整个经营管理策略，另外，还对整个市场发展策略、企业的优化管理等信息进行管理。ERP 中的许多信息来自 CAD/CAPP/CAM 系统，除了图形数据，还包含成本估计、技术指标、开发方法、任务状态、工装、设备需求、BOM、工艺定额等。另外，ERP 还有来自管理部门的产品数据、工资数据、开工数据、变更数据、变更原因、库存信息、物料信息、产品测试结果、在制品状态、设备状态信息、加工能力信息等。从 ERP 到 CAD/CAPP/CAM 之间传递的数据有开发任务书、技术指标、时间要求、修改任务书、任务书审核、计划日期、产品接收报告等。如果 CAX 系统中的数据管理缺乏系统化、标准化、科学化和自动化的手段，那么将导致 ERP 系统无法及时从 CAX 系统中获取正确的数据，ERP 决策也就不可能科学地指导正常的经营管理。

PDM 系统作为产品信息集成的核心，全面、正确地管理产品设计，加工与维修等整个生命周期内的各类数据，可以及时、正确地向 ERP 系统提供各类经营管理所需的产品信息。PDM 系统作为 3C 系统与 ERP 系统之间信息传递的桥梁，一方面实现了 3C 系统的集成，同时也实现了企业全局信息的集成，如图 6-4 所示。

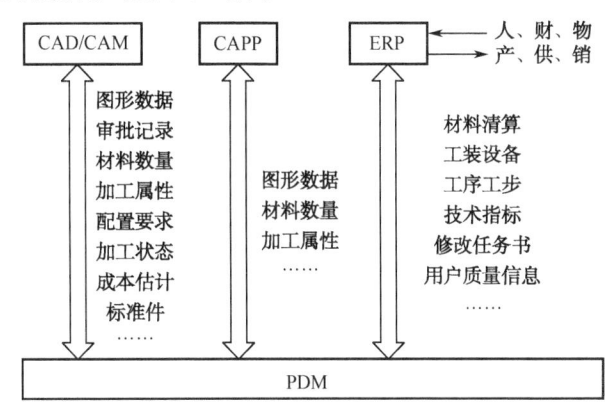

图 6-4　PDM 系统是 3C 系统和 ERP 系统信息传递的桥梁

6.2　Teamcenter与NX集成

PDM 系统与 CAD 软件的集成，实质上都需要通过针对 CAD 软件的二次开发来实现，目前，主流 CAD 软件都有开放编程接口（API）。PDM 系统和 CAD 软件的集成理论和技术目前也比较成熟。本章主要以 Teamcenter 系统和 NX 软件的集成模块"Teamcenter Integration for NX"为例，介绍其基本功能和使用。

6.2.1　简介

1. Teamcenter Integration for NX 的概念

NX 是 Siemens PLM Software 公司推出的一款集成了 CAD/CAE/CAM 的三维参数化设计软件。Teamcenter Integration for NX 是 Teamcenter 系统针对 NX 软件的一个应用，是 Teamcenter 系统与 NX 软件的集成功能模块，是由 Teamcenter 提供、与 NX 配合使用的产品数据管理工具。Teamcenter Integration 强调的是一种深度集成，由 Siemens 公司对该软件专门二次开发实现，或者这种开发也可由用户去做。这种深度集成是相对于仅实现文件注册、存储、关联打开等功能的简单集成而言的，最终以插件形式在该软件中出现，实现与 Teamcenter 软件的接口、通信和集成。Teamcenter Integration for NX 将 NX 强大的数字化设计、分析/仿真、制造功能和 Teamcenter 优秀的数据存储、管理能力集成在一起，用来管理 NX 的设计数据和设计过程，管理 NX 的零件、装配和工艺过程，使得用户能够在一个受控的设计环境下协同工作，从而实现 CAX/PDM 数据的无缝链接。

2. Teamcenter Integration for NX 的功能

(1) 管理 NX 的零部件及其相关的设计文档

Teamcenter Integration for NX 通过数据集的方式来管理由 NX 创建的数据文件（如三维模型及其属性值、二维图、产品装配结构及 CAE 仿真文件等），并可维护零组件及相关文件的关联性（如建立 CAD 文档与需求说明的关联）。用户可直接建立、储存、取用及修改 Teamcenter 数据库中的零件。

(2) 提供 CAD 设计模板及其管理功能

模板文件技术是 NX 中进行环境定制的重要方法，该技术对提高建模和制图规范非常重要，对提高机械设计效率、规范设计图纸、促进技术交流有很大意义和应用价值。Teamcenter Integration for NX 提供标准的 CAD 模板，也可根据企业采用标准定制 CAD 模板。这些模板由系统管理员统一管理，设计人员在 NX 集成管理器中可直接使用。这样可以为企业设定统一的设计模板，促进设计管理的规范化。

(3) 方便组织数据的功能

用户定义文件夹，方便组织数据。文件夹是用于组织产品信息的工作区对象，是用户存放对象的一个主要容器。文件夹可以包含其他任何工作区对象（包括文件夹在内）。每个文件夹有一个名称，其名称不是唯一的，可以重复。Teamcenter Integration for NX 通过文件夹来组织和管理项目或自己的数据对象及其相关文件。

(4) 手工和自动的签入/签出

签出功能通过锁定数据库中的对象预留对一个或多个工作区对象的独占访问权限。当用户具有写访问权限，且此对象没有被签出时，当前用户打开对象时，系统会自动签出此对象。签入功能用于解锁数据库中的对象。对象被当前用户签出时，在系统关闭时会自动签入对象。

(5) 管控数据的存取等访问权限

通过 Teamcenter 系统的组、角色等功能来管控数据的存取等访问权限。企业对所有的产品数据进行集中式管理的同时，也需要对管理的数据进行恰当保护，以防止数据被没有授权的人误操作、修改或删除。Teamcenter Integration for NX 通过在访问者（组、角色、用户等）和数据对象（Item、DataSet 等）之间建立数据访问规则，来提高企业对产品数据的访问控制能力。

(6) 主模型技术提供工作组及企业内部协同合作的工具

由主模型（Master Model）衍生出产品生命周期的其他数据；衍生数据与主模型关联。允许建立连动关系——当零件没变时，后续同步工程可迅速更新，非主模型总是对应最新版本的主模型；主模型支持同步工程，各部门工程师使用的数据可分别储存，且能同时工作；可让多位工程师同时进行同一零件的后续工程。

(7) 应用配置规则

打开装配件时，可应用配置规则决定各零件的版次。Teamcenter 能够读取 NX 文件的装配结构，并利用其强大的零部件配置规则对产品进行配置。Teamcenter Integration for NX 可以根据 Teamcenter 系统的产品配置规则加载装配模型。

(8) 零部件属性同步映射

允许在 NX 的文件中储存及调用 Teamcenter 数据库的属性；可自行配置其他 NX 与

Teamcenter 属性的对应，并设定更新的方式（双向或单向）；这些特定的 NX 零件属性会自动与 Teamcenter 数据库的属性保持同步更新。

（9）轻松查找数据的功能

Teamcenter Integration for NX 提供多种查询功能，利用搜寻取得 Teamcenter 中的数据，查看零部件。

另外，Teamcenter Integration for NX 还提供了一些其他功能，如查看器功能，可以随时查看当前工作区对象的三维模型等；重用库功能，允许直接使用分类件、特征件等。

6.2.2 主模型的概念与应用

1. 主模型与非主模型

主模型一般指设计室的设计人员创建的零件模型。工艺室、结构分析室、描图员、总装车间的工程人员进行的后续操作所采用的模型均是这一模型的"引用"。主模型文件是零件在一特定版次的几何形状。当在 NX 中建立一个新的档案或版次时，系统会自动建立该零件的主模型文件。

非主模型文件则是与零件的一个特定版次相关联的文档，它包含该零件几何形状以外的 NX 数据。非主模型文件是一个包含主模型文件零件的装配文件，例如，一个主模型文件的 2D 图档或 NC 刀具路径。通过这种方式，可以将所有衍生出来的数据与基本的几何形状数据分开储存。

2. 主模型的应用

所有使用到此零件的其他应用（如加工、出图等），都是由此主模型文件建立装配文件，并且以此主模型零件作为唯一装配组件的方式进行的。在这种方式下，NX Manager 的数据库则将由主模型零件及由它产生的其他数据组织起来，主要是利用非主模型数据完成，应用主模型概念，零件的衍生数据与其基本的几何定义分别存储在不同的文档中，如图 6-5 所示。

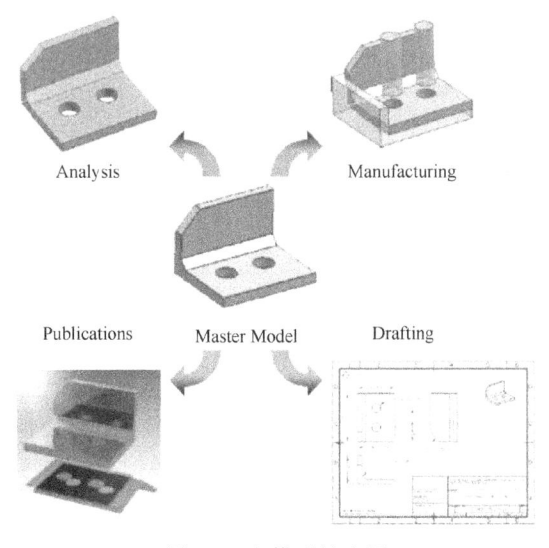

图 6-5 主模型的应用

PDM 的目的是促进企业内部不同部门的沟通，并消除序列性的工作模式和数据交换。并行工程要求产品开发人员从开始就考虑到产品全生命周期内各阶段的因素（如功能、制造、装配、作业调度、质量、成本、维护等），并强调各部门的协同工作。产品设计最有效率的方法就是应用并行工程的技术。主模型支持并行工程，各部门工程师使用的数据分别储存，且能同时工作，主模型可让多位工程师同时进行同一零件的后续工程（如建立二维图、装配、编写 CAM 加工程序），实现协同设计，如图 6-6 所示。非主模型文档永远对应最新版本的主模型定义；并可在主模型与非主模型之间建立联动关系。当零件主模型变更时，后续的工程可迅速更新。采用零件的主模型定义数据，可减少其他的文档数据，使文件数据量较少，占据较少的数据储存空间；同时可针对各相关文档，设定不同的存取控制（例如，主模型文档是只读，而制图仍可修改）。

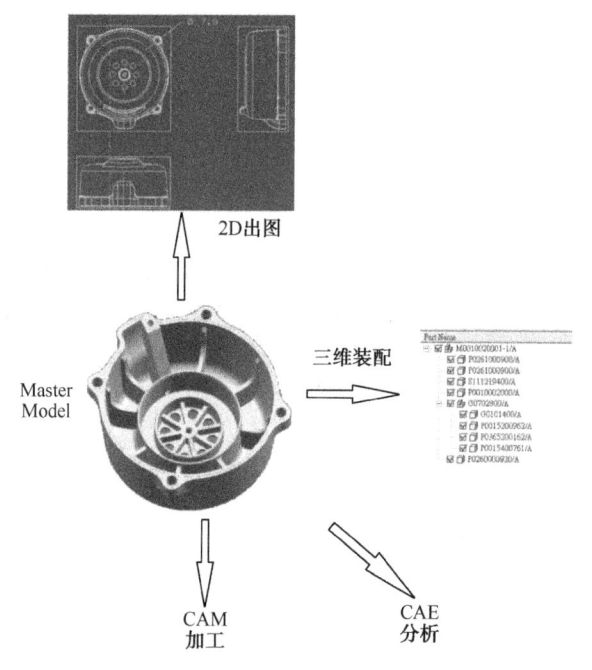

图 6-6 基于主模型的并行工程

另外，特别要注意的是，根据主模型的思想，UGMaster 只能存放于 ItemRevision（零组件版本）下，且每个 ItemRevision 下最多只能有一个 UGMASTER，但可以存在多个 UGPART。

6.2.3 NX Manager 导入数据模型

通常企业在实施 PDM 之前，已经有相当规模和一定数量的历史设计图文档。这些图文档作为企业重要的知识资源，必须导入到 Teamcenter 系统中进行统一管理。用户可以在 Teamcenter 客户端，通过新建 UGMaster、UGPart 数据集的方式将这些模型文件导入 Teamcenter 数据库。但这种方式效率低，而且不能维护装配体与零部件、主模型与非主模型之间的关系。NX Manager 提供了装配导入的工具，使用它可将装配件连同所有的零组件和非主模型文件一同导入，并能设置导入后零组件的编号、版本规则等。NX Manager 下有两种导入装配的方法：一种是调用"导入装配"对话框以交互方式导入；第二种是编写批处理文件调用命令工具 ug_import，以批处理的方式执行导入。下面通过具体实例,介绍装配导入的操作方法。

实例 6-1　Teamcenter 中导入 caster_assm.prt 装配文件

本实例所用的装配如图 6-7 所示,连同装配文件共有九个文件。

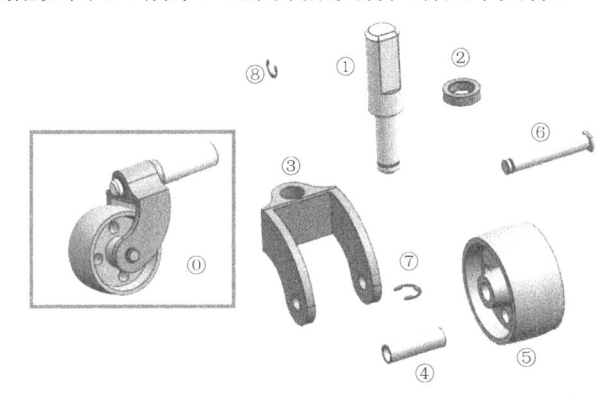

0—装配;1—轴;2—套筒;3—轮架;4—轴衬;5—轮子;6—轮轴;7—625 开口挡圈;8—437 开口挡圈

图 6-7　要导入的装配

方法一:界面导入

启动 NX Manager,选择菜单"文件"→"装配导入至 Teamcenter",弹出"导入装配"对话框,如图 6-8 所示,在"编号"选项卡的"导入编号"选项中选择"用户号",在默认输出文件夹中选择一个路径。

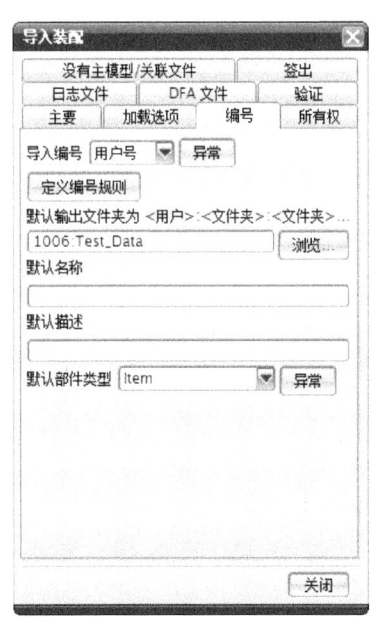

图 6-8　"编号"选项卡

在"主要"选项卡中选择"添加装配",选中装配件"caster_assm",选择"完整",然后单击"执行"按钮,如图 6-9 所示,接着进行相应的指派即可。导入完成后,NX Manager 会弹出信息窗口,可以在此窗口查看导入的相关记录。导入完成后,用户可以登录 Teamcenter 客户端查看装配导入后的结果,如图 6-10 所示。

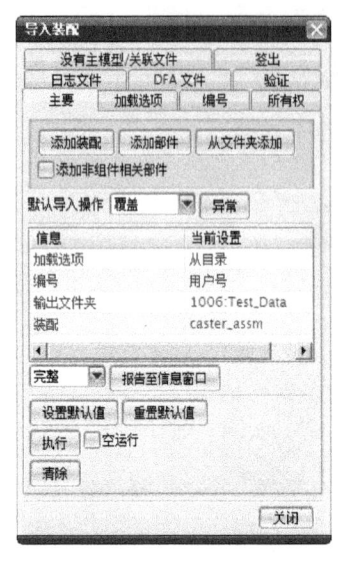

图 6-9 "主要"选项卡　　　　　图 6-10 装配导入至指定的 Teamcenter

从图 6-10 可以看出，在 Teamcenter 中对装配及所有的组件共新建了 9 个零组件。零组件的编号和名称相同，对应 NX 模型文件的用户号。图 6-11 显示的是在 Teamcenter 中选中装配零组件 caster_assm 后，在右边的属性面板中所显示的关于该零组件的概要信息，可以看到，其中的描述一项正好是 NX 模型文件中"PART_DESC"属性的值。

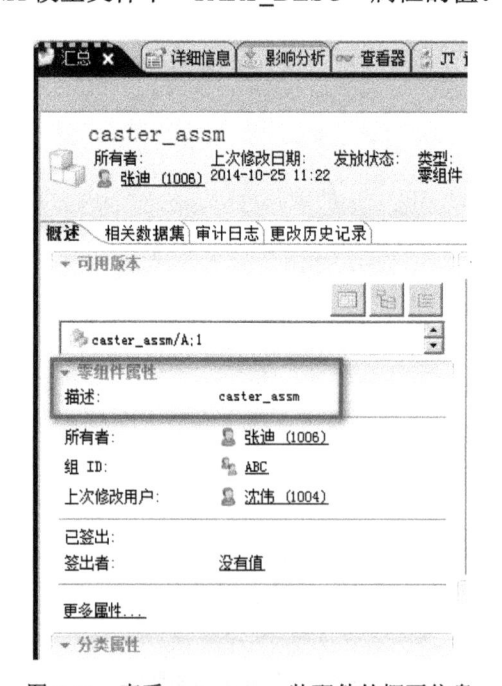

图 6-11 查看 caster_assm 装配件的概要信息

这里提醒读者注意，装配导入工具既能导入装配文件，也可以单个导入 NX 模型文件。方法是在装配导入对话框的"主要"标签页，单击"添加部件"按钮，选择要导入的模型文件，即可导入所选的单个模型。

第 6 章　PDM 系统集成

方法二：命令行导入

（1）启动 TCDOS。

（2）制作导入 mapping 文件，保存为 txt 格式，这里请读者注意，不同的用户制作的 mapping 文件格式不是完全一致的，以图 6-12 为例，其格式可以设置如下。

```
caster_assm.txt - 记事本
文件(F) 编辑(E) 格式(O) 查看(V) 帮助(H)
[Defaults]
    existing_data=$USE_EXISTING
    import_folder="Test_Data"
    assoc_files=no

[caster_axle.prt]
    db_part_id=caster_axle
    db_part_name="caster_axle"
    db_part_rev=A
    assoc_files=yes

[caster_axle_bushing.prt]
    db_part_id=caster_axle_bushing
    db_part_name="caster_axle_bushing"
    db_part_rev=A

[caster_eclip_437.prt]
    db_part_id=caster_eclip_437
    db_part_name="caster_eclip_437"
    db_part_rev=A

[caster_eclip_625.prt]
    db_part_id=caster_eclip_625
    db_part_name="caster_eclip_625"
    db_part_rev=A

[caster_fork.prt]
    db_part_id=caster_fork
    db_part_name="caster_fork"
    db_part_rev=A

[caster_shaft.prt]
    db_part_id=caster_shaft
    db_part_name="caster_shaft"
    db_part_rev=A

[caster_spacer.prt]
    db_part_id=caster_spacer
    db_part_name="caster_spacer"
    db_part_rev=A

[caster_wheel.prt]
    db_part_id=caster_wheel
    db_part_name="caster_wheel"
    db_part_rev=A
```

图 6-12　mapping 文件

（3）使用 ug_import 命令将装配件 caster_assem.prt 导入至 Teamcenter，命令格式如图 6-13 所示，输入完成后，按 Enter 键，即可完成此装配件的导入。

```
管理员: Tceng_config1 Command Prompt
D:\Siemens\Teamcenter10\tc_menu>SET TC_ROOT=D:\Siemens\Teamcenter10
D:\Siemens\Teamcenter10\tc_menu>SET TC_DATA=D:\Siemens\tcdata
D:\Siemens\Teamcenter10\tc_menu>D:\Siemens\tcdata\tc_profilevars
D:\Siemens\Teamcenter10\tc_menu>cd D:\Siemens\NX11\UGMANAGER
D:\Siemens\NX11\UGMANAGER>ug_import -part=C:\caster_assembly\caster_assm.prt -u=infodba -p=infodba -g=dba -mapping=C:\caster_assembly\caster_assm.txt_
```

图 6-13　用 ug_import 命令完成装配导入

6.2.4 Teamcenter/NX 属性映射

产品的几何信息、材料信息、结构信息等的定义手段一般都在 CAD 文件中表达。一个有效的 PDM 系统必须具备管理各种 CAD 工具所产生的产品数据的能力，能够提取甚至修改 CAD 文件内部的属性值或内容，以获得对产品完整信息的管理支持。故 PDM 能否顺利继承并有效利用 CAD 文件内部信息成为 PDM 是否实用的关键。

属性数据作为 PDM 系统中非常重要的结构化数据，主要来源于工程图纸中的文本信息。以往企业在实施 PDM 系统后，需要手工把工程图纸中的文本信息录入到系统中，这种录入方式给企业带来了大量的重复性工作，给系统在企业中成功运行增加了阻力。由此可见，PDM 系统作为企业信息的集成平台，结构化数据来源的自动化管理非常重要，而要达到数据来源自动化管理的目的，其关键是实现 PDM 系统与 CAD 文件内部数据的信息交换。CAD 工具与 PDM 系统之间的集成是实现 PDM 系统与 CAD 工具之间功能交互、信息共享和数据通信等三个方面的管理与控制的重要手段之一。

NX 与 Teamcenter 之间的属性映射，其意为在 NX 部件和 Teamcenter 零组件中，对指定的对应属性数据（NX Part Attribute 和 Teamcenter Object Attribute）之间形成对应关系。这种映射有以下几种含义：NX Part Attribute 的数据在存档时，属性值将自动写入 Teamcenter 对应的对象；在 Teamcenter 中修改并保存 Teamcenter 对象属性，用户使用 NX 打开部件，部件属性将自动更新；Item Revision 主表单的属性值如果有设定 LOV（List of Value），在 NX 中新建文件时，会提供其对应的 Part Attribute 值，并且可以使用下拉列表选择属性的值。

Teamcenter 与 NX 之间默认有以下一些相关联的属性，如表 6-1 所示。从中可以看出，Teamcenter 中的 ItemID 与 NX 系统中的 DB_PART_NO 相关联，Item Revision ID 与 DB_PART_REV 相关联等。

表 6-1　Teamcenter 与 NX 默认映射属性

NX Part Attribute	Description	Teamcenter Attribute
DB_PART_NO	Part Number	Item ID
DBPART_REV	Part Revision	Item Revision ID
DB_PART_TYPE	Part Type	Item Type
DB_PART_NAME	Part Name	Item Name
DB_PART_DESC	Part Description	Item Description
DB_UNITS	Part Unit of Measure	Item Unit of Measure

实例 6-2　属性映射

将自定义类型为"Y2_StandardPart"的零组件的两个属性"Y2_Material_Name""Y2_Weight"映射到 NX 中。

操作步骤：

（1）启动 TCDOS。

第 6 章　PDM 系统集成

（2）使用命令 export_attr_mappings 将 Teamcenter 系统的映射配置导出为一个文本文件，命令格式如图 6-14 所示。

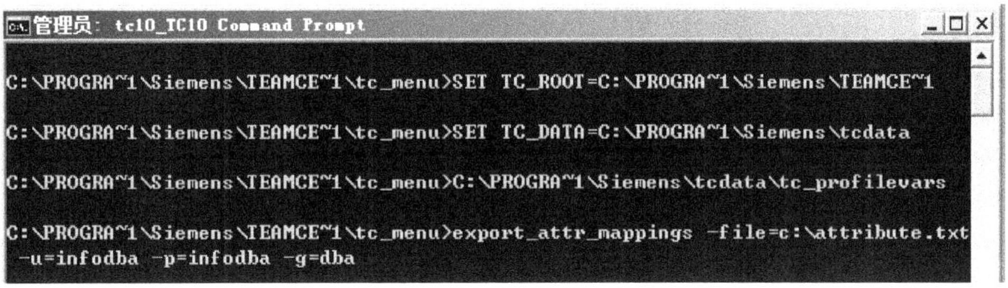

图 6-14　导出配置文件

（3）编辑所导出的文件，修改后的映射文件如图 6-15 所示。

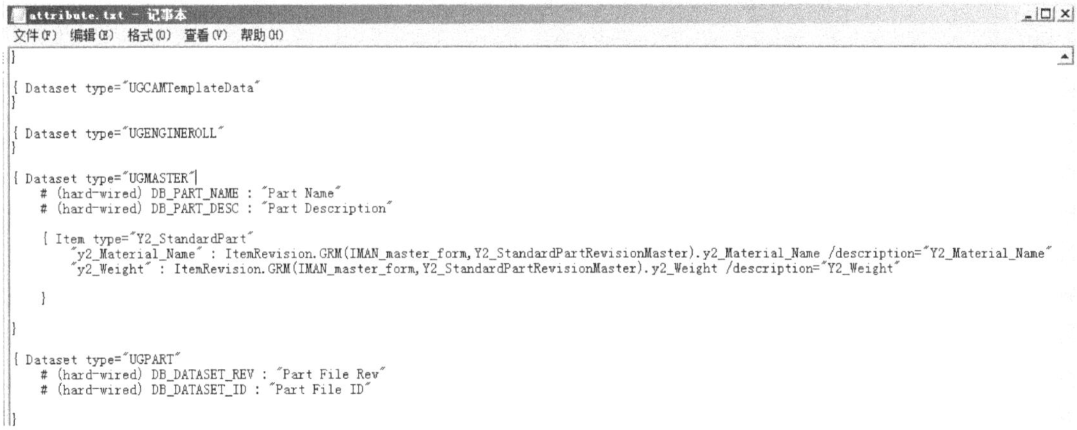

图 6-15　修改映射文件

（4）导入修改好的配置文件并进行测试。

使用命令 import_attr_mappings 加上 -test 参数进行测试，如：

C:\>import_attr_mappings-file=c:\temp\attribute.txt -u=infodba-p=infodba-g=dba –test

（5）在 Teamcenter 中，设置环境变量 IMAN_USER_TEST_ATTR_MAPPINGS 的值为任意非零的值，这样系统会暂时屏蔽原来的匹配设置，而使用新导入的配置来测试。

（6）测试成功后，使用命令 import_attr_mappings 正式导入映射文件（此时不要加-test 参数）。

（7）在 Teamcenter 中，设置环境变量 IMAN_USE_TEST_ATTR_MAPPINGS= 0，这样会使新导入的配置文件正式生效。

（8）在 Teamcenter 系统中选定一个 Y2_StandardPart 类型的零组件 B00000002，打开其版本主属性表，在属性 Y2_Material_Name（材料名称）、Y2_Weight（重量）中分别输入如图 6-16 所示的属性值，则 NX Manager 中对应的 Part 文件的属性显示如图 6-17 所示，从中可以看出是一一对应的。

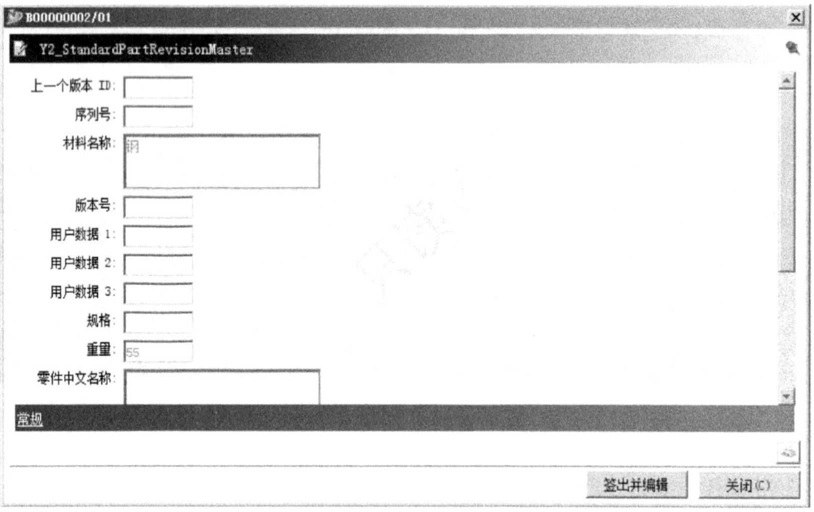

图 6-16　Teamcenter 中 Y2_StandardPart 类型零组件属性的定义

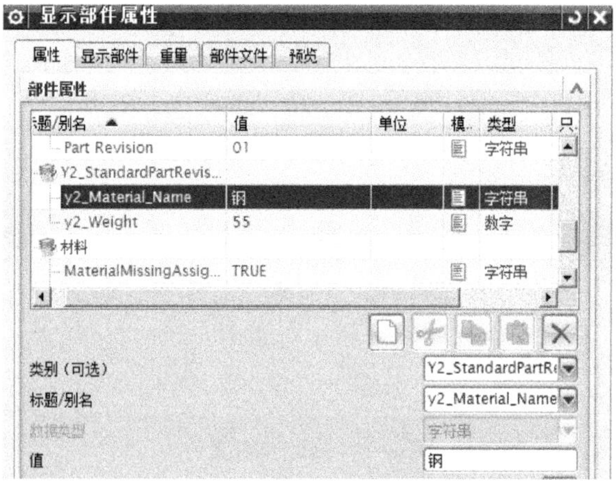

图 6-17　NX 中相应的属性映射

6.2.5　NX 设计模板定制

1. 模板概述

NX 设计是参数化全相关的设计，模板文件技术是参数化设计的重要应用，用户只需要修改模板文件中的参数就可以实现模型更新，该技术还应用于 NX 中的其他功能，如部件族、电子表格。可以说，模板文件技术是 NX 的基础应用技术之一。模板文件技术是参数化设计的体现也是环境定制的重用手段之一。

启动 NX，单击"新建"菜单或者工具条，会弹出"新建"对话框。该对话框包含多个标签，每个标签下有一个或多个模板。用户根据类型选择模板，作为创建新部件的初始环境。NX 提供有三维建模模板、工程图模板和 CAE 模板等多种类型的模板。但是 NX 自带的模板文件一方面不符合我国机械设计制图的国家标准；另一方面也不符合企业的设计建模规范。因此，企业实际应用时，需要定制这些模板。

2. 模板文件及组织

（1）简单的模板文件

在本质上，模板文件是一个依照相关规范、标准预设置好建模、制图和仿真等环境的普通 NX 模型文件。这个预设置好的文件是用户工作的基础，即用户打开模型文件，在完成相关设计工作后，另存为新的文件即可，这样就不需要重复环境参数的设置工作。

这种"打开模板文件，然后另存新文件"的简单方式，显然能够实现重用，使创建的数据有统一的风格、遵循统一的规范。但这种方式需要用户显式打开模板文件，再执行"另存为"操作，效率较低，且极易因用户疏忽导致模板文件被改写覆盖。

相对这种方式，NX 通过"新建"对话框调用模板文件，则是一种更好的方式。我们已经熟悉，在 NX 的"新建文件"对话框中，可以按工作类型，以标签方式分门别类组织各类模板文件。如在标签页下面，以列表形式给出该类别下所有可用的模板。如 Model、Drawing、Simulation、Manufacturing 等标签下的模板分别用于三维建模、二维工程图、分析仿真、加工制造等工作。显然，这是一种更好的方式，本节将进行探究。

（2）从系统标准模板看模板文件的构成

NX"新建"对话框所调用的标准模板位于"%UGII_BASE_DIR%\ugii\templates"目录中。该目录下包含多个文件，可分为三种不同的类型：部件文件（.prt 文件）、图片文件（.jpg 文件）和资源板文件（.pax 文件）。

部件文件。由 NX 软件所创建，后缀名为.prt。这是模板的主文件，依据相关标准和规范在该文件中进行的初始环境设置，例如，图层分类、部件属性、基准坐标系及参数预设置等。

图片文件。该文件由部件文件导出，存储部件文件预览图像，后缀名为.jpg。当用户选择某一模板时，能够提前预览到模板的效果，如在选中二维工程图模板时，可通过该图片预览图框、明细表等。

资源板文件。XML 格式，其后缀名为.pax，用于组织部件文件（.prt）和图像预览文件（.jpg）。它以节点形式配置"新建文件"对话框中标签的名字、标签页下所列各模板的名字、描述信息、预览图片、部件文件路径等。

这三个文件中，部件文件由熟悉 NX 软件的人员根据企业标准制作，是模板所必需的一个文件，模板目录下可有多个.prt 文件；图片文件一般由模型文件导出，它不是必需的，仅当需要提供预览时才需要（如二维工程图模板可能需要，因为用户需要知道模板的图幅图框、投影视图预设置、标题栏、明细表等信息）；资源板文件一般由 NX 和 Teamcenter 系统管理员编写和修改，是最重要的一个文件，下面的内容我们将对它进行剖析。

（3）资源板文件（.pax 文件）

资源板文件与 NX 的资源板有关。其后缀名 pax 中的 p 是资源板 palettes 的缩写，a 是管理 admin 的缩写，x 代表所有，综合起来考虑该文件是用来对 NX 资源板上所有资源进行配置和管理。NX 资源板上默认的资源面板包括历史记录、系统材料、角色等，同时用户可以增加自定义的资源板，例如，可以将三维建模、二维工程图等模板添加到资源面板中。

3. 模板资源板文件（.pax 文件）的特性

模板资源板文件的作用是使"新建文件"对话框以标签形式组织模板形成模板列表，并使列表中的每一模板条目关联对应的部件文件（.prt）和图像预览文件（.jpg）。我们首先通过系统默认提供的模板来了解其规律。

（1）数目

模板文件的数目与"新建文件"对话框标签数目相同。图 6-18 所示为"新建"（New）对话框，表 6-2 所示为对话框的标签页与"%UGII_BASE_DIR%\ugii\templates"目录中资源板文件的对应表。

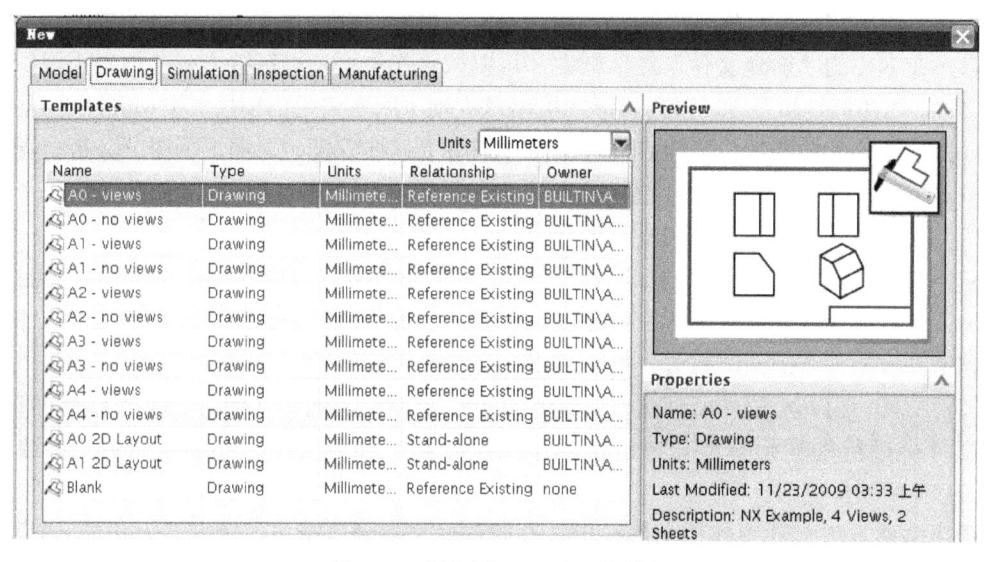

图 6-18 "新建"（New）对话框

表 6-2 "新建"（New）对话框标签与资源板文件对应表

对话框标签	对应的资源板文件	备 注
Model	ugs_model_templates.pax	用于三维建模
Drawing	ugs_drawing_templates.pax	用于二维工程图
Simulation	ugs_cae_templates.pax	用于仿真分析
Inspection	ugs_inspection_templates.pax	用于检测
Manufacturing	ugs_manufacturing_templates.pax	用于加工制造

读者如果浏览一下"%UGII_BASE_DIR%\ugii\templates"目录，会发现一个名为"ugs_sheet_templates.pax"的文件在表 6-2 中没有给出。该文件用于二维工程图，但在"新建"（New）对话框下不能直接调用（没有对应的标签，模板列表中也没有列出），该文件中定义的模板在制图环境新建 sheet 时被调用。

（2）语言环境

针对 NX 运行的语言环境的不同，提供不同的模板资源板文件，并在文件名上加后缀以示区别。如简体中文环境下的资源板文件是在英文名后加上"_simpl_chinese"后缀，日文环境下的后缀名为"_japanese"。表 6-3 所示为中英文环境下资源板文件对照表。

表 6-3 中英文环境下资源板文件对照表

英语环境下的资源板文件	简体中文环境下的资源板文件
ugs_model_templates.pax	ugs_model_templates_simpl_chinese.pax
ugs_drawing_templates.pax	ugs_drawing_templates_simpl_chinese.pax
ugs_cae_templates.pax	ugs_cae_templates_simpl_chinese.pax
ugs_inspection_templates.pax	ugs_inspection_templates_simpl_chinese.pax
ugs_manufacturing_templates.pax	ugs_manufacturing_templates_simpl_chinese.pax
ugs_sheet_templates.pax	ugs_sheet_templates_simpl_chinese.pax

（3）工作模式

NX 有 Native 和 Teamcenter Integration 两种工作模式。在这两种模式下使用的资源板文件前缀名不同，以示区别。以 ugs_开头的.pax 文件适用于本地的 NX，以 nxdm_开头的.pax 文件适用于 Teamcenter 集成模式。前述列表中的都是用于本机 NX 的.pax 文件，在 Teamcenter Integration 模式下的资源板文件只需将前缀"ugs_"改为"nxdm_"即可，如"nxdm_model_templates.pax"是用于 Teamcenter 集成模式下三维建模的模板。

（4）模板资源板文件所在目录及优先级

在默认情况下，有三个目录存放定义模板.pax 文件。这三个目录为：%UGII_BASE_DIR%\UGII\templates、%UGII_BASE_DIR%\LOCALIZATION、%UGII_BASE_DIR%\LOCALIZATION\prc\simpl_chinese\startup。

要制作自己的模板文件，读者就要思考，要使资源板文件有效，需要把它存放在哪个目录？如当这三个目录中存在同名但不同内容的.pax 文件时，则哪个目录下的文件会起作用？回答这些问题就需要了解这三个目录的优先级。

从路径名可以看到，目录的优先级与 UG NX 系统的语言环境有关。下面针对不同情况，根据我们测试的结果，总结如下。

① 英文环境（UGII_LANG=english）。

当 NX 运行在英文环境下时，仅"%UGII_BASE_DIR%\UGII\templates"目录中的资源板文件有效，系统不会搜索另外两个目录，即便在这两个目录中放置了.pax 文件也不起作用，如图 6-19 所示。

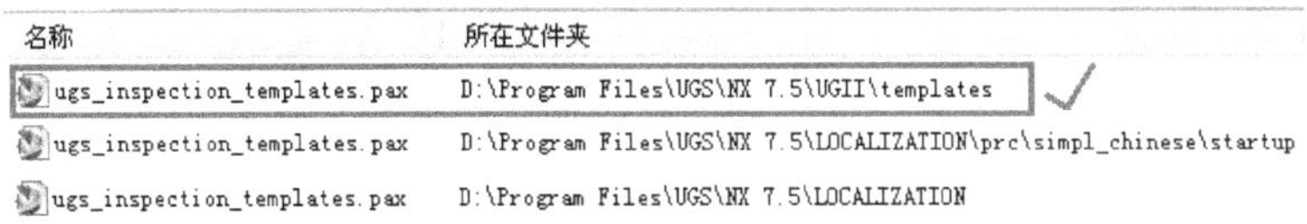

图 6-19 英文环境下选用的.pax 文件

② 非英文环境，如简体中文环境（UGII_LANG= simpl_chinese）。

此时三个目录都可能会被搜索，优先级从高到低的顺序如图 6-20 所示。

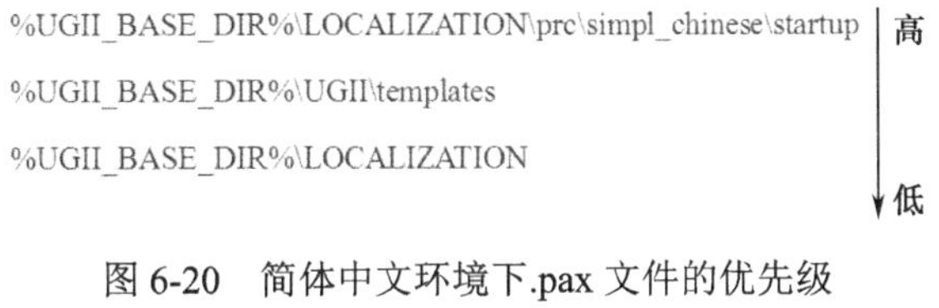

图 6-20 简体中文环境下.pax 文件的优先级

在这种情况下,当高优先级的目录中存放有资源板文件时,系统会忽略对低级别目录的搜索;仅当高一级的目录中没有找到资源板文件时,系统才会搜索低一级目录。简体中文环境下选用的.pax 文件如图 6-21 所示。

图 6-21　简体中文环境下选用的.pax 文件

③ 当在生效目录中,同时存在英文资源板文件与非英语资源板文件时,则生效目录中两个文件都会起作用。

在图 6-22 中,%UGII_BASE_DIR%\UGII\templates 目录同时存在 "ugs_inspection_templates.pax" "ugs_inspection_templates_simpl_chinese.pax" 两个资源板文件,从文件名可以看出两个文件用于定义检测模板。

图 6-22　在一个目录下同时存在两个.pax 文件

其中,"ugs_inspection_templates.pax"定义了名为"Test Metric Template 1"和"Test English Template 1"的两个模板;"ugs_inspection_templates_simpl_chinese.pax"文件定义了名为"测试模板 公制 1"和"测试模板 英制 1"的两个模板。两个文件的内容如图 6-23 和图 6-24 所示。

图 6-25、图 6-26 所示为在 NX 软件中测试的结果。从两张图中可以看出,无论是在英文还是中文环境,都会加载四个有效模板(还有两个空模板不计),即两个文件中所定义的模板都被加载到对话框中。

图 6-23　ugs_inspection_templates.pax 文件

第 6 章 PDM 系统集成

```xml
1  <?xml version="1.0" encoding="utf-8"?>
2
3  <Palette xmlns="http://www.ugsolutions.com/Schemas/2001/UGPalettes" schemaVersion="1.0">
4
5      <Presentation name="检查模板（公制）" bitmap="sheet_and_block.bmp" FileNewTab="Inspection" application="All" UsesMasterModel="Yes"/>
6
7      <PaletteEntry id="d1">
8          <References/>
9          <Presentation name="测试模板 公制 1" description="NX CMM Inspection DMIS General Setup"/>
12         <ObjectData class="InspectionTemplate"/>
19     </PaletteEntry>
20
21
22     <PaletteEntry id="d4">
23         <References/>
24         <Presentation name="测试模板 英制 1" description="NX CMM Inspection Probe Tool"/>
27         <ObjectData class="InspectionTemplate"/>
34     </PaletteEntry>
35
36 </Palette>
37
```

图 6-24　ugs_inspection_templates_simpl_chinese.pax 文件

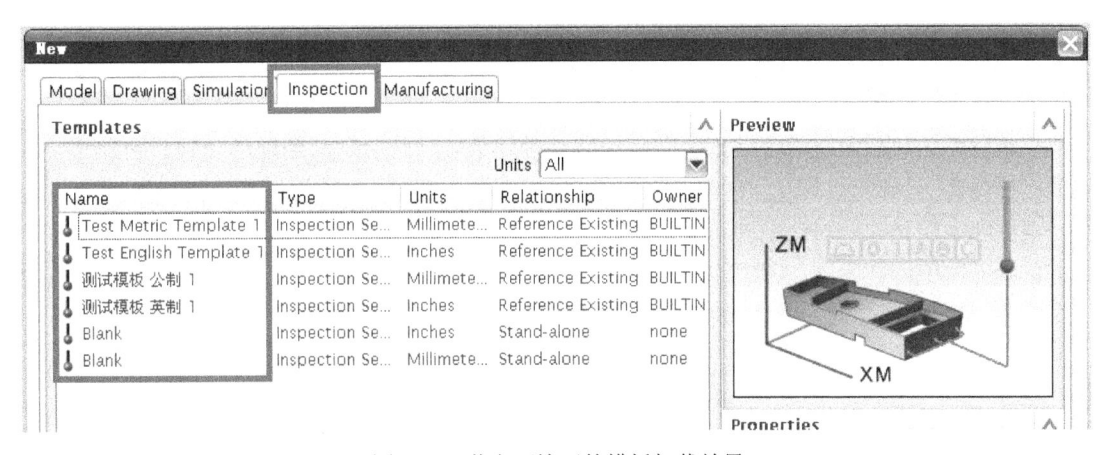

图 6-25　英文环境下的模板加载效果

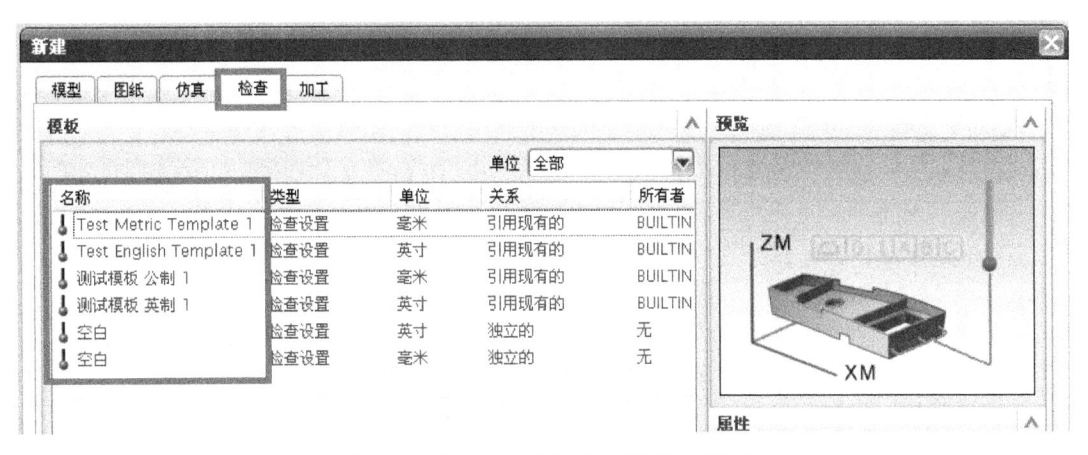

图 6-26　简体中文环境下的模板加载效果

（5）定义模板目录的环境变量

在默认情况下，NX 会在三个目录中搜索模板的资源配置文件。这与 NX 的系统配置文件对相关环境变量的配置有关，如表 6-4 所示。

表6-4　与模板配置相关的环境变量及配置文件

变 量 名	配 置 文 件
UGII_TEMPLATE_DIR、UGII_USER_DIR、UGII_SITE_DIR、UGII_GROUP_DIR	UGII_BASE_DIR\ugii\menus\ug_custom_dirs.dat
UGII_COUNTRY_TEMPLATES	UGII_BASE_DIR\ugii\ugii_env_ug.dat
UGII_TEMPLATE_DIR	单独的环境变量，可以在系统属性中配置，也可以命令行方式、批处理方式设置

在上表所列环境变量指向的目录中，如果存在模板资源文件，则有可能会被系统搜索。一般情况下不建议修改配置文件来改变默认配置。本章中的所有内容，都是在不改变系统默认配置的情况下进行的讨论。

6.2.6 可视化数据管理

1. JT 文件概述

全球各地的制造商采用的 PLM 平台性能参差不齐，产品生命周期管理软件种类繁多。JT 数据格式是由 Siemens 公司公布的一种数据格式，是一种开放的数据标准，是一种面向行业的、高性能、轻量化、灵活的文件格式，用于捕获和表达"3D 产品定义"数据，促进在整个扩展的企业中的协作、验证和可视化。JT 格式作为一种通用语言，允许全球制造业无缝地共享和保留三维产品数据，为全球制造业采用通用的三维语言铺平了道路。目前，JT 格式是汽车行业事实上的 3D 可视化格式标准，同时在航空航天、重型装备和其他机械 CAD 领域，也是处于最领先的 3D 可视化格式。同时，Siemens 已经开发了多种转换器，将主流 MCAD 系统的数据转换为 JT。因此，JT 格式文件几乎已经成为在企业范围内使用的唯一公共格式文件。

JT 数据是非常轻量化的，内容比较丰富，可以保持与原始 CAD 信息的关联，包括装配、产品结构、几何、属性、元数据和 PMI 等，也支持多种剖分（Tessellations）和细节层次生成。JT 格式同时也适用于流处理，包含了业界最佳的压缩方法，是紧凑高效的表示方法。同时 JT 格式的设计，可以方便地与企业级转换解决方案集成，可以建立 3D 数字化资产的单一表示，可以支持全面完整的上下游过程，从轻量化、基于 Web 的查看，到全产品数字样机。

2. JT 技术的应用目标

（1）用于可视化、协作和数据共享

① 可视化：JT 数据非常适用于可视化应用程序。JT Open Toolkit 提供了 API 访问 JT 信息，允许可视化应用程序配置和渲染数据，并保持一致性。

② 协作：JT Open Toolkit 和 JT 数据非常适用于支持协作应用程序。大多数协作功能都与产品结构集成、上下文相关设计或设计评审相关，所有这些都可以由 JT 数据表示和 toolkit 访问来支持。

③ 数据共享：JT Open Toolkit 和 JT 数据非常适用于为多 CAD 设计场景提供增强功能。将轻量化表示用于上下文相关设计，同时，在设计操作需要实际模型时，也能提供精确表示。

(2) 用于 CAM、CAE、设计、数据管理和标准件

① CAM：JT 数据模型非常适用于工艺规划、工作单元仿真、加工刀具路径生成等。通过 JT Open Toolkit 的支持，能将制造工艺或工艺集成开发的相关信息聚集在一起。

② CAE：JT 技术很强大，能为分析提供全面模型或为更详细的分析提供精确模型。大多数 CAE 包都逐渐有能力处理不同需求的分析。

③ 数据管理：JT Open 允许应用程序深入使用 JT 数据。大多数 PDM 和数据管理工具都在文件层次进行操作，而 JT Open Toolkit 能让 PDM/PDM 工具检查产品结构、按照自己的方式建立数据表示。

④ 标准件：对于零件的供应商来说，零件的 JT 表示，加上 JT Open Toolkit 提供的基本可视化和查询功能是最理想的，既能把不同的模型统一成一种格式并可视化表示出来，也能向最终用户提供精确的表示（原始 CAD 或 JT 文件）。

(3) 用于 Web 应用程序、Creative Media 和 How To 应用程序

① Web 应用程序：能将 JT 表示配置为轻量格式以便于显示，而为产品配置使用更精确的表示，或者按照用户选择的选项做即时剖分。

② Creative Media：JT 技术也非常适用于非传统的演示论坛。除了能创建动画，丰富的纹理和灯光模型，能为产品和产品功能提供更创新的演示。

③ How To 应用程序：现场维护和车间指令应用程序可以建立在 JT 数据基础上。除了能创建动画和透视，轻量数据还有助于增强应用程序的能力，如提供远程培训等。

3. 通过"保存"菜单命令产生 JT 数据

当把模型文件打开后，有两种方法可以设定在保存数据时自动创建 JT 数据并保存。

（1）通过菜单"文件"→"选项"→"保存选项"，打开"保存选项"对话框。在对话框中，选中"保存 JT 数据"复选框。这样设置后，只会对当前打开的文件起作用，即当前所打开的文件保存后会产生 JT 文件，如图 6-27 所示。

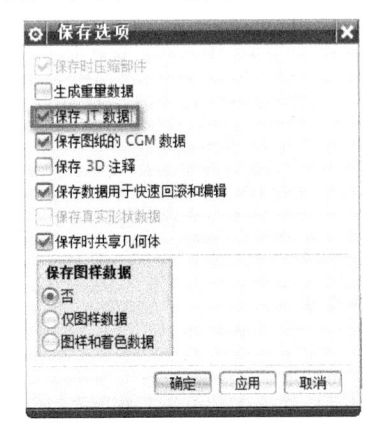

图 6-27 设置临时保存 JT 格式数据

（2）通过菜单"文件"→"实用工具"→"用户默认设置..."，打开"用户默认设置"对话框。在对话框中，选中左边的"基本环境"下边的"JT 文件"；在右边的"导出"标签页，选中"保存 JT 数据"复选框。设置后需要重新启动 NX，这样每次保存文件时都会自动产生 JT 文件，如图 6-28 所示。

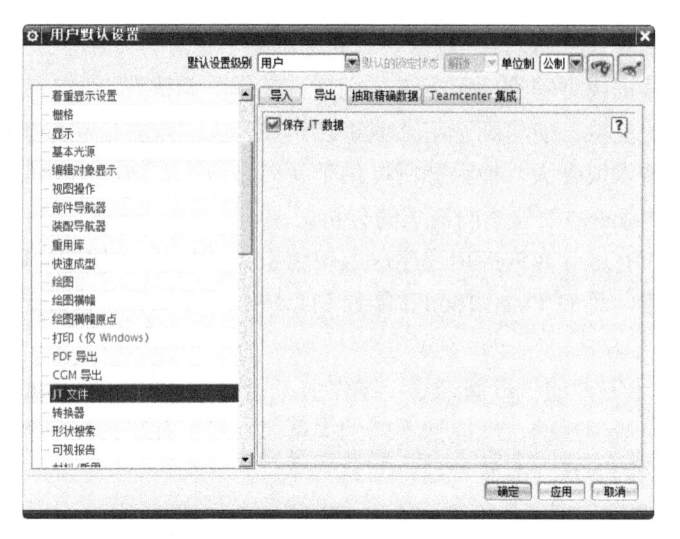

图 6-28　设置默认保存 JT 格式数据

实例 6-3　为名称为"caster_axle"的零件创建三维可视化 JT 文件

操作步骤：

（1）启动 NX Manager，打开名称为"caster_axle"的零件。

（2）设置保存选项（或设置用户选项）。

（3）单击"保存"按钮，或选择"文件"→"保存"菜单。

（4）登录 Teamcenter 客户端，读者可以发现，在名称为"caster_axle"的零件下，有一个名为"caster_axle-A"的 DirectModel 类型的数据集。该数据集中存放的是模型对应的 JT 可视数据文件，如图 6-29 所示。选中 DirectModel 类型中的"caster-axle-A"数据集，然后，在右边切换到"查看器"标签，即可在 Teamcenter 中实现对该零件的三维可视化浏览。

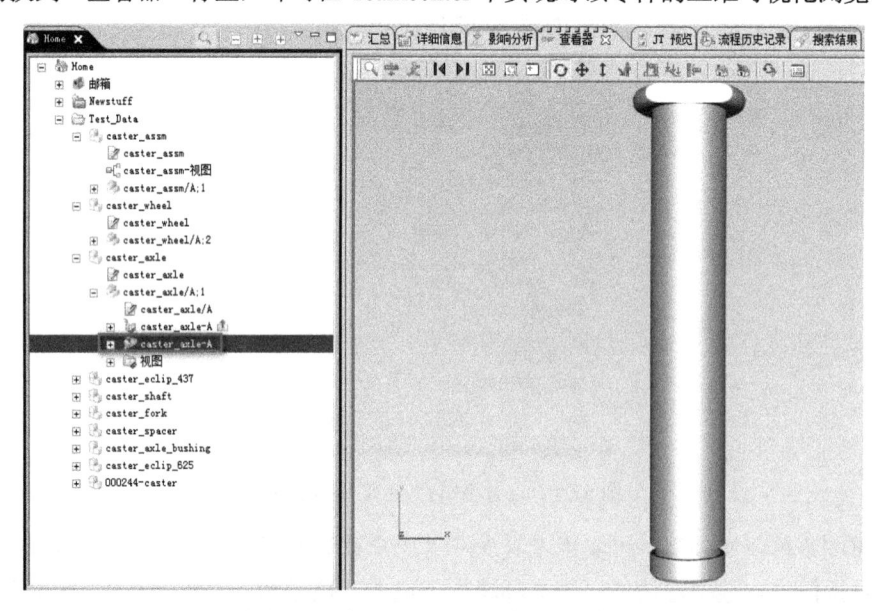

图 6-29　在 Teamcenter 中浏览 JT 数据

第6章 PDM系统集成

本章习题

一、填空题

1. 系统集成大体经历了_____、_____、_____三个阶段。
2. 3C系统集成中的3C是_____、_____、_____。
3. Teamcenter中导入装配的命令是_____。
4. Teamcenter中导出映射文件的命令是_____，导入映射文件的命令是_____。
5. NX的标准模板文件位于_____目录中。
6. 汽车行业事实上的3D可视化格式标准是_____格式。

二、简答题

1. 简述主模型与非主模型的概念及应用。
2. 简述NX Manager的功能。
3. 解释NX模板文件的概念及构成。
4. UG Master和UG Part数据集如何使用？

三、操作题

1. 分别用界面导入和命令行导入两种方式导入溜冰鞋装配（2105），写出完整的操作步骤。
2. 将自定义类型为"Y2_StandardPart"的零件的两个属性"Y2_Spec"映射到NX中。

第 7 章　项目管理

7.1　基础知识

7.1.1　项目管理的概念

1. 项目管理的定义

美国项目管理协会（Project Management Institute，PMI）对项目管理的定义：一种将知识、技能、工具和技术投入到项目活动中去的综合应用过程，目的是为了满足或超越项目所有者对项目的需求和期望。其中，项目所有者对项目的需求和期望由各因素构成，包括项目的范围、时间、成本和项目品质，以及对项目明确的要求（需求）及不明确的要求（期望）等。这一定义较为直观地告诉了人们项目管理能带来的好处，例如，能更好地控制投资和资源、改进与客户的关系、提高效率等。

项目管理的根本目的是努力使项目相关方或项目相关利益者对项目的不同要求和期望能很好地得以实现，并最终使项目成果最大限度地满足或超越项目所有相关利益主体的要求和期望。这既是现代项目管理的关键和难点所在，也是项目管理的作用和职能所在。项目管理就是要开展项目起始、计划、组织、控制和结束的管理工作，这些项目管理工作构成了项目管理的过程，这种过程贯穿于项目各个不同阶段之中。这种项目管理过程中与人们在日常运营管理中所使用的管理知识、技能、方法和工具是不同的，我们通过以下四点，比较项目管理与日常运营管理的不同，可以帮助我们更好地认识项目管理的特性与内涵。

（1）项目管理与日常运营管理的管理对象不同。项目管理的管理对象是具有一次性、独特性的具体项目活动，项目管理是对于项目所包含的创新活动的管理，并且由于项目的管理工作没有一成不变的模式和方法可以直接使用，项目管理也必须通过管理创新来实现对项目的有效管理。而日常运营管理的管理对象是企业或组织的日常运营，这种日常运营是一种重复性、经常性的活动。

（2）项目管理与日常运营管理的管理原理不同。由于项目管理是一种基于活动或过程的管理，所以项目管理更加强调集成管理和团队合作。而日常运营管理是一种基于分工和职能的管理，所以日常运营管理更加强调专项管理和职能管理。项目管理比日常运营管理在原理上更加非程序化和非结构化，从而更具有独特性和创新性。

（3）项目管理与日常运营管理的管理目标不同。项目管理的根本目标是项目本身的成败，是如何使用最小的成本去按时生成项目的产出物,并且能够使其发挥作用或实现项目的目标。而日常运营管理的根本目标是日常运营本身的正常与否,以及能否持续日常运营并盈利,能否收回项目的投资,获得更多的利润。

(4)项目管理与日常运营管理的管理内容不同。项目管理主要包括项目质量、范围、时间、成本、集成、采购、沟通、人力资源和风险等方面的管理。而日常运营管理主要包括供应、生产或服务、销售、人事、财务、物资、信息等方面的管理。

2. 项目管理知识体系

目前,国际上有两大项目管理知识体系。一是以欧洲国家为主的体系——国际项目管理协会(International Project Management Association,IPMA),另一体系是以美国为主的体系——美国项目管理协会(Project Management Institute,PMI)。成立于1969年的美国项目管理协会目前已有4万多名会员,并编写了《项目管理知识体系》(Project Management Body Of Knowledge,PMBOK)。在PMBOK中,将项目管理划分为9个知识体系,即范围管理、时间管理、费用管理、质量管理、人力资源管理、沟通管理、采购管理、风险管理和项目整体管理。具体如图7-1所示。

范围管理(Scope Management)。基本内容是定义和控制列入或未列入项目的事项,包括项目范围的界定、规划、核实和变更控制等

沟通管理(Communication Management)。项目沟通管理是保证信息及时、准确地提取、收集、传播、存储及最终处置的过程。其主要内容包括沟通规划、信息发布和进度报告等

费用管理(Cost Management)。费用管理是为了保证在批准的项目预算内完成项目资源的管理过程。它包括资源的配置、成本费用的估算及费用控制等

风险管理(Risk Management)。项目实施中可能遇到各种不确定的因素,为了将他们有利的方面尽量扩大并加以利用,而将其不利方面所带来的后果降到最低程度,需要采取一系列风险管理措施。包括风险识别、风险量化、制定应对措施和风险控制等

人力资源管理(Human Resource Management)。人力资源管理是为了保证所有项目关系人的能力和积极性都得到最有效地发挥和利用而采取的一系列管理措施。它包括项目组织规划、团队的建设、人员的选聘和项目班子建设等

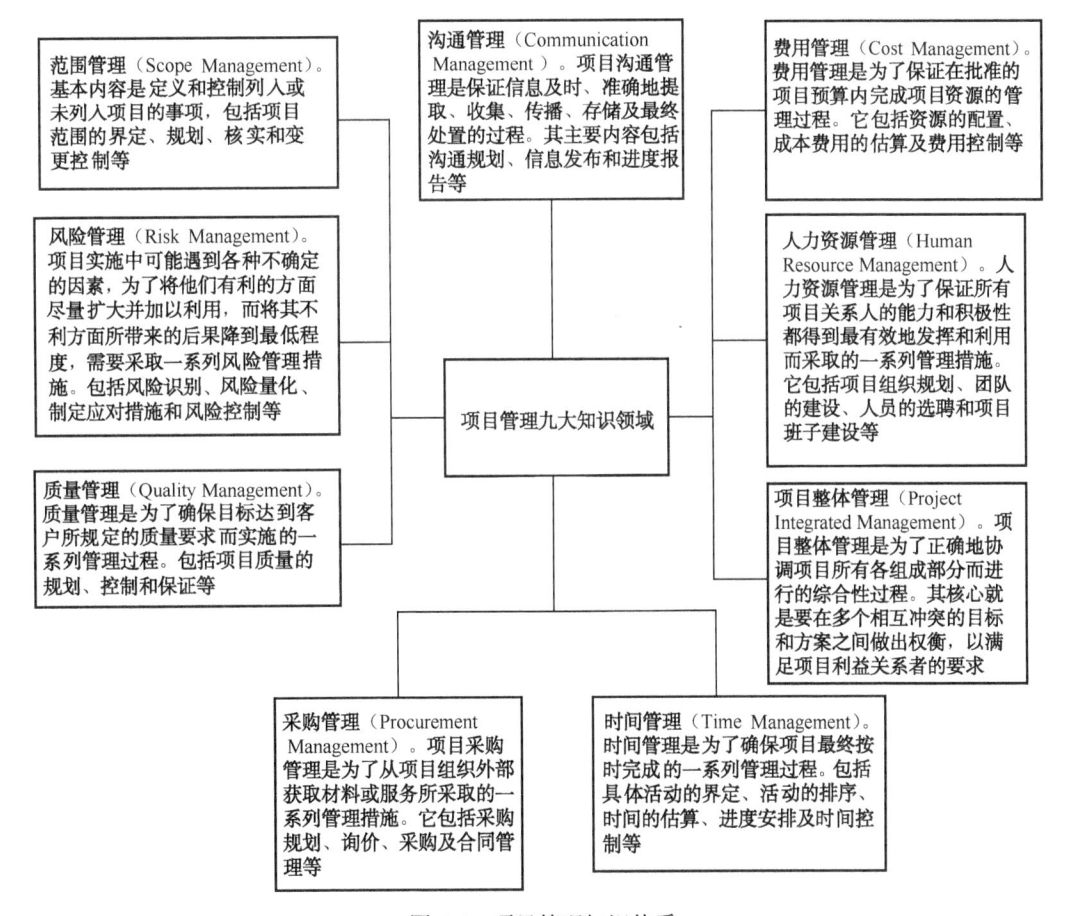

质量管理(Quality Management)。质量管理是为了确保目标达到客户所规定的质量要求而实施的一系列管理过程。包括项目质量的规划、控制和保证等

项目整体管理(Project Integrated Management)。项目整体管理是为了正确地协调项目所有各组成部分而进行的综合性过程。其核心就是要在多个相互冲突的目标和方案之间做出权衡,以满足项目利益关系者的要求

采购管理(Procurement Management)。项目采购管理是为了从项目组织外部获取材料或服务所采取的一系列管理措施。它包括采购规划、询价、采购及合同管理等

时间管理(Time Management)。时间管理是为了确保项目最终按时完成的一系列管理过程。包括具体活动的界定、活动的排序、时间的估算、进度安排及时间控制等

项目管理九大知识领域

图 7-1 项目管理知识体系

这9个知识体系分别从不同的管理职能和领域描述了现代项目管理者需要的知识、方法、工具、技能及相应的管理实践。

3. 项目管理发展的特点和应用

随着世界经济由工业经济向知识经济的转变，人们对劳动价值的衡量与评价也发生了变化。在知识经济时代，人们将知识通过劳动转化为产品，投放市场，从而产生经济效益。其中极其重要的实现方式就是各种各样的项目。因此，项目管理的研究也在知识、创新和市场的综合发展中逐步发展，主要有三个特点：全球化、多元化和专业化。如今，项目管理作为一种现代化管理方式在国际上已获得了广泛的应用，从最初的国防、航空航天、建设工程领域，迅速发展到电子、通信、计算机、软件开发、金融等行业，以及政府机关的项目管理。当前，越来越多的企业和组织在内部推广项目管理的理论方法及管理模式，如果采用项目管理方式进行产品开发，效果更加明显，可节省大量资源和财富。

7.1.2 项目的组织、执行与模型

1. 项目组织

项目组织（Project Organization）是为了完成特定的项目任务而建立起来的，是从事项目具体工作的载体。

对于一个特定的项目参与方（如业主方、承包方等）而言，项目一旦确立，公司高层管理者就需要确定该项目与公司之间的关系，并且选择项目组织结构类型。组织结构从面向职能到面向项目的程度可以划分为职能型组织结构、项目型组织结构和矩阵型组织结构。

（1）职能型组织结构：在职能型组织结构中，每个职能部门可以根据它的管理职能对其直接和非直接的下属工作部门下达工作命令。每个工作部门可能得到其直接和非直接的上级工作部门下达的多个工作指令。

（2）项目型组织结构：项目型组织结构是按照项目设置的，每个项目相当于一个微型的职能型组织，每个项目都有自己的项目经理及其下属的部门和职员。项目经理全权管理项目，能够配置项目所需的全部资源，并且对项目成员有着直接的管理权力。

（3）矩阵型组织结构：矩阵型组织结构是为了最大限度地利用组织中的资源而发展起来的，是由职能型组织结构和项目型组织结构结合而成的一个混合体。它在职能型组织的垂直层次结构中叠加了项目型组织的水平结构，因此，矩阵型组织结构兼有职能型组织结构和项目型组织结构的特征。

一个项目应该使用何种形式的组织结构并没有定论，可根据项目完成的情况来判断所选的组织结构是否合适。项目组织结构形式的适用范围及优缺点比较见表7-1。

表7-1 项目组织结构形式的适用范围及优缺点比较

组织结构类型	适用范围	优点	缺点
职能型	小型简单项目； 公司内部项目； 内容涉及较少部门的项目	强大的智力和技术支持； 人员使用的灵活性； 专业化分工	协调较难； 人员构成不稳定； 职责不明确
项目型	非营利机构； 建筑业及航空航天业； 价值高、期限长的大型复杂项目； 公司中多个相似的项目	管理层次清晰； 目标统一，成员稳定； 直接向客户负责	机构的重复设置； 资源配置效率低； 创新能力差

第7章 项目管理

续表

组织结构类型	适用范围	优点	缺点
矩阵型	多工种、多部门、多技术配合的大型项目； 人、财、物效率要求高的项目； 公司资源共享、广泛沟通的项目	有效利用资源； 促进学习，交流知识； 沟通良好； 注重客户	双重汇报，多头领导问题突出； 权责界定模糊； 需要平衡权力

在实际工作中，没有一种组织结构在一般意义上比别的组织结构整体上更好，也就是说，没有一种组织结构针对所有的环境、组织资源、项目特点都比另一种结构要好。所以，面对特点不同的各个项目，组织结构的选择只能据实而定。

项目通常是在资源有限的情况下实施的，它要求项目管理人员从项目启动之初就根据项目的不同工艺特点，不同的内外部条件，选择合适的项目组织结构，但其在选择项目组织结构时所遵循的原则是相同的，即①目标性原则；②整体性原则；③统一指挥原则；④人尽其才原则；⑤利于控制原则；⑥适应性原则；⑦重要性原则。

项目组织不仅是开展项目管理工作的基础，也是项目正常实施的保证。组建项目组织的目的是为了充分发展项目管理的职能，提高项目管理的整体效率，最终实现项目所确定的目标。项目组织与一般组织相同，具有相应的领导（项目经理）、规章制度（项目章程）、相关人员（项目团队）及组织文化等。建立项目组织的工作过程如图7-2所示，具体步骤如下。

（1）确定项目合理目标。项目的实施者与委托方进行讨论，确定一个合理的、科学的项目目标是项目工作开展的基础，同时也是选择组织结构的重要基础。

（2）确定项目工作内容。确定项目具体工作内容时，围绕项目的工作目标与任务进行分解，一般按类别分成几个模块，模块之间可能根据项目进度及人员情况进行调整，从而使项目工作内容系统化。

（3）确定组织目标和组织工作内容。在项目的实施过程中，并非所有的项目目标都是项目组织所必须达到的，也不是所有的工作内容都是项目组织所必须完成的，这一阶段必须明确在项目工作内容中哪些是项目组织的工作内容。

（4）项目组织结构设计。根据项目的特点和项目内外环境因素，选择一种适合项目工作的管理形式，并完成组织结构的设计，包括组织形式、组织层次、各层次的组织单元（部门）、相互关系框架的设计等。

（5）工作岗位与工作职责确定。工作岗位的确定要满足以事定岗的原则，满足项目组织目标的要求。岗位的划分要有相对独立性，同时要考虑合理性与完成的可能性等。岗位确定后，就要确定各岗位的工作职责。

（6）人员配置。在项目人员配备时要做到人员精干，以事选人，根据不同层次的事情安排不同层次的人。

（7）制定工作流程。制定工作流程要落实到书面文件，取得团队内部的认知才能得以实施。各个具体职能分工之间，各组织单元之间的衔接问题是需要特别注意的地方。

（8）制定考核标准。对组织内各岗位制定考核内容、考核时间、考核形式等考核标准，以保证项目目标最终实现。在项目进展中对实施的工作进行考核。

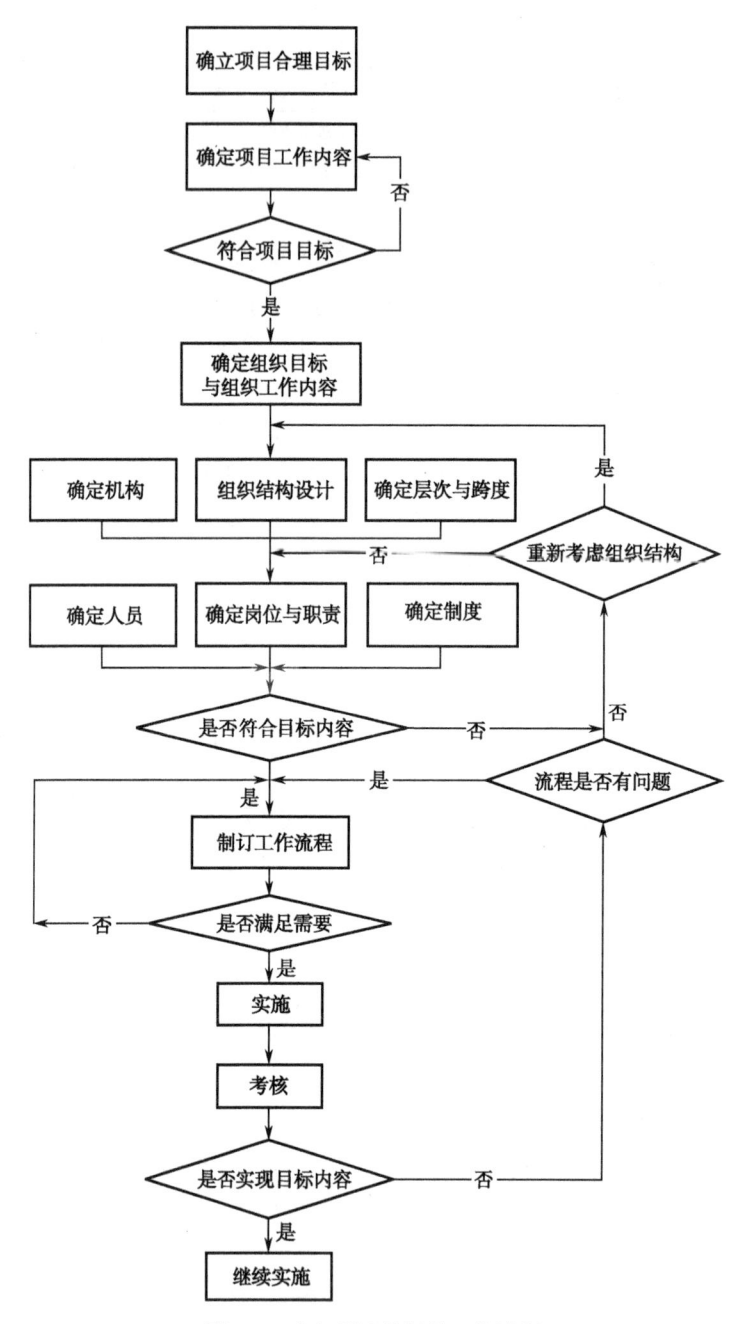

图 7-2　建立项目组织的工作过程

2. 项目执行

项目执行（Project Execution）是指将项目管理计划中所确定的工作付诸实践，为达到项目要求的过程。这一过程要求团队进行多种活动，以保证项目目标的实现。

项目执行强调的不仅是实施准备完毕后，项目按照实施前正式确定的项目基准计划和技术方案开始执行的每一项具体活动，直到项目目标的实现，同时，还强调项目组成员应该注意项目计划和方案在实施过程中的指导意义，执行任何一项任务都不应该偏离项目管理的轨迹，同时也是对项目基准计划和方案的一个有效检验过程。

3. 项目生命周期及其模型

然而，项目的最终实现依赖于那些为创造项目的可交付成果而开展的各个项目阶段。在从客户需求的产生，项目的构思与规划，到项目的实施、结束的全过程中，各项工作在时间上存在着一种自然的顺序，这个顺序和阶段性就是项目的生命周期。PMI 把项目的生命周期定义为：项目是分阶段完成的一项独特任务，一个组织在完成一个项目时会将项目划分成一系列的项目阶段，以便更好地管理和控制项目，更好地将组织运作与项目管理结合在一起，项目各阶段的叠加就构成了一个项目的生命周期。

一般意义的项目通常划分为下面四个阶段：①项目定义与决策阶段；②项目计划与设计阶段；③项目实施与控制阶段；④项目完工与交付阶段。项目的各个阶段和主要工作重点如图 7-3 所示。

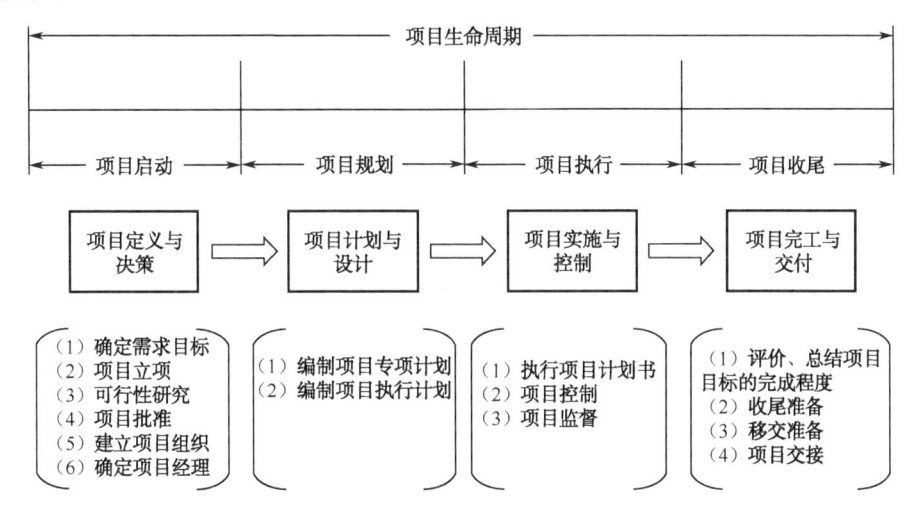

图 7-3 项目各个阶段和主要工作重点

任何项目都有自己独特的项目生命周期，所以每个项目都应该有自己特有的项目周期描述。这种利用项目生命周期构建项目管理模型的方法，要求人们根据具体项目所属专业领域的独特性和项目过程中的具体情况和限制条件做好项目阶段的划分，然后分阶段管理好项目的成果和目标，按照利用生命周期建立模型的这种方法进行项目管理的目的就是保障项目目标的实现和项目产出物的生成。

在实现整个项目管理的过程中，构造项目模型是为了研究、认识原型的性质或演变规律，其中，客观性和有效性是项目模型的首要要求。客观性是指模型应以真实世界的对象、系统或行为为基础，在应用目标的框架内，与研究对象充分相似。好的模型，或者与原型具有相同或相似的结构和机制，或者虽然结构和机制与原型不太相同，但与原型具备相似的关联。模型的有效性是指模型应能够有效地支持建模目的，否则利用无效的模型会得到错误的认识或结论。其次，模型应具有抽象性和简明性。抽象性是指模型要舍弃原型中与应用目标无关紧要的因素，突出本质因素。模型的简明性是指模型应有清晰的边界，要做出必要的假设，使模型更为直观，更便于研究者理解和把握。

在实际工作中，应根据产品的共同特性建立这类产品的项目模型对象，在进行具体产品开发时，设计人员选择对应的项目模型建立项目，那么就可以为开发人员省去烦琐的项目分解，定义工作，这样所有的产品都采用经过优化的项目模型，大大提高项目管理的效率与效果。

7.1.3 PDM 项目管理

PDM 以产品为中心，通过计算机网络和数据库技术，把企业生产过程中所有与产品相关的信息和过程集成起来，统一管理，使产品数据在其生命周期内保持一致、最新和安全，为工程技术人员提供一个协同工作环境，从而缩短产品研发周期，为企业赢得竞争优势。它能有效降低工程设计成本、减少产品设计到投产的时间、提高产品质量、增加产品设计生产率、提高设备利用率、降低人工成本等，因而受到很多企业的好评。

1. PDM 项目管理的特点

正确的项目管理是保证产品开发服务正确运行的关键，项目管理作为 PDM 的重要组成部分，也是 PDM 系统中必须进一步开发的功能。是在一定的约束条件下，以高效实现项目目标为目的，以项目经理个人负责为基础，以项目为独立实体进行经济核算，并按照项目内在的逻辑规律进行有效的计划、组织、协调、控制的系统管理活动。

PDM 项目管理与专业的项目管理系统相比较有它自身的一些特点：①项目通常是面向企业产品开发的；②为项目的顺利进行而组成集成产品开发团队；③支持协同产品开发。PDM 系统中的产品结构管理模块、工作流管理模块、用户管理模块和邮件管理模块可以用于支持 PDM 系统进行项目管理，将这几个模块的功能集成起来建立项目管理模型，是支持 PDM 系统进行项目管理的关键。下面，就对这几个模块如何支持 PDM 系统进行项目管理做简要分析。

（1）产品结构管理。PDM 系统采用了视图控制法来对某个产品结构的各种不同划分方法进行管理和描述，产品结构视图可以按照项目任务的具体需求来定义，也可以反映项目里程碑对产品结构信息的要求。

（2）工作流管理。工作流管理的作用是对整个产品的形成过程进行控制，用以支持和改善所有与产品形成过程有关人员的协同工作，进而从整体上提高工作效率。工作流管理不仅可以用于控制产品形成过程的各个阶段，还可以对完整的过程链进行控制，该过程链包括一系列阶段性标志，如产品开发、实验、生产、发放、应用、维护和报废处理等。工作流管理还可以为项目任务数据对象（主要指文档）赋予流程。当任务中的文档被赋予流程时，流程用于该文档的流转过程，工作流管理模块根据各环节的操作自动将文档推到下一环节。若任务有相关的文档被赋予了流程，只有当所有被赋予流程的文档走完相关流程后，该任务才能够提交，继续走下一步项目流程结点（任务结点）。

（3）用户管理。PDM 系统对系统用户的个人信息进行管理，项目负责人利用这些信息，可以针对一个既定的项目任务组织起一个尽可能完美的集成产品开发团队。

（4）邮件管理。在项目计划建立之后的整个管理阶段中，用户会需要与其他分配有任务的人员交流项目信息，这时可以利用 PDM 系统的邮件管理功能在用户之间通信。

基于以上分析，可以给出如图 7-4 所示的 PDM 项目管理模型。

第 7 章 项目管理

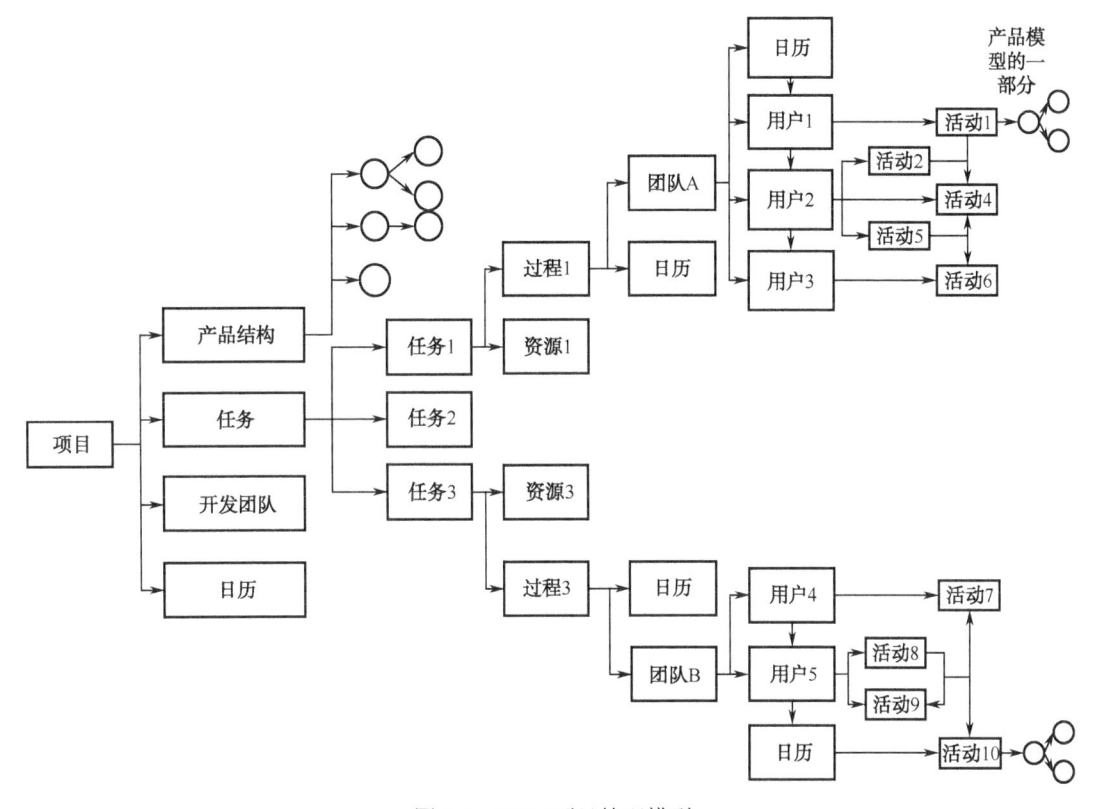

图 7-4 PDM 项目管理模型

在 PDM 系统中，项目管理除了通过对产品结构进行管理来分配任务，还被用于文档管理、产品配置和工艺管理等。这就保证了使项目管理作为管理学与计算机和企业信息行业相联系的一个重大契机，更大限度地发挥项目管理的作用，从而建立起一套完整的 PDM 项目管理体系。

2. PDM 项目周期管理模型

项目管理并不存在固定的模式，并且每个项目的生命周期都是独一无二的，PDM 中采用的项目生命周期是一个较高层次的管理模型，可以分为以下五步，其控制流程如图 7-5 所示。

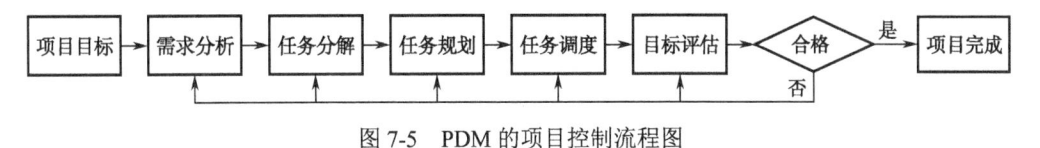

图 7-5 PDM 的项目控制流程图

3. PDM 项目管理结构分析

PDM 项目管理功能模块的设计要结合项目管理方法，充分考虑到产品开发的实际需求，提供灵活的项目建模和运行控制方法，以实现对开发过程的控制。

图 7-6 是一个项目管理模块结构设计的例子，从图中可以看出，整个项目管理模块通过网络、数据库及其他 PDM 应用工具，由项目定义层对项目立项，定义项目的基本信息；然后由计划编制层对计划建模，将任务层层表达，确定任务之间的关系，形成了可执行的任务

流；项目执行层通过任务表管理器的任务表视图，了解工作任务和进度信息，并对任务进行相关操作；项目监控层监督项目运行，提醒并通知相关人员，在需要的时候，对项目安排做相应调整。不同层次、不同角色的项目人员拥有不同的权限。PDM 数据库中存放了项目计划模型、运行过程信息、项目文档等信息。项目管理各模块与 PDM 其他模块如工作流管理、文档管理、人员管理等协同执行，确保产品开发项目的顺利完成。

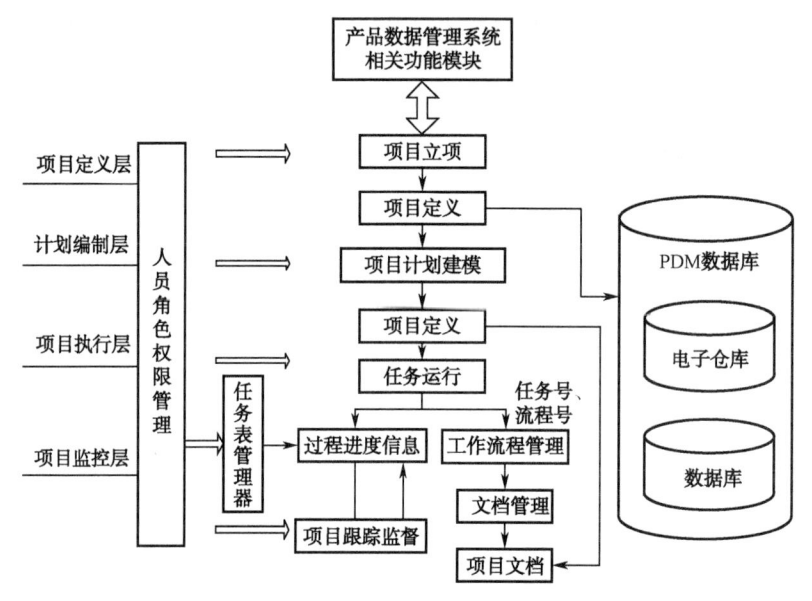

图 7-6 项目管理模块结构设计

4．PDM 项目管理在企业中的重要作用

任何企业在实施 PDM 时，都应该按照项目管理中的项目组来下达任务、分解任务、规划任务，如果对一个项目没有一个宏观的把握，很难将项目实施成功。若采用项目管理在任务分解阶段将项目分解为图表式里程碑标志，在任务执行时就能随时监控项目的进行情况，不但对项目本身起到积极的作用，管理者也能够充分发挥其能动作用，在 PDM 系统中甚至可以渗透进管理者本身的人文关怀，从而体现企业文化。从 PDM 系统的启动到任务的开发与监控，其中有许多重大问题需要最高决策者来决策，尤其是在实施过程中遇到的问题，可能会涉及一个单位的战略取向和管理风格，因此，PDM 系统在应用过程中应以项目管理为主线，统领整个 PDM 系统的每个实施阶段。

如今，随着市场经济的快速发展，企业要想在激烈的市场竞争中发展壮大，就必须将项目作为其生存和发展的基础和载体，从而使项目管理的应用范围不断扩大。因此，PDM 系统已经被越来越多的企业关注，充分利用 PDM 的数据管理平台优势，将 PDM 系统与项目管理有机结合，既可以发挥两者的优势与功能，加强企业的项目管理能力，又能够使 PDM 系统中的过程与项目管理中的项目任务有效地关联起来，为企业产品研发搭建一个有效的、可以协同管理的平台，缩短企业研发新产品所耗费的时间，从而提高效率，达到控制成本的目的。

7.2 Teamcenter中的项目管理

项目管理解决方案是 Teamcenter 系统的一个重要组成部分,能使产品数据管理支持产品开发过程或企业级项目管理的计划和成本控制,以及资源优化等,并实现 Teamcenter 其他解决方案的集成。为了满足提高公司责任性的需求,Teamcenter 提供的项目管理解决方案,把 Teamcenter 的知识管理、过程管理和项目管理功能,以及管理报表统计功能集成在一起,从而增强企业监测、控制和改善每个上市产品开发计划执行性的能力。Teamcenter 项目管理模块提供的主要功能如图 7-7 所示。

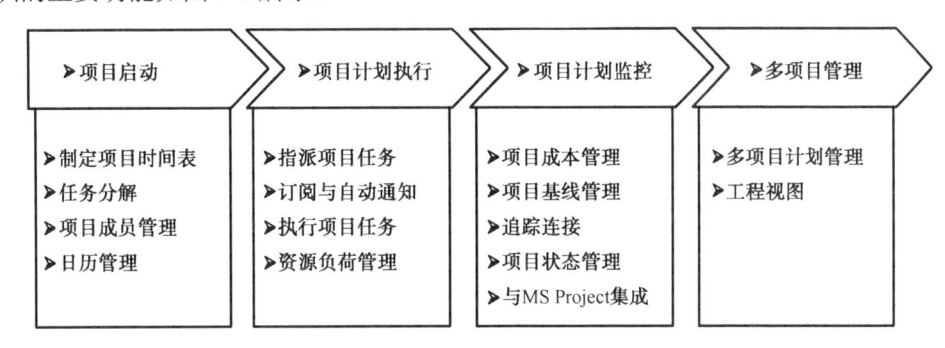

➢项目启动	➢项目计划执行	➢项目计划监控	➢多项目管理
➢制定项目时间表 ➢任务分解 ➢项目成员管理 ➢日历管理	➢指派项目任务 ➢订阅与自动通知 ➢执行项目任务 ➢资源负荷管理	➢项目成本管理 ➢项目基线管理 ➢追踪连接 ➢项目状态管理 ➢与MS Project集成	➢多项目计划管理 ➢工程视图

图 7-7 Teamcenter 项目管理解决方案

7.2.1 Teamcenter 项目管理概述

Teamcenter 所涉及的项目管理主要是项目的计划管理、资源管理和进度控制。通过项目管理帮助企业,在产品从概念设计到维护直至报废的完整的产品生命周期过程中,实时协作地进行重大项目的规划和管理,并对整个产品研制过程进行项目运行状态的监视,完成计划的反馈。Teamcenter 项目管理易于使用,具备丰富的业务功能,能够进行真正的项目计划和资源管理,在交互式环境中建立并共享项目信息。Teamcenter 项目管理提供了广泛的团队工作区集合,以及丰富的项目管理功能,为那些需要跟踪项目进度、项目成本、交付指标和项目资源的产品团队或项目团队提供了一个高度交互式的、灵活的协作环境。Teamcenter 主要提供了以下技术手段。

(1)项目成员能够创建、维护、监控项目的进度,灵活地分解任务、创建任务间的依赖关系、定义里程碑和开始/结束日期。项目成员可以通过交互的方式获得和更新甘特图等项目状况信息,实时监控项目的进展,可以通过简单的操作修改项目进度表。多任务的层次化分解、项目基线的设定、工作量跟踪、任务的约束条件设置等工作均可在系统中方便地完成。

(2)提供资源组织和资源管理功能,项目管理者可以使用此功能进行多项目的规划与管理。例如,可以根据相关任务状况、成本约束、完成各任务所需要的资源、资源特长、资源占用情况等信息来定义项目进度表。在多项目的环境中,任务可以落实到人,项目的状况可以实时地用直观的方式显示,便于监控。项目成员可以随时随地接收到分配给他的任务,并将所负责任务的进展情况随时随地报告给项目管理层。

(3)为高层领导和项目管理层提供了大量的跟踪和报告工具。高层领导可以获得所有项目和项目组的总体状况报告。当出现严重问题时,高层领导可以及时获得与事件相关的报告。管理层可以用订阅的手段获得与所关心主题相关的进度、成本、记事簿、讨论等方面的信息。管理层还可以用直观的跟踪甘特图等方式获得项目的总体状况。Teamcenter 项目管理提供了多种报表模板,用不同的方式提供跨项目的数据报表。

7.2.2 Teamcenter 项目管理的主要功能

Teamcenter 项目管理的功能是指以下主要功能:项目成员管理、日历管理、资源负荷管理、项目基线管理、项目状态管理、多项目协同管理。通过以上功能的配合使用来计划跟踪 Teamcenter 系统中的项目活动,以上功能的运用需要进入 Teamcenter 软件的"时间表管理器"应用模块,在进入"时间表管理器"之前需要创建一个项目计划,项目计划的创建与 Teamcenter 系统中的其他 Item 对象一致,具有图号、名称、版本三个重要属性,支持客户化定制。项目计划的所有者可以添加项目组成员,并决定项目成员的权限。

1. 项目成员管理

在创建项目时间表时可以同时指派项目资源,以便有充足的可选资源,增加项目计划的精确度和完整性。根据项目中的不同任务,需要为成员指定角色并赋予不同的访问权限,以满足项目数据共享、安全管理的需求。同时在成员管理中,允许为每个参与者制定工资费率和工作日历,便于计算项目成本。如图 7-8 所示,是为项目指派成员。

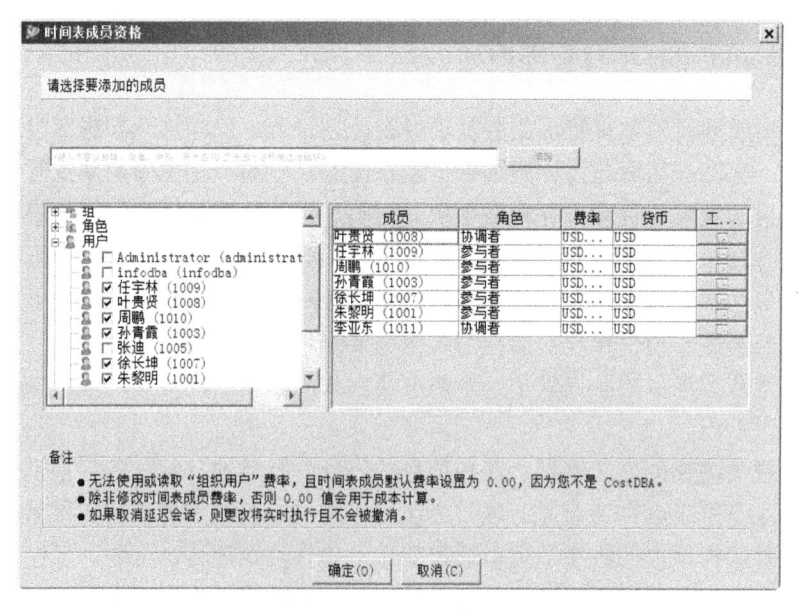

图 7-8 指定项目成员

2. 日历管理

时间表日历管理提供了细粒度的工作日历管理功能,允许为每个用户和每个项目定制工作日历。允许把每个工作日划分成多个用工时段分别管理,实现任务及资源的精细管理,如图 7-9 所示是时间表日历管理的主界面。使用时间表用户工作日历,可为单个用户设置休息日、假日和每日工作时间。工作时间由工作日历优先顺序确定。例如,向用户指派任务时,按如下方式确定该用户的工作时间。

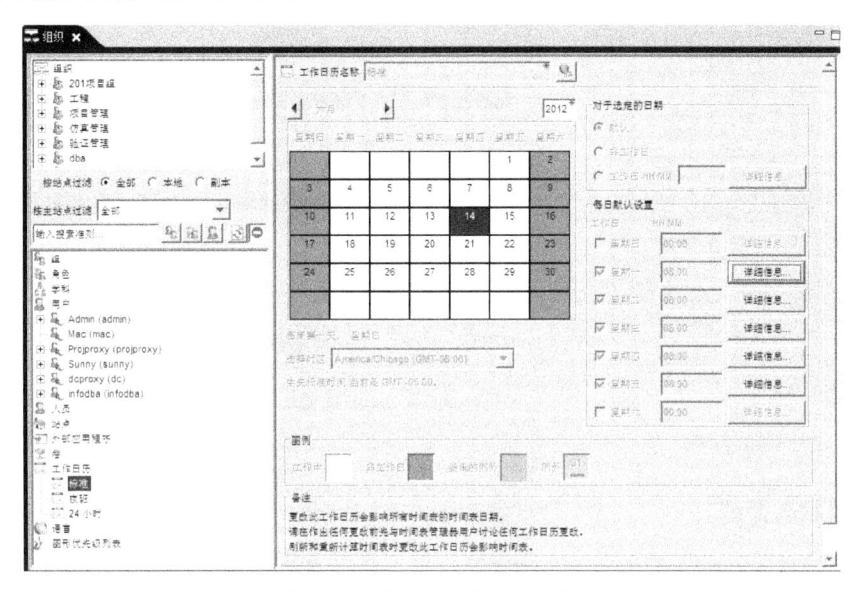

图 7-9　时间表日历管理主界面

（1）如果存在时间表用户工作日历，该工作日历将确定用户工作时间。

（2）如果不存在时间表用户工作日历，但存在用户工作日历，则用户工作日历确定用户工作时间。

（3）如果时间表用户工作日历和用户工作日历均不存在，则使用时间表工作日历。

3．资源负荷管理

资源和技能即能够以部门、业务单位或其他分解资源的组织类型为单位，通过资源夹来进行组织。系统支持的功能包括建立并分配团队资源、查询维护技能集、浏览跨项目用户的任务分配、交互式查看资源柱状图、进行工作载荷的管理。资源图以条形图的方式展现数据，该图展示在特定开始日期和结束日期之间的用户工作负荷或任务。将鼠标光标悬停在资源图中的某个条形上时，工具提示会显示任务名称和时间表名称、完成的工作和估计工作量、完成百分比及该条形的日期。工程师可以通过组织应用程序或时间表管理器应用程序两种方式查看资源图，在组织中可以查看所有人员的资源使用情况，便于掌握企业资源的总体使用情况，便于指派新的任务和进行任务调整。

4．项目基线管理

基线代表时间表在给定时刻的快照。利用它可以查看实际时间表与原始计划的时间表的对比情况，评估哪些任务延误及哪些任务提前完成，也可以将估计的持续时间与实际的持续时间进行比较，针对任务建立基线，添加到现有的时间表基线中，更新时间表基线。时间表管理器具有为时间表和任务创建基线的功能，也可以为一个时间表创建多个基线并将其中一个指派为活动基线。如果正在使用主时间表和子时间表，则应用于主时间表或任何子时间表的所有基线操作也会应用于其他时间表。

通过时间表基线功能抓拍时间表快照，记录时间表历史状态并新建基线，可以复制现有基线并根据更新选项更新选定的任务类型，如图 7-10 所示。

系统也提供便捷的基线状态设置、基线编辑管理功能,如图 7-11 所示。

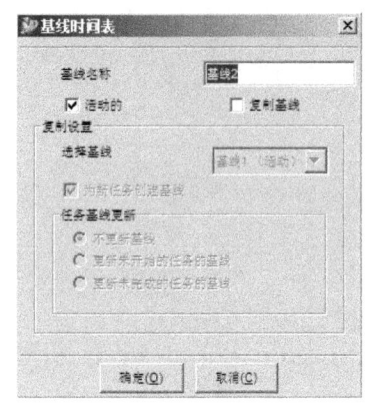

图 7-10 创建基线　　　　　　　　　图 7-11 管理基线

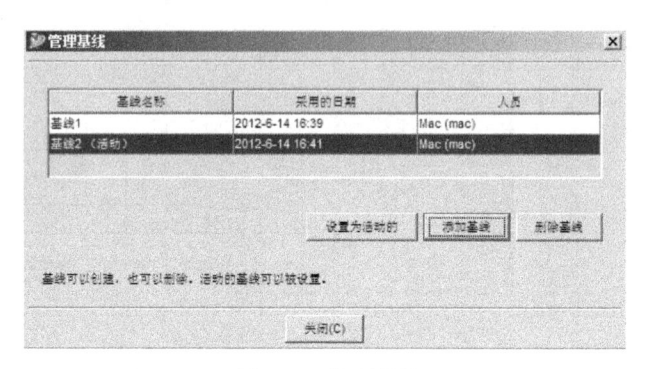

5. 项目状态管理

任务表通过任务名称旁边的彩色指示符来显示任务状态,项目状态管理为时间表和任务提供了多种状态标识,包括进行中、完成、延迟、需要注意、放弃等可视化标识,可直观地显示任务的当前状态。任务开始后,指示符显示任务的当前状态,如图 7-12 所示。

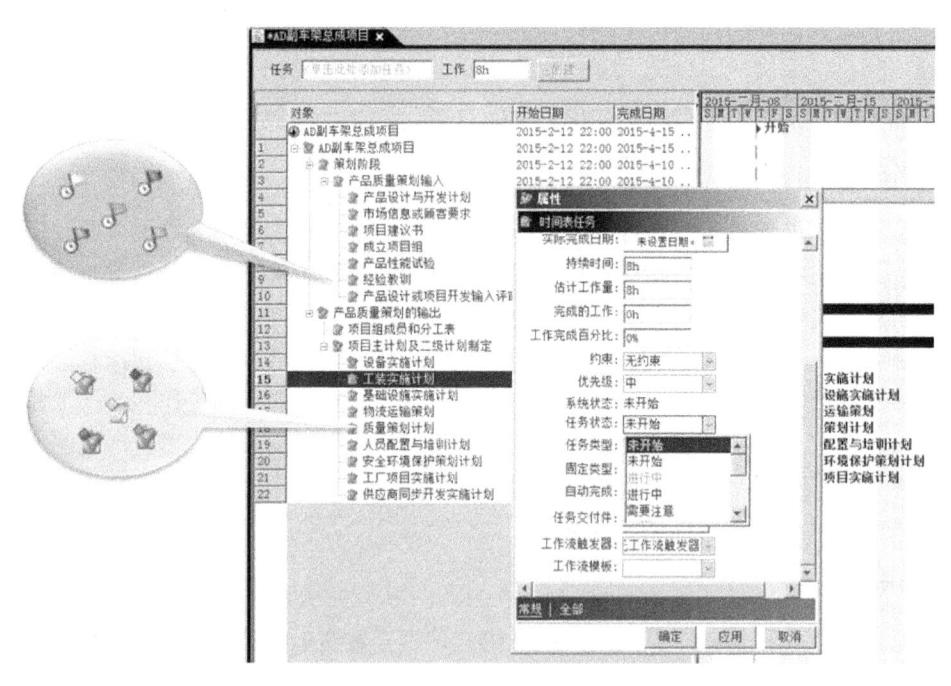

图 7-12 任务状态显示与设定

在时间表有效期间,时间表管理器可以更新任务状态。例如,如果任务状态为未开始,并且输入了完成的工作或工作完成的百分比值,时间表管理器会将状态改为进行中。如果工作完成的百分比值为 100%,时间表管理器会将任务状态改为完成。

表 7-2 描述了各个任务状态,以及指派给指示符的颜色。

第 7 章　项目管理

表 7-2　项目任务状态及图标

任务状态	颜色	符号	描述
未开始	无	无	表示尚未对任务开展任何工作。例如，任务工作量估计设置为 8 小时，但是完成的工作为 0 小时，则工作完成百分比为 0%，这是任务初始创建时的默认状态
进行中	绿色		表示任务工作正在进行中，当完成的工作值小于任务工作量估计值时表示为进行中。对完成的工作或完成工作的百分比进行初始更改，会促使时间表管理器将状态从未开始改为进行中
须关注	红色		表示时间表协调者需要审核任务并解决全部问题
完成	蓝色		表示任务的相关工作已完成。当任务工作量估计值等于完成的工作值或者任务状态更改为完成时，均会显示为完成的状态
已废弃	灰色		表示没有对任务执行进一步的工作，完成的工作不再发生变化。时间表管理器会自动将任务的状态更改为已废弃
延误	黄色		表示任务的完成日期已到，但工作完成百分比却没有达到 100%，时间表管理器会自动将任务的状态更改为延迟的

6．多项目协同管理

通过表格视图或施工进度表，项目成员可以共同进行实时项目计划编制。施工进度表的功能非常强大，它支持直接在图中对不同图标进行拖放操作。项目的计划必须通过一种图形化的直观方式进行共享管理。与文档的模板管理相同，项目计划的模板也通过图形化的直观方式进行体现。

7.2.3　Schedule Manager 的基本任务

Teamcenter 系统中的项目管理模块又称为 Schedule Manager，项目负责人通过 Schedule Manager 创建项目工作内容与时间进度，包括描述项目工作的详细任务、时间约束和资源配置。在时间进度的各个节点上，可以设置时间表快照（基线），并添加里程碑。每个项目的时间进度都与日历绑定，可以跟踪到工作日（或小时）、节假日和休假期。Schedule Manager 需要与流程管理结合，时间表的节点绑定到工作流的各个节点。有两种方式进入 Teamcenter 系统的 Schedule Manager 功能模块，一种是找到已有的项目计划，将其发送到"时间表管理器"；另一种是在导航器中直接双击进入"时间表管理器"。当从任务表中选择任务时，时间表管理器会以甘特图的形式显示相应的任务栏，Schedule Manager 主要由以下两个视图组成。

（1）任务表（Task Table）。用表格形式显示所有的任务和里程碑。视图中各列显示任务编号、任务名称、描述、起始时间、完成时间、持续时间、前置任务和结束任务等信息。每个任务被自动分配一个任务编号。

（2）甘特图（Gantt Chart）。以可视化方式按周、月、季或年显示项目进度及任务，使用鼠标，可以操控甘特图中的项，直观地表明任务计划在什么时候进行及实际进展与计划要求的对比。管理者由此可便利地弄清一项任务（项目）还剩下哪些工作要做，并可评估工作进度。

可以在 Schedule Manager 中执行以下任务。

① 创建项目时间表。

② 任务分解与添加。

③ 订阅与自动通知。
④ 执行项目任务。
⑤ 追踪连接。
⑥ 与 MS Project 集成。

1．创建时间表

可以在 Schedule Manager 中创建时间表，也可以在 My Teamcenter 中创建时间表，但只能在 Schedule Manager 中查看和管理时间表信息。可以有三种方式创建时间表，分别为使用新建时间表向导创建、使用模板创建和使用时间表模板创建。

关于时间表的操作如表 7-3 所示。

表 7-3　时间表有关的操作

操　　作	描　　述
创建时间表	针对某项目，通过创建时间表，开始对项目进行管理工作
删除时间表	删除时间表后，将删除该时间表中的所有任务、依赖关系、成本和资源指派
变动时间表	当项目的计划时间安排发生变化时，可以使用变动时间表功能更改时间表的开始和完成日期。对主时间表的变动，将会变动子时间表
重新计算时间表	使用重新计算时间表选项重新计算时间表的任务及其依赖关系
搜索时间表	在 Teamcenter 中搜索时间表，搜索结果取决于用户与时间表的关系： (1) 使创建时间表的人员始终可以查看时间表； (2) 仅当设置了已发布时间表选项时，时间表成员才能查看时间表； (3) 仅当设置了已发布和公共时间表选项时，非时间表成员才能查看时间表

实例 7-1　时间表创建

案例要求：将 Teamcenter 项目管理的功能融入企业技术中心的项目管理中，将系统外的项目资源管理、进度监控、项目状态审核纳入 Teamcenter 中进行管理，实现系统化、流程化的管理，不需要在系统外进行手工的项目进程编制。根据企业需求，需要在 Teamcenter 系统中创建一个副车架总成项目，为项目各个子任务设置开始时间、完成时间，并指派资源。

步骤 1：

项目管理员在 Teamcneter 中创建项目管理文件夹层级结构，选中子集项目任务文件夹，单击"文件"→"新建"→"时间表"，在"新建时间表"对话框中设置项目编号、项目名称等信息，如图 7-13 所示。

步骤 2：

在项目时间表选项及详细信息栏目中输入项目开始时间、结束时间等属性，根据项目管理的需求决定是否采用模板、是否启用通知等选项，如图 7-14 所示。

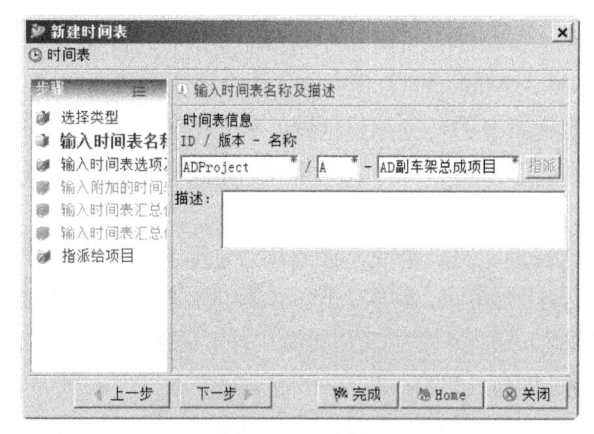

图 7-13　设置时间表 ID 及名称

第7章 项目管理

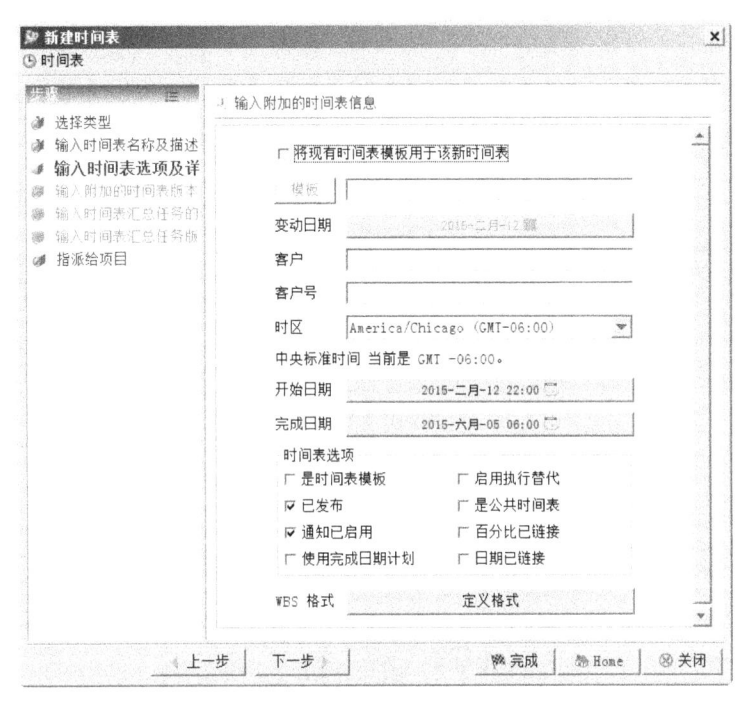

图7-14 设置附加的时间表信息

步骤3：

双击创建的项目，进入时间表管理器，在时间表管理器中输入项目阶段及子任务，为子任务添加开始时间及完成时间，如图7-15所示。

图7-15 为项目创建任务及子任务

2．任务分解与添加

Teamcenter工程师可以将任务添加到时间表。如果该时间表是主时间表且包含子时间表，则可以将任务添加到主时间表或任何子时间表中。添加任务的方式有三种：使用任务框、使用文件菜单和使用任务表。任务变化后，可以在任务表或属性对话框中更新任务属性。

3．订阅与自动通知

可在 Teamcenter 项目管理中建立规则。当发生了特定的变化，例如，当任务发生了变化，或者任务期限已经超出时，规则将触发一个电子邮件或立即消息，向团队发出通知。工程师可创建通知以向用户本人、小组成员，甚至小组以外的人通知重要事件，例如，完成日期、里程碑和任务完成情况。创建通知规则时，工程师不仅可以指定通知接收方，还可以包含与通知有关的消息文本。工程师可以根据现有的通知规则创建通知，可以同时为时间表和任务创建通知。Teamcenter 系统用户、时间表成员或项目组成员可以接收通知。表 7-4 是 Teamcenter 系统定义的通知或发放规则，可以通过二次开发实现，也可以添加自定义的通知规则。

表 7-4　发放或订阅通知

已发放通知 或订阅规则	描　　述
时间表的已发放通知 或订阅规则	● 当任务添加到时间表时 ● 当任务从时间表删除时 ● 当时间表快到期时 ● 当时间表过期时 ● 当时间表的开始日期更改时 ● 当时间表的结束日期更改时 ● 当时间表的状态更改时 ● 当时间表的状态更改为... ● 当时间表的优先级更改时 ● 当时间表的优先级更改为...
任务的已发放通知 或订阅规则	● 当任务被删除时 ● 当任务快到期时 ● 当任务过期时 ● 当任务的开始日期更改时 ● 当任务的结束日期更改时
任务的已发放通知 或订阅规则	● 当任务的状态更改时 ● 当任务的状态更改为... ● 当任务的优先级更改时 ● 当任务的优先级更改为... ● 当任务的工作量估计更改时 ● 当任务完成的工作更改时 ● 当工作就绪时 ● 当用户被指派此任务时

4．执行项目任务

工程师可以配置 Teamcenter 时间表任务，以在满足特定条件时启动关联的工作流。设置好触发规则或条件后会创建工作流程。如果存在工作流任务更新，则会向 Teamcenter 时间表任务发送一则通知，从而可以更新时间表任务，如图 7-16 和图 7-17 所示，直接在任务箱执行任务，通过工作流更新时间表任务。另外，工程师也可以通过邮件接收任务通知，在 Teamcenter 中执行。

图 7-16　任务箱查看任务信息

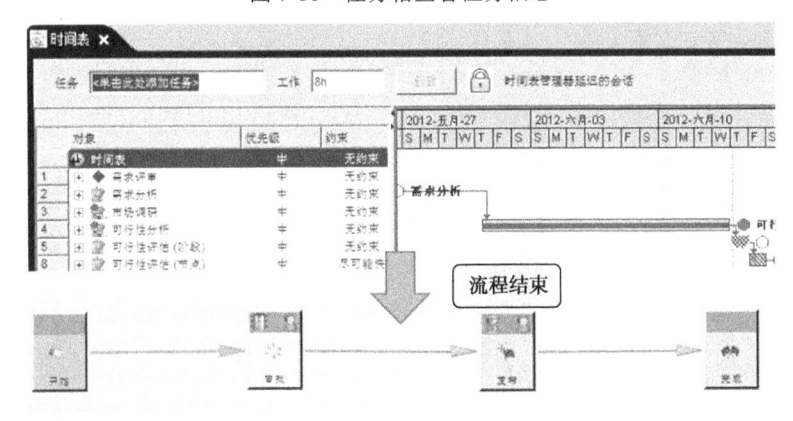

图 7-17　通过工作流更新任务表

5. 追踪连接

时间表管理器提供追踪连接功能，与需求管理等功能集成，允许在时间表、任务对象和需求、零组件等对象之间建立追踪连接，并为追踪连接的对象添加追踪标识，使追踪连接在项目、计划任务与工作对象之间建立可视关联关系。可建立项目、任务交付件（项目成果）之间的追踪连接，可准确定位并查看项目成果。如图 7-18 所示，使用可追踪性报告随时查看与对象有关的任务或者与任务有关的对象。可通过"转至对象"快速打开需要浏览的对象或任务。

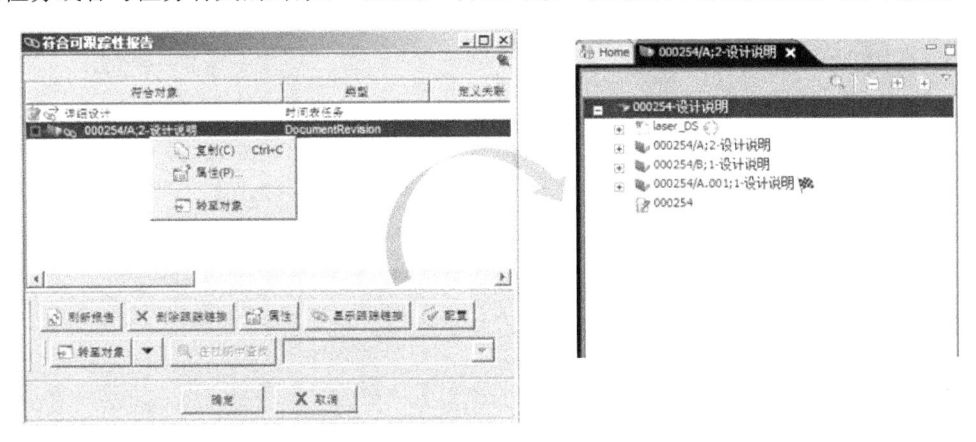

图 7-18　项目与工作对象的追踪

6. 与 MS Project 集成

与 MS Project 集成的功能实现了 Teamcenter 与 MS Project 间的数据转换。Teamcenter-Microsoft Project 插件允许 MS Project 用户与时间表管理器直接交换数据。如图 7-19 所示，可以将 Project 项目文件导入 Teamcenter 中，也可以将 Teamcenter 中的项目计划导出到 Project 中。

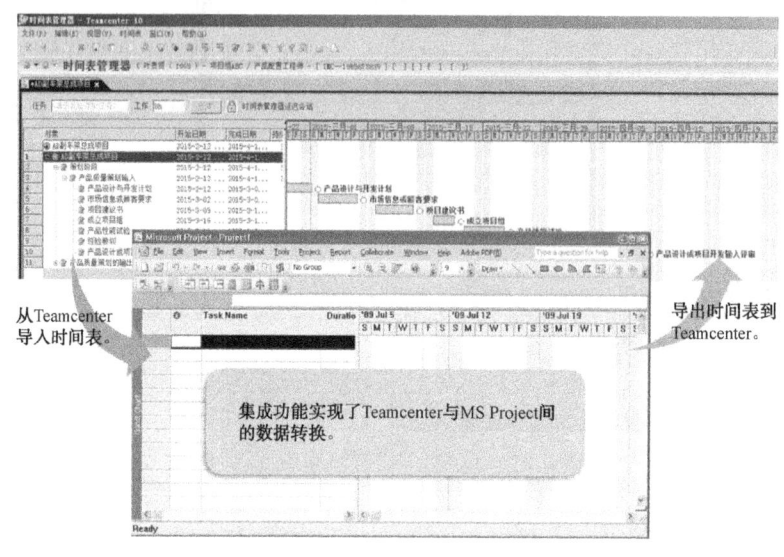

图 7-19 Project 与 Schedule Manager 的集成

实例 7-2 项目管理模块的使用

案例要求：副车架总成项目创建好后，需要由项目管理员配置项目管理的工作任务、时间节点等属性，并指派项目任务的资源，为任务添加项目交付件。

步骤 1：

双击图 7-20 中的项目，打开时间表管理器，在如图 7-20 所示的标注部分，为项目添加各项任务。在每项任务的属性对话框中，设置任务的时间，创建项目的关联。

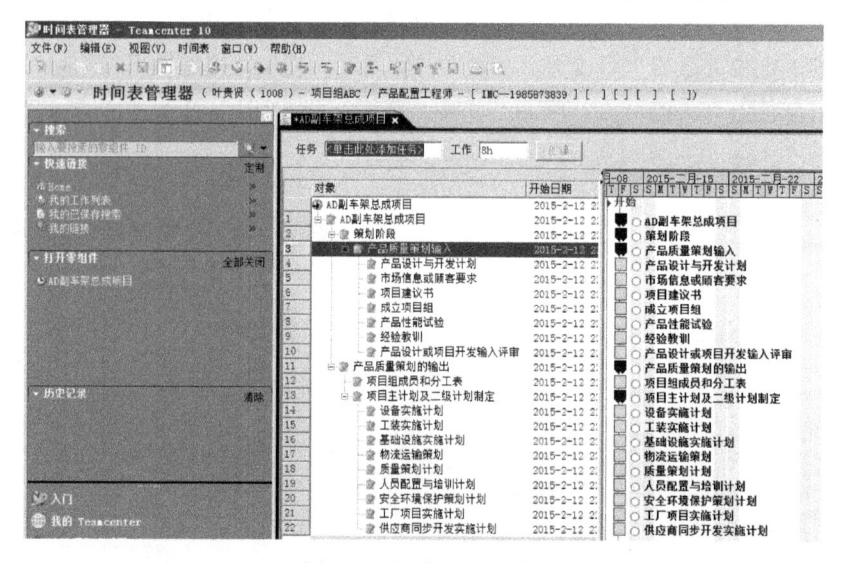

图 7-20 添加项目任务

第 7 章 项目管理

步骤 2：

可预先设置所有的项目交付件，然后为每个任务添加项目交付件，从菜单中选择"时间表"→"时间表交付件"，弹出如图 7-21 所示的设置"时间表交付件"对话框，添加相应的项目交付件。项目交付件设置好后，将项目交付件关联到相应任务，如图 7-22 所示，将预先编制好的项目任务及成员分工表关联到项目组成员和分工表中。

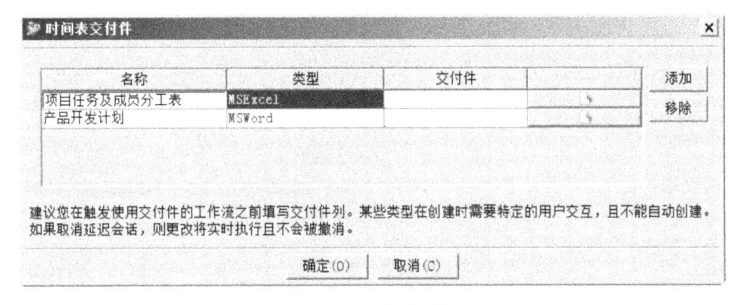

图 7-21 "时间表交付件"对话框

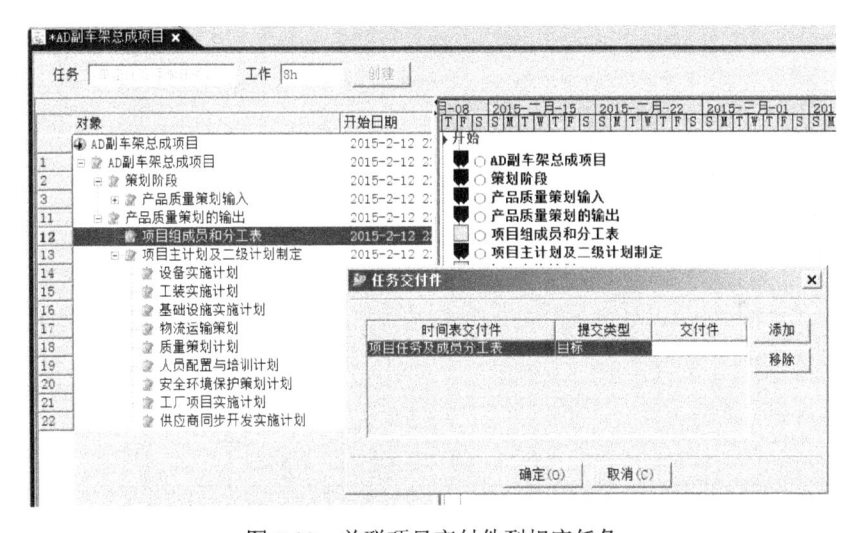

图 7-22 关联项目交付件到相应任务

步骤 3：

为项目任务指派资源，在快捷菜单中，选择"指派"→"指派到任务"，为项目各个任务指派资源，并分配资源的完成百分比，如图 7-23 所示。

7.2.4 成员角色及权限

1. 项目组成员角色

在完成系统主要功能模块的设计之后，还有两个重要方面需要考虑：一个是项目组成员角色的分配，因为现实中的工作职位与系统给定的角色并不统一，需要进行一一对应，详细设计如表 7-5 所示；另一个是项目管理系统中各角色的权限问题，这既关系到数据的安全，又关系到项目计划能否分工明确，避免产生不必要的矛盾，Teamcenter 中的详细设计如表 7-6 所示。PDM 的项目管理功能，对项目组成员具有严格的权限控制，项目经理在成立项目组时，就决定了项目组成员在项目组中的角色,即决定了哪些用户可以更新项目信息,哪些用户可以更新任务信息。

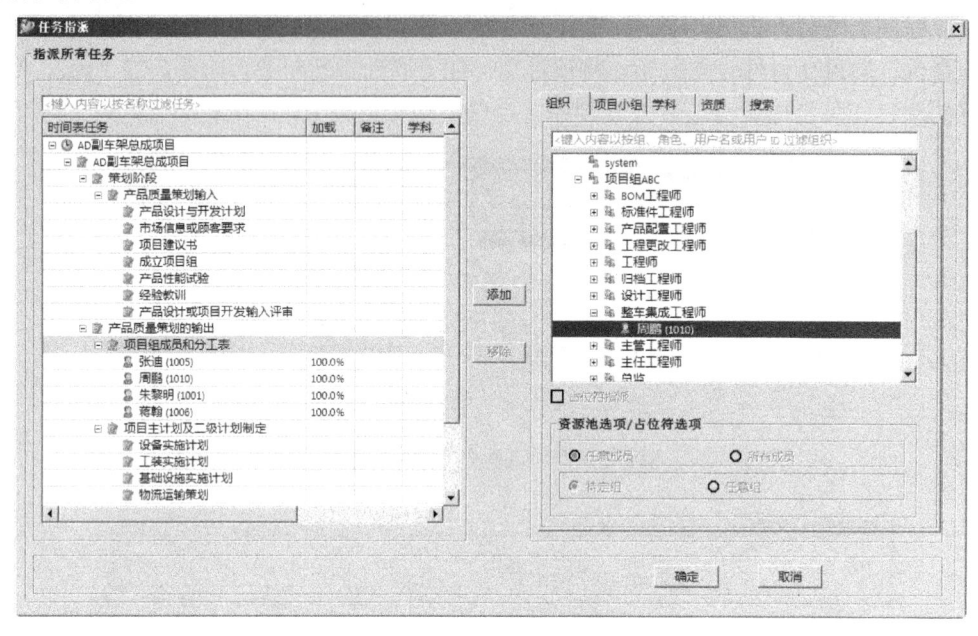

图 7-23 为项目任务指派资源

表 7-5 项目组角色对应图

常规项目角色	Teamcenter Schedule Role
高层决策	Observer(观察者)(Required)
项目经理	Owner(所有者)(Required)
	Coordinator(协调者)(Required)
	CostDBA(成本管理者)(Optional)
项目助理	Coordinator(协调者)(Required)
	CostDBA(成本管理者)(Optional)
项目成员	Participant(参与者)(Required)

表 7-6 项目组角色权限设计图

	Read	Write	Delete	Add Member	Manager Schedule	Execute Task	Rate	Cost
Owner	☆	☆	☆	☆	☆	☆	—	—
Coordiantor	☆	☆	—	☆	☆	☆	—	—
Participant	☆	—	—	—	—	☆	—	—
Obserber	☆	—	—	—	—	—	—	—
CostDBA*	☆	—	—	—	—	—	☆	☆
World	—	—	—	—	—	—	—	—

其中:"☆"表示具有权限,"—"表示没有权限

2. Schedule Manager 首选项设置

在正常使用 Teamcenter 的 Schedule Manager 功能模块之前，首先要对 Schedule Manager 模块首选项进行设置，以确保此模块的各项功能能够使用，表 7-7 中是相关首选项的说明和设置方式。

表 7-7 Schedule Manager 模块基本配置首选项表

首 选 项	可 选 值	说　明
DefaultActualToSystemDate	True/False	是否使用系统时间作为时间表的起始时间
Default_BaseCalendar_Preference	日历名称	设置系统默认工作日历，决定了在创建项目计划时默认使用的日历
Scheduling_graph_dataSource	TeamcenterDB	确定数据来源
SiteTimeZone	时区	如果不指定值，启动时间表管理器时会报异常
Teamcenter_current_role	False/true	当设为 False 时，具有资源图查看角色的用户即使当前角色不是资源图查看器，也可以查看资源图，设为 true 则只有当前角色为资源图查看器时才能查看资源图
SM_View_Critical_Path	True/False	当设为 True 时，关键路径高亮显示，如果设置为 False，则关键路径不高亮显示

本章习题

一、填空题

1．项目组织结构分为＿＿＿＿＿＿、＿＿＿＿＿＿、＿＿＿＿＿＿三种。

2．美国项目管理协会将项目管理划分为＿＿＿＿、＿＿＿＿、＿＿＿＿、＿＿＿＿、＿＿＿＿、＿＿＿＿、＿＿＿＿、＿＿＿＿、＿＿＿＿九个知识体系。

3．Teamcenter Schedule Manager 中首选项 SiteTimeZone 要设置为＿＿＿＿＿＿＿。

二、简答题

1．简述项目组织的概念。

2．简述项目管理的概念。

3．简述项目执行的概念。

4．简述 PDM 项目管理的特点。

5．简述 Teamcenter 项目管理的主要功能。

6．简述 Teamcenter Schedule Manager 的基本任务。

第 8 章　系统实施定制

前文已述，PDM 软件是框架性工作平台，是一个"半成品"，在实施前系统管理员需要根据企业实际需求进行功能定制。本章重点介绍 Teamcenter 平台人员组织的定制、查询的定制、权限的定制、PDM 实施等。

8.1　人员组织

在企业的 PDM 实施过程中，由于 PDM 系统管理的产品数据经过多个阶段，被不同部门、不同人员访问及操作，具有不同的版本状态。如何有效地管理产品数据，确保产品数据管理的安全性和保密性是用户/人员管理模型要解决的问题。例如，企业投入大量财力研制的新产品技术资料是企业的宝贵财富，为了保护这些数据，必须加以严格的权限设置。因此，企业建模的首要问题就是用户/人员管理模型的建立。通过建立用户/人员管理模型，来实现对数据操作权限的设置和规定，保证企业对产品数据管理的安全性和保密性的要求。

不同的企业有不同的人员组织方式，即使在同一个企业中，由于产品开发的不同情况也会有不同的组织方式。概括地说，有**静态组织**和**动态组织**两种方式。图 8-1 所示为静态和动态组织结构图。**静态组织**是一种相对稳定的工作组织，如设计科、工艺科、质量管理科、计划处等，组内人员担负着相同性质的工作。**动态组织**一般是根据某一新产品开发任务临时组织起来的小组，有时称为团队，它由设计、工艺、制造、质检、计划、供销等方面人员组成，随着产品开发任务的产生而产生，又随产品开发任务的完成而解体，人员组成随产品开发过

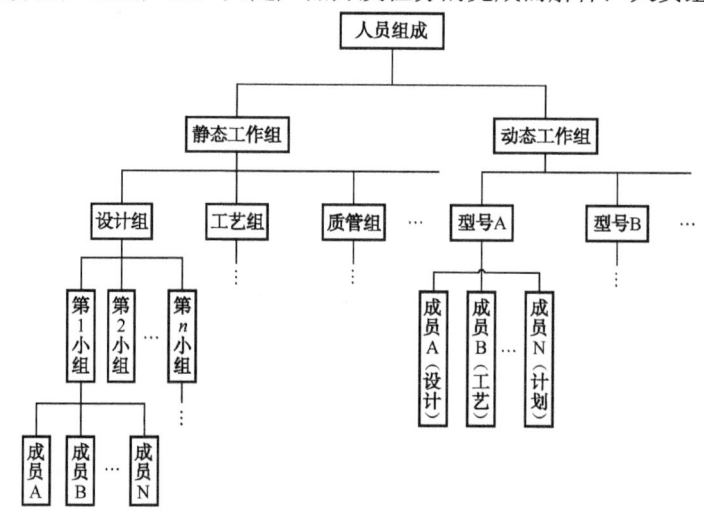

图 8-1　人员组织结构图

程而不断变化。因此，在 PDM 系统中的人员组织模块应该既能适应相对稳定的组织机构，又能适应经常变化的组织形式。在此模块中，系统管理员可以对合法用户的信息加以维护，包括用户自身信息的定义、修改及用户身份、状态等信息的管理，从而使用户动态获得权限。

实例 8-1 创建 ABC 项目组

在 Teamcenter 平台下创建项目组 ABC（采用项目组方式，不采用静态组织，方便流程审批），角色表如表 8-1 所示，人员和用户表如表 8-2 所示，详述其实现步骤。

表 8-1 角色表

编号	名称	描述
1	归档工程师	—
2	BOM 工程师	在 CU（完整单元）的审核过程中对其 BOM 进行审核；工程更改过程中审核零部件或者 CU 的 BOM 变更；审核零件名称和描述申请；维护零件名称列表；维护 VPG/FFC 结构树（零件描述信息）
3	主任工程师	设计重要零件、总成；流程中审核、批准零部件或者总成；分配设计任务到工程师
4	总监	对各种发放状态的总成数据进行审批
5	主管工程师	设计完整单元、零件及总成；流程中校对、审核零件或者总成
6	工程师	创建零件、数模、图纸及零件和相关对象间的关系；提交零件、数模、图纸到流程进行审批；编制 SOR 并提交流程发布；提交零件描述申请、标准件申请；进行总布置设计、总成或者零件的 EBuild；发起 EWO，更改零部件、数模、图纸及零件和相关对象间的关系
7	工程更改工程师	领导、组织公司各种工程更改审批会在系统中创建 EWO 和 ECR 等跟踪工程更改的进度，确认工程更改的完成
8	产品配置工程师	定义企业全局的 Family Code 和 Feature Code 之间的约束规则；定义变量条件等
9	标准件工程师	创建和发布标准件（紧固件），维护标准件库中零件的信息；更改标准件的授权等
10	整车集成工程师	—
11	设计工程师	

表 8-2 人员和用户表

人员	用户
朱黎明	1001
贺振轩	1002
孙青霞	1003
沈伟	1004
徐长坤	1005
张迪	1006
蒋翰	1007
叶贵贤	1008
任宇林	1009

续表

人 员	用 户
周鹏	1010
李亚东	1011
贺国锋	1012
李宁	1013
耿忠良	1014
沈小芳	1015

方法一：Teamcenter"组织"应用程序创建组织结构

1. 人员的创建

人员定义了每个 Teamcenter 用户在真实世界中的信息（如地址、电话号码、组织情况），人员名必须唯一。在 Teamcenter 平台的"组织"应用程序中，双击选择左边面板中的"人员"按钮，右侧输入名称"贺振轩"，"*"标注的是必填项，其余是选填项，然后单击"创建"按钮，如图 8-2 所示，用同样的方法创建本例中要求的所有人员。

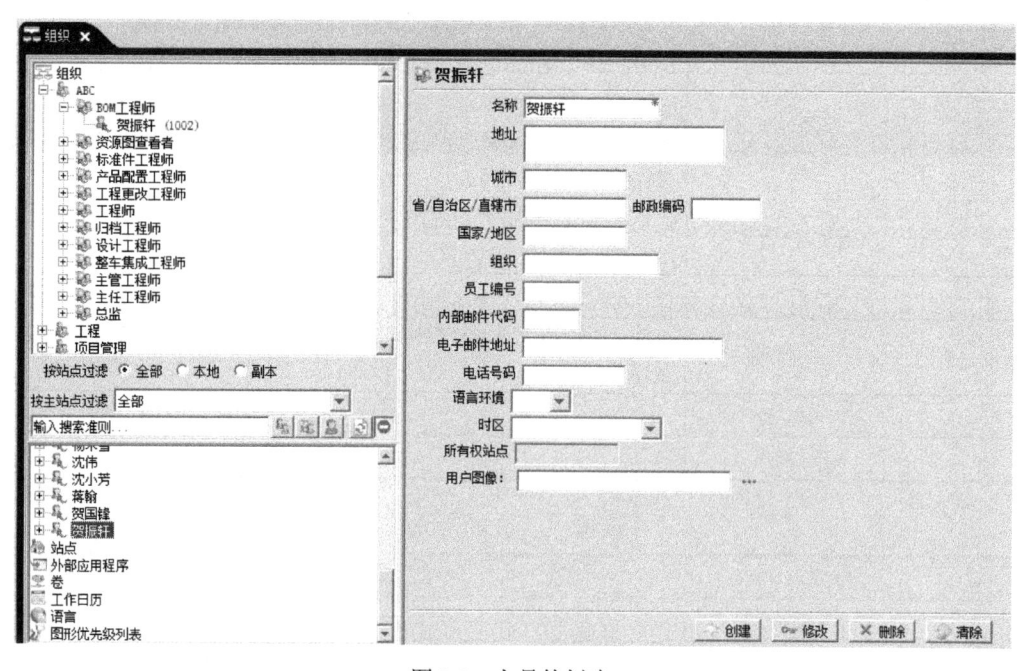

图 8-2 人员的创建

2. 角色的创建

角色是相同职责的一群用户的组合，用于区别工作中工种、岗位（或技能、职责）的不同，例如，ABC 组包含了"BOM 工程师""归档工程师""主管工程师"等诸多技术职能岗位。在"组织"应用程序中，双击选择左边面板中的"角色"，右侧输入名称"BOM 工程师"，描述中输入对此角色的相关描述，然后单击"创建"按钮，如图 8-3 所示，用同样的方法创建实例要求的所有角色。

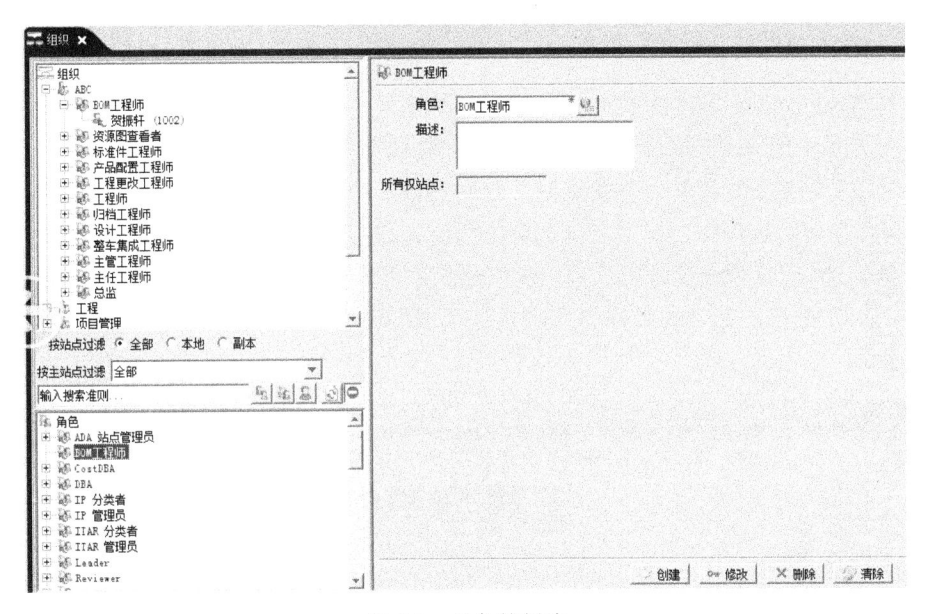

图 8-3　角色的创建

3. 组的创建

组是基于项目的一群用户的组合，一个组中可以包含多个角色，一个角色可以属于几个不同的组。与实际情况相符，Teamcenter 允许存在组的层次结构，有父组和子组。父组的许多特性（权限、卷、优选项、邮件）可以被子组继承。组识别包含父组的名字，所以在不同父组中的两个组可以有相同的名字，子组与父组名不可相同。

在"组织"应用程序中，双击选择左边面板中的"组"，右侧输入名称"ABC"，默认卷选择"volume"，是角色选择之前创建的角色，然后单击"创建"按钮，如图 8-4 所示。

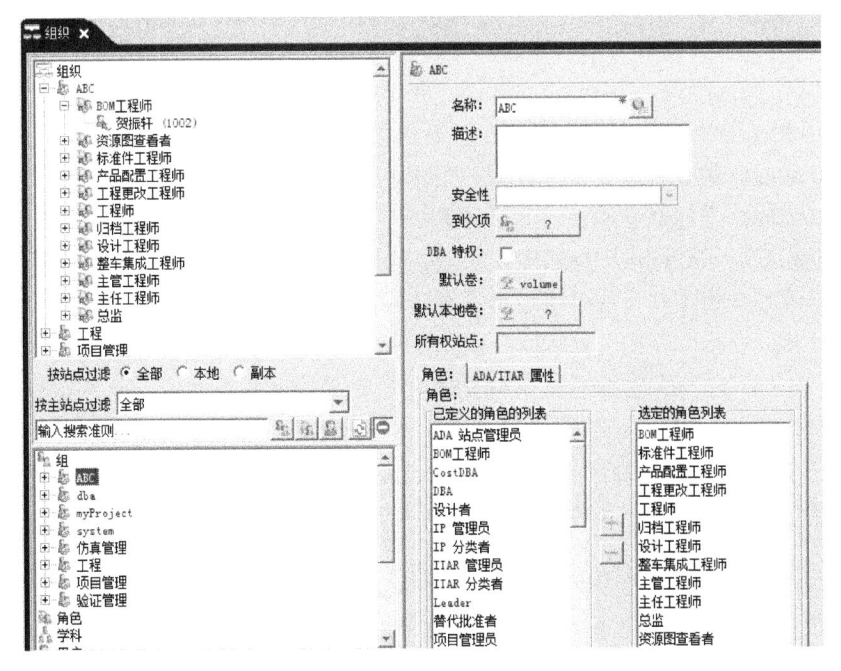

图 8-4　角色的创建

4. 用户的创建

用户是 Teamcenter 系统的实际使用者（登录账号）。一个用户可以是多个组中的不同角色，用户与人员一般一一对应。一个合法的用户必须至少属于一个组（在这个组中至少属于一个角色）。每个用户都具有一个默认组，Teamcenter 的用户与操作系统的用户相独立。

在"组织"应用程序中，单击左上部分的组织，则会显示出之前创建的组、角色，以"贺振轩"为例，选择"BOM 工程师"，单击"添加用户"按钮，将新的用户添加到组/角色中，单击"下一步"按钮，在"人员姓名"中找到"贺振轩"，或在用户 ID 中输入"1002"，如图 8-5 所示。

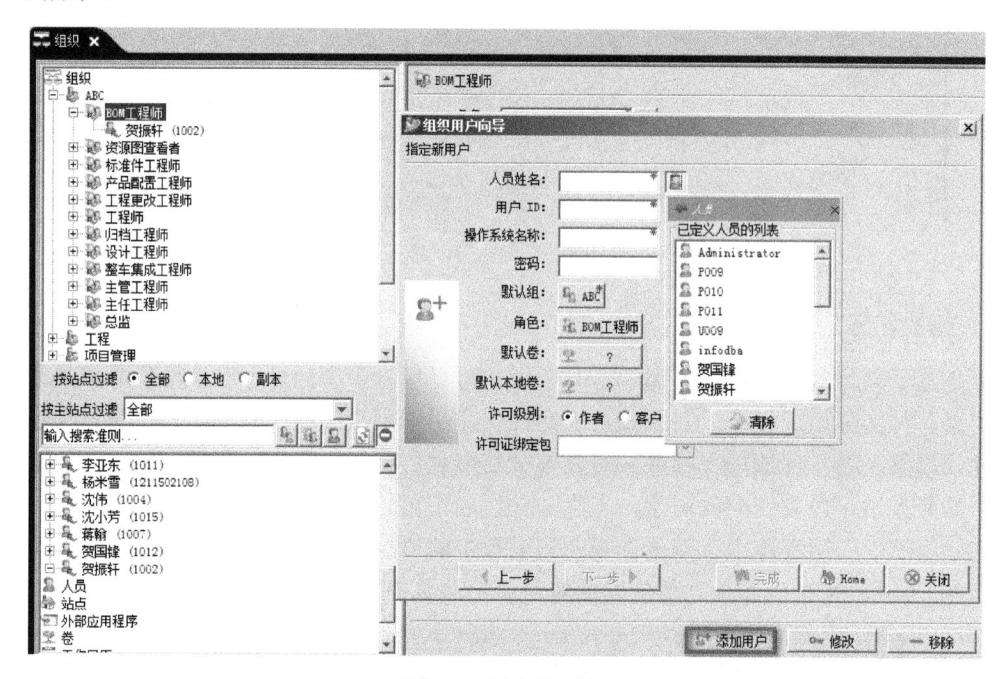

图 8-5 用户的创建

在 Teamcenter 的"组织"应用程序中，有以下三点读者需要注意。

（1）Teamcenter 默认设置了 System 组、DBA 组。

（2）Teamcenter 系统默认有两个重要用户。

① 系统管理员：infodba（dba/DBA），是 Teamcenter 第一个用户，负责进行 Teamcenter 系统安装、配置等维护工作，系统管理员具有特权 BYPASS。可以由 infodba 创建新的系统管理员。

② 组管理员：可以给项目组设定组管理员，使其具有本组的人员组织创建能力，如增加一个成员到项目组。第一个组管理员，必须由系统管理员设置。

（3）由于 infodba 用户的特殊性，在 Teamcenter 的日常维护中，建议读者不要用 infodba 用户，而是用由 infodba 用户建立的具有 dba 权限的用户来进行相关操作。

方法二：make_user 命令批处理创建组织结构

当需要录入大量记录时，可以使用 make_user 命令创建人员、用户、角色、组和卷。make_user 命令可以在批处理的模式下运行，可以运行多次，可以用来进行默认设置，不能删除/移走用户、人员、角色和其他的组织结构对象。

make_user 命令需要在 Teamcenter Command 环境下运行。其格式为

make_user -u=<user_id> -p=<password> -g=<group> [-user=<user_id>] [-group=<group_name>] [-person=<person_name>] [-role=<role_name>]

[-volume=<volume_name>][-node=<node_name>][-path=<path_name>][-file=<file_name>][-v] [-h]

其中 file 中的格式为 person|user|password|group|role。

例如，新建 D:\abc.txt 文档，其内容如图 8-6 所示。

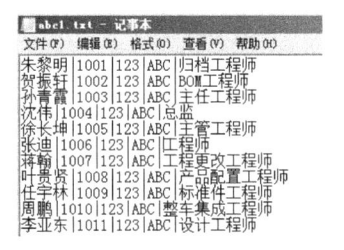

图 8-6 make_user 命令 file 文件格式

在 Teamcenter Command 中输入如图 8-7 所示的信息即可。

图 8-7 make_user 命令

实例 8-2 修改密码与变换身份

1002（贺振轩）既是 ABC 组的 BOM 工程师，又是 ABC 组的设计工程师，要求对此用户进行密码修改和身份变换。

1．设置默认的组和角色

（1）在"我的 Teamcenter"应用模块中，单击界面上方的当前用户状态栏，或使用菜单命令"编辑"→"用户设置…"，打开用户设置界面，如图 8-8 所示。

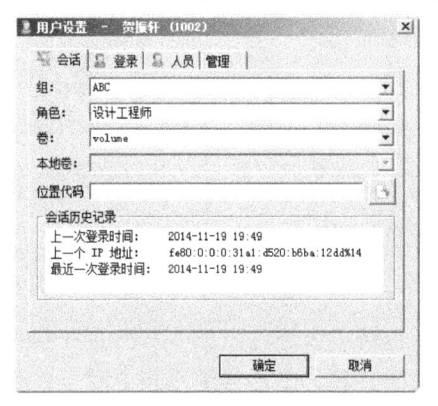

图 8-8 用户设置界面

(2)单击"登录"标签页,从默认组中选择用户登录系统后所在的默认组,从默认角色中选择用户在每个组中的默认角色,如图 8-9 所示。

2. 修改密码

(1)单击"更改密码…"按钮,弹出如图 8-10 所示的窗口。

图 8-9 设置默认组　　　　　　图 8-10 更改密码

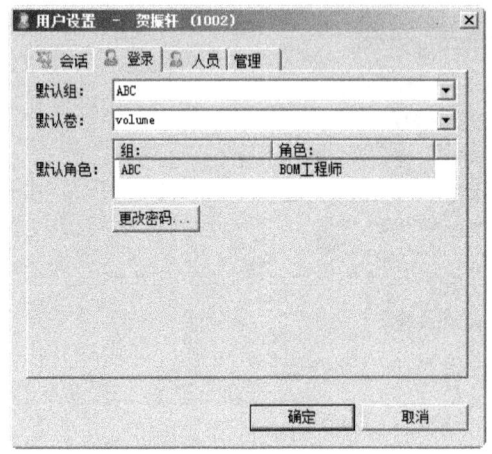

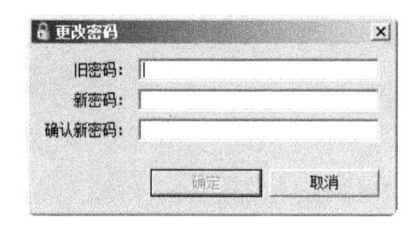

(2)输入"旧密码"与"新密码"后,单击"确定"按钮,更改密码。

3. 身份变换

单击"会话"标签页,选择"组"或"角色",进行身份变换,如图 8-11 所示。

4. 更改默认卷

单击"会话"标签页,选择"卷",在其右侧下拉菜单中更改默认卷,如图 8-12 所示。

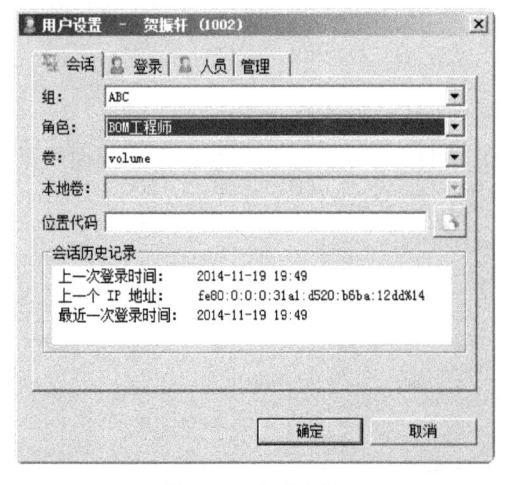

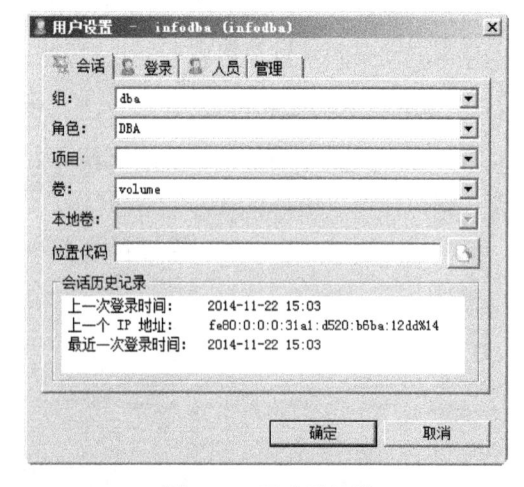

图 8-11 身份变换　　　　　　图 8-12 更改默认卷

在更改默认卷的时候有一点请读者注意,如 ABC 企业在南京和上海分别有分公司,对于南京用户来说,其默认卷是南京卷,当南京用户到上海工作时,需要管理员在上海卷中加入此南京用户的访问权,在上海工作时,南京用户用自己的账号登录 Teamcenter 系统后需要手工把卷从南京卷改为上海卷，这样方便其数据传输。

实例 8-3　离职人员的处理

（1）工作交接：员工 1015（沈小芳）离职前，需按照 ABC 企业内部管理要求，填写工作交接单，经审批后，由 IT 系统管理员或者员工将用户所拥有的 Working 状态的 Item 转给相应接收者的员工 1006（张迪）。

（2）注销账号：员工离职前，按照 ABC 内部管理要求，填写注销账号申请表，经审批后，由系统管理员将用户账号停用，停用账号后可释放所占用的 license。对于在系统中创建数据和参与过流程审批的账号，系统中不能删除，只能注销。

1．更改所有权

（1）沈小芳（1015）登录 Teamcenter。根据工作交接单，查找到相应的数据，选中数据后，单击"编辑"菜单选择"更改所有权…"，如图 8-13 所示。

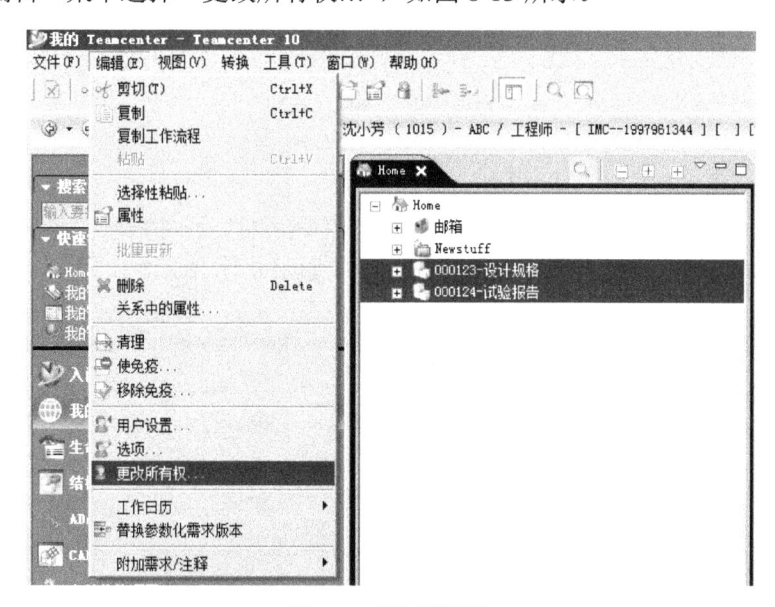

图 8-13　更改所有权

（2）选择新所有权用户。在"组织选择"对话框中，查找到接收者，如 ABC/工程师/张迪（1006）；单击"是"按钮，由系统进行转换，如图 8-14 所示。

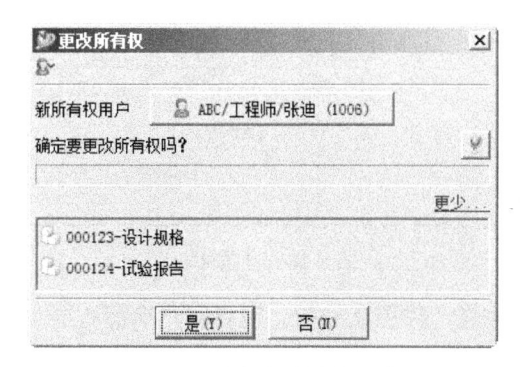

图 8-14　选择新所有权用户

（3）重复上述步骤，直至完成交接单上的所有移交项目，如图 8-15 所示。

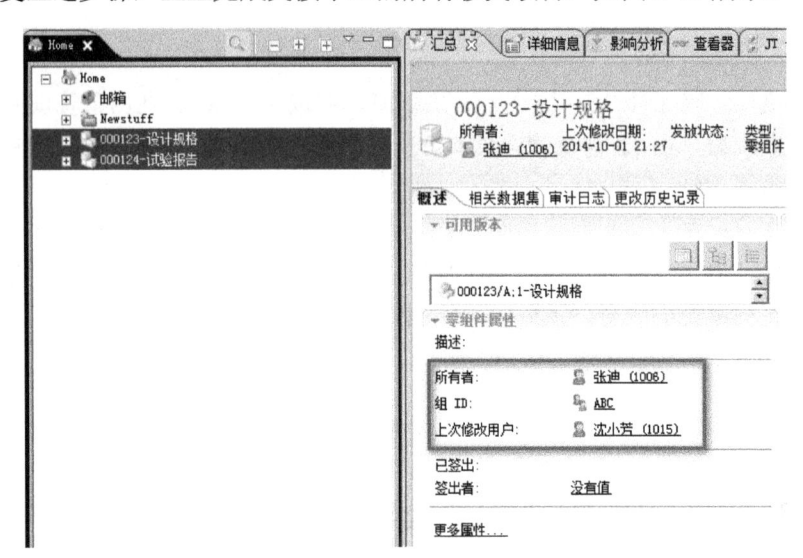

图 8-15　更改所有权成功

2．账号的注销

使用 DBA 角色账号登录系统，启动"组织"应用程序；选中将要注销的用户，将用户状态更改为"非活动的"，然后单击"修改"按钮，如图 8-16 所示。

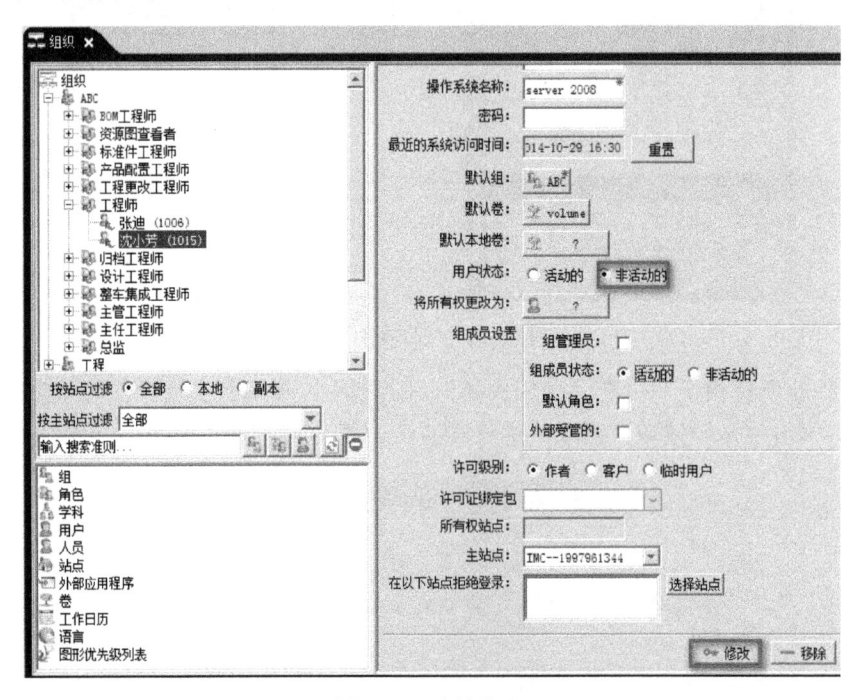

图 8-16　注销账户

这里有一点请读者要注意，停用账号前，应将用户所拥有的 Working 状态数据的所有权转换给相应的接收者。

8.2 查询

设计一个产品会产生出大量的文件和图纸。如设计一架波音 737 飞机要出 46 万张图，设计一条万吨轮船要出 150 万张图，文件量很大。而传统的设计部门，大量的设计信息以计算机文件形式存在，这些图纸文件或文本文件有可能存放在某一设计部门的计算机的某一目录下，现对数据进行集中管理，保证了数据的唯一性，但是面临一个很重要的问题，如何让用户方便简捷地找到所关心的数据？用户要查询有关的资料，如果缺乏查找文件的辅助工具，往往要花费大量的精力，浪费宝贵的时间。结合分类功能（在第 5 章中已详细介绍），采用 PDM 系统进行查询，能根据零件基本属性、分类结构、事物特性表、工程图纸等进行查询操作，包括定义项目、设计人员、工作阶段、审批状态、日期、类型，以及预先定义的各种参数，如材料、重量、加工方法等，不仅可以查到当前的资料，还可以查到过去的或者类似项目的相应资料。

Teamcenter 系统具有强大的查询机制。系统管理员可以自定义各类查询方式，查询输入值支持全字符和通配符。普通用户不但可以根据对象的 ID、名称、创建时间和修改时间等系统属性进行查询，还可以根据 Item Revision Master Form 的字段值进行查询。同时 Teamcenter 系统还支持使用查询（Where Used）和引用查询（Where Reference）。使用查询可找出该零部件被哪些产品使用，使用在哪些结构中，引用查询可找出该零部件被哪些产品应用。

8.2.1 Teamcenter 中常用的查询方式和手段

Teamcenter 中可基于属性、关系、状态等相关信息进行查询，可执行模糊查询，可定制特定查询，可设置搜索偏好，可快速查看历史查询等，如图 8-17 所示。

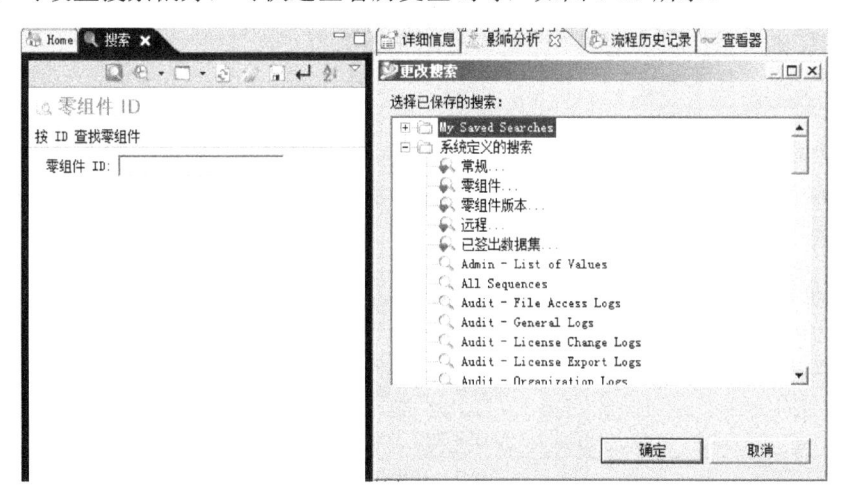

图 8-17 Teamcenter 系统中的查询

1．直接根据用户提供的属性关键字查找符合要求的数据对象

如根据 Item ID 或 Name 查找产品对象，根据 Type 和 Name 查找数据对象 Dataset 等。在 Teamcenter 中已提供了默认的多种数据的直接查询方式，并且可以根据用户的需要定制增加符合用户使用习惯的查询手段，可以采用模糊查询，即属性关键字可以采用通配符（"*"表示多个数据字符，"?"表示单个数字字符）。

2．查找所有数据

此查询方法查找符合要求的所有 Teamcenter 的 Workspace 对象（非系统对象，可由一般用户自行创建），如 Folder、Item、ItemRevision、BOMView Revision、Dataset、Form、Envelope、CR Job 等。例如，"常规…"用于查找所有 Teamcenter 中 Workspace 对象，如表 8-3 所示。

表 8-3 "常规…"查找中的属性

属性关键字	备 注
Name	查找对象的名称
Description	描述这个属性的内容
Type	对象的类型
Owning User	数据对象的创建者（属主）
Owning Group	数据对象的所属者（属组）
Create After/Before	创建的时间
Modified After/Before	修改的时间
Released After/Before	发放的时间
Released Status	发放状态
Current Task	当前所处流程阶段

3．查询产品（零部件）对象

此查询方法直接查找产品对象 Item 或 Item Revision，"零组件…"用于查找所有零部件对象；"零组件版本…"用于查找所有零部件对象的版本。

4．查询数据对象（文档）

此查询方法直接查找 Dataset。例如，"数据集…"用于查找描述零件的所有数据集（文件），如 Word 文件、Excel 文件、CAD 文件等；"已签出数据集…"用于查找所有被签出的数据集，如表 8-4 所示。

表 8-4 "数据集…"查找中的属性

属性关键字	备 注
Name	零部件的名称
Item ID	零部件的件号
Description	零部件的描述
Type	Item 的类型（不要选择）
Owning User	数据对象的创建者（属主）
Owning Group	数据对象的所属者（属组）
Create After/Before	创建的时间

续表

属性关键字	备注
Modified After/Before	修改的时间
Released After/Before	发放的时间
Released Status	发放的状态
Current Task	当前所处流程阶段

5．数据引用查询

Teamcenter 的引用查询，用于查找某数据对象（包括所有的 Workspace 对象）被哪些其他 Workspace 对象所引用（挂在下面）。可快速查看零部件被哪些零部件引用，可快速查看零部件被哪些文件夹引用，可以查看零部件关联结构树的任何层级等。

如标准规范文件夹，设计人员均需经常参考使用，所以可以将这个文件夹挂在所有设计人员的 Home 下面，通过引用查询，就可以列出这些用户的 Home，引用查询在公共文件夹、标准件、左右件、通用件、借用件的关联查询中非常实用，并且在数据维护（删除错误数据）时必须经常用到。

引用查询首先需要选择被查对象，再选择查询方式，如图 8-18 所示，包括下面三种。

（1）一级，可以通过双击鼠标，一级一级往上查。

（2）顶级，直接查找最后一级的对象。

（3）所有级，把层层关联的对象都列出来。

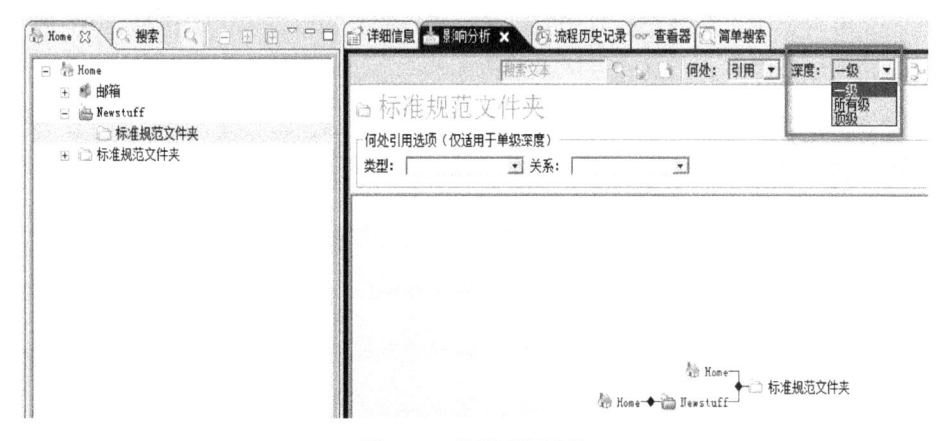

图 8-18　数据引用查询

6．装配关系查询

Teamcenter 的使用查询，用于查找零部件（Item、ItemRevision）被哪些其他零部件所使用（在这些部件中装配了这个被查零部件）。例如，某个标准件，可以通过使用查询查出在哪些产品、哪些总成或部件中被装配使用。其作用在于反查零部件的装配情况。在进行工程更改时可以利用这种方式查到受影响的零件。

使用查询首先需要选择 Item 或 ItemRevision，然后选择查询方式，如图 8-19 所示，包括下面三种。

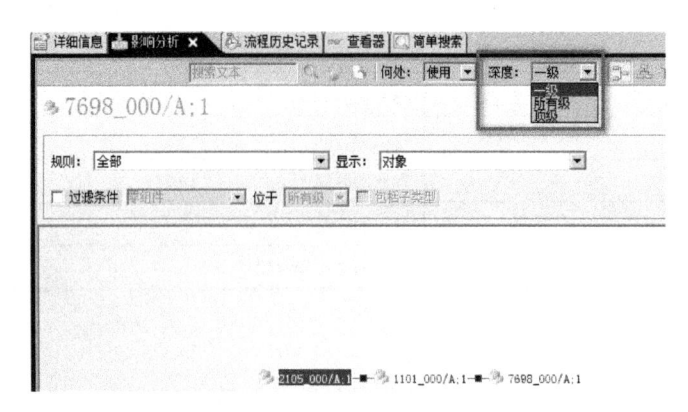

图 8-19 查看零部件关系

（1）一级，可以通过双击鼠标，一级一级往上查附件 ItemRevision。

（2）顶级，直接查找最后一级的 ItemRevision，即最高级的总成件，如果整个产品已经完成总装，则可以查找最后的产品总成。

（3）所有级，把这个零部件的单线装配层层列出。

8.2.2 在 Teamcenter 中定制查询

定制查询可以为用户提供方便的方式快速搜索到需要的数据。随着 PDM 实施的不断深入，可能会定义一些新的类和属性。对于这些元素，需要定制查询才能为用户提供方便的查询界面，另外，还可以通过查询来查找具有复杂关系的若干对象。在 Teamcenter 中就是使用查询构建器来定制企业所需的查询方式的，同时定制的查询可在 Portal 和 Web 中使用。查询构建器界面大致分为以下 8 个功能区域，如图 8-20 所示。

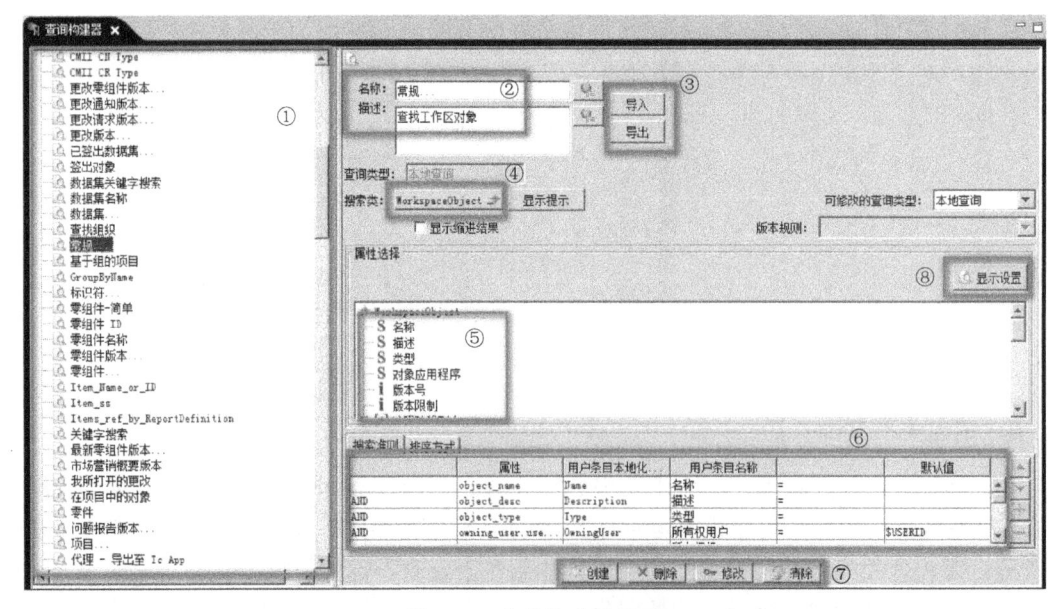

图 8-20 查询构建器界面

其中，①已定义的查询选择区；②查询名称和描述区；③查询导入和导出区；④查询类型选择按钮区；⑤属性选择区；⑥查询条件区；⑦创建、修改、删除、清除按钮区；⑧属性显示切换区。

属性选择的类型符号及其含义如表 8-5 所示。

表 8-5 属性符号表

类 型 符 号	含 义
s	字符串类型
i	整数型
▭	日期类型
b	布尔类型
t→	Typed Reference
→	Untyped Reference
{t→}	Typed Reference 数组
[→]	Untyped Reference 数组
⋯⋯	referenced_by 关系类型，无图标

实例 8-4　标准件材料名称查询

根据 Y2_StandardPartRevision Master Form 中 Y2_Material_Name 的值来查询 Y2_StandardPartRevision。同时限定对此查询的访问为仅供 ABC 组用户使用。

1．创建新的查询

（1）在 Teamcenter 的查询构建器应用程序窗口右下区域单击"清除"按钮。然后，在"名称"栏中输入新建查询类型的名称"标准件材料名称查询"，"描述"栏为可选项；"可修改的查询类型"选择"本地查询"。

（2）单击"搜索类"右边的按钮，弹出"类/属性选择弹出窗口"对话框，通常选择 POM_Object->POM_application_Object->WorkspaceObject 中的类，本例中可直接搜索"Y2_StandardPartRevision"，如图 8-21 所示。

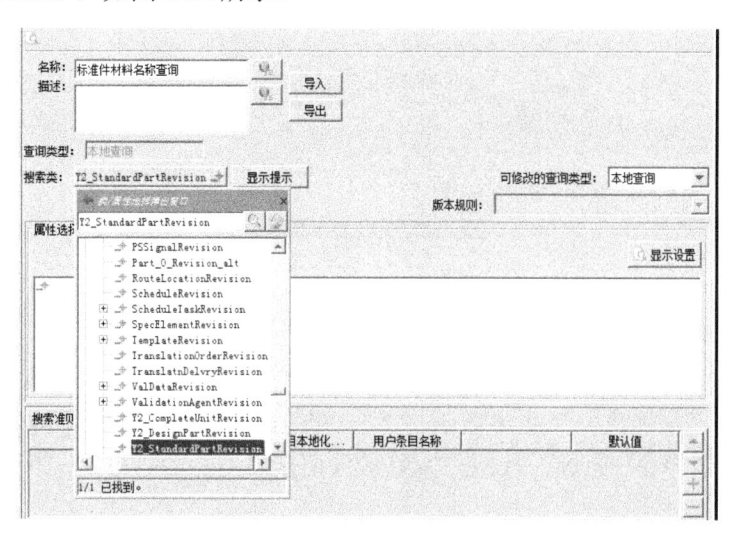

图 8-21　搜索类选项

（3）在"属性选择"栏中单击"显示设置"按钮，在弹出的"显示设置"窗口中选择"全部属性"项，此时在"属性选择"栏中显示了有关 Y2_StandardPartRevison 类的全部属性，属性前带 ⊞ ↳ 标记的，说明该属性双击可以继续向下展开，如图 8-22 所示。

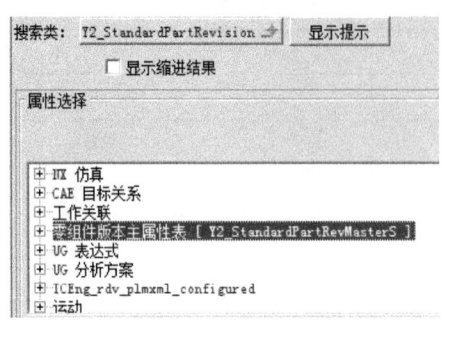

图 8-22 属性选择

（4）双击"零组件版本主属性表"，将弹出类选择对话框，选择"Form"，再单击"确定"按钮，对话框将折叠，属性树将更改，如图 8-23 所示。

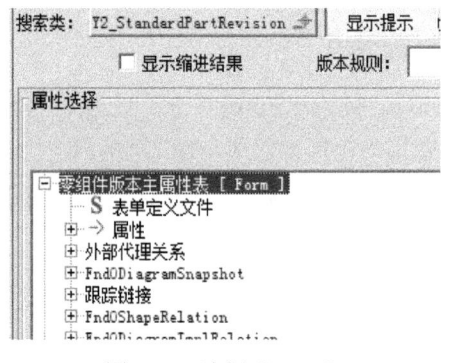

图 8-23 选择"Form"

双击"属性"，将弹出类选择对话框，选择 ItemVersionMaster 下面的 Y2_StandardPartRevMasterS，单击"确定"按钮，对话框将折叠，属性树将更改，如图 8-24 所示。

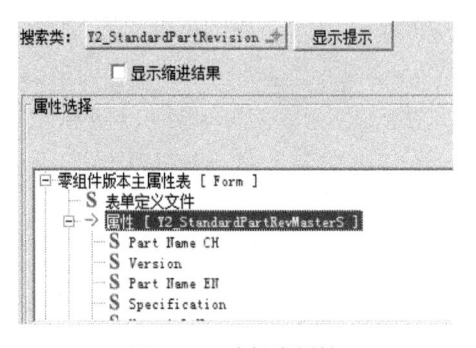

图 8-24 选择类属性

（5）这时在"属性选择"栏将显示 Y2_StandardPartRevMasterS 中的所有属性，选择"Material_Name"，单击"创建"按钮，如图 8-25 所示。

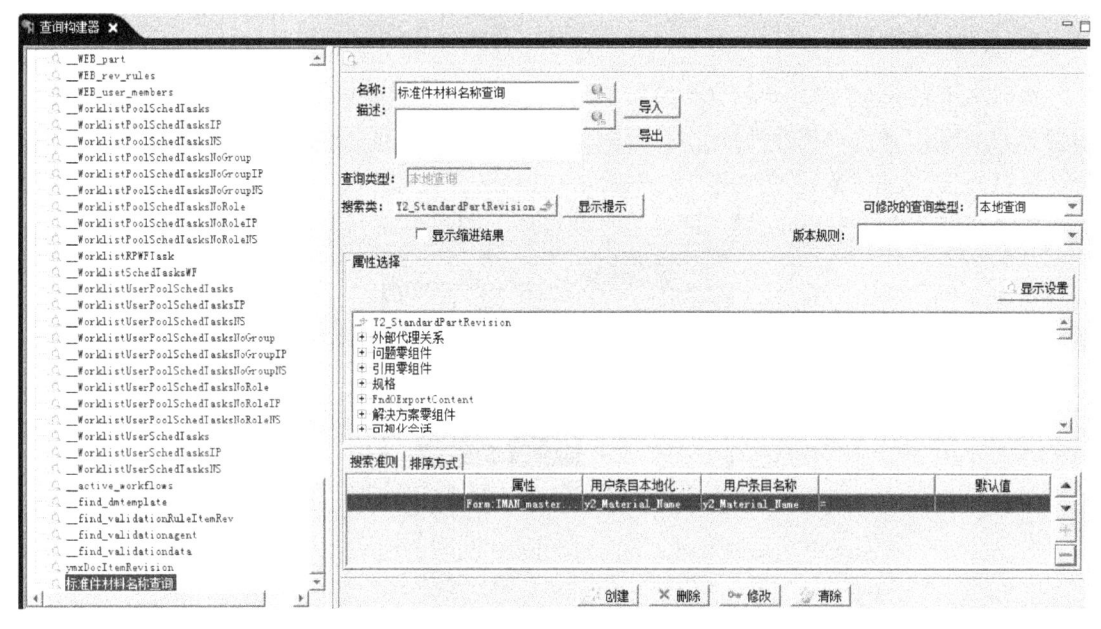

图 8-25 创建查询

（6）修改已保存的查询类型

如果对创建的查询进行修改，在"查询构建器"应用程序窗口左侧区域中选择需要修改的查询类型，在右侧区域中将显示所有有关的设置，根据需要进行修改；完成修改后，单击"修改"按钮，如图 8-25 所示。

2. 创建一个 Y2_StandardPart 类型的 Item

在"我的 Teamcenter"应用程序中，新建一个 Y2_StandardPart 类型的 Item "B00000007-六角螺栓"，如图 8-26 所示，在版本主属性表的 Material Name 中填写内容。

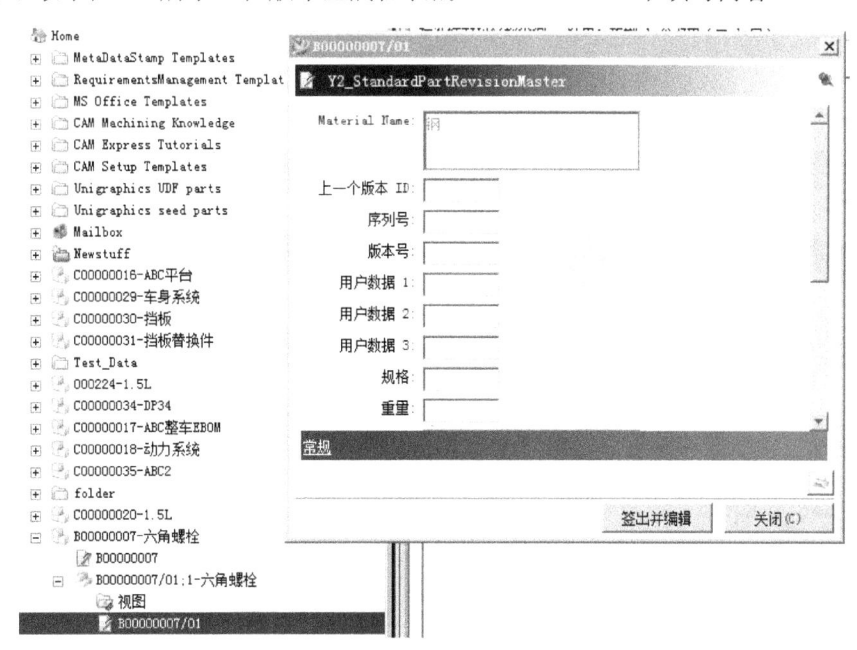

图 8-26 创建 Y2_StandardPart 类型的 Item

3. 使用查询

登录 Teamcenter，单击"搜索"按钮，在"搜索"标签页中单击"选择搜索"→"更多"，如图 8-27 所示，弹出"更改搜索"对话框，在"选择已保存的搜索"目录中找到"标准件材料名称查询"，单击"确定"按钮。在"标准件材料名称查询"的"Y2_Material_Name"属性中输入要查询的值，按 Enter 键，即显示查询结果，如图 8-28 所示。

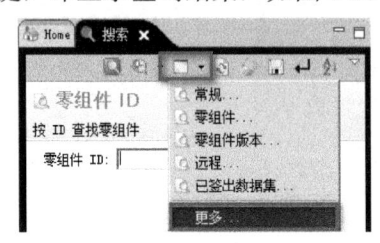

图 8-27　搜索标签页

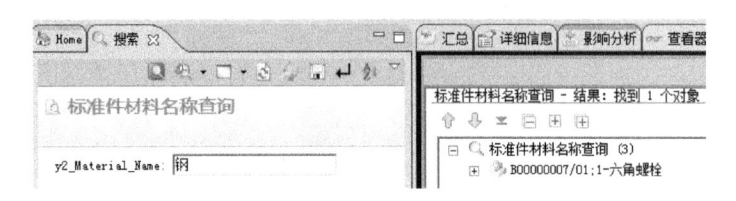

图 8-28　显示搜索结果

搜索界面中将出现"标准件材料名称查询"，输入查询条件（支持模糊查询，如*），单击 按钮，执行搜索并在搜索结果视图中显示结果，系统开始从数据库中进行搜索，搜索结果会显示在界面的右下侧。

4. 限定对查询的访问

当被定制的查询创建好后，所有的用户都有读权限，以查看和执行查询。但是某些定制的查询，或许仅适用于某些角色的用户，例如，Find Home Folders 查询（查找 Home 文件夹），仅适用于具有 DBA 角色的用户。所以，系统管理员需要限制对某些查询定义的访问。本例中"标准件材料名称查询"限定只有 ABC 组的成员可以使用。

DBA 角色用户登录 Teamcenter，右键选中新定制的查询并选择"访问..."，即可打开"访问权"对话框，如图 8-29 所示。

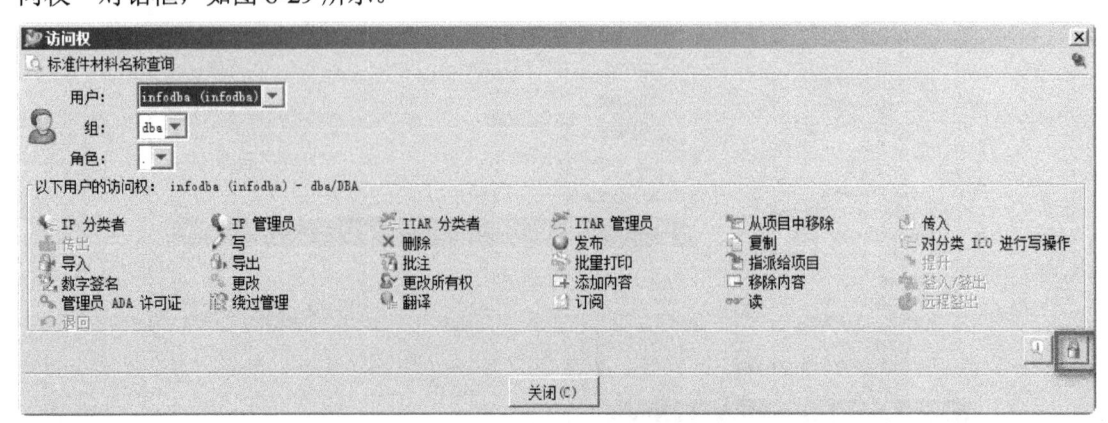

图 8-29　"访问权"对话框

单击图打开"ACL 控制列表",修改当前的访问控制。在列表末端添加下列访问者给管理员授权,并收回对其他所有者的访问权限,如图 8-30 所示。

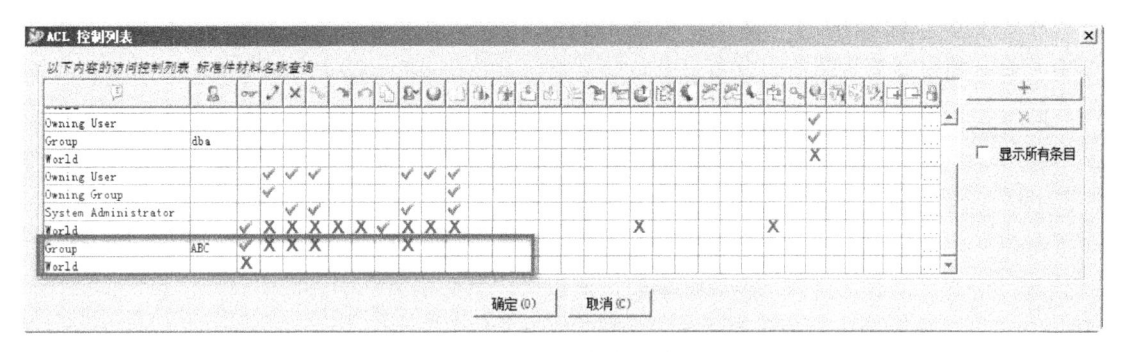

图 8-30 访问控制列表

5. 导入/导出查询

查询定义可被导出并保存为 XML 文件,这样可以与其他 Teamcenter 站点共享。同样,以 XML 文件保存的查询数据也能被导入 Teamcenter 中。访问管理器左侧选择要导出的查询"标准件材料名称查询",通过如图 8-31 所示的"导出"按钮,把此查询导出至本地文件夹;同样,通过"导入"按钮把本地文件夹中查询的文本文档导入至 Teamcenter 系统中,从而实现查询的导入/导出。

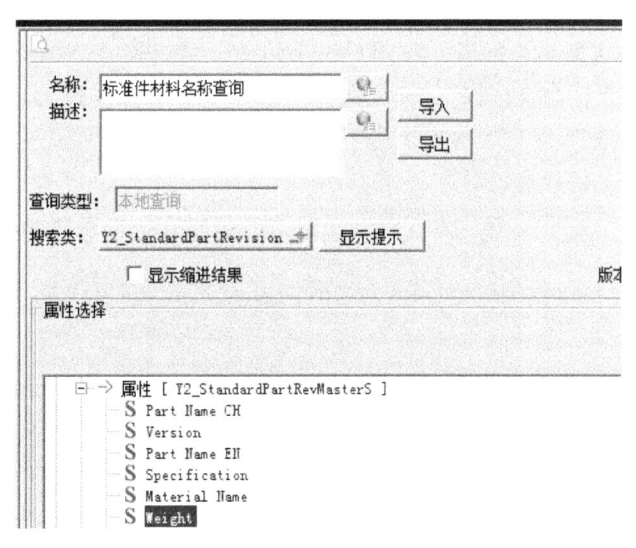

图 8-31 查询的导入/导出

8.3 权限

在一个企业的 PDM 系统中,需要实现的目标是将所有的产品数据进行集中式管理,以便于存取和为其他需要读取数据的人提供共享。因此,能够适当地保护数据,防止数据被没有授权的人误操作、修改或删除是非常必要的。

PDM 系统的权限控制是通过用户安全访问管理机制来实现的,可以防止 PDM 系统中的文件资料、属性表单和产品结构等数据信息被非授权访问。当用户登录到系统并通过身份验证之后，PDM 系统读取该用户权限文件，确定该用户在 PDM 系统中可执行的操作。因为产品数据对象受权限保护，所有用户需要具备相应的权限才能对产品数据进行操作。结合 Teamcenter 的权限管理机制，可知 PDM 系统的权限由三部分组成：访问者、数据对象和操作，如图 8-32 所示。

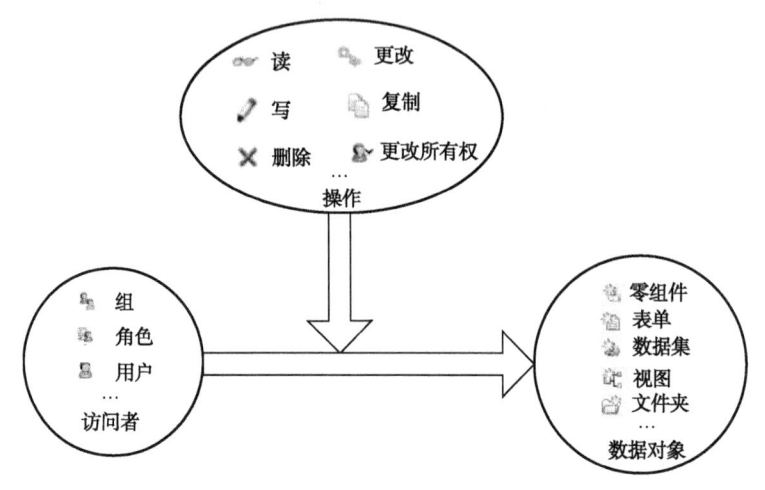

图 8-32 权限的三要素

把这三个要素综合起来考虑，其完整定义如下。

权限是针对某个或某类访问者（某用户、某角色、某组等），对处于某个特定环境或阶段（Working、In-Job、Release 等）的某类数据对象类型（Item 还是 Dataset 或者 Form 上的属性值等），所定义的规则条件（满足还是不满足）来决定是否（可以还是不可以）具备执行某个动作（写、删等）的权利。

从这个定义出发，我们将对权限涉及的三要素（访问者、数据对象、操作）及联系三者的权限规则进行讨论。

8.3.1 概述

1．Teamcenter 系统中常用的访问者类型

Teamcenter 系统中常用的访问者类型如表 8-6 所示。

表 8-6　Teamcenter 系统中常用的访问者

访问者（Accessor）	描述（Description）
Owning User	对象所有者，一般是数据对象的创建者。所有权可以转让，且有一些特殊的权限（如删除）通常授予对象所有者，不授予其他用户
Owning Group	对象所有者所在组
Group	某个组，需要进一步指定组名
Role	某角色，需要进一步指定角色名
Role in Group	指定组中的某角色
Role in Owning Group	对象所有者所在组的某个角色

续表

访问者（Accessor）	描述（Description）
System Administrator	系统管理员
Group Administrator	组管理员
World	所有的用户
User	某用户，需要进一步指定用户名

2. Teamcenter 系统常用的数据操作行为

Teamcenter 系统常用的数据操作行为如表 8-7 所示。

表 8-7　Teamcenter 系统常用的数据操作行为

符　号	权　限	描　述
	读	控制查看和打开数据对象的权限
	写	控制把数据对象从数据库中检出并做修改的权限
	删除	控制删除数据对象的权限
	更改权限	控制修改数据对象访问权限的权限，用户拥有此权限时，可修改数据对象的访问权限，修改的权限将覆盖基于规则的访问权限。应用基于对象的访问权限控制时，必须拥有该权限
	提升	控制在工作流程中前移任务的权限
	回退	控制在工作流程中后退任务的权限
	复制	控制另存、修改数据对象的权限
	更改所有权	控制对数据对象授予、更改或限制所有权的权限
	发布	控制对用户或组的远程发布
	订阅	控制针对某一具体数据对象订阅事件的权限
	导出	控制从数据库中导出数据的权限
	导入	控制往数据库中导入数据对象的权限
	传入	当数据对象从数据库中导出时，控制对象所有权同时传递出的权限
	传出	当数据对象导入到本地数据库时，控制对象所有权同时指派的权限
	对 ICO 进行写操作	控制写入分类对象的权限
	指派给项目	控制指派对象给项目的权限。它针对未被指定为特权项目小组成员的用户来使用
	从项目中移除	控制从项目中移除对象的权限。它针对未被指定为特权项目小组成员的用户来使用
	远程签出	控制远程签出数据对象的权限

3. Teamcenter 中访问者的优先级

在 Teamcenter 中，由人员、用户、组、角色来建模企业的人员组织结构，而组、角色之间又有嵌套关系，因此会出现某一个用户有复杂的隶属关系。因此，在评估权限时，需要了解访问者的优先级。一般来说，越明确、范围越少、越具体的类型其优先级越高。如 World 类型一般是优先级最低的访问者。常见的访问者优先级从高到低，如图 8-33 所示。

```
Most Precedence    App rover(RIG)
      ↑            App rover(Role)
      |            App rover(Group)
      |            App rover
      |            Owning User              <User ID>
      |            User
      |            Group Administrator
      |            Role in Owing Group      <Role>
      |            Role in Group            <Role> <Group>
      |            Role                     <Role>
      |            Owning Group
      ↓            System Administrator
Least Precedence   Group                    <group>
                   World
```

图 8-33　访问者的优先级

实例 8-5

假设徐长坤的角色是主管工程师，某数据对象访问权限列表如表 8-8 所示，则徐长坤对该对象是否有可读权限？理由是什么？

表 8-8　访问者优先级示例表

访问者类型	访问者 ID	读
User	徐长坤	×
Role	主管工程师	√

8.3.2　访问管理器中的数据对象

从数据对象的角度思考权限控制，基于不同类型的数据对象要分别进行权限控制，这一点是大家容易理解的。另一方面，从企业业务流程来看，其实数据对象本身也是有生命周期的。在其产生、修改、审批、发放的不同阶段，其权限控制也应当不同。所以，在讨论数据对象这个要素的权限控制时，数据对象根据其当前的状态（正在设计、正在审批、归档状态等）、数据类型（图纸、总装图、设计参数表、使用手册）这两个属性由系统管理员统一确定它们的发行范围，即控制该数据的存取控制范围。企业应根据自身需要，规划数据安全保密控制制度。

一般地，把产品数据所处的生命周期分为三个阶段，如图 8-34 所示。

Released：是指已归档的（或发放的）数据对象，是正式用于生产或指导下游工件的数据，一般情况下用户只有读的权限，其权限管控必然较为严格。

In Job：是指处于流程审批过程中的数据对象。这一类对象是半正式的，必须经过许可才可以修改。

Working：是指处于工作过程中的数据对象。这类数据不固定，经常会修改。主要控制工作状态中（Working）的所有产品对象权限，这是最主要的权限控制表，一般对象创建后就使用这个权限规则。

对于每个状态的数据仍可以继续分类，如图 8-35 所示。

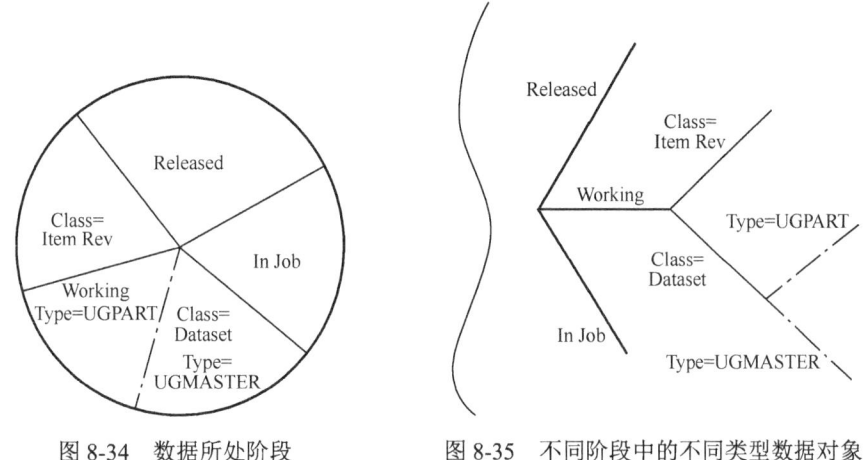

图 8-34 数据所处阶段　　图 8-35 不同阶段中的不同类型数据对象

8.3.3　Teamcenter 中的访问权限控制

1．ACL、ACE

（1）ACL、ACE 的概念

ACL 是 Access Control List 的缩写，意为访问控制列表，如图 8-36 所示。

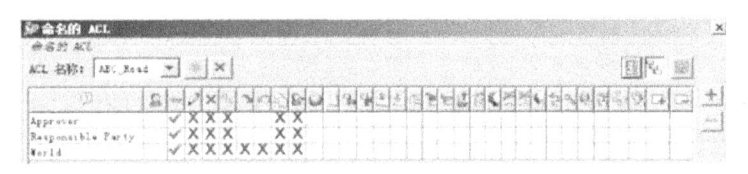

图 8-36　ACL 表格

从图 8-36 可以看出，该表实际上由访问者和操作行为两部分组成。其中该表的任意一行称为访问控制条目（ACE 即 Access Control Entry）。图示的控制列表包含三个访问者，分别为 Approver、Responsible Party 和 World。其中，每一行称为一个 ACE。

在 Teamcenter 中有多个访问控制列表，为了便于管理和应用，我们可为每一个表赋一个名称，这种具有指定名称的 ACL 又称为命名的 ACL（命名的访问控制）。

（2）ACL、ACE 中值的设定

列表中的每一行代表某一个或某一组用户，每一列代表各种数据操作行为。ACL 中值的设置有如下 3 种选项。

① √：赋予权限，即用户有操作权限。

② ×：拒绝权限，即用户无操作权限。

③ 空：未设置，不能确定用户是否有操作权限，要看其他的操作权限来设置。

查看 ACL 控制列表时，按照从上到下的顺序查看每个条目。当条目中的访问者类型与要查看的用户一致时，再查看右侧列中的具体权限设置。在查看该条目中某项具体权限的设置时，如果已经明确设置了"赋予"或"拒绝"权限，则可以得出该用户是否具有这项权限，如果未明确设置权限，则不能确定该用户是否具有这项权限，需要到下面的条目继续查看，直到有明确的"赋予"或"拒绝"权限为止。

实例 8-6

假设有一个组"设计组"，它有两个子组，分别为结构组和分析组。在 Teamcenter 中权限设置如表 8-9 所示。试分析两个子组的用户各具有什么权限，理由是什么？

表 8-9　ACL 值设置方式分析表

访问者类型	访问者 ID	读	写	删除
Group	结构组、设计组		√	×
Group	设计组	√	×	
Group	分析组、设计组	×		

2．两种权限控制方法

在分布式计算机环境中，对象保护和所有权管理非常重要，对象代表了数据库中的产品信息，一般认为 Teamcenter 中有两种权限控制方式，一种称为基于规则的权限控制，另一种称为基于对象的权限控制。

（1）基于规则的权限控制（rule-based protection）是指通过一组规则，将具有共性的 Teamcenter 对象（如 Item、数据集、文件夹等）授权给具有共性的访问者（如有相同的职责，或在同一个项目组工作）访问。这种方式与我们之前给出的关于权限的定义是一致的。作为一个管理员，可以定义多种条件或规则来控制对对象的访问，这些规则影响 Teamcenter 的整个节点，用访问控制器来定义。

（2）基于对象的权限（object-based protection）是指对某个具体的对象设置能够被哪一类（如某一组、某一角色等）或哪一个（某一个用户）访问者访问。基于对象的访问权限的设置需要用户对这个对象有"更改"权限。具有更改对象访问控制权限的任何 Teamcenter 用户都可以设置基于对象的保护访问控制，实现基于规则保护外的保护。当需要对具体的对象设置较宽松或较有限的访问权限时，对象的 ACL 非常有用，访问控制列表 ACL 显示了当前对一个对象的保护，并允许用户更改这些保护。

实际上，基于对象的权限控制是一种特例，一般临时使用。例如，某个数据本不能被某组用户读写，但因特殊的临时需要，我们可以仅对该对象直接更改权限，使数据能够提供给该组用户。这样，既满足了临时需求，又不至于去修改规则而影响同类数据。

3．规则与规则树

联系本节开篇所提到的权限管理三要素可以发现，在 ACL 中包含了其中的访问者和操作类型两个要素。那么，如何将这一张表和另一个要素即数据对象关联起来呢？方法就是使用规则和规则树。

（1）规则

Teamcenter 使用规则将权限控制表与数据对象关联起来。在 Teamcenter 中，规则是一个条件判断，满足条件值的数据对象可以关联到指定的命名权限控制表（命名的访问控制）。

第 8 章　系统实施定制

Teamcenter 的规则由条件、值和对应的命名权限控制表组成。如图 8-37 所示的一条规则，它使用"Has Type"条件和"UGMASTER"值进行判断，满足条件值的"UGMASTER"数据集将其访问属性（访问者、操作）由名为"UG Model"权限控制表来定义。

```
Has Type    {UGMASTER}    --> UG Model
  条件          值            权限表
```

图 8-37　规则的组成

条件有很多种，如图 8-38 所示。针对每一个条件又有多个可选值，如图 8-39 所示。

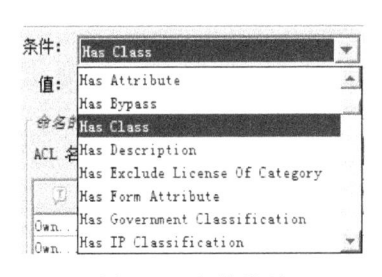

图 8-38　条件类型　　　图 8-39　值类型

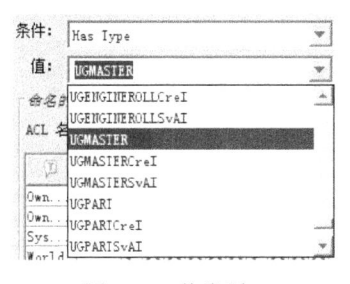

规则使用条件判断确定数据对象，使用对应的 ACL 设置访问者及其对应操作权限，由此可以看出，规则能够将权限的三要素有效关联在一起。

（2）规则树

在权限控制时，对不同阶段，不同类型的数据，应当采用不同的权限控制规则，如图 8-40 所示。

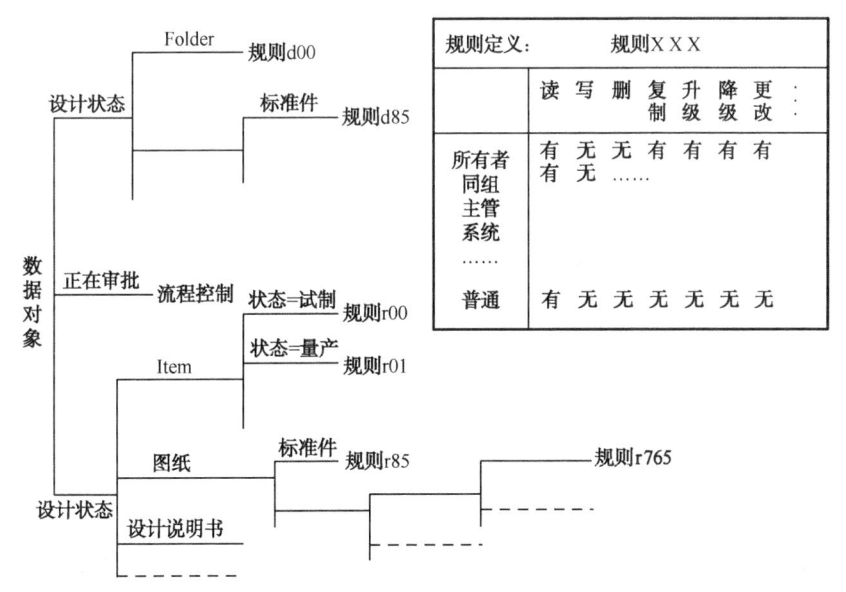

图 8-40　不同阶段不同类型数据对象采用不同权限控制的规则

由图 8-40 可知，不同生命周期阶段的数据仍可以继续分类，这样不断细分，开枝散叶，最终会形成一个对象分类树。分类树的每一个分枝数据对象都可以采用不同的权限控制规则，形成树形规则的集合，这就构成了 Teamcenter 中的规则树。因此，规则树是许多层次规则的集合。

(3) 规则树的优先级

当应用于所选对象的条件满足时，在 ACL 中定义的权限将被使用。对某一对象有效的 ACL 是在规则树中适用于该对象的所有命名的 ACL 的累积组合。

当判断规则树中的优先级顺序时，应遵守下列方针：同一级别的分支，位置在上面的优先；不同级别的分支，子分支优先。

评价哪个权限最终被授予，取决于两个标准：①规则树中条件声明的优先级别；②命名的 ACL 中的访问者优先级别。最终的结果是一个有效的 ACL，控制着对对象的访问。

实例 8-7

请读者根据规则树优先级规律，将如图 8-41 所示的规则树按优先级高低用数字标识。

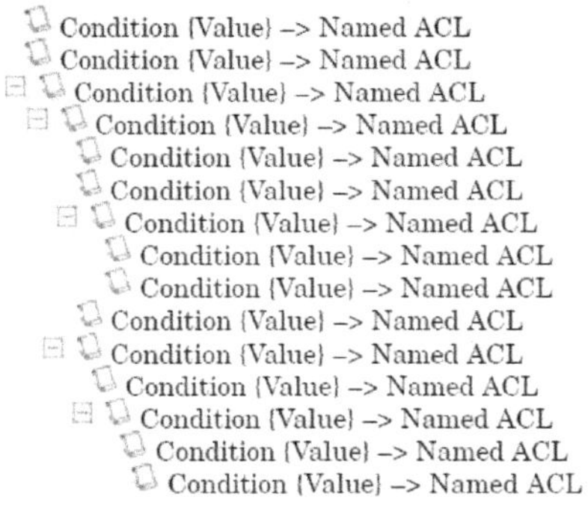

```
Condition {Value} -> Named ACL
Condition {Value} -> Named ACL
Condition {Value} -> Named ACL
    Condition {Value} -> Named ACL
    Condition {Value} -> Named ACL
    Condition {Value} -> Named ACL
    Condition {Value} -> Named ACL
        Condition {Value} -> Named ACL
        Condition {Value} -> Named ACL
        Condition {Value} -> Named ACL
    Condition {Value} -> Named ACL
    Condition {Value} -> Named ACL
    Condition {Value} -> Named ACL
        Condition {Value} -> Named ACL
        Condition {Value} -> Named ACL
```

图 8-41　规则树优先级

(4) 规则树修改的原则

① 不要修改 System Objects 分支上规则所引用的命名的 ACL。这些规则用于某些内部目的，更改可能会导致不可预知的后果或丢失数据。

② 不要删除或修改规则树中上部分支的顺序。这可能会导致不可预知的后果或丢失数据。

③ 在 Working 分支下为工作数据添加规则。这是为工作数据类型添加新规则的最合适的地方。

④ 不要修改 COTS 规则，但是可以创建一个新的规则来代替它在做修改前或做修改后的导出规则树。

4. 访问管理器

访问管理器界面如图 8-42 所示。访问管理器中左侧面板是规则树，右侧面板中显示了命名的 ACL 及所采用的条件和值。从图 8-42 中可以看出规则树有很多分支，其中"Has Class (POM_application_Object)->Working"表示工作状态的权限设置、"Has Status ()->Vault"表示已发放状态的权限设置、"In Job（true）"表示流程中的权限设置。

默认的访问管理器安装后有大量的预先定义的命名 ACL。在列表中选择其他的命名的 ACL，可以看到其他的预先定义的命名的 ACL。在命名的 ACL 中，访问者在第一列中显示，一个访问者是一个用户，或拥有某些共性的用户的组（如拥有某一对象的组成员或项目团队里的成员等）。例如，如果查看对象为零组件（Item）、零组件版本（Item Revision）时系统执行的权限规则，由于子规则 Item 为空，则执行其父规则 Working。

第 8 章　系统实施定制

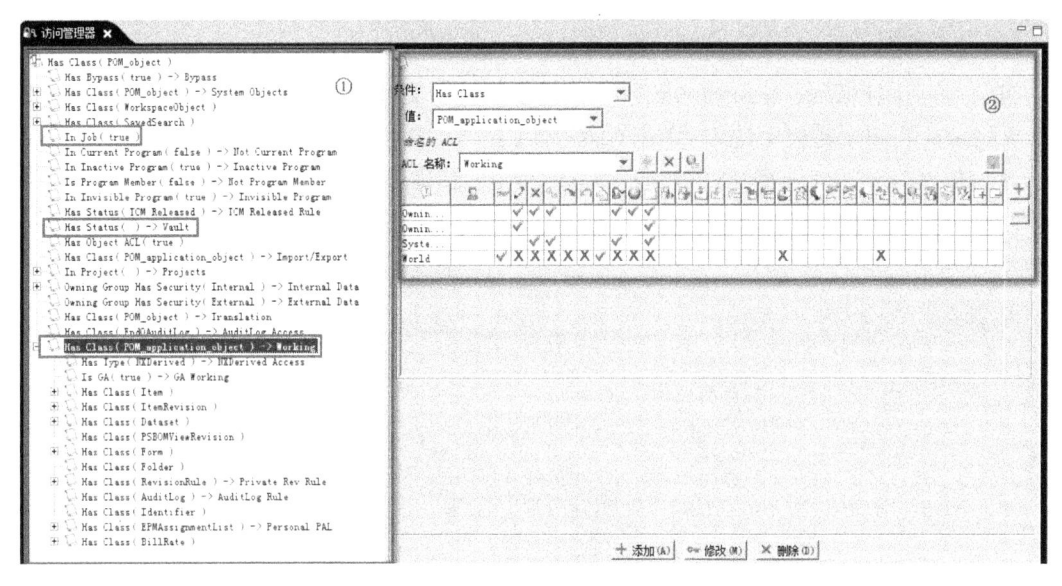

图 8-42　访问管理器界面

实例 8-8

ABC 企业中部分数据的权限管理描述如下。

（1）在 Working 状态的数据中，对于"Y2_DesignPart"类型的零组件和版本的权限设置，ABC 企业限定对象的所有者具有读、写、删除、更改、更改属主等所有权限，数据所有者所在的组对其只有读权限，而其他用户不可读即可，如表 8-10 所示。

（2）在 Working 状态的数据中，对于 MSWord、MSExcel、MSPowerpoint 数据集，进行如表 8-11 所示的权限设置。

（3）根据 ABC 的业务要求，对于已经发布的数据，Teamcenter 默认 ABC 企业所有的用户和 dba 组都具有可读权限。

表 8-10　Y2_DesignPart 类型零组件及版本的权限设置

	读	写	删	改	复制	更改属主	对分类进行写操作
Owner	Y	Y	Y	Y	Y	Y	Y
Owning Group	Y	N	N	N	N	N	N
dba Group	Y	N	N	N	N	N	N
World	N	N	N	N	N	N	N

表 8-11　MSWord、MSExcel、MSPowerpoint 数据集的权限设置

	读	写	删	改	复制	更改属主	对分类进行写操作
Owner	Y	Y	Y	Y		Y	Y
Owning Group	Y	N	N	N	N	N	N
dba Group	Y	N	N	N	N	N	N
World	N	N	N	N	N	N	N

要求在 Teamcenter 中给出详细配置过程。

1. 为子规则 Item（Item Revision）创建命名的 ACL

DBA 角色用户登录 Teamcenter 系统，单击"访问管理器"应用程序，打开"访问管理器"界面，在左侧规则树中选中"Has Class（Item）"，在右侧的窗口中创建命名的 ACL，条件选择"Has Class"，值选择"Y2_DesignPart"，ACL 名称为"DP_ACL"，单击右侧的 "创建"按钮，之后单击右侧的 ➕ 按钮，按照表 8-10 的要求把每条访问控制条目添加进去，如图 8-43 所示。

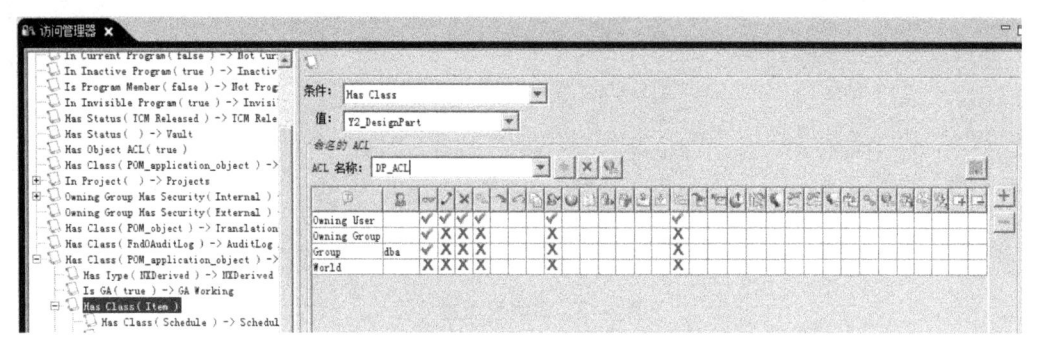

图 8-43　Y2_DesignPart 类型零组件权限设置

用同样的方法对"Y2_DesignPartRevision"进行权限设置，左侧选中"Has Class（ItemRevision）"，右侧进行如图 8-44 所示的设置。

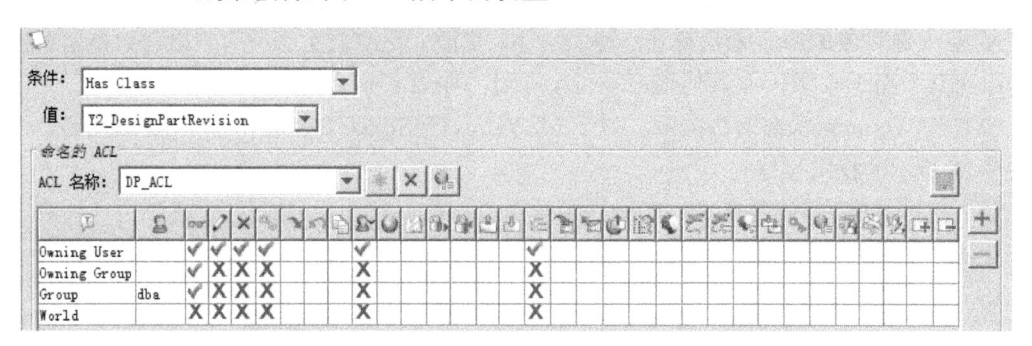

图 8-44　Y2_DesignPart 类型零组件版本权限设置

2. 为数据集创建命名的 ACL

以"MSWord"为例，"MSExcel""MSPowerpoint"方法与此类似。在"访问管理器"界面左侧规则树中选中"Has Class（Dataset）"，在右侧的窗口中创建命名的 ACL，条件选择"Has Type"，值选择"MSWord"，ACL 名称为"ABC_DOC_ACL"，单击右侧的 "创建"按钮，之后单击右侧的 ➕ 按钮，按照表 8-11 的要求把每条访问控制条目添加进去，如图 8-45 所示。

3. 为已发布数据创建命名的 ACL

在"访问管理器"界面左侧规则树中选中"Has Status（）->Vault"，在右侧的窗口中创建命名的 ACL，条件选择"Has Status"，值选择"TCM Released"，ACL 名称为"Released_ACL"，单击右侧的"创建"按钮 ，之后单击右侧的 ➕ 按钮，按照例子要求创建如图 8-46 所示的权限设置。

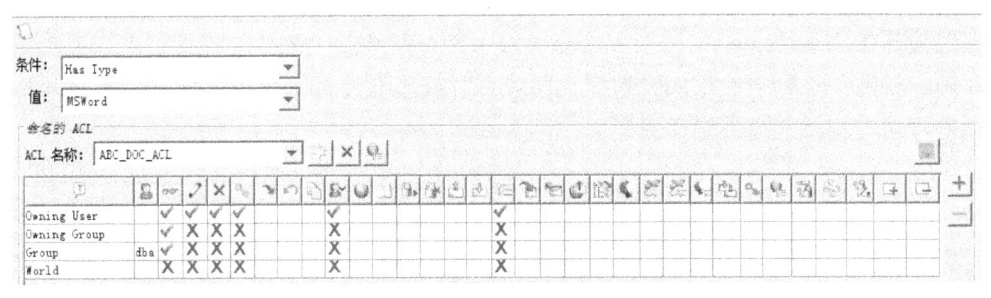

图 8-45 MSWord 数据集的权限设置

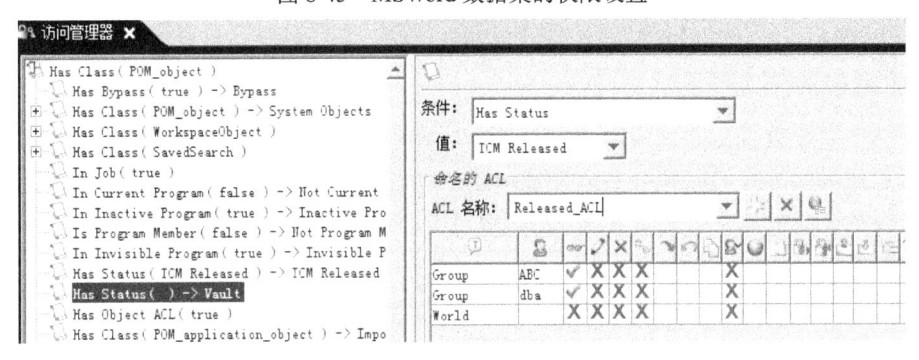

图 8-46 已发布数据的权限设置

这里请读者注意，规则树的设置比较复杂，在进行权限设置时，不要轻易改动系统原有的相关设置。

4．规则树的导入/导出

基于规则的权限修改是通过修改访问管理器中的规则树进行的。我们知道，访问管理器中的规则树是 Teamcenter 进行权限控制的基础，因此，在修改前应保存当前的规则树，当发生错误后以便正确恢复。这就需要对规则树进行定制前的备份和定制失败后的恢复。规则树的导入/导出如图 8-47 所示，比较简单，这里不再赘述。

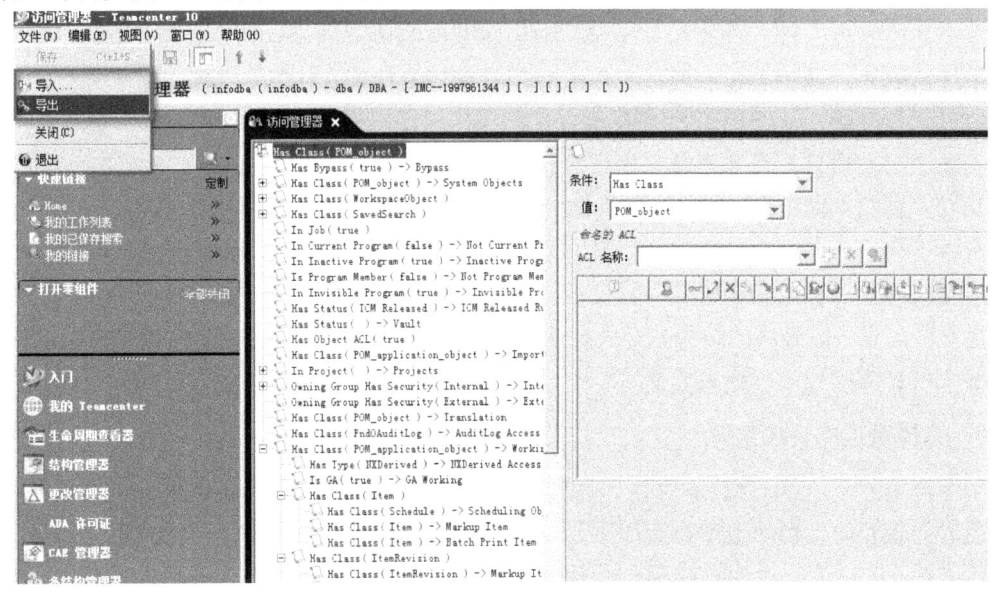

图 8-47 规则树的导入/导出

权限管理在 Teamcenter 中的很多功能模块中都有所涉及，包括项目管理、分类管理、流程管理等。权限在流程中的权限设置详见第 4 章。权限在分类管理中的设置详见第 6 章。权限在项目管理中的设置详见第 7 章。

8.4 PDM系统实施

8.4.1 PDM 系统的实施方法论

1．明确 PDM 的定位和实施目标

对于一个企业来说，通过应用 PDM 需要达到哪些目标，要同企业自身的实际情况、当前需要重点解决的主要问题和未来的发展战略等结合起来综合考虑，定出切实可行的合理目标，既不能把目标定得太高或对 PDM 的期望过大，更不能把 PDM 看作是一个纯粹的"产品数据管理系统"。

企业可在咨询顾问的帮助下根据自身的产品特点，对设计开发部门的硬件平台、网络环境、数据库应用、软件应用等情况进行综合分析，提炼出企业的 PDM 应用需求，确定实施范围。明确定位是采用跨企业、跨地区的超大型 PDM 系统，还是采用企业级的 PDM 系统，或是部门级、工作组级的 PDM 系统。并充分考虑将来的应用扩展，形成选择 PDM 软件的标准，做到有的放矢。

2．制定可行有效的实施策略

（1）总体规划、分步实施

从功能角度看，目前市场上的 PDM 软件大都具有文档管理、工作流和过程管理、产品结构与配置管理、查看和批注、设计检索和零件库、项目管理、电子协作、系统集成等功能。但要一次全部实施上述所有内容是比较困难的，较好的办法是从部分应用开始。例如，首先实施电子文档管理、设计检索和零件库、扫描和图像服务、产品结构与配置管理等，其次，引入系统集成等，最后实施审批、工作流和项目管理等内容。

（2）从点到线、从线到面的渐进实施

实施 PDM 项目往往需要较大投资，包括投入人力、购买软件、咨询服务等。由于企业产品开发人员的"素质"不完全相同，即对于"项目组级 PDM"项目的实施，全面推广往往会出现以下问题：①由于实施 PDM，影响到正常的产品开发活动。②由于部分人的影响，使项目的实施周期加长。③造成软件投资的浪费。有些企业在引入 PDM 时，一次就购买了众多的用户许可证，但最终的结果是：只有很少一部分人在使用，给企业造成了资金上的浪费；如果整个项目实施失败，损失会更大。

3．选择合适的合作伙伴

当用户选择了一款 CAD 软件时，只要对用户做一些必要的培训，用户就可以开始使用，当使用时间较长时，自然也就得心应手了。但 PDM 则不同，必须要有一个包括产品设计师、标准化人员、IT 人员、企业领导和合作伙伴（实施顾问）等的实施队伍来实施才能投入使用。

这是因为 PDM 软件虽然提供了信息的传递与共享、产品开发过程的管理、标准件和通

用件库的管理等功能，但要投入应用，通常要针对企业具体的情况，做大量的准备工作。这里要强调的是，选择技术力量雄厚的合作伙伴对 PDM 能否获得成功有很大关系。因为企业在引入 PDM 之前，多数不具备 PDM 实施经验和二次开发能力的专门人才，只有在合作伙伴的协助或帮助下，结合企业的具体情况，在实践中发现问题，共同开发和完善，PDM 才能真正发挥作用。

4．争取企业决策者支持

要买一套适用的软件，培养一支精干的技术队伍对于企业来说并不困难。然而涉及企业固有的生产机制和管理模式的改造或重组则不是技术人员能力所及的。在 PDM 项目中，涉及开发团队的重组、产品信息的集成、流程的标准化等各个方面的管理问题，标准化基因库的组织需要多个设计组的支持，工作流管理需要全体员工的配合，只有争取决策层的大力支持，把实施 PDM 与企业的改组、改制和改革相结合，才能避免重复工作和走弯路。

一项新技术在企业中的推广，只有在公司领导的直接支持下才能迅速取得突破。PDM 的重要性和实施难点也在于其管理上的特殊之处，因此，如果领导在立项时还未充分意识到这一点，PDM 项目要取得成功是非常困难的。

5．重视培训

（1）PDM 用户的培训

PDM 的用户大部分是产品开发人员，它们的主要任务是开发产品，开发的产品好坏和质量是衡量它们业绩的主要指标；也就是说，企业中产品开发人员关心的是如何才能尽快完成自己手头的工作，在空闲时间做一些自己喜欢做的事情。

因此，企业中的员工培训和学校中的授课是不同的，大多数员工对培训的内容只是一时的热情，同时也不会主动花大量的精力去把它吃透或彻底搞清楚，如果短期内 PDM 项目不能取得进展，隔一段时间后，就连基本的操作也会忘记。另外，由于历史的原因，大部分经验比较丰富、但年龄偏大的设计师通常对计算机并不熟悉；所以，对于企业 PDM 用户的培训，要有足够的耐心，反复、多次的技术培训是必不可少的。

（2）企业领导的观念培训

PDM 是一项技术，但首先是一种管理思想。如果企业或项目组领导对 PDM 的理解不够全面，PDM 的推广将非常困难。解决该问题的有效方法是对企业中所有相关的管理者分层次，有步骤地进行培训，为后期项目的进展打下基础。

6．重视产品数据的标准化和流程的规范化

标准化、规范化、系列化是现代工业生产的前提和基础。各种数据的交流，离不开标准化和规范化。实施 PDM，实际上就是要实现企业产品信息的完整性、规范化，达到管理制度的科学化，因此标准化工作是 PDM 项目实施中一项非常重要的内容。

（1）产品标准化"基因"的抽取——标准件、通用件、典型结构等。充分利用构成产品的标准化"基因"是当前提高产品设计效率最有效的手段，通过 PDM 系统可对这些标准化"基因"，如标准件、通用件和典型结构等进行统一管理，实现快速查找，但如何抽取和组织出适合企业现状的标准化"基因"库，则需要花很大的精力，包括：整理企业标准，收集这些"基因"的模型、图纸的电子文件等。同时，这些工作往往需要整个产品设计部门配合，

有些情况还需要制造部门参与。

（2）统一、规范的工作流程。PDM 可以支持并行工程和工作流管理，但要在技术上得以实现，必须有一个科学、确定的工作流程作为支持；因为产品开发中所有信息的传递、共享、批示等都与工作流联系在一起，如果工作流程的柔性很大，PDM 对产品开发过程的控制能力会很弱，不仅起不到保证产品开发周期和控制设计质量的功效，而且会使信息的传递与共享受阻；所以实施 PDM 时必须高度重视流程的标准化和规范化问题。

8.4.2 PDM 系统的实施步骤

1. 实施前准备

（1）PDM 系统实施动员工作

实施 PDM 是企业信息化建设中的一个重要环节。通过 PDM 的实施，将给企业带来管理理念上的巨大变化，使企业的部分业务流程发生变化，改变企业部分相关工作岗位的工作模式、工作要求。因此，企业实施 PDM 不仅要投入大量人力、物力和时间，还需要在实施过程中与 PDM 软件实施方甚至一些管理咨询伙伴密切合作。为了使 PDM 的实施能够顺利进行，达到预期的目的，最终取得成功，在实施开始的时候，需要在企业进行 PDM 实施前动员。动员时需要向企业传达一些必要信息，这些信息可以归结为两个方面，一是来自实施方，一是来自企业的领导层。

（2）项目准备工作

① 实施团队组织

项目实施离不开实施团队，在实施过程中需要不同的人员担任不同的角色，涉及项目管理、系统构建、业务规划、过程监控等工作。因此，在项目开展前，需要成立项目团队，进行工作职责的划分。

② 制定项目计划

PDM 项目通常分成以下四个阶段：项目启动、规划设计、系统建设、项目移交。

③ 制定质量控制方法

在每个阶段要有规定详细的实施文档，及时掌握实施的质量、出现的问题、解决的途径、遗留的问题等。实施人员通常需要用以下质量文档对实施全过程进行控制：项目建议书、项目实施计划、总体设计方案、详细设计报告、日常工作记录、每周项目状态报告、项目审计清单、项目验收计划、系统使用手册及项目验收报告等。上述质量控制文档分别在实施不同阶段中产生和不断完善，直至项目验收完成。

④ 实施环境准备

很多企业现在已经决定要实施PDM，但由于 PDM 具有很强的专业性，所以企业在没有正式开始实施 PDM 之前，还需要一段时间的考察以便确定最终的合作伙伴。在这段时间，为了给今后的实施打下一个良好的基础，企业要尽可能地将企业的计算机网络建设好。

PDM 的成功实施能够为企业带来很大帮助，以上几点是必须要提前考虑的事情。即使企业没有最终做出决策，只要有充分的考虑和仔细的研究，在 PDM 开始实施后，就可以与 PDM 供应商一起，快速地做出决定，使 PDM 能够顺利启动。否则，PDM 实施还需要漫长的准备期，会让 PDM 实施方与企业都非常疲惫。

2. PDM 的实施步骤

（1）需求调研阶段

实施 PDM 必须明确需求，确定实施的内容和范围。企业需求分析包括：企业的基本情况、企业各个部门的运作方式、企业对 PDM 的功能要求以及其他特殊方面的要求。在需求调研阶段，可以参考以下具体工作步骤和活动节点进行。

① 基础概念培训

主要在项目实施前期针对项目实施小组成员和用户方的管理人员，对构建的整个系统进行概念培训，同时使实施方了解企业管理方面的现状，为项目实施完成后系统的定义打下基础。通过基础概念的培训，使公司员工，包括企业领导、系统管理员、项目管理员和普通用户，掌握 PDM 的基本概念和 PDM 的基本功能，了解实施 PDM 后为企业带来的资源优势，培训可以说是一个双方知识交换的过程。PDM 的基础概念培训由实施顾问担任培训讲师。

② 企业调研准备工作

为了更好地完成对企业各级用户的调研任务，在开展调研前，需要充分准备调研材料，确保调研内容的完整性和准确性。

③ 业务需求调研

在正式调研阶段，项目团队与企业各部门的用户进行访谈，了解企业的基本情况、企业各部门的运作方式、企业对 PDM 的功能要求以及其他特殊要求等内容。此阶段需要持续性调研，分析整理调研记录，并及时跟企业人员进行沟通确认。

④ 业务需求说明书编制评审签字

在业务需求调研的基础上，对企业目前的产品设计生产环节进行分析和梳理，在 PDM 系统中设计和规划出业务过程，作为撰写系统需求说明书的基础性文档。

⑤ 系统需求说明书编制评审签字

在编写业务需求说明书的基础上，项目组需要编写系统需求说明书，定义用户需求。

⑥ 系统非功能性需求调研

项目组应充分调研企业需求，定义系统的架构需求、数据保密需求、系统性能需求、系统扩展性需求、系统数据量需求、信息安全需求、系统运维需求、系统平台需求等非功能性需求。

⑦ 项目管理

在 PDM 的实施过程中，项目组和公司需要对项目进程进行监控，确保项目按期完成各项工作。项目经理负责项目整体进度监控，在项目周会、月会中提供项目进度报告，协调安排人员及时解决遇到的问题，与用户进行有效沟通等。

⑧ 需求阶段评审会议

（2）系统设计阶段

在系统设计阶段，针对业务需求说明书和系统需求说明书，在搭建的测试环境中进行系统设计工作，可以参考以下具体工作步骤和活动节点进行。

① 系统详细设计

根据系统需求说明书，设计 PDM 系统的各功能模块。

② 系统详细设计说明书文档编制

在系统设计过程中，撰写系统详细设计说明书，将各个模块的设计过程文档化，进行评审和修改，作为最终的项目交付件。

③ 二次开发设计

PDM 系统的设计需要使用二次开发定制，在设计阶段，由项目组技术人员撰写二次开发规格说明书，确定功能开发的技术路线，完成开发任务。

④ 项目管理

⑤ 设计阶段评审会议

（3）系统构建阶段

在系统构建阶段，进行各项功能的详细构建，在 PDM 中定制出符合企业实际业务过程的数据模型、工作流程等内容，需要完成的工作内容可以参考以下具体活动节点进行。

① 系统数据模型设计

实施人员根据企业实际数据类型，在业务建模器中规划零件类型、属性、数据集等数据类型，作为系统的元数据，并部署到后台数据库中。

② 业务主功能设计

由项目组实施工程师根据详细设计文档进行系统的功能配置，包括文档对象的创建、规则的制定、图文档关系的定义等内容。

③ 零部件及属性定义

定义零部件的属性、零部件的规则、零部件的创建及编码方式。

④ BOM 管理

由实施工程师定义设计 BOM、制造 BOM 的规则，由开发人员根据企业实际报表做报表功能的开发。

⑤ 流程模板定义

根据业务需求说明书及详细设计说明书，在系统中创建工作流程，定义操作规则和约束规则，由二次开发人员开发企业特定的功能需求。

⑥ 零部件分类管理

由实施人员创建产品的标准件库、材料库、零部件库等知识库，设计师可以调用库中的模型数据。

⑦ 系统集成设计

PDM 系统最重要的功能是和 CAX 系统集成，实现属性映射、同步设计、BOM 结构搭建等功能。

⑧ 邮件系统集成

⑨ 二次开发详细设计

⑩ 项目管理

（4）系统测试阶段

在系统测试阶段，主要的工作就是对系统的稳定性、功能性、安全性进行测试，参与测试的人员包括项目组成员、公司用户。经过单元测试、集成测试、用户可接受测试、回归测试等阶段，保证系统最终可以正常使用。该阶段的工作可以参考以下具体工作步骤和活动节点进行。

① 制定测试计划
② 数据导入测试

用户整理历史数据，根据数据导入方案，将数据导入测试系统，验证数据的正确性与完整性。

③ 单元及性能测试
④ 用户 UAT 测试
⑤ 关键用户培训

针对参与 UAT 测试场景编写、UAT 测试的关键用户进行培训，使其熟悉系统的使用，能够编写测试场景和测试脚本，并能够作为最终用户的培训讲师。关键用户的培训由实施方的实施顾问或者企业的系统实施人员担任培训讲师。

⑥ 项目管理
⑦ 构建阶段评审会议

（5）系统部署上线阶段

在系统部署上线阶段，实施人员需要跟企业领导、IT 部门负责人确定服务器软件的安装、最终用户客户端的安装和系统试运行后的运维保障方案等工作。在这个阶段进行最终用户和系统管理员的培训工作，将测试系统上整理好的数据导入到正式系统中。该阶段的工作可以参考以下具体工作步骤和活动节点进行。

① 制定部署上线计划
② 服务器端部署安装（需企业 IT 配合）
③ 客户端部署安装
④ 准备培训材料/手册
⑤ 系统管理员培训

使公司的系统管理员具有系统安装、设置和维护的能力，能够解决 PDM 用户在日常使用过程中常见的问题，具备实际操作能力。系统管理员的培训由实施方的实施顾问担任培训讲师。

⑥ 最终用户培训

系统项目实施完成以后，将面临系统推广应用问题。通过推广应用培训，使参与者都能正常使用该系统。该培训的详细内容将依据每个企业的实施内容而定。参加培训者包括高层领导、中层干部和一般技术人员。最终用户的培训由关键用户担任培训讲师。

⑦ 正式数据导入
⑧ 项目管理
⑨ 压力测试
⑩ 系统验收

（6）系统运行维护支持

在系统运行维护阶段，主要的工作就是解决系统中出现的问题，指导最终用户正确、规范的使用系统，在集成环境下完成产品设计工作。该阶段的工作可以参考以下具体工作步骤和活动节点进行。

① 系统运维支持

② 项目管理
③ 准备会议材料，发布项目进度报告

8.4.3 PDM 系统的效能评价

1. 评价指标的建立

PDM实施后，企业用户可以在系统上进行产品数据管理，在 CAD 软件集成环境下完成设计工作，提高设计研发效率，安全规范的管理各类数据，为企业带来的具体收益可以从以下三个指标体系来体现。

（1）时间指标：包括产品开发周期、工程变更执行周期、新产品销售的百分比、标准部件采用的百分比、其他研发项目的重用程度、设计迭代次数。

（2）质量指标：包括制造过程的能力、工程图纸发布到制造部门后的改动次数、返工和废料成本、物料清单的准确性。

（3）效率指标：包括单个项目的研发成本、单个变更成本、手工输入的数量。

2. 具体评价项目

建立的标准是以系统中已有的真实数据为依据，系统实施后，从系统功能和运行效果两个方面来定量测评 PDM 系统的运行效能。评测内容覆盖 PDM 系统的主要功能，即图文档管理、产品结构管理、工作流管理、配置管理、工程更改管理和 CAD/ERP 系统集成等的运行结果分析，如表 8-10 所示。运行效果方面将从易用、数据展现、权威和真实使用等方面考察。

表 8-10 PDM 系统的评价项目指标体系

	测评项目		测试方法	是否实现
图文档管理	分类库结构	是否按产品型号区分数据	列出某型号的全部产品数据	
		是否按照文件物理类型分类	列出某种物理类型文件	
		是否按照文件管理类型分类	列出某种管理类型文件	
		是否管理了标准件库	打开一个标准件，并检查其在产品中的使用情况	
	管理数据种类	是否管理了文字内容文件	从电子仓库中找到并打开一份 WORD 或 WPS 等格式的文件，以及它们的历史版本	
		是否管理了平面工程图形文件	从电子仓库中找到并打开一份 AutoCAD 格式的工程图文件，以及它们的历史版本	
		是否管理了电子设计格式文件	从电子仓库中找到并打开一份 PROTEL 等格式的电路设计图纸，以及它们的历史版本	
		是否管理了三维模型文件	从电子仓库中找到并打开一份 Pro/E、UG、Catia 等格式的三维模型，以及它们的历史版本	
		是否管理了表单（结构化数据）	从电子仓库中找到并打开一份表单数据，以及它们的历史版本	
		是否管理了仿真数据	从电子仓库中找到并打开一份 NASTRN、ANSYS 等仿真软件的输入、输出的数据	

续表

测评项目			测试方法	是否实现
图文档管理	三维模型	模型和工程图纸	打开工程图纸，观察图样，修改模型，再打开工程图，看图样是否同步变化	
		组件模型和零件模型	打开组件模型，观察其中包含了哪些零件，修改零件模型，再打开组件模型观察，看是否同步变化	
	产品结构管理	能否查明一个组件包括的全部零部件	列出一个组件包含的全部零部件	
		能否判断一个零部件被用于哪些组件	列出一个零部件已经用于哪些部组件	
		能否查明一个零、部、组件所管理的全部文件	列出一个零部件关联的全部文件	
	版本管理	能否查明一个零、部、组件的演变过程	列出一个零部件演变的全部版本	
		组件版本和使用零件的关系	增加一个子部件，上层部件版本是否增加	
		零件版本和参考文档的关系	增加一个管理文档，零件版本是否增加	
		已发布零部件的调整是否受控	列出某一个已正式发布零部件的版本调整的过程	
工作流程管理		数据对象是否具备生命周期	列出某数据对象经历的生命周期	
		工作流是否驱动生命周期状态的改变	列出导致某数据对象生命周期改变的工作流的全部细节	
		能否提意见，能否圈红	检查某一工作流看是否有评阅意见和圈红	
		能否处理待签署人员离岗问题	检查流程启动后能否更换签署人员	
		外单位人员能否参与签署	列出一份有外单位人员参与签署的文件，并找到同意签署的证明	
配置管理		能否形成产品配置	列出至少两种产品配置包含的全部零部件和关联文件	
		产品配置和设计信息的联动性	改动某处设计，检查上面两个配置当中该处设计是否跟随变化	
更改管理		能否进行受控更改	列出某一份更改过的文件的审查流程	
			检查是否有向原文件使用者发出描述更改细节的更改通知	
			检查是否有措施把更改实施结果是否限制在更改通知描述的范围内	
			查询、了解电子文件历次更改的情况	
			电子文件的索引属性应和正文的更改保持一致	
			验证是否有手段保证输出的纸质文件应和更改后的电子文件保持一致	
系统集成管理		身份认证	检查某一位使用人员离职后是否只需要在人事管理系统中处理而不需要在 PDM 系统进行管理	
		和工具集成	验证在某一工具软件中有 PDM 系统的入口，可以直接检入、检出	
		和其他数据（工艺、物资）集成	验证其他系统（工艺、物资等）能直接读取 PDM 数据	

续表

测评项目		测试方法	是否实现
系统集成管理	基础数据	元器件、供方、部门等数据可以直接从其他系统导入	
	和其他PDM系统集成	验证某一数据对象可以进入其他PDM系统,与版本号有明确的对应关系	
运行效果分析	每日登录次数和用户数比	系统每日平均登录人数/系统用户>0.3	
	是否有纸质文件在并行	验证签署完整的文件由资料部门唯一打印,打印文件不在回到设计师手中	
	是否发放电子文件	向外单位发送电子文件,不发送纸质文件	
	数据展示	列出某一产品的物料清单	
	零部件统计	列出某类典型零部件在多个产品中的数量	

本章习题

一、填空题

1. 企业人员组织方式有_____和_____两种。
2. Teamcenter 中批处理创建企业人员组织结构的命令是_____。
3. Teamcenter 的第一个用户是_____,具有特权_____。
4. 当不知道要查询的数据对象的类型时,用_____查询。
5. 用于查找零部件被哪些零部件所使用的查询是_____查询。
6. 权限的三要素是_____、_____、_____。
7. 产品数据所处的生命周期分_____、_____、_____三个阶段。
8. Teamcenter 系统有_____、_____两种权限控制方式。
9. ACE 的全称是_____,含义是_____。
10. ACL 的全称是_____,含义是_____。

二、简答题

1. 解释人员、角色、组、用户的概念。
2. 简述 Teamcenter 中常用的查询方法。
3. 简述 Teamcenter 访问管理器中规则树的优先级,并解释此规则:Has Bypass(true)->Bypass。
4. 简述 PDM 实施方法论。
5. 简述 PDM 实施的基本步骤。

三、操作题

1. 根据 Y2_StandardPartRevision Master Form 中"Y2_Material_Name"的值来查询 Y2_StandardPart。同时此查询仅供 ABC 组用户使用。
2. 根据 Y2_StandardPart Master Form 中"project_id"的值来查询 Y2_StandardPart。同时此查询仅供 ABC 组用户使用。